코기토 총서

세계사상의 고전

Das Kapital. Kritik der politischen Ökonomie *I-2*
by Karl Marx

자본 I-2

카를 마르크스 지음 | 강신준 옮김

옮긴이 강신준(姜信俊)은 1954년 경남 진해에서 태어나 고려대 독어독문학과를 졸업했다. 같은 대학교 대학원에서 경제학을 전공하여 1991년 「독일 사회주의 운동과 농업문제」로 박사학위를 받았다. 독일 프랑크푸르트 대학에서 독일 노동운동사를 연구했으며, 현재 동아대 경제학과 교수로 재직 중이다.
주요 논문으로 「베른슈타인 수정주의에 대한 새로운 이해」(1995), 「독일 노동자 조직의 역사적 발전과정」(1996), 「맑스 혁명주의의 실천적 유산」(1996), 「독일 교섭체계의 발전과정과 신자유주의의 도전」(2001), 「숙련과 교섭정책: 우리나라 협약체계의 문제점과 개선 방향」(2001), 「4 · 19혁명 시기 노동운동과 노동쟁의의 성격」(2003), 「기업별 협약의 산업별 협약으로의 이행방안」(2005) 등이 있다.
저서로 『수정주의 연구 1』(이론과실천, 1991), 『정치경제학의 이해』(동아대학교 출판부, 1992), 『자본의 이해』(이론과실천, 1994), 『노동의 임금교섭』(이론과실천, 1998), 『자본론의 세계』(풀빛, 2001), 『한국노동운동사 4』(공저, 지식마당, 2004), 『일본 자본주의의 분석』(공서, 풀빛, 1996), 『미국식 자본주의와 사회민주적 대안』(공저, 당대, 2001), 『재벌의 노사관계와 사회적 쟁점』(공저, 나남, 2005), 『그들의 경제, 우리들의 경제학』(도서출판 길, 2010) 등이 있으며, 번역서로는 『임금론』(도프, 거름, 1983), 『자주관리제도』(호르바트, 풀빛, 1984), 『마르크스냐 베버냐』(공역, 뢰비트, 홍성사, 1984), 『자본 2 · 3』(마르크스, 이론과실천, 1988), 『사회주의의 전제와 사민당의 과제』(베른슈타인, 한길사, 1999), 『프롤레타리아 독재』(카우츠키, 한길사, 2006) 등이 있다.

코기토총서 012
세계사상의 고전

자본 I-2

2008년 5월 31일 제1판 제1쇄 발행
2009년 3월 20일 제1판 제2쇄 발행
2010년 8월 31일 제1판 제3쇄 발행
2012년 1월 31일 제1판 제4쇄 발행
2014년 1월 31일 제1판 제5쇄 발행
2016년 4월 25일 제1판 제6쇄 발행

2022년 3월 15일 제1판 제7쇄 인쇄
2022년 3월 25일 제1판 제7쇄 발행

지은이 | 카를 마르크스
옮긴이 | 강신준
펴낸이 | 박우정

기획 | 이승우 편집 | 김미경 전산 | 신혜원

펴낸곳 | 도서출판 길
주소 | 06032 서울 강남구 도산대로 25길 16 우리빌딩 201호
전화 | 02) 595-3153 팩스 | 02) 595-3165
등록 | 1997년 6월 17일 제113호

ISBN 89-87671-65-9 94300 ISBN 89-87671-63-5 (전5권)

제5편 절대적 · 상대적 잉여가치의 생산

제6편 임금

제7편 자본의 축적과정

자본
1-1 차례

제1편 상품과 화폐

제2편 화폐의 자본으로의 전화

제3편 절대적 잉여가치의 생산

제4편 상대적 잉여가치의 생산

제5편

— 절대적 · 상대적 잉여가치의 생산

제14장

절대적·상대적 잉여가치의 생산

우리는 지금까지 노동과정을 우선 그 역사적인 형태와 상관 없이 추상 적인 형태로, 즉 인간과 자연 사이의 과정으로 고찰하였다(제5장을 보라). 그래서 거기에서 노동과정은 다음과 같이 서술되었다. "노동과정 전체를 그 결과(생산물—옮긴이)의 관점에서 고찰해본다면, 노동수단과 노동대상 이 양자는 생산수단으로 나타나며, 노동 그 자체는 생산적 노동으로 나타 난다." 그리고 (M196의—옮긴이) 주 7에서는 다음과 같이 덧붙였다. "생산 적 노동에 대한 이런 규정—단지 노동과정의 관점에서만 바라본—은 자본주의적 생산과정을 다루는 데는 결코 충분하지 않다." 이제 여기에서 는 그러한 관점으로부터 좀더 앞으로 나아가게 될 것이다. M531

노동과정이 순수하게 개인적인 과정일 경우, 노동자는 모든 기능을 스스로 겸비하고 있지만 이제부터 이들 기능은 제각기 분리된다. 자신의 생활 목적을 위해 자연대상을 개별적으로 획득하는 경우, 그는 스스로 자신을 통제하지만 이제부터는 오히려 그가 통제받게 된다. 개별화된 인간은 자신의 근육을 사용하면서 자신의 두뇌를 통해 그것을 통제하지 않고는 자연에 작용을 가할 수 없다. 자연적인 체계를 통해서 머리와 손이 함께 묶여 있듯이, 노동과정은 두뇌의 노동과 손의 노동을 하나로 합친다. 그러나 이제부터 이 양자는 각기 분리되고 드디어는 적대적으로 대립하기까지 한다. 생산물은 개별 생산자의 직접적 생산물에서 하나의 사회적 생산물로, 즉 하나의 전체 노동자 — 직접 또는 간접으로 노동대상을 다루면서 서로 결합되는 노동자 전체 — 의 공동생산물로 전화한다. 그리하여 노동과정 자체의 협업적 성격과 함께 생산적 노동의 개념과 이 노동의 담당자인 생산적 노동자의 개념도 필연적으로 확장된다. 이제는 생산적으로 노동하기 위해서 자신이 모든 것을 직접 수행할 필요가 없어진다. 전체 노동자 가운데 한 부분이라는 사실만으로도[즉 여러 부분기능 가운데 어느 하나를 수행한다는 사실만으로도] 충분하다. 앞서 서술했던 생산적 노동에 M532 대한 최초의 규정은 물적 생산의 본성 그 자체에서 도출된 것이므로, 전체의 관점에서 고찰되는 전체 노동자에 대해서도 마찬가지로 진실이다. 그러나 개별적인 관점에서 고찰되는 전체 노동자 개개의 구성원에 대해서는 이 규정은 더 이상 타당하지 않다.

그렇지만 다른 한편 생산적 노동의 개념은 협소해진다. 자본주의적 생산은 상품의 생산이기도 하지만 본질적으로는 잉여가치의 생산이다. 노동자는 자신을 위해서가 아니라 자본을 위해서 생산한다. 그러므로 그가 단지 생산한다는 사실만으로는 이제 더 이상 충분하지 않다. 그는 잉여가치를 생산해야만 한다. 자본가를 위하여 잉여가치를 생산하는 노동자, 즉 자본의 자기증식에 이바지하는 노동자만이 생산적이다. 물적 생산 이외 영역의 예를 하나 들어본다면, 교사는 단지 어린아이의 두뇌에 작용을 가할 뿐만 아니라 기업가를 부유하게 하는 데에도 매진할 때에만 비로소 생산적 노동자가 된다. 이 기업가가 자신의 자본을 소시지 공장이 아니라 교육공장에 투자했다고 해서 이 관계가 조금이라도 변하는 것은 아니다. 따라서 생산적 노동자의 개념은 활동과 유용성 간의 관계 그리고 노동자와 노동생산물 간의 관계를 포함할 뿐만 아니라, 역사적으로 성립된 하나의 특수한 사회적 생산관계 — 노동자가 자본의 직접적 가치증식 수단임을 각인하는—도 포함한다. 따라서 생산적 노동자가 된다는 것은 전혀 행운이 아니며 오히려 지독한 불운인 것이다. 학설사를 다루는 이 책의 제4권에서 좀더 자세히 보겠지만 경제학은 옛날부터 잉여가치의 생산을 생산적 노동자의 결정적인 성격으로 규정하였다. 그러므로 잉여가치의 성질을 어떻게 이해하는가에 따라 생산적 노동자에 대한 경제학의 정의도 그때마다 달라져왔다. 예를 들어 중농학파는 농경노동만이 잉여가치를 낳는다고 보아, 오직 그것만이 생산적이라고 설명한다. 그러나 중농학파에게 잉여가치는 오로지 지대의 형태로만 존재한다.

노동자가 자기 노동력가치의 등가를 생산하는 점 이상으로 노동일이 연장되고 이 잉여노동이 자본에 의해 취득되는 것—이것이 바로 절대적 잉여가치의 생산이다. 그것은 자본주의 체제의 일반적 토대를 이루면서 동시에 상대적 잉여가치의 출발점을 이루고 있기도 하다. 상대적 잉여가치의 생산에서 노동일은 처음부터 두 부분〔즉 필요노동과 잉여노동〕으로 나누어진다. 잉여노동을 늘리기 위해 필요노동은 단축되는데, 이런 단축은 임금의 등가를 더욱 짧은 시간에 생산하는 여러 방법을 통해서 이루어진다. 절대적 잉여가치의 생산은 전적으로 노동일의 길이에 좌우되는 반면 상대적 잉여가치의 생산은 노동의 기술적 과정과 사회의 구성을 완전히 바꾸어버린다. M533

그러므로 상대적 잉여가치의 생산은 자본주의라는 하나의 특수한 생산양식을 전제로 하며, 이 생산양식은 그 방법이나 수단 · 조건과 함께 자본에 의한 노동의 형식적 포섭을 바탕으로 하여 자연발생적으로 발생하고 육성된다. 그러다가 이 형식적 포섭 대신 자본에 의한 노동의 실질적 포섭이 나타난다.

잉여노동이 직접적 강제에 의해 생산자에게서 몰수되지도 않고 자본에 의한 생산자의 형식적 종속도 나타나지 않는, 여러 중간형태에 대해서는 간단히 지적만 해두고자 한다. 이들 형태에서는 자본이 아직 직접적으로 노동과정을 지배하고 있지 않다. 여기에서는 대대로 전해오는 경영방식으로 수공업과 농업을 경영하는 독립생산자들과 함께 〔이들 생산자를 기생충처럼 빨아먹는〕 고리대금업자나 상인자본이 등장한다. 이런 착취형태가 한 사회에서 우위를 차지할 경우 그것은 자본주의적 생산양식을 배제하지만, 다른 한편 중세 후기에서처럼 자본주의적 생산양식으로의 이행기를 이룰 수도 있다. 끝으로 근대적 가내공업의 예가 보여주듯이 어떤 중간형태들은—비록 그 양상이 완전히 변하긴 했지만—대공업의 배후 곳곳에서 재생산되기도 한다.

절대적 잉여가치의 생산을 위해서는 노동이 그저 형식적으로 자본에 포섭되기만 해도〔예를 들어 이전에는 자신을 위해서 또는 동직조합장의 직인으로 일해왔던 수공업자가 이제는 임노동자로서 자본가의 직접적인 통제 아래로 들어가기만 해도〕 충분했지만, 다른 한편으로 상대적 잉여가치의 생산을 위한 방법들이 또한 절대적 잉여가치의 생산을 위한 방법들이기도 하다는 점이 벌써 밝혀졌다. 그렇다, 노동일의 무제한적 연장은 바로 대공업의 가장 고유한 산물이기도 하였다. 일반적으로 자본주의라는 특수한 생산양식이 한 생산부문을 모두 정복해버리거나, 그리고 더 나아가 모든 중요한 생산부문을 정복해버리면 이 생산양식은 이제 단지 상대적 잉여가치의 생산을 위한 수단 이상의 것이 된다. 그것은 이제 생산과정의 일반적 형태, 즉 생산과정의 지배적인 사회적 형태가 된다. 자본주의적 생산양식이 상대적 잉여가치의 생산을 위한 특수한 방법으로 작용하는 경우는, 첫째, 이전까지는 형식적으로만 자본에 포섭되어 있던 산업부문들을 그것이 장악하게 되는 경우〔즉 그것이 널리 보급된 경우〕와 둘째, 이미 그것이 장악한 산업들이 생산방법의 변화로 말미암아 계속 변혁되는 경우뿐이다.

어떤 관점에서 보면, 절대적 잉여가치와 상대적 잉여가치의 구별은 좀 M534 비현실적인 것처럼 보인다. 상대적 잉여가치도 절대적이다. 왜냐하면 그것은 노동자 자신의 생존에 필요한 노동시간을 넘어서는 노동일의 절대적 연장을 전제로 하기 때문이다. 한편 절대적 잉여가치도 상대적이다.

왜냐하면 그것은 필요노동시간을 노동일의 일부로 제한할 수 있게 하는 노동생산성의 발전을 전제로 하기 때문이다. 그렇지만 잉여가치의 운동에 주목하게 되면 이런 외견상의 동일성은 사라진다. 자본주의적 생산양식이 일단 확립되어 일반적 생산양식이 됨으로써 이제 잉여가치율을 높이는 것이 문제가 되면, 절대적 잉여가치와 상대적 잉여가치의 차이는 드러나지 않을 수 없게 된다. 노동력이 가치대로 지불된다고 가정한다면 우리는 다음과 같은 양자택일에 직면하게 된다. 즉 노동생산력과 노동강도가 일정한 수준으로 주어지면 잉여가치율은 노동일의 절대적인 연장을 통해서만 높아질 수 있다. 반면 노동일의 한계가 주어져 있다면 잉여가치율은 오로지 필요노동과 잉여노동이라는 노동일의 두 구성 부분의 크기가 상대적으로 변동할 경우에만 높아질 수 있다. 단, 이 변동은 임금이 노동력가치 이하로 떨어지지 않도록 노동생산성이나 노동강도가 변동한다는 것을 전제로 한다.

만일 노동자가 자신과 자손들의 생계 유지에 필요한 생활수단을 생산하는 데에 그의 모든 시간을 사용해야 한다면, 그에게 제3자를 위해 무상으로 노동할 시간은 남지 않는다. 즉 노동생산성이 일정한 수준에 도달하지 않으면 노동자가 그런 용도로 처분할 수 있는 시간은 없으며, 이런 여분의 시간이 없다면 잉여노동도 없고 따라서 자본가도 없을 뿐 아니라 노예 소유자나 봉건귀족, 한마디로 말해 어떤 대규모 유산자계급도 존재하지 않게 된다.[1)]

이리하여 우리는 잉여가치의 자연적 토대에 대해 얘기할 수 있게 되는데, 그러나 그것은 단지 일반적인 의미에서만 그렇다는 것을 얘기할 뿐이다. 즉 어떤 사람이 자신의 생존에 필요한 노동을 자신에게서 다른 사람에

1) "하나의 특수한 계급으로서의 고용주, 즉 자본가가 된다는 것은 그 자체가 벌써 노동생산성에 달려 있다"(램지, 『부의 분배에 관한 고찰』, 206쪽). "만일 각 개인의 노동이 스스로의 식량을 생산하는 데에 그친다면, 재산이라는 것은 존재하지 않을 것이다"(래번스턴, 『국채제도와 그 영향에 관한 고찰』, 14쪽).

게 넘겨주는 것을 가로막는 절대적인 자연적 장애는 존재하지 않는다는 것이며, 이 말은 예를 들어 다른 사람의 육신을 식량으로 사용하지 못하도록 가로막는 절대적인 자연적 장애는 존재하지 않는다는 말과 같다.[1a] 종종 벌어지는 일이지만, 노동의 이러한 자연발생적 생산성을 신비주의적 생각과 결부시켜서는 절대로 안 된다. 인간이 초기의 동물상태에서 벗어나 그 노동이 이미 어느 정도 사회화되고 나서야 비로소 한 사람의 잉여노동이 다른 사람의 생존조건이 되는 관계가 나타난다. 문명의 초창기에는 이미 획득된 노동생산력이 미미한 것이었으며 욕망 ─ 그것을 충족시키는 수단과 함께, 그리고 그 수단에 의해서 발달하는 ─ 또한 미미했다. 더욱이 그러한 초창기에는 사회 구성원 가운데 다른 사람의 노동으로 생활하는 사람의 비율이 직접생산자 대중에 비해 거의 눈에 띄지 않을 만큼 작았다. 노동의 사회적 생산력이 진보함에 따라, 이 비율은 절대적으로나 상대적으로 증가한다.[2] 더구나 자본관계는 오랜 발전과정의 산물인 경제적 토대 위에서 발생한다. 자본관계 발생의 토대가 되는 기존의 노동생산성은 자연의 산물이 아니라 수천 세기를 포함하는 역사의 산물이다.

M535

사회적 생산형태의 발전 정도와는 관계없이 노동생산성은 늘 자연조건에 결부되어 있다. 이들 모든 자연조건은 인종 등과 같이 인간 그 자체라는 자연과, 인간을 둘러싼 자연으로 정리될 수 있다. 외적 자연조건은 다시 경제적으로 두 개의 큰 부류로 나누어진다. 하나는 생활수단으로서의 자연적인 부, 즉 비옥한 토지나 물고기가 풍부한 강 등이며 다른 하나는 노동수단으로서의 자연적인 부, 즉 세찬 폭포, 항해 가능한 하천, 수목, 금속, 석탄 등이다. 문명의 초창기에는 전자의 자연적인 부가 중요하며, 좀

1a) 최근의 계산에 따르면 지구상에서 이미 탐사가 끝난 지역에서만 아직 적어도 400만 명의 식인종이 살고 있다.

2) "아메리카의 미개한 인디언 사회에서는 거의 모든 것이 노동자들의 몫으로 돌아간다. 100 중 99까지는 노동의 몫으로 지불되는 것이다. 영국에서는 노동자의 몫이 아마 $\frac{2}{3}$가 되지 못할 것이다"(『동인도 무역이 영국에 가져다주는 이익』, 72 · 73쪽).

더 발전된 단계에서는 후자의 자연적인 부가 중요한 의미를 갖는다. 예를 들어 영국을 인도와 비교해보고 또 고대 아테네와 코린트를 흑해 연안의 여러 나라와 비교해보면 그것을 알 수 있게 된다.

무조건 충족되어야 하는 자연적 욕구의 수가 적으면 적을수록, 그리고 토지의 자연적인 풍요로움과 기후의 혜택이 크면 클수록 생산자의 생계와 재생산에 필요한 노동시간은 그만큼 적어진다. 그에 따라 생산자가 자신을 위한 노동을 넘어서서 타인을 위해 수행하는 초과노동은 그만큼 더 커질 수 있다. 예를 들어 이미 디오도루스(Diodorus)는 고대 이집트 사람들에 대하여 다음과 같이 말하고 있다.

> 그들이 자식을 양육하는 데 들이는 노고와 비용이 얼마나 적은지는 도무지 믿어지지 않을 정도이다. 그들은 어린아이들에게 극히 간단한 음식만을 만들어 먹인다. 불에 구울 수만 있다면 파피루스(당시의 제지원료 식물—옮긴이)의 아랫부분을 먹이기도 하고, 늪에서 자라는 풀의 뿌리나 줄기를—때로는 날것으로, 때로는 찌거나 구워서—먹이기도 한다. 기후가 좋기 때문에 아이들은 대부분 신발을 신지 않고 옷도 입지 않은 채로 돌아다닌다. 그런 까닭에 한 아이가 성인이 될 때까지 그의 부모가 부담하는 비용은 모두 합쳐서 20드라크마도 되지 않는다. 이집트에서 그처럼 인구가 많고 또 그래서 그렇게 많은 대공사를 일으킬 수 있었던 것은 주로 이 점을 통해서 설명될 수 있다.[3]

M536

그렇지만 고대 이집트의 거대한 건축물들이 세워질 수 있었던 까닭은 인구가 많아서라기보다는 오히려 그 인구 가운데 자유로이 이용할 수 있는 부분의 비율이 컸기 때문이라고 할 수 있다. 필요노동시간이 짧을수록 개개의 노동자가 더 많은 잉여노동을 제공할 수 있는 것과 마찬가지로, 노

3) 디오도로스 시켈루스, 『역사 문고』 제1권, 제80장.

동자 인구 가운데 필요생활수단의 생산에 종사하는 노동자 수가 적을수록 그밖의 다른 일에 자유로이 이용될 수 있는 노동자 수는 더 많아진다.

자본주의적 생산을 일단 전제한다면, 다른 사정이 불변이고 노동일의 길이가 일정할 때 잉여노동의 크기는 노동의 자연조건, 특히 토지의 비옥도에 따라 변동할 것이다. 그렇다고 가장 비옥한 토지가 자본주의적 생산양식의 성장에 가장 적합한 토지라고는 결코 말할 수 없다. 이 생산양식은 자연에 대한 인간의 지배를 전제로 한다. 지나치게 풍성한 자연은 "어린애를 걸음마용 끈에 의지하게 만들 듯이 인간을 자연의 손에 의지하게 만든다." 자연은 인간 자신의 발달을 하나의 자연적 필연법칙으로 만들지는 않는다.[4] 식물이 무성한 열대지방보다 오히려 온대지방이야말로 자본의 모국이다. 토지의 절대적인 비옥함이 아니라 오히려 그 비옥도의 차이와 그 천연생산물의 다양성이야말로 사회적 분업의 자연적인 기초를 이루고, 인간을 둘러싼 자연환경의 변화를 통해 인간을 자극하며, 인간 자신의 욕구 · 능력 · 노동수단 · 노동양식을 다양화시킨다. 산업의 역사에서 가장 결정적인 역할을 한 것은 자연력을 사회적으로 제어할 필요성, 그럼으로써 자연력을 절약하는 것은 물론 인간의 육체적 노동을 통해 최초로 그것을 대규모로 획득하거나 길들일 필요성, 바로 그것이었다. 이집트[5] ·

M537

4) "전자(자연적인 부)는 가장 귀중하며 가장 유리한 것이지만 대중을 부주의하고 오만하게 만들고 온갖 무질서에 빠지게 만든다. 반면 후자(인공적인 부)는 꼼꼼한 주의와 면학과 기예와 정책을 필요로 하게 만든다"(『외국무역을 통한 영국의 부. 또는 우리나라의 국제무역 수지가 우리나라의 부를 결정한다. 런던의 상인 토머스 먼이 썼던 것을 공동의 복리를 위하여 그의 아들 존 먼이 지금 출판함』, 런던, 1669, 181 · 182쪽). "식료품의 생산이 대부분 자연적으로 이루어지고, 또 기후가 좋아 의복과 주거에 별로 신경을 쓰지 않아도 되는 곳에 산다는 것만큼 전체 대중에게 화가 되는 것은 없다고 나는 생각한다. …… 물론 그 반대의 극단도 있을 수 있다. 노동을 해도 생산물을 얻을 수 없는 토지는 노동을 하지 않고서도 풍부하게 생산할 수 있는 토지만큼이나 똑같이 나쁜 것이다"(포스터〔N. Forster〕, 『최근 식량가격 폭등의 원인에 대한 연구』, 런던, 1767, 10쪽).

5) 나일 강의 수량이 증감하는 주기를 계산할 필요성은 이집트의 천문학을 낳았고, 또 그것과 더불어 농업 지도자로서 승려계급의 지배를 낳았다. "한 해의 하지와 동지는 나일 강의 수량이 불어나기 시작하는 시기이며, 따라서 이집트인은 이것을 가장 주의깊게 관찰하지 않으면 안 되었다. …… 그들은 농사일을 맞추기 위해 이 춘분과 추분을 계산해내야만 했다. 그래서 그들

롬바르디아·네덜란드 등지에서 볼 수 있는 치수(治水)가 그러한 예이다. 또 토지에 없어서는 안 될 물을 공급할 뿐만 아니라 그 물을 통해 무기질 비료를 산에서 운반해오는 인도·페르시아 등지의 인공운하에 의한 관개도 마찬가지이다. 아라비아인의 지배 아래에서 스페인과 시칠리아의 산업이 번성했던 비결은 운하의 개설에 있었다.[6)]

천혜의 자연조건이란 언제나 잉여노동〔즉 잉여가치나 잉여생산물〕의 가능성만을 부여할 뿐이지 결코 그 현실성을 부여하는 것은 아니다. 노동의 자연조건 차이는 동일한 노동량으로 충족시키는 욕망의 크기가 나라마다 달라지는[7)] 요인이 되며, 따라서 다른 조건이 비슷하다면 필요노동시간이 서로 달라지는 원인이 된다. 자연조건은 단지 잉여노동에 대한 자연적 한계로만〔즉 다른 사람을 위한 노동이 시작할 수 있는 점이 어디인지를 정하는 요인으로만〕 작용한다. 산업이 진보함에 따라서 이 자연적 한계는 점차 후퇴한다. 노동자가 오로지 잉여노동을 제공해야만 자신의 생존을 위해 노동할 수 있도록 허용되는 서유럽 사회의 한가운데에서는 잉여생산물을 제공하는 것이 인간노동의 천부적인 성질인 것처럼 생각되기 쉽다.[8)] 그러나 예를 들어 숲속에 사고(Sago) 야자나무가 야생하고 있는 M538

은 이 춘분과 추분점을 하늘에서 찾아내야만 했다”(퀴비에〔Cuvier〕, 『지표의 변천에 관한 연구』, 외페르판, 1863, 141쪽).

6) 서로 관련이 없는 소규모 생산조직들을 지배하는 인도 국가권력의 물적 기초 가운데 하나는 관개를 통제하는 것이었다. 인도를 지배했던 회교도들은 그들의 후계자가 된 영국인보다도 이것을 더 잘 이해하고 있었다. 여기에서는 단지 1866년의 기근이 벵골 주 오리사 지방에서 100만 명 이상의 힌두인을 희생시켰다는 것만을 얘기해두기로 하자.

7) “서로 다른 두 나라가 같은 양의 필요생활수단을 똑같은 노동량을 소비하여 공급하는 경우는 결코 없다. 인간의 욕망은 그 주거지의 기후가 매서운가 온화한가에 따라 차이가 난다. 따라서 각 나라의 주민들이 필요에 쫓겨 수행해야만 하는 일의 양은 똑같을 수가 없으며, 또 이 차이의 정도를 추위와 더위의 정도에 따라 계산하는 것 이외의 방법으로는 알아내는 것이 사실상 불가능하다. 그리하여 우리가 일반적으로 내릴 수 있는 결론은 일정 수의 주민 생계를 위해 필요한 노동량이 추운 곳일수록 늘어나고 따뜻한 곳일수록 줄어든다는 것이다. 추운 곳에서는 더운 곳보다 의복도 더 필요하고 토지의 경작도 더 힘들 것이기 때문이다”(『자연이자율을 지배하는 요인에 대하여』, 런던, 1750, 59쪽). 이 획기적인 익명의 저서 필자는 매시(J. Massie)이다. 흄(Hume)은 이 책으로부터 자신의 이자론을 끌어냈다.

인도네시아 제도의 주민들을 살펴보자.

> 주민들은 나무에 구멍을 뚫고 속이 익었는지를 확인한 뒤, 줄기를 도려내어 여러 토막으로 잘라서 속을 긁어내고 물을 섞은 다음 걸러내는데, 그렇게 하면 바로 훌륭하게 쓰일 수 있는 사고 가루가 된다. 한 나무에서 보통 300파운드가 나오는데 500~600파운드까지 나오는 나무도 있다. 그러므로 그곳에서는 마치 우리가 숲속에서 땔감을 해오듯이 숲속에 들어가 빵을 잘라오는 것이다.[9]

이런 동아시아의 빵 벌채자 한 사람이 자신의 모든 욕망을 충족시키는데 일주일에 12시간의 노동이 필요하다고 가정해보자. 자연의 혜택은 그에게 한가한 시간을 제공한다. 그가 이 시간을 자신을 위해 생산적으로 사용하기 위해서는 많은 역사적 조건이 필요하며, 만일 그가 이 시간을 다른 사람을 위한 잉여노동에 소비하기 위해서는 외적인 강제가 필요하다. 만일 자본주의적 생산이 도입되면 이 정직한 사람이 1노동일의 생산물을 취득하기 위해서는 아마도 1주일에 6일을 노동하지 않으면 안 될 것이다. 자연의 혜택으로는 왜 그가 이제 1주일에 6일을 노동하는지 또는 왜 그가 이제 5일의 잉여노동을 제공하는지를 설명할 수 없다. 자연의 혜택으로 설명이 되는 것은 다만, 왜 그의 필요노동시간이 1주일에 하루로 제한되는지에 대한 것뿐이다. 그러나 어떤 경우에도 그의 잉여생산물이 인간노동의 천부적이고 신비스러운 성질에서 발생하는 것은 결코 아닐 것이다.

역사적으로 발달된 사회적 노동생산력과 마찬가지로, 자연의 제약을 받는 노동생산력도 노동과 한 몸을 이룬 자본의 생산력으로 나타난다.

M539 리카도는 잉여가치의 원천에 대해서는 아무런 관심이 없다. 그는 잉여

8) "모든 노동은" (시민의 권리이며 의무인 것처럼 생각되지만) "반드시 일정한 잉여를 만들어내야만 한다" (프루동). †130

9) 쇼우(F. Schouw), 『토지, 식물과 인간』, 제2판, 라이프치히, 1854, 148쪽.

가치를 자본주의적 생산양식—그의 눈에는 사회적 생산의 자연스러운 형태로 보이는—의 타고난 한 요소로 취급한다. 노동생산성에 대해서 얘기하면서 그는 노동생산성을 통해서 자신이 밝히고자 하는 것이 잉여가치라는 현존재의 원인이 아니라 잉여가치의 크기를 결정하는 요인일 뿐이라고 말한다. 반면 그의 학파는 노동생산력이 이윤(잉여가치라고 읽어보라)의 발생원인이라고 큰소리로 선언한다. 그것은 중상주의자들에 비하면 하나의 진보였는데, 왜냐하면 중상주의자들은 생산물의 가격 가운데 생산비를 넘는 초과분을 교환에서〔즉 생산물을 그 가치보다 비싸게 판매함으로써〕 도출하기 때문이다. 그렇지만 리카도학파도 그저 문제를 회피했을 뿐 그것을 해결하지는 못하였다. 사실 이들 부르주아 경제학자들은 잉여가치의 원천에 관한 뜨거운 쟁점을 너무 깊숙이 파고들어가는 것은 대단히 위험한 일이라는 올바른 본능을 갖고 있었다. 그러나 리카도가 죽은 지 반세기나 지난 오늘날 존 스튜어트 밀이 중상주의자에 대한 자신의 우월성을 자랑스럽게 확인하는 방법이라는 것이 고작 리카도를 처음으로 속류화한 사람들이 말도 안 되는 핑곗거리로 삼았던 것을 똑같이 반복하는 것이라는 점은 어떻게 생각해야 하는 것일까?

밀은 다음과 같이 말한다.

> 이윤의 원천은 노동이 자신의 생계에 필요한 것보다도 더 많은 것을 생산한다는 데에 있다.

여기까지는 리카도를 처음으로 속류화했던 그 사람들의 말과 조금도 다를 바가 없다. 그러나 밀은 여기에 자신의 의견을 덧붙이고 있다.

> 또는 문장의 형태를 바꾸어 말한다면, 자본이 이윤을 낳는 이유는 식품·의복·원료 그리고 노동수단이 그것들의 생산에 필요한 시간보다도 더 오랫동안 지속되기 때문이다.

밀은 여기에서 노동시간의 지속을 그 생산물의 지속과 혼동하고 있다. 이 견해에 따르면, 그 생산물이 겨우 하루밖에 지속되지 않는 제빵업자는 그 생산물이 20년 이상이나 지속되는 기계 제조업자와 똑같은 이윤을 그의 임노동자에게서 얻어낼 수 없을 것이다. 물론 새의 둥지가 그것을 만드는 데 필요한 시간보다도 더 오래 지탱되지 못한다면, 새는 둥지 없이 지낼 수밖에 없을 것이다.

일단 이 근본진리를 확립해둔 다음 밀은 중상주의자에 대한 자신의 우월성을 다음과 같이 확정짓는다.

> 이리하여 우리는 이윤이 교환이라는 우연한 일에서가 아니라 노동생산력에서 생긴다는 것을 알게 된다. 한 나라의 총이윤은 교환이 수행되든 않든 간에 늘 노동생산력에 따라서 결정된다. 만일 분업이 없다면 구매도 판매도 없겠지만, 그럼에도 이윤은 여전히 존재할 것이다.

M540 결국 여기에서는 자본주의적 생산의 일반적 조건인 교환(즉 구매와 판매)은 순전히 우연적인 일이고, 노동력의 구매와 판매가 없이도 여전히 이윤은 존재한다는 것이다!

그는 이렇게 덧붙인다.

> 한 나라의 온 노동자가 그들의 임금 총액보다도 20% 이상 더 생산한다면 물가의 상태가 어떻든 간에 이윤은 20%가 될 것이다."

이것은 한편으로는 완전히 기묘한 동어반복에 지나지 않는다. 왜냐하면 노동자들이 만일 그들의 자본가를 위해서 20%의 잉여가치를 생산한다면 이윤은 노동자들의 임금 총액에 대하여 20 대 100의 비율을 이룰 것이기 때문이다. 다른 한편, 이윤이 "20%가 될 것이다"라는 말은 완전히 틀린 것이다. 이윤은 더 적어지지 않으면 안 된다. 왜냐하면 이윤은 투하 자본 총액에 대해서 계산되기 때문이다. 예를 들어 자본가가 500파운드스털링을 투하하여 그 가운데 400파운드스털링을 생산수단에, 100파운드스털링을 임금에 투하했다고 하자. 가정한 대로 잉여가치율이 20%라면 이윤율은 20 대 500, 곧 4%이지 20%가 아니다.

다음은 사회적 생산의 여러 역사적 형태를 밀이 어떻게 다루는지를 보여주는 좋은 사례이다.

> 나는 거의 예외 없이 어디서나 이루어지고 있는 현재의 상태를 전제로 삼는다. 즉 자본가는 노동자에 대한 지불을 포함한 일체를 투하한다고 전제한다.

지금까지 지구상에서 거의 예외적으로만 이루어지고 있을 뿐인 상태를 어디에서나 볼 수 있다고 생각하는 보기 드문 착시현상이 여기에 있다! 조금만 더 보도록 하자. 밀은 솔직하게 인정한다. "자본가가 그렇게 하는 것이 반드시 그래야만 하는 필연적인 것은 아니다."* 오히려 그 반대이다.

> 노동자가 만일 노동이 완료될 때까지 자신의 생존에 필요한 수단을 갖고 있다면 그는 자신의 임금 총액에 대한 지불을 그때까지 기다릴 수 있을 것이다. 그러나 그런 경우 그는 어느 정도 자본을 사업에 투자하고 사업이 지속되는 데 필요한 자금의 일부를 제공하는 자본가가 될 것이다.

* 1878년 11월 28일 마르크스는 다니엘슨에게 보낸 편지에서 이 문장의 표현을 이렇게 하자고 제안했다. ― 다음은 사회적 생산의 여러 역사적인 형태를 밀이 어떻게 다루는지를 보여주는 좋은 사례이다. 그는 다음과 같이 말한다. "나는 노동자와 자본가가 서로 계급으로 대립하는 곳에서는 어디에서나 거의 예외 없이 이루어지고 있는 현재의 상태(즉 자본가가 노동자에 대한 지불을 포함한 일체를 투하하는 상태)를 전제로 삼는다." 밀은 자본가가 그렇게 하는 것이 반드시 그래야만 하는 필연적인 것은 아니라고 ― 노동자와 자본가가 서로 계급으로 대립하고 있는 경제체제의 경우에도 ― 기꺼이 믿으려고 한다.

M541 똑같은 논법을 적용하면, 밀은 생활수단뿐만 아니라 노동수단도 스스로 투하하는 노동자를 사실상 그 자신의 임노동자라고 말할 수 있을 것이다. 그는 또 미국의 농민은 주인〔즉 다른 사람〕을 위해서가 아니라 자신을 위해서만 노역에 종사하는 자기 자신의 노예라고도 말할 수 있을 것이다.

밀은 이처럼 자본주의적 생산을, 그것이 존재하지 않았을 때에도 여전히 존재하는 것처럼 명료하게 보여준 다음, 이번에는 자본주의적 생산을, 그것이 존재할 때에도 존재하지 않는다고 일관성 있게 논증한다.

> 그리고 앞의 경우(자본가가 임노동자에게 그 생활수단 전부를 투하하는 경우)에도 노동자는 똑같은 관점에서(즉 자본가로서) 간주될 수 있다. 왜냐하면 그는 자신의 노동을 시장가격 이하로(!) 제공하기 때문에, 그는 이 차액(?)을 자신의 기업주에게 투하하는 것으로 간주될 수 있기 때문이다.[9a)]

실제 현실에서 노동자는 자신의 노동을 1주일의 기간에 걸쳐 자본가에게 무상으로 투하하여 주말에 그 시장가격을 받는데, 밀에 따르면 이것이 곧 노동자를 자본가로 만드는 것이다! 낮은 평지에서는 그저 한 무더기의 흙도 작은 산처럼 보이게 마련이다. 오늘날 부르주아 계급의 그 낮은 천박함을 그들의 '위대한 정신'의 눈금으로 측정해보는 것은 어떨까.

9a) 밀(J. S. Mill), 『경제학 원리』, 런던, 1868, 252 · 253쪽의 곳곳. {위 문장은 『자본』의 프랑스어판에 독일어로 번역되어 있다. — 엥겔스}

제15장

노동력의 가격과 잉여가치의 양적 변동

노동력의 가치는 평균적인 노동자에게 일상적으로 필요한 생활수단의 가치에 따라 정해진다. 이 생활수단은 비록 형태는 변할지 모르지만 그 양은 일정한 사회의 일정한 시기에 주어져 있기 때문에 불변적인 크기로 다루어질 수 있다. 변하는 것은 이 양의 가치뿐이다. 그밖에 또다른 두 가지 요인이 노동력의 가치를 결정하는 데 관여한다. 하나는 생산양식에 따라 변하는 노동력의 육성비용이며, 다른 하나는 노동력의 자연적 차이〔즉 남녀간의 차이나 성년-미성년간의 차이〕이다. 이들 각기 다른 노동력을 어떻게 사용하는지는 역시 생산양식에 따라 다르긴 하지만 노동자 가족의 재생산비용과 성년 남성노동자의 가치에서 큰 차이를 만들어낸다. 그러나 이들 두 가지 요인은 아래 논의에서 배제되었다.[9b] M542

우리는 다음과 같이 가정하기로 한다. ①상품은 가치대로 판매된다. ②노동력의 가격은 그 가치보다 높아질 수는 있어도 결코 그 가치보다 낮

9b) {제3판의 주: 281쪽(M336을 보라—옮긴이)에서 다루었던 경우도 여기에서는 물론 똑같이 배제되었다. — 엥겔스}

아지지는 않는다.

이렇게 가정하면, 노동력의 가격과 잉여가치의 상대적인 크기는 다음 세 가지 요인에 의해 결정된다는 것을 알게 된다. ① 노동일의 길이, 즉 노동의 외연적인 크기. ② 노동의 정상적인 강도, 즉 일정 시간 동안 지출되는 노동량을 나타내는 노동의 내포적인 크기. ③ 끝으로, 생산조건의 발전 수준에 따라 같은 양의 노동이 똑같은 시간 동안 산출하는 생산물 양의 크기를 나타내는 노동생산력. 이들 세 요인 가운데 하나가 불변이고 다른 두 개가 변하는 경우, 또는 두 개가 불변이고 하나만 변하는 경우, 또는 마지막으로 세 개가 모두 변하는 경우 등 매우 다양한 조합이 있을 수 있다는 것은 명백하다. 여러 요인이 함께 변하는 경우에도 변동의 크기나 방향은 다양할 수 있기 때문에 이들 조합은 더욱 다양해진다. 아래에서는 몇몇 주요 조합에 대해서만 서술하고자 한다.

M543

제1절 노동일의 길이와 노동강도가 불변이고(주어져 있고) 노동생산력이 변하는 경우

이런 조건에서 노동력의 가치와 잉여가치는 세 가지 법칙에 따라 결정된다.

첫째, 주어진 길이의 노동일은 노동생산성이 변하고 따라서 생산물의 양과 개별 상품의 가격이 변한다 해도 언제나 똑같은 가치생산물로 표현된다.

예를 들어 12시간 노동일의 가치생산물이 6실링이라고 한다면, 생산된 사용가치의 양이 노동생산력에 따라 변동하더라도〔즉 6실링이라는 가치가 배분되는 상품의 양이 늘거나 줄어들더라도〕 이 6실링이라는 가치는 변하지 않는다.

둘째, 노동력의 가치와 잉여가치는 서로 반대방향으로 변동한다. 노동생산력의 변동, 즉 그 증대나 감소는 노동력의 가치에는 반대방향으로 작용하고 잉여가치에는 같은 방향으로 작용한다.

12시간 노동일의 가치생산물이 하나의 불변적 크기, 즉 예를 들어 6실링이라고 하자. 이 불변적 크기는 '잉여가치+노동력가치'와 같고 노동자는 이 노동력가치의 등가만큼을 보전받는다. 불변적 크기의 두 부분 가운데 어느 한 부분이 감소하지 않고서 다른 한 부분이 증가할 수 없다는 것은 당연한 일이다. 즉 잉여가치가 3실링에서 2실링으로 감소하지 않고서는, 노동력의 가치가 3실링에서 4실링으로 증가할 수 없다. 또 노동력의 가치가 3실링에서 2실링으로 감소하지 않고서는, 잉여가치가 3실링에서 4실링으로 증가할 수 없다. 그러므로 이런 조건에서는 노동력의 가치든 잉여가치든, 둘 사이의 상대적인〔또는 비율적인〕 크기가 동시에 변동하지 않으면 절대적인 크기의 변동은 있을 수 없다. 양자가 동시에 감소하든가 동시에 증가하는 일은 있을 수 없다.

또한 노동생산력이 상승하지 않고는 노동력가치가 하락할 수 없고 따라서 잉여가치도 늘어날 수 없다. 즉 앞서 든 예의 경우 노동생산력의 상승으로 이전에 6시간을 들여야 생산할 수 있던 생활수단을 4시간 만에 생산할 수 있게 되는 경우가 아니고는, 노동력의 가치가 3실링에서 2실링으로 하락할 수 없다. 거꾸로 노동생산력이 하락하지 않으면〔즉 이전에 6시간 만에 생산할 수 있던 생활수단을 8시간을 들여야 생산할 수 있게 되는 경우가 아니면〕, 노동력의 가치가 3실링에서 4실링으로 상승할 수 없다. 그래서 다음과 같은 결론이 나오게 된다. 즉 노동생산성의 증대는 노동력의 가치를 떨어뜨리고 따라서 잉여가치를 증대시키지만, 거꾸로 노동생산성의 감소는 노동력의 가치를 높여서 잉여가치를 감소시킨다는 것이다. M544

이 법칙을 정식화하면서 리카도는 다음과 같은 사실을 하나 간과하였다. 즉 잉여가치량〔또는 잉여노동량〕의 변동이 노동력가치〔또는 필요노동〕 크기의 변동과 서로 반대방향인 경우에도, 그 변동비율은 일정하지 않다는 점이다. 물론 절대적 크기에서는 둘은 똑같은 크기로 증가하거나 감소한다. 그러나 가치생산물〔또는 노동일〕의 각 부분의 증가 또는 감소 비율은 노동생산력이 변동하기 이전의 최초 분할비율에 따라 정해진다. 노동력의 가치가 4실링〔또는 필요노동시간이 8시간〕이고 잉여가치가 2실링〔또는 잉여노동이 4시간〕이었다가 노동생산력의 상승에 따라 노동력의 가치가 3실링〔또는 필요노동이 6시간〕으로 하락한다면, 잉여가치는 3실링〔또는 잉여노동은 6시간〕으로 증가한다. 후자의 증가분과 전자의 감소분은 모두 2시간〔또는 1실링〕이라는 똑같은 크기이다. 그렇지만 크기의 변동비율은 양쪽이 서로 다르다. 노동력의 가치는 4실링에서 3실링으로, 따라서 $\frac{1}{4}$〔즉 25%〕 하락하지만, 잉여가치는 2실링에서 3실링으로, 따라서 $\frac{1}{2}$〔즉 50%〕 상승한다. 결국 노동생산력의 일정한 변동으로 인해 증가 또는 감소하는 잉여가치의 비율은, 노동일 가운데 원래 잉여가치를 나타내던 부분이 작을수록 커지고 거꾸로 클수록 작아지는 것이다.

셋째, 잉여가치의 증가나 감소는 늘 거기에 대응하는 노동력가치의 저하 또는 상승의 결과이지 결코 그 원인은 아니다.[10)]

M545 일정한 길이의 노동일은 일정한 가치량으로 표시되고, 모든 잉여가치 크기의 변동은 그와 반대방향의 노동력가치 크기의 변동과 함께 나타나며 노동력가치는 단지 노동생산력의 변동이 있어야만 함께 변할 수 있다. 그렇기 때문에 이런 조건에서는 분명 잉여가치 크기의 변동이 언제나 그 반대방향의 노동력가치 크기의 변동에서 생겨난다. 그래서 이미 본 바와

10) 매컬럭은 이 세 번째 법칙에 아무 의미 없는 내용을 덧붙이고 있다. 즉 노동력가치가 하락하지 않아도 자본가가 지금까지 지불해야 했던 조세를 폐지함으로써 잉여가치는 증가할 수 있다는 것이다. 이러한 조세의 폐지는 산업자본가가 노동자에게서 직접 착취한 잉여가치량에 아무런 변화도 주지 않는다. 그것은 단지 그가 자기 주머니에 집어넣거나 제3자와 나누어야 하는 잉여가치의 비율을 변화시킬 뿐이다. 즉 그것은 노동력의 가치와 잉여가치 사이의 관계를 조금도 변화시키지 않는다. 그러므로 매컬럭이 덧붙인 예외는 단지 그가 이 법칙을 제대로 이해하고 있지 못하다는 것을 보여줄 뿐이다. 이런 터무니없는 짓은 세이가 스미스를 속류화하면서 저질렀던 것만큼이나 그가 리카도를 속류화할 때마다 자주 저지르곤 하는 일이다.

같이 노동력가치와 잉여가치의 절대적 크기의 변동이 그것들의 상대적 크기의 변동 없이는 있을 수 없다면, 이제 노동력가치와 잉여가치의 상대적 가치크기의 변동은 노동력의 절대적 가치크기의 변동 없이는 불가능하다는 것이 당연하다.

세 번째 법칙에 따르면 잉여가치 크기의 변동은 노동생산력이 변동함에 따라 일어나는 노동력가치의 변동을 전제로 한다. 잉여가치의 크기가 변동하는 한계는 노동력가치의 변동 크기에 의해 주어진다. 그러나 이 법칙이 작용할 수 있는 조건에서도 여러 중간단계의 변동이 있을 수 있다. 예를 들면 노동생산력의 상승으로 노동력가치가 4실링에서 3실링으로〔또는 필요노동시간이 8시간에서 6시간으로〕 하락하는 경우에도 노동력의 가격은 3실링 8펜스나 3실링 6펜스 아니면 3실링 2펜스까지만 하락할 수 있으며, 그에 따라 잉여가치도 3실링 4펜스나 3실링 6펜스 또는 3실링 10펜스까지밖에 증가하지 않을 수 있다. 노동력 가격의 하락이 어느 정도까지 이루어질지는〔3실링이 최저점이다〕 저울대의 한편에 있는 자본의 압력과 다른 한편에 있는 노동자들의 저항 가운데 어느 쪽이 상대적으로 더 무거운가에 의해 정해진다.

노동력의 가치는 일정량의 생활수단 가치에 의해서 정해진다. 노동생산력과 함께 변동하는 것은 이 생활수단의 가치이지 그 양이 아니다. 노동생산력이 상승하면 노동력 가격과 잉여가치의 크기에는 아무런 변동이 없어도 이 양 자체는 노동자와 자본가에게 동시에 그리고 같은 비율로 증가할 수 있다. 처음의 노동력가치가 3실링이고 필요노동시간이 6시간, 잉여가치도 3실링, 잉여노동시간도 6시간이라고 하자. 노동생산력이 두 배가 되어도 노동일의 분할이 불변이라면, 노동력의 가격과 잉여가치는 변하지 않는다. 단지 사용가치에서는 양자 모두 두 배의 크기를〔따라서 그만큼 더욱 저렴해진〕 나타낼 것이다. 노동력의 가격은 변함이 없겠지만 M546 그것은 노동력가치 이상으로 높아질 것이다. 노동력의 가격이 하락하더라도 노동력의 새로운 가치에 의해 주어지는 $1\frac{1}{2}$ 실링이라는 최저한으로까지는 하락하지 않고 2실링 10펜스나 2실링 6펜스 정도에서 그친다면, 이 하락한 가격은 이전에 비해 더욱 증가된 생활수단의 양을 나타낼 것이다. 이처럼 노동생산력이 상승하는 경우에는 노동자의 생활수단의 양이 계속 증대하면서도 노동력의 가격은 계속 하락할 수 있다. 그러나 상대적으로는〔즉 잉여가치와 비교해보면〕 노동력의 가치가 끊임없이 하락하고, 따라서 노동자와 자본가 사이의 생활상태의 격차는 갈수록 확대될 것이다.[11)]

리카도는 앞서 말한 세 가지 법칙을 처음으로 엄밀하게 정식화하였다. 그의 설명이 지닌 결함은, ① 이 법칙들이 적용될 수 있는 특수한 조건들을 자본주의적 생산에서는 언제나 자명할 뿐만 아니라 일반적이고 배타적인 조건들로 간주한다는 점이다. 그는 노동일의 길이와 노동강도가 변동한다는 사실을 인식하지 못했기 때문에 노동생산성만을 유일한 변동요인으로 간주하였다. ② 그러나 그의 분석을 더욱 심하게 손상시키는 요인은, 그도 또한 다른 경제학자들과 마찬가지로 잉여가치를 그 자체로서〔즉 이윤이나 지대 등과 같은 그것의 특수한 형태들에서 독립시켜〕 연구한 적이 없었다는 점이다. 따라서 그는 잉여가치율에 관한 법칙을 곧바로 이윤율의 법칙과 같은 것으로 혼동하고 있다. 이미 말했듯이 이윤율은 총투하자본에 대한 잉여가치의 비율이지만, 잉여가치율은 이 자본 가운데 가변부분에 대한 잉여가치의 비율이다. 500파운드스털링의 어떤 자본(C)이 원료나 노동수단 등을 모두 합한 400파운드스털링(c)과 100파운드스털링의 임금으로 나누어지고 잉여가치는 100파운드스털링이라고 하자. 그렇게 되면 잉여가치율은 $\frac{m}{v}=\frac{100\text{파운드스털링}}{100\text{파운드스털링}}=100\%$이다. 그러나 이윤율은 $\frac{m}{C}=\frac{100\text{파운드스털링}}{500\text{파운드스털링}}=20\%$이다. 게다가 이윤율이 잉여가치율에는 아무런 영향을 끼치지 않는 요인들에 의해 영향을 받을 수 있다는 것은 분명한 사

11) "산업의 생산성에 어떤 변화가 일어나서 일정량의 노동과 자본에 따라 생산되는 양이 더 증가하거나 감소하게 되면, 임금은 자신이 나타내는 양은 변하지 않은 채로 그 비율만 변동하거나 비율은 변하지 않은 채로 양만 변동할 수 있다"(〔카제노프〕, 『경제학 개론』, 67쪽).

실이다. 이 책의 제3권에서 나는 동일한 잉여가치율이 각기 다른 이윤율 M547 을 나타낼 수도 있으며, 일정한 조건에서 각기 다른 잉여가치율이 동일한 이윤율을 나타낼 수도 있다는 것을 증명해 보일 것이다.

제2절 노동일의 길이와 노동생산력이 불변인 상태에서 노동강도가 변하는 경우

노동강도의 증가는 같은 시간 동안의 노동 지출이 증가함을 뜻한다. 따라서 더 높은 강도의 노동일은 같은 시간 동안에 더 낮은 강도의 노동일보다 더 많은 생산물을 만들어낸다. 마찬가지로 생산력이 증가하면 노동일이 같다 할지라도 더 많은 생산물을 공급한다. 그러나 후자의 경우에는 생산물 하나하나에 예전보다 적은 노동이 소비되므로 그 가치가 하락하지만, 전자의 경우에는 각 생산물마다 소비되는 노동량이 이전과 똑같기 때문에 그 가치가 변하지 않는다. 전자의 경우 생산물의 수는 생산물가격이 하락하지 않은 채 증가하며, 따라서 그 가격 총액도 증대한다. 반면 후자의 경우는 동일한 가치 총액이 더 많은 생산물의 양으로 표시된다. 그러므로 시간 수가 불변이라면 강도가 더 높은 노동일은 더 많은 가치생산물을 만들어내고, 따라서 화폐가치가 불변이라면 더 많은 화폐로 표시된다. 이 때의 가치생산물은 그 노동일의 강도가 사회적 평균수준과 얼마만큼의 격차가 나는지에 따라 달라진다. 따라서 동일한 노동일이 이전처럼 불변적 가치생산물로 표시되는 것이 아니라 이제는 가변적 가치생산물로 표시된다. 예를 들어 보통 강도의 12시간 노동일이 6실링으로 표시된다면 강도가 높은 12시간 노동일은 7실링이나 8실링으로 표시된다. 또 예컨대 노동일의 가치생산물이 6실링에서 8실링으로 변한다면, 이 가치생산물의 두 부분〔즉 노동력의 가격과 잉여가치〕은 똑같은 비율은 아닐지라도 분명 동시에 증가할 수 있다. 예를 들어 가치생산물이 6실링에서 8실링으로 상승할 때 노동력 가격과 잉여가치가 둘 다 동시에 3실링에서 4실링으로 증대할 수 있다. 이 경우 노동력 가격이 상승한다고 해서 그 가격이 반드시 가치 이상으로 상승하는 것은 아니다. 오히려 노동력 가격이 상승하더라도 그 가격이 가치 이하로 하락할* 수도 있다. 이것은 노동력의 가격상승이 급속한 노동력의 소모를 보전하지 못하는 경우 늘 일어나는 일이다.

잘 알다시피 일시적인 예외는 있어도 노동생산성의 변동이 노동력의 M548 가치크기를 변동시키고 따라서 잉여가치의 크기를 변동시키는 것은 단지 그 산업부문의 생산물이 노동자의 일상적 소비에 사용되는 경우뿐이다. 이런 제약조건이 여기에서는 (즉 노동강도가 변동하는 경우에는—옮긴이) 적용되지 않는다. 외연적인 것이든 내포적인 것이든 노동량의 변동은 그 가치를 나타내는 물품의 성질과는 상관 없이 노동의 가치생산물의 양을 변동시킨다.

노동강도가 모든 산업부문에서 동시에 같은 정도로 상승한다면 더 높은 새로운 강도가 보통의 사회적 표준이 되고, 따라서 그것은 더 이상 외연적 증가로 계산되지 않을 것이다. 그러나 그 경우에도 노동의 평균강도는 나라마다 다르고, 따라서 각 나라의 노동일에 적용되는 가치법칙은 제각기 달라질 것이다. 강도가 높은 나라의 1노동일은 강도가 낮은 나라의 1노동일보다 더 큰 화폐로 표시된다.[12)]

---

* 제4판에는 '그 가치가 하락할'이라고 되어 있다.

12) "다른 모든 사정이 똑같다면 영국의 공장주는 외국의 공장주에 견주어 정해진 시간 안에 훨씬 많은 양의 일을 해낼 수 있는데, 그것은 영국과 다른 외국과의 노동일의 차이〔즉 영국에서는 주 60시간인 반면 외국에서는 주 72시간 또는 80시간〕를 충분히 보전해준다"(『공장감독관 보고서: 1855년 10월 31일』, 65쪽). 대륙의 공장노동일을 법률로 더욱 단축시킨다면 이는 대륙과 영국의 노동시간 격차를 줄일 수 있는 가장 확실한 수단이 될 것이다.

제3절 노동생산력과 노동강도가 불변인 상태에서 노동일의 길이가 변하는 경우

노동일은 두 방향으로 변할 수 있다. 즉 단축될 수도 있으며 연장될 수도 있다.

① 주어진 조건에서, 즉 노동생산력과 노동강도가 불변인 경우 노동일의 단축은 노동력의 가치〔즉 필요노동시간〕를 변화시키지 않는다. 그것은 잉여노동과 잉여가치를 감소시킨다. 이때 잉여가치의 절대적 크기와 함께 그 상대적 크기〔즉 주어진 노동력가치의 크기에 대한 잉여가치 크기의 비율〕도 감소한다. 자본가는 노동력의 가격을 그 가치 이하로 떨어뜨림으로써만 손해를 피할 수 있다.

노동일의 단축에 반대하는 종래의 모든 상투적인 주장들은 그들이 주장하는 현상들이 여기에서 전제하고 있는 조건에서 발생한다고 가정하지만, 실제로는 그 반대로 노동생산성과 노동강도의 변동이 노동일의 단축에 앞서 일어나거나 아니면 곧바로 뒤따라 일어난다.[13]

M549

② 노동일의 연장. 필요노동시간을 6시간〔즉 노동력가치를 3실링〕이라 하고 마찬가지로 잉여노동을 6시간〔즉 잉여가치를 3실링〕이라고 하자. 그렇게 되면 노동일 전체는 12시간이 되면서 6실링의 가치생산물로 표현된다. 만약 노동일이 2시간 연장되고 노동력의 가격은 변하지 않는다면 잉여가치는 절대적인 크기뿐만 아니라 그 상대적인 크기도 증가한다. 노동력의 가치크기는 절대적으로는 변하지 않지만 상대적으로는 하락한다. 제1절의 조건에서는 노동력의 절대적 크기가 변하지 않으면 그 상대적 가치크기도 변하지 않는다. 그러나 여기에서는 이제 노동력의 가치크

13) "10시간 노동법의 실시로 명백히 드러난 …… 여러 상쇄요인이 있다"(『공장감독관 보고서: 1848년 10월 31일』, 7쪽).

기가 상대적으로 변동하는 것은 잉여가치의 크기가 절대적으로 변동한 결과이다.

노동일을 표시하는 가치생산물은 노동일이 연장됨에 따라 증대하기 때문에 노동력의 가격과 잉여가치는 같은 크기는 아니더라도 동시에 증가할 수 있다. 이러한 동시적 증가는 두 가지 경우에 일어날 수 있다. 즉 노동일이 절대적으로 연장되는 경우와 노동일은 연장되지 않더라도 노동강도가 증가하는 경우이다.

노동일이 연장되면 노동력의 가격은 비록 명목상으로는 불변이거나 상승하더라도 노동력의 가치보다 낮아질 수 있다. 앞에서 서술한 바와 같이 노동력의 하루 가치는 노동력의 일반적인 평균지속기간〔즉 노동자의 정상적인 수명〕에 기초하고, 나아가 인간에게서 생명의 에너지가 운동으로 전화하는 과정에 기초해서 평가된다.[14] 노동일의 연장과 밀접한 관련이 있는 노동력 소모의 증가는 어느 정도까지는 보전의 증가를 통해서 상쇄시킬 수 있다. 그러나 이 점을 넘어서면 노동력 소모는 기하급수적으로 증가하고, 그와 더불어 노동력의 모든 정상적인 재생산조건과 활동조건은 파괴된다. 노동력의 가격과 노동력의 착취도는 더 이상 서로 비교할 수 없을 만큼 격차가 벌어진다.

제4절 노동의 지속시간, 노동생산력 및 노동강도가 동시에 변동하는 경우

M550

이 경우에는 명백히 여러 조합이 있을 수 있다. 두 요인이 변동하고 다른 하나가 변하지 않거나 아니면 세 요인 모두가 동시에 변하는 경우도 있

14) "한 사람이 24시간 동안 행한 노동의 양은 그의 신체에서 일어난 화학변화를 검사함으로써 어느 정도 추정할 수 있다. 왜냐하면 변화된 물질의 형태는 그에 선행하는 운동력의 사용을 보여주기 때문이다"(그로브〔Grove〕, 『육체적 힘의 상호관계에 대하여』, 308 · 309쪽).

을 수 있다. 변동수준이 모두 같을 수도, 제각기 다를 수도 있으며, 변동방향이 같거나 반대일 수도 있다. 따라서 이들 변화는 부분적으로 또는 전체적으로 각기 상쇄될 수도 있다. 그런데 가능한 모든 경우는 제1절~제3절의 설명을 통해 모두 쉽게 분석된다. 차례로 한 요인을 가변적인 것으로 놓고 나머지 두 요인을 불변적인 것으로 다루면, 가능한 모든 조합의 결과를 얻을 수 있는 것이다. 따라서 여기에서는 단지 두 가지 중요한 경우에 대해서만 간단히 지적해두고자 한다.

① 노동생산력이 낮아지면서 동시에 노동일이 연장되는 경우.

여기에서 노동생산력이 낮아진다는 것은 그 생산물이 노동력의 가치를 결정하는 노동부문에 대한 것으로, 예를 들어 토지의 비옥도가 감소하여 노동생산력이 낮아지고 그에 따라 토지생산물의 가격이 상승하는 경우이다. 노동일이 12시간, 그 가치생산물이 6실링이고 그 중 절반은 노동력의 가치를 보전하고 나머지 절반이 잉여가치를 이룬다고 하자. 그러면 노동일은 6시간의 필요노동과 6시간의 잉여노동으로 나누어지게 된다. 토지생산물의 가격이 상승하여 노동력가치가 3실링에서 4실링으로 증가하고 따라서 필요노동시간이 6시간에서 8시간으로 늘어난다고 하자. 노동일의 길이가 불변이라면 잉여노동은 6시간에서 4시간으로, 잉여가치는 3실링에서 2실링으로 줄어들게 된다. 만약 노동일이 2시간 연장되어 12시간에서 14시간이 된다면, 잉여노동은 변함없이 6시간이고 잉여가치도 3실링이지만 잉여가치의 크기는 필요노동에 따라서 계산되는 노동력가치보다 오히려 감소한다. 만약 노동일이 4시간 연장되어 12시간에서 16시간이 된다면, 잉여가치와 노동력가치〔즉 잉여노동과 필요노동〕 사이의 비율은 변하지 않지만 잉여가치의 절대적 크기는 3실링에서 4실링으로, 잉여노동의 절대적 크기는 6노동시간에서 8노동시간으로, 다시 말해서 $\frac{1}{3}$, 곧 33.67% 증가한다. 그리하여 노동생산력이 하락하고 동시에 노동일이 연장되는 경우 잉여가치의 비율은 감소하더라도 그 절대적 크기는 변하지 않을 수 있으며, 또한 잉여가치의 절대적 크기는 증가하더라도 그 비율은 변하지 않을 수도 있고, 나아가 노동일이 연장되는 정도에 따라서는 양쪽 모두 증가할 수도 있다.

M551 1799년부터 1815년 사이 영국에서 생활수단의 가격이 등귀하자 — 생활수단으로 표현되는 실질임금은 하락했지만 — 명목임금의 상승이 초래되었다. 웨스트(West)와 리카도는 농업노동의 생산성 감소가 잉여가치율의 저하를 불러일으킨다는 결론을 끌어내고, 상상 속에서나 가능한 이런 가정을 임금과 이윤 및 지대 사이의 비율에 대한 중요한 분석의 출발점으로 삼았다. 그러나 당시에는 높아진 노동강도와 강제된 노동시간의 연장 덕택에 잉여가치가 절대적으로나 상대적으로나 증대되어 있었다. 그 시대는 노동일의 무제한적인 연장이 시민권을 획득했던 시대이며,[15] 또한 한편에서는 자본이 증가하고 다른 한편에서는 극도의 빈곤이 갈수록 증가하는 현상이 특징을 이루고 있던 시대였다.[16]

15) "곡물과 노동이 전적으로 나란히 변동하는 일은 거의 없다. 그렇지만 그것들이 더 이상 분리될 수 없는 명백한 한계가 존재한다. (1814~15년의 의회 조사위원회에서 행해진) 증언 속에서도 지적되었듯이 임금하락을 불러일으키는 물가상승의 시기에 노동자계급이 보여준 놀라운 노고는 개인적으로 볼 때 크게 칭찬을 보낼 일이며 자본의 성장에도 분명 유리한 것이었다. 그러나 인도적인 사람이라면 누구나 다 노동이 그처럼 과도하게 지속되는 것을 바라지는 않을 것이다. 그것은 일시적인 구제책으로는 매우 훌륭한 것이지만, 만약 그런 상태가 계속해서 진행된다면, 그 결과는 한 나라의 인구가 그 나라 식량의 한계까지 늘어났을 때와 비슷해질 것이다"(맬서스, 『지대의 본질과 발전과정에 대한 연구』, 런던, 1815, 48쪽의 주). 너무도 분명한 사실을 눈앞에 두고도 리카도와 그밖의 사람들이 노동일을 불변의 것으로 가정하고 자신들의 모든 연구를 출발시키는 데 반해 맬서스가 자기 팸플릿의 다른 부분에서도 직접 언급하는 노동일의 연장을 강조한다는 점은 분명 그의 명예가 될 수 있다. 그러나 그는 보수주의자들의 이해에 충실한 노예였기 때문에 기계의 놀라운 발달과 여성 및 아동 노동의 착취 그리고 노동일의 무제한적 연장이 — 특히 전시 수요와 영국의 세계시장 독점이 끝나고 나면 — 대다수 노동자계급을 '과잉상태'로 만들 수밖에 없다는 사실을 볼 수 없었다. 물론 맬서스에게는 이 '과잉인구'를 자본주의적 생산의 역사적 자연법칙으로 설명하기보다는 자연의 영구적 법칙으로 설명하는 편이 훨씬 편리했을 것이고, 또한 그가 목사로서 우상시하던 지배계급의 이해에도 잘 들어맞는 것이었다.

16) "전시 중에 자본이 증가하는 주요 원인은 어떤 사회에서나 최대다수를 차지하는 노동자계급의 노고의 증가와 빈곤의 증가에서 찾을 수 있을 것이다. 더 많은 여성과 아동들이 그들의 궁핍한 상태 때문에 일을 해야만 했고, 또 이미 노동자였던 사람들도 똑같은 이유로 생산의 증가를 위해 더 많은 시간을 바쳐야 했다(『경제학 논집. 현재의 국가적 곤궁의 주요 원인에 대한 설명』, 런던, 1830년, 248쪽).

② 노동생산력과 노동강도가 증가하고 노동일은 단축되는 경우.

노동생산력의 상승과 노동강도의 증대는 어떤 면에서는 똑같은 형태로 M552 작용한다. 둘 다 일정 기간 동안에 만들어지는 생산물의 양을 증가시킨다. 따라서 둘 다 노동일 가운데 노동자가 자기 생활수단〔또는 그 등가〕을 생산하는 데 필요한 부분을 단축시킨다. 일반적으로 노동일의 절대적 최저한도는 이처럼 노동일 가운데 필요하지만 줄일 수 있는 부분에 따라서 결정된다. 노동일 전체가 이 한도까지 단축되면 잉여노동은 소멸하겠지만, 자본의 지배체제 아래 그런 일은 결코 있을 수 없다. 자본주의적 생산형태가 폐기되어야만 노동일은 필요노동에 국한될 수 있다. 그렇지만 다른 조건이 불변이라면 필요노동의 범위는 확대될 것이다. 왜냐하면 한편으로는 노동자의 생활조건이 더욱 풍요해지고 그들의 생활상의 요구가 더욱 커질 것이기 때문이다. 또다른 한편으로는 현재의 잉여노동 가운데 일부가 필요노동〔즉 사회적 준비금과 축적기금의 획득에 필요한 노동〕으로 계산될 것이기 때문이다.

노동생산력이 증가할수록 노동일은 더욱더 단축될 수 있고 노동일이 단축될수록 노동강도는 더욱 증가할 수 있다. 사회적으로 본다면 노동생산성은 노동의 절약 때문에도 증가한다. 이 절약은 단지 생산수단의 절약뿐만 아니라 갖가지 쓸모없는 노동을 없앤다는 의미도 포함한다. 자본주의적 생산양식은 각 개별 사업체에 대해서 절약을 강요하기도 하지만, 이 생산양식 스스로의 무정부적인 경쟁체제 때문에 사회적 생산수단과 노동력을 무한정 낭비하기도 하며, 또 오늘날 필수불가결한 것이 되긴 했지만 그 자체로서는 아무 쓸모없는 무수한 기능을 만들어내기도 하였다.

노동강도와 노동생산력이 일정할 경우, 활동 가능한 모든 사회구성원들에게 노동이 균등하게 배분될수록〔즉 한 사회계층이 노동이라는 자연적 필요를 자신에게서 다른 계층에게 전가할 수 없게 될수록〕 사회적 노동일 가운데 물적 생산에 필요한 부분은 점차 줄어들고 개인의 자유로운 정신적·사회적 활동을 위해 주어지는 시간은 갈수록 늘어난다. 노동일이 단축될 수 있는 절대적 한도는 이런 측면에서 본다면 노동의 일반성(Allgemeinheit der Arbeit)이다. 자본주의 사회에서는 한 계급의 자유로운 시간은 대중의 모든 생활시간이 노동시간으로 전화함으로써 생겨나는 것이다.

제16장

잉여가치율에 대한 갖가지 정식

이미 살펴본 바와 같이 잉여가치율은 다음 정식으로 표현된다. M553

$$\text{I. } \frac{\text{잉여가치(m)}}{\text{가변자본(v)}} = \frac{\text{잉여가치}}{\text{노동력의 가치}} = \frac{\text{잉여노동}}{\text{필요노동}}$$

앞의 두 정식은 가치의 비율로 표시한 것이고 세 번째 정식은 이들 가치가 생산되는 시간의 비율로 표시한 것이다. 서로 보완적인 이 정식들은 개념적으로 매우 엄밀한 것들이다. 그래서 고전파 경제학에서는 이들 정식이 사실 벌써 완성되어 있었는데도 의식적으로는 아직 완성되지 못하고 있었다. 우리는 고전파 경제학을 통해 다음과 같은 파생적 정식들을 보게 된다.

$$\text{II. } \frac{\text{잉여노동}^{*}}{\text{노동일}} = \frac{\text{잉여가치}}{\text{생산물 가치}} = \frac{\text{잉여생산물}}{\text{총생산물}}$$

* 권위있는 프랑스어판에서 마르크스는 이 첫 번째 정식을 괄호로 묶어놓고 있는데, 그 까닭은 "부르주아 경제학에서는 잉여노동의 개념이 명확하게 표현되어 있지 않기 때문이다."

여기에서는 하나의 똑같은 비율이 차례로 노동시간의 형태와 노동시간이 구체화되어 있는 가치의 형태, 그리고 이 가치가 포함된 생산물의 형태로 표현되고 있다. 물론 생산물의 가치라는 말은 단지 노동일의 가치생산물만을 뜻하며, 생산물가치 가운데 불변 부분은 제외된 것으로 가정하고 있다.

이 모든 정식(II—옮긴이)에서는 실제의 노동착취도, 즉 잉여가치율이 잘못 표현되어 있다. 노동일을 12시간이라 하자. 그밖의 다른 가정은 앞에서 들었던 예와 같다고 한다면, 이(I—옮긴이) 경우 실제의 노동착취도는 다음과 같은 비율로 표현된다.

$$\frac{\text{6시간의 잉여노동}}{\text{6시간의 필요노동}} = \frac{\text{3실링의 잉여가치}}{\text{3실링의 가변자본}} = 100\%$$

M554 그러나 정식 II에서는 다음과 같이 표현된다.

$$\frac{\text{6시간의 잉여노동}}{\text{12시간의 필요노동}} = \frac{\text{3실링의 잉여가치}}{\text{6실링의 가치생산물}} = 50\%$$

이 파생적 정식들은 실제로 노동일〔또는 그 가치생산물〕이 자본가와 노동자 사이에 분배되는 비율을 나타낸다. 따라서 만약 이 정식들이 곧 자본의 자기증식도(自己增殖度)를 나타낸 것이라고 간주하게 되면, 잉여노동이나 잉여가치가 결코 100%에 도달하지 못한다는 잘못된 법칙을 인정하게 되는 셈이다.[17] 잉여노동은 늘 노동일의 한 부분일 뿐이며 또한 잉여가

17) 예를 들어 『로드베르투스가 폰 키르히만에게 보낸 세 번째 편지. 리카도의 지대론에 대한 반론과 신지대론의 확립』(베를린, 1851)이 바로 그런 경우이다. 비록 그 지대론은 틀렸지만 이 책은 자본주의적 생산의 본질을 정확하게 꿰뚫고 있다. 이 책에 대해서는 나중에 다시 다루게 될 것이다. {제3판의 보유: 여기에서 알 수 있듯이 마르크스는 선행 연구자들에게서 실질적인 진보나 새로운 올바른 사상을 발견하면 그것을 매우 호의적으로 평가하고 있다. 그런데 로드베르투스가 루돌프 마이어에게 보낸 편지가 출판되면서 위에서 부여한 높은 평가는 다소 퇴색

치도 가치생산물의 한 부분에 지나지 않기 때문에, 잉여노동은 반드시 노동일보다 적고 잉여가치도 늘 가치생산물보다 적다. 그런데 $\frac{100}{100}$이라는 비율이 이루어지려면 그것들은 서로 같아야 할 것이다. 잉여노동이 노동일 전체를 흡수하기 위해서는 (여기에서 노동일이란 1주일 또는 1년 단위의 평균노동일이다) 필요노동이 영(0)이 되어야 한다. 그러나 만약 필요노동이 없어진다면 잉여노동도 없어진다. 왜냐하면 잉여노동은 필요노동의 한 기능에 지나지 않기 때문이다. 그러므로 $\frac{\text{잉여노동}}{\text{노동일}} = \frac{\text{잉여가치}}{\text{가치생산물}}$라는 비율이 $\frac{100}{100}$이라는 한계에 도달하거나 $100 + \frac{x}{100}$로 올라가는 일은 결코 있을 수 없다. 그러나 잉여가치율〔즉 실제의 노동착취도〕은 그렇게 될 수 있다. 예를 들어 라베르뉴의 계산에 따르면, 영국의 농업노동자는 생산물[18] M555 또는 생산물가치의 $\frac{1}{4}$밖에 취하지 못하고 있는 데 비하여 자본가(차지농업가)는 $\frac{3}{4}$을 취한다. 이 획득물이 나중에 자본가와 토지소유자 사이에 어떻게 재분배되는가는 별개의 문제로 삼자. 이에 따르면 영국 농업노동자의 잉여노동은 그 필요노동에 대하여 3대 1의 비율이고 착취율은 300%이다.

노동일을 불변적 크기로 취급하는 학파의 방법은 정식 II를 사용함으로써 확립되었다. 왜냐하면 이 정식들에서는 늘 잉여노동을 일정한 크기의

해버렸다. 거기에는 다음과 같이 씌어 있다. "우리는 자본을 노동에서뿐만 아니라 자본 자신에서도 구출해야 한다. 그런데 이런 구출은 기업자본가의 활동을 국민경제적 기능이나 국가경제적 기능으로 — 이는 그가 자본을 소유하고 있기 때문에 그에게 위임된 기능이다 — 이해할 때, 그리고 그가 벌어들이는 수익이 그에게 지급되는 일종의 급여로 — 우리는 아직 다른 사회조직을 몰라서 급여 이외의 다른 표현을 모른다 — 이해될 때 가장 잘 이루어진다. 게다가 급여는 규제될 수도 있고 임금에서 너무 많이 취할 경우에는 삭감될 수도 있다. 이렇게 하면 마르크스의 사회에 대한 침입(나는 그의 책을 이렇게 부르고 싶다)도 막을 수 있을 것이다. …… 일반적으로 마르크스의 저서들은 자본에 대한 연구라기보다는 현재의 자본형태에 대한 공격이라고 할 수 있다. 또 그는 이 자본형태를 자본 개념과 혼동함으로써 갖가지 오류를 저지르고 있다" (『로드베르투스-야게초브 박사의 편지와 사회정책론집』, 루돌프 마이어 편, 베를린, 1881, 제1권, 111쪽, 로드베르투스의 편지 48). 로드베르투스의 '사회적 편지'가 보여준 참으로 용감한 도약은 결국 이런 관념론적인 상투어에 빠져버리고 있다. — 엥겔스〕

18) 물론 생산물 가운데 투하된 불변자본만을 보전하는 부분은 이 계산에서 빠져 있다. — 맹목적 영국 숭배자인 라베르뉴는 비율을 너무 높은 것이 아니라 너무 낮게 계산하고 있다.

노동일과 비교하기 때문이다. 가치생산물의 분할에만 주목할 때에도 마찬가지이다. 이미 하나의 가치생산물로 대상화된 노동일은 늘 일정한 한도를 지닌 노동일이기 때문이다.

잉여가치와 노동력가치를 이처럼 가치생산물의 각 부분으로 나타내는 방법은—어쨌든 이것은 자본주의적 생산양식에서 생겨난 표현방식으로, 그 의의는 뒤에서 설명할 것이다—자본관계의 특수한 성격〔즉 가변자본과 살아 있는 노동력과의 교환, 그리고 그에 따른 생산물로부터의 노동자의 배제〕을 은폐한다. 그 대신 노동자와 자본가가 각자 제공한 생산요소의 비율에 따라 생산물을 나누어 갖는 하나의 협동관계라는 허위의 가상형태가 나타나게 된다.[19]

그런데 정식 II는 언제나 정식 I로 다시 바꿀 수 있다. 예를 들어 $\frac{\text{6시간의 잉여노동}}{\text{12시간의 노동일}}$이라면, 필요노동시간=12시간 노동일−6시간의 잉여노동이므로 다음과 같이 된다.

$$\frac{\text{6시간의 잉여노동}}{\text{6시간의 필요노동}} = \frac{100}{100}$$

M556 제3의 정식은 앞에서 이미 종종 얘기했던 것으로, 다음과 같이 표시된다.

$$\text{III. } \frac{\text{잉여가치}}{\text{노동력 가치}} = \frac{\text{잉여노동}}{\text{필요노동}} = \frac{\text{불불노동}}{\text{지불노동}}$$

'$\frac{\text{불불노동}}{\text{지불노동}}$'이라는 정식이 불러일으킬 수 있는 오해, 즉 자본가는 노동에

19) 자본주의적 생산과정의 모든 발전된 형태는 협업의 형태를 취하므로 이 형태 고유의 적대적인 성격을 사상해버리고 드 라보르드(A. de Laborde) 백작이 『공동사회의 모든 이익을 위한 협동정신에 관하여』(파리, 1818)에서 묘사한 것처럼 이들 형태를 자유로운 협동형태처럼 보이게 만드는 것은 매우 쉬운 일이다. 미국 북부의 양키 캐리(H. Carey)도 종종 노예제도의 사회적 관계를 이런 방식으로 조작하여 비슷한 성과를 거두기도 한다.

대해 지불하는 것이지 노동력에 대해 지불하는 것이 아니라는 오해는 앞의 설명을 통해서 사라진다. $\frac{\text{불불노동}}{\text{지불노동}}$ 은 단지 $\frac{\text{잉여노동}}{\text{필요노동}}$ 의 통속적인 표현에 지나지 않는다. 자본가는 노동력의 가치〔또는 그 가치와 괴리된 가격〕를 지불하고 그 대신 살아 있는 노동력 그 자체에 대한 처분권을 갖는다. 자본가는 이 노동력을 두 개의 기간으로 나누어 사용한다. 첫 번째 기간 동안 노동자는 단지 자신의 노동력가치와 동등한 하나의 가치〔즉 하나의 등가〕만을 생산한다. 그리하여 자본가는 투하된 노동력의 가격과 같은 가격의 생산물을 얻는다. 그것은 마치 그가 시장에서 기성품을 사는 것과 마찬가지이다. 반면 잉여노동 기간 동안의 노동력 이용은 자본가에게 아무런 가치의 보전을 요구하지 않고도 자본가를 위해 가치를 창출한다.[20] 그는 이 노동력의 이용을 무상으로 획득하였다. 이런 의미에서 잉여노동을 불불노동(unbezahlte Arbeit)이라고 일컬을 수 있다.

그리하여 자본은 애덤 스미스가 말했던 바와 같이 그냥 노동에 대한 지휘권이 아니다. 그것은 본질적으로 불불노동에 대한 지휘권이다. 모든 잉여가치는 나중에 이윤이나 지대 또는 이자 따위와 같은 특수한 형태를 띠지만, 그 실체에서는 불불노동 시간이 물화한 것(Materiatur)이다. 자본의 자기증식의 비밀은 타인의 일정한 불불노동에 대한 처분권을 갖는다는 데에 있다.

20) 중농주의자들은 잉여가치의 비밀을 꿰뚫어보지는 못했지만 그들에게도 잉여가치가 "그(그것의 소유자)가 구매하지 않았으면서도 판매하는, 하나의 독립적이고 자유로이 처분할 수 있는 부(富)이다"라는 사실은 매우 명백했다(튀르고, 『부의 형성과 분배에 관한 고찰』, 11쪽).

제6편

— 임금

제17장

노동력의 가치 또는 가격의 임금으로의 전화

부르주아 사회의 표면에서는 노동자의 임금이 노동의 가격〔즉 일정량의 노동에 대해서 지불되는 일정량의 화폐〕으로 나타난다. 여기에서 사람들은 노동의 가치에 대해서 이야기하고, 이 가치의 화폐적인 표현을 노동의 필요가격 또는 자연가격이라고 일컫는다. 다른 한편으로 사람들은 또한 노동의 시장가격〔즉 노동의 필요가격 위아래로 오르내리는 가격〕에 대해서도 이야기한다. M557

그런데 상품의 가치란 무엇인가? 그것은 상품생산에 지출된 사회적 노동의 대상적 형태이다. 그러면 우리는 이 가치의 크기를 무엇으로 측정하는가? 상품에 포함되어 있는 노동의 크기를 통해서이다. 그렇다면 예를 들어 12시간 노동일의 가치는 무엇에 의해 결정되는가? 12시간의 노동일 속에 포함되어 있는 12노동시간에 의해서이다. 그러나 그것은 무의미한 동어반복에 불과하다.[1)]

1) "리카도는 얼핏 보면 자신의 학설〔즉 가치는 생산에 사용된 노동량에 의해 결정된다〕과 상반되는 듯한 하나의 난점을 제법 재치있게 회피하고 있다. 만일 이 이론적 원칙을 엄격히 고수한다면, 노동의 가치는 노동의 생산에 사용된 노동량에 의해 결정된다고 해야 하는데 — 이는 명

M558 노동이 시장에서 상품으로 판매되기 위해서는 그것이 판매되기 전에 반드시 이미 존재하고 있어야만 할 것이다. 그러나 노동자가 노동에 대하여 자립적인 존재를 부여할 수 있다면 그는 상품을 팔지 노동을 팔지는 않을 것이다.[2)]

이런 여러 모순을 접어두더라도 화폐〔즉 대상화된 노동〕와 살아 있는 노동이 직접 교환된다면 그것은 바로 자본주의적 생산의 기초 위에서 자유롭게 전개되는 가치법칙을 폐기하거나 아니면 바로 임노동의 기초 위에 서 있는 자본주의적 생산 그 자체를 폐기하는 일이 될 것이다. 예를 들어 12시간의 노동일이 6실링의 화폐가치로 표현된다고 하자. 우선 첫째로 등가물끼리의 교환이 이루어진다면(등가교환—옮긴이) 노동자는 12시간의 노동에 대해서 6실링을 받는다. 그의 노동의 가격은 그의 생산물의 가격과 똑같아질 것이다. 이 경우 노동자는 자기 노동의 구매자를 위해 어떠한 잉여가치도 생산하지 않을 것이고, 또 6실링은 자본으로 전화하지 않으며, 자본주의적 생산의 기초는 사라져버릴 것이다. 그러나 바로 이러한 기초 위에서만 노동자는 자신의 노동을 판매하고, 그의 노동은 임노동이 된다. 다음으로 노동자가 12시간의 노동에 대해 6실링〔즉 12시간 노동〕보다 적게 받는다고 하자(부등가교환—옮긴이). 12시간 노동은 10시간이나 6시간 등의 노동과 교환된다. 이처럼 같지 않은 크기들을 등치시키는 것은 단지 가치의 결정 원리를 폐기하는 데서 그치지 않는다. 스스로를 폐기하는

백히 무의미한 얘기이다. 그래서 리카도는 교묘하게 말을 돌려, 노동의 가치가 임금의 생산에 필요한 노동량에 의해 결정된다고 말하고 있다. 또는 그 자신의 말로 표현하자면, 그는 노동의 가치가 임금을 생산하는 데 필요한 노동량에 의해 계산되어야 한다고 주장하였다. 그가 노동량이라고 한 것은 노동자에게 제공된 화폐나 상품의 생산에 필요한 노동량을 뜻한다. 이것은 직물의 가치가 직물의 생산에 사용된 노동량에 의해서가 아니라 직물과 교환되는 은의 생산에 사용된 노동의 양에 의해 평가된다는 것과 같은 말이다"(베일리〔S. Bailey〕, 『가치의 성질, 척도와 원인들에 관한 비판적 논고』, 50 · 51쪽).

2) "여러분이 노동을 비록 상품이라고 일컫는다 해도 그것은 교환되기 위해 우선 생산된 다음 시장으로 운반되어 시장에 나와 있는 다른 여러 상품과 제각각의 비율에 따라 교환되는 그런 상품과 같은 것이 아니다. 노동은 시장에 나오는 순간 만들어진다. 아니, 그것은 만들어지기 전에 시장에 나온다"(『경제학에서 몇몇 용어상의 논쟁에 대한 고찰』, 75 · 76쪽).

그런 모순은 결코 법칙이라고 얘기될 수도 없고, 법칙으로 정식화될 수도 없다.[3)]

하나는 대상화된 노동이고 다른 하나는 살아 있는 노동이라는 형태상의 구별에서 더 많은 양의 노동과 더 적은 양의 노동의 교환을 도출하는 것은 쓸모없는 일이다.[4)] 상품의 가치는 실제로 그 상품에 대상화된 노동량이 아니라 그 상품의 생산에 필요한 살아 있는 노동의 양에 따라 결정되기 때문에 이런 추론은 더더욱 어이없는 것이다. 어떤 상품이 6노동시간을 표현한다고 하자. 만일 그 상품을 3시간 만에 생산할 수 있는 발명이 이루어진다면, 이미 생산된 상품의 가치도 절반으로 떨어질 것이다. 그 상품은 이제 과거의 6시간이 아니라 3시간의 사회적 필요노동을 나타낸다. 그러므로 상품의 가치크기를 결정하는 것은 상품의 생산에 필요한 노동량이지 그 노동의 대상적 형태가 아니다.

M559

상품시장에서 화폐소유자가 직접 만나는 것은 사실 노동이 아니라 노동자이다. 노동자가 판매하는 것은 자신의 노동력이다. 그의 노동이 실현되기 시작하면 벌써 그 노동은 그의 것이 아니고, 따라서 그가 판매할 수 있는 것도 아니다. 노동은 여러 가치의 실체이고 내재적 척도이지만, 그 자체가 어떤 가치를 갖는 것은 아니다.[5)]

'노동의 가치'라는 표현에서 가치 개념은 완전히 소멸되어 있을 뿐만 아니라 그 대립물로 전도되어 있다. 그것은 마치 토지의 가치라는 말처럼

3) "노동을 하나의 상품으로 취급하고 또 노동의 생산물인 자본을 또다른 하나의 상품으로 취급할 경우, 만일 이들 두 상품의 가치가 똑같은 양의 노동에 의해 결정된다면, 일정량의 노동은 …… 그와 동등한 양의 노동에 의해 생산된 자본량과 교환될 것이다. 과거의 노동은 …… 같은 양의 현재의 노동과 교환될 것이다. 그러나 노동의 가치는, 다른 상품들과의 관계에서 …… 동등한 양의 노동에 의해서 결정되지 않는다"(스미스, 『국부론』, 웨이크필드〔E. G. Wakefield〕판, 런던, 1835, 제1편, 230쪽과 231쪽에 있는 주).

4) "이미 수행된 노동이 앞으로 수행될 노동과 교환되는 경우에는 언제나 후자(자본가)가 전자(노동자)보다 큰 가치를 받아야 한다는 것이 합의되어야 할 것이다"(이것도 '사회계약'의 신판이다)(시스몽디, 『상업적 부에 관하여』, 제네바, 1803, 제1권, 37쪽).

5) "노동, 그것은 가치의 유일한 기준이고 …… 온갖 부의 창조자이지만 상품은 아니다"(호지스킨, 『민중경제학』, 186쪽).

하나의 가상적 표현이다. 그러나 이 가상적 표현들은 생산관계 그 자체에서 생겨난 것이다. 그것들은 본질적 관계들의 현상형태를 표현하는 범주이다. 사물들이 종종 현상 속에서 전도되어 나타난다는 사실은 경제학 이외의 다른 모든 과학에서도 극히 잘 알려져 있다.[6)]

고전파 경제학은 일상생활에서 아무런 비판 없이 '노동의 가격'이라는 범주를 먼저 빌려오고 그 다음에야 비로소 이 가격이 어떻게 결정되는지 의문을 제기하였다. 우선 고전파 경제학은 수요공급관계의 변동이 다른 모든 상품의 가격에 대해서와 마찬가지로 노동의 가격에 대해서도 그 가격의 변동〔즉 일정한 크기를 오르내리는 시장가격의 변동〕 외에는 다른 아무것도 설명하지 못한다는 사실을 금방 인식하였다. 그런데 수요와 공급이 일치하면 다른 요인이 불변인 한 가격의 변동은 멈추어버린다. 그렇게 되면 수요와 공급마저도 이제는 더 이상 아무것도 설명하지 못하게 된다. 그리하여 결국 수요와 공급이 일치하면 노동의 가격은 수요공급의 관계와는 무관하게 결정되는 노동가격, 즉 노동의 자연가격이 되는데, 이것

M560

6) 그러나 이 같은 표현을 단순한 시적 파격(licentia poetica: 시적 효과를 내기 위해 허락되는 파격)이라고 설명하는 것은 오로지 그 분석의 무능함을 드러낼 뿐이다. 그러므로 프루동의 "노동이 가치를 갖는다는 말은 그것이 상품이라는 말이 아니라 노동 내부에 잠재적으로 포함되어 있다고 생각되는 가치를 염두에 둔 말이다. 노동의 가치라는 말은 하나의 비유적 표현이다"라는 문구에 대해 나는 다음과 같이 지적하였다. "하나의 가공할 현실인 노동이라는 상품 속에서 그는 오로지 문법적인 생략밖에 보지 못한다. 그렇기 때문에 그에게는 노동의 상품성에 기초한 오늘날의 사회가 이제부터 하나의 시적 파격이며, 하나의 비유적 표현에 기초한 것에 불과하게 된다. 만일 사회가 자신을 괴롭히는 '모든 불합리한 요소를 제거하려' 한다면 사회는 다만 귀에 거슬리는 표현을 제거하여 말만 바꾸면 될 것이고, 또 그러기 위해서는 그저 학자들에게 사전을 새로 편찬하라고 요구하면 그만일 것이다"(마르크스, 『철학의 빈곤』, 34 · 35쪽). 물론 가치의 의미 같은 것을 전혀 생각하지 않는다면 더욱 좋다. 그러면 사람들은 아무 거리낌 없이 온갖 것을 모두 이 범주에 포함시켜버릴 수 있을 것이다. 예를 들어 세이가 바로 그러하다. "'가치'란 무엇인가?" 답: "어떤 물적 존재가 가격을 가질 때의 그것이다." 그러면 "'가격'이란 무엇인가?" 답: "어떤 물적 존재의 가치가 화폐로 표현된 것이다." 그러면 왜 "토지의 노동은 …… 가치를 갖는가? 사람들이 거기에 가격을 부여했기 때문이다." 요컨대 가치라는 것은 어떤 물적 존재가 가진 가격이며, 그리고 토지가 '가치'를 갖는 것은 사람들이 그 가치를 '화폐로 표현했기' 때문이라는 것이다. 어쨌든 이것은 사물의 원인을 설명하는 극히 간단한 방법이다.

이야말로 원래 분석해야 할 대상이라는 것이 드러났다. 또는 예를 들어 1년과 같이 장기간의 시장가격 변동을 지켜보면 그 상승과 하락이 서로 상쇄되어 하나의 중간적 평균크기〔즉 불변적 크기〕가 된다는 사실이 드러난다. 당연히 이 불변적 크기는 서로 상쇄되는 그것들의 편차와는 다른 요인에 따라 결정되는 것이 분명하다. 이처럼 노동의 우연적인 시장가격을 지배하고 규제하는 가격, 즉 노동의 '필요가격'(중농학파) 또는 '자연가격'(애덤 스미스)은 다른 상품의 경우와 마찬가지로 화폐로 표현된 노동의 가치일 수밖에 없다. 이런 식으로 경제학은 노동의 우연적인 가격들을 통하여 노동의 가치를 찾아갈 수 있으리라 믿었다. 그렇다면 다른 상품들과 마찬가지로 이 가치도 다시 생산비에 의해서 결정될 것이다. 그러나 노동자의 생산비〔즉 노동자를 생산하거나 재생산하기 위한 비용〕란 도대체 무엇인가? 이 질문은 무의식적으로 경제학의 근원적인 문제로 자리잡았는데, 왜냐하면 경제학은 노동 그 자체의 생산비를 문제로 삼아 제자리를 맴돌 뿐 거기에서 빠져나오지 못했기 때문이다. 그리하여 경제학이 노동의 M561 가치라고 부른 것은 사실상 노동자의 신체 속에 존재하는 노동력의 가치이다. 그런데 이 노동력은—기계 그 자체가 기계의 작동과는 다르듯이—그 자체의 기능인 노동과는 다른 것이다. 경제학자들은 노동의 시장가격과 이른바 노동의 가치 사이의 구별, 이 가치와 이윤율 간의 관계, 그리고 이 가치와 〔노동을 통해 생산된〕 상품가치와의 관계 등에만 열중한 나머지, 자신들의 분석이 노동의 시장가격에서 이른바 노동의 가치를 향해 진행될 뿐만 아니라 이 노동의 가치 자체를 다시금 노동력의 가치로 해소시켜버리는 방향으로 진행되고 있다는 사실을 깨닫지 못했다. 자신의 분석이 낳은 이런 결과를 의식하지 못하고 '노동의 가치'나 '노동의 자연가격' 등의 범주를 가치관계의 가장 적절한 표현이라고 생각함으로써 고전파 경제학은, 나중에 보게 되듯이, 해결할 수 없는 혼란과 모순에 휩쓸리는 한편 속류경제학에도 겉으로 드러난 현상에만 충실하려는 천박한 원칙의 확실한 근거지를 제공하였다.

그러면 먼저 노동력의 가치와 가격이 어떻게 해서 임금이라는 전화한 형태로 나타나는지를 살펴보자.

널리 알려진 바와 같이 노동력의 하루 가치는 노동자의 생존기간에 근거하여 계산되는데, 이 생존기간은 다시 일정한 길이의 노동일로 환산된다. 보통의 노동일이 12시간이고 노동력의 하루 가치가 3실링〔즉 6노동시간 가치의 화폐적 표현〕이라고 가정하자. 만약 노동자가 3실링을 번다면, 그는 12시간 동안 사용된 자기 노동력의 가치를 받는 셈이다. 그런데 만일 이 노동력의 하루 가치가 하루 노동의 가치로 표현된다면 12시간의 노동은 3실링의 가치를 갖는다는 정식이 만들어진다. 노동력의 가치는 이처럼 노동의 가치 또는—화폐로 표현하면—노동의 필요가격을 결정한다. 반면 노동력의 가격이 노동력의 가치에서 이탈한다면 노동의 가격도 이른바 노동의 가치에서 이탈하게 된다.

노동의 가치란 노동력의 가치에 대한 불합리한 표현일 뿐이므로 노동의 가치는 언제나 노동의 가치생산물보다 적을 수밖에 없다는 사실이 드러난다. 왜냐하면 자본가는 언제나 노동력을 그 자신의 가치를 재생산하는 데 필요한 것보다 더 오랫동안 사용하기 때문이다. 위의 예에서 12시간 동안 사용되는 노동력의 가치는 3실링이고, 이것은 자신의 재생산을 위해 필요한 6시간에 대한 가치이다. 반면 노동력의 가치생산물은 6실링이다. 왜냐하면 노동력은 사실상 12시간 동안 사용되고 그 노동력의 가치생산물은 노동력 자신의 가치가 아니라 노동력이 사용된 시간에 따라 결정되기 때문이다. 그리하여 6실링의 가치를 창출하는 노동이 3실링의 가치를 갖는다는 얼핏 보면 어이없는 결론이 얻어진다.[7]

M562

또한 우리는 노동일의 지불 부분〔즉 6시간의 노동〕을 나타내는 3실링

7) 마르크스, 『경제학 비판』, 40쪽 참조. 이 책에서 나는 자본을 고찰할 때는 다음의 문제가 해결되어야 한다고 말하였다. "어째서 노동시간에 의해서만 결정되는 교환가치를 토대로, 노동의 교환가치가 그 노동생산물의 교환가치보다 작다는 결론을 생산으로부터 도출할 수 있단 말인가?"

의 가치가 지불되지 않은 6시간을 포함하는 12시간의 노동일 전체의 가치 또는 가격으로 나타나는 것을 보게 된다. 그리하여 임금의 형태는 노동일이 필요노동과 잉여노동, 지불노동과 불불노동으로 분할되는 모든 흔적을 지워버린다. 모든 노동은 지불노동으로 나타나는 것이다. 부역노동에서는 농노 스스로를 위한 노동과 영주를 위한 그의 강제노동이 공간적으로나 시간적으로나 분명히 감각적으로 구별된다. 노예노동에서는 노동일 가운데 노예가 자신의 생활수단 가치를 보전하는 부분〔즉 실제로 자신을 위해 노동하는 부분〕까지도 주인을 위한 노동으로 나타난다. 즉 그의 모든 노동은 불불노동으로 나타난다.[8] 그런데 임노동에서는 거꾸로 잉여노동 또는 불불노동까지도 지불노동으로 나타난다. 앞의 경우에서는 소유관계가 노예 자신을 위한 노동을 은폐하고, 뒤의 경우에서는 화폐관계가 임노동자의 무상노동을 은폐한다.

그리하여 노동력의 가치와 가격의 임금형태〔혹은 노동 자신의 가치와 가격〕로의 전화가 갖는 결정적인 중요성이 파악된다. 현실적인 관계를 은폐시키고 오히려 그 반대를 보여주는 이런 현상형태에 기초하여 노동자와 자본가의 온갖 법 개념과 자본주의 생산양식의 온갖 신비화, 그리고 이 생산양식의 온갖 자유의 환상과 속류경제학의 온갖 변호론적 헛소리가 성립하게 된다.

임금의 비밀을 해명하는 데에는 세계사적으로 많은 시간이 필요했지만, 이 현상형태의 필연성과 존재이유를 이해하는 것은 더할 나위 없이 쉬운 일이다.

자본과 노동 사이의 교환은 먼저 우리에게 서로 다른 모든 상품의 구매 M563

8) 런던의 우둔할 정도로 소박한 자유무역주의자들의 기관지 『모닝 스타』(*Morning Star*)는 미국의 내전 중 '남부연맹'†131의 흑인이 완전히 무상으로 노동하고 있다는 데 대하여 무릇 인간이 할 수 있는 온갖 도덕적 분노를 모두 표출하면서 거듭 항의하였다. 그런데 이들 흑인에게 들어가는 하루 비용을 예를 들어 런던의 이스트엔드에 거주하는 자유로운 노동자의 하루 비용과 비교해보았으면 어땠을까?

및 판매와 똑같은 방식으로 지각된다. 구매자는 일정액의 화폐를 주고 판매자는 화폐가 아닌 다른 물품을 준다. 법률적 인식에서 이 경우 둘 사이의 차이는 기껏해야 소재적인 차이에 지나지 않는다. 이 차이는 법적으로 동등한 다음과 같은 정식으로 표현된다. "네가 주기 때문에 나도 주는 것이고, 네가 하기 때문에 나도 주는 것이다. 네가 하기 때문에 나도 주는 것이며, 네가 하기 때문에 나도 하는 것이다(Do ut des, do ut facias, facio ut des, und facio ut facias)."

또한 교환가치와 사용가치는 그 자체 서로 비교할 수 없는 크기이기 때문에 '노동의 가치'나 '노동의 가격'이라는 표현이 '면화의 가치'나 '면화의 가격'이라는 표현보다 특별히 더 불합리해 보이지도 않는다. 한편 노동자는 자신의 노동을 제공하고 난 다음에야 돈을 받는다. 그러나 화폐도 지불수단의 기능을 수행할 경우에는 제공된 물품의 가치나 가격—우리의 경우에는 제공된 노동의 가치와 가격—을 나중에야 실현시킨다. 마지막으로, 노동자가 자본가에게 제공하는 '사용가치'는 사실 노동자의 노동력이 아니라 그 노동력의 기능, 즉 봉제노동 · 제화노동 · 방적노동 등과 같은 일정한 유용노동이다. 다른 측면에서 보면 이들 노동은 모두 가치를 형성하는 것이며, 그것이 다른 상품과 구별되는 속성은 보통 사람들의 의식 속에 잘 들어오지 않는다.

만일 12시간 노동에 대하여 6시간 노동의 가치생산물〔즉 3실링〕을 받는 노동자의 처지에 선다면 그에게는 사실 자신의 12시간 노동이 3실링의 구매수단이다. 그의 노동력가치는 그의 일상적인 생활수단의 가치에 따라 3실링에서 4실링으로 또는 3실링에서 2실링으로 변할 수 있다. 또는 그의 노동력가치는 불변이더라도 수요공급관계의 변화로 말미암아 그의 노동력 가격이 4실링으로 오르거나 2실링으로 하락할 수도 있다. 그렇지만 그가 제공하는 것은 여전히 변함없이 12노동시간이다. 따라서 그가 받는 등가(임금—옮긴이) 크기의 변동은 그에게는 모두 필연적으로 자신의 12노동시간의 가치 또는 가격의 변동으로 나타난다. 이런 사정 때문에 노동일을 하나의 불변적 크기로 다룬 애덤 스미스[9]는 거꾸로, 생활수단의 가치가 변화하더라도, 그리하여 똑같은 노동일이 노동자에게서 그때그때 다른 화폐량으로 표현된다고 하더라도, 노동의 가치는 불변이라고 주장하는 오류를 범하게 되었다.

다른 한편 자본가를 보면, 그는 가능한 한 적은 화폐로 가능한 한 많은 노동을 얻고자 한다. 따라서 현실적으로 그가 관심을 쏟는 것은 오로지 노동력의 기능이 창출하는 가치와 노동력 가격 사이의 차이뿐이다. 그런데 그는 모든 상품을 되도록 싸게 사려고 하며, 자신의 이윤이란 언제나 가치보다 싸게 구매하여 가치보다 비싸게 판매하는 단순한 사기에서 생기는 것이라고 여기고 있다. 그러므로 만일 노동의 가치와 같은 어떤 물적 존재가 실제로 존재하고 그가 이 가치를 실제로 지불한다면 자본이라는 것은 존재하지 않을 것이고 그의 화폐도 자본으로 전화하지 않을 것이라는 사실을 그는 이해하지 못한다. M564

더욱이 임금의 현실적 운동이 나타내는 온갖 현상은 임금이 노동력의 가치에 대해 지불되는 것이 아니라 노동력의 기능〔즉 노동 그 자체〕의 가치에 대해 지불된다는 사실을 증명하는 것처럼 보인다. 이런 현상들을 우리는 크게 두 가지 유형으로 나눌 수 있다. 첫째, 노동일 길이의 변동에 따른 임금의 변동이다. 이는 기계를 1주일 동안 임차하는 것이 하룻동안 임차하는 것보다 비용이 더 들기 때문에 우리가 지불하는 것이 기계의 가치가 아니라 기계의 사용에 대한 것이라고 하는 것과 꼭 마찬가지이다. 둘째, 똑같은 기능을 수행하는 각기 다른 노동자들 사이의 개별 임금의 차이이다. 이런 개별적 차이는 아무런 꾸밈도 없이 적나라하게 노동력 그 자체가 판매되는 노예제에서도 볼 수 있지만, 거기에서는 우리가 문제로 삼는 착시현상이 나타나지 않는다. 다만 노동력이 평균에 비해 더 큰 이익이나

9) 애덤 스미스는 성과급 임금을 다루면서, 노동일의 변동을 단지 우연적인 요소로만 사용하였다.

손해를 낼 경우 노예제도에서는 그 이익과 손해가 고스란히 노예 소유주의 몫이 되는 반면 임노동제도에서는 그런 이익이나 손해가 노동자 자신의 몫이 된다. 왜냐하면 노동자의 노동력이 전자에서는 제3자에 의해 판매되지만 후자에서는 노동자 자신에 의해 판매되기 때문이다.

어쨌든 '노동의 가치와 가격'(또는 '임금')이라는 현상형태는 그런 현상을 일으키는 본질적 관계, 즉 노동력의 가치 및 가격과는 구별된다. 그것은 모든 현상형태가 그 배후에 숨겨진 배경과는 구별되는 것과 꼭 마찬가지이다. 현상형태는 일상적인 사유형태로서 직접적이고 자연발생적으로 재생산되지만, 그 배후의 본질은 과학을 통해서만 비로소 발견될 수 있다. 고전파 경제학은 사물의 진상에 가깝게 접근했으나, 그것을 의식적으로 정식화하지는 못하였다. 고전파 경제학이 부르주아의 외피를 두르고 있는 한 그것은 불가능한 일이다.

제18장

시간급

임금은 다시 매우 다양한 형태를 띠는데, 이런 내용은 소재에 대한 지나친 관심 때문에 형태적인 차이에 아무런 주의도 기울이지 않는 경제학 개설서들에서는 알아낼 수 없다. 그렇긴 하지만 이들 모든 형태에 대해 서술하는 것은 임노동에 관한 특수이론에 속하기 때문에 이 책의 과제는 아니다. 그렇지만 두 가지 지배적인 기본형태에 대해서만은 여기에서 간단히 서술해두고자 한다. M565

우리가 기억하듯이 노동력의 판매는 언제나 일정한 시간 동안 이루어진다. 그래서 노동력의 하루 가치나 1주일 가치 등이 그대로 전화한 형태가 바로 '시간급'(Zeitlohn)〔즉 일급 등등〕이다.

그런데 먼저 말해두고 싶은 것은 제15장에서 서술한 노동력 가격과 잉여가치의 크기 변동에 관한 여러 법칙은 간단한 형태변화를 통해서 그대로 임금의 여러 법칙으로 전화한다는 사실이다. 마찬가지로 노동력의 교환가치와 이 가치가 전환되는 생활수단의 양 사이의 구별도 이제는 명목임금과 실질임금 사이의 구별로 나타난다. 본질적인 형태에서 이미 설명된 것을 현상형태에서 다시 되풀이한다는 것은 무익한 일이다. 따라서 우리의 설명도 시간급의 특징을 이루는 몇 가지 점에만 국한시키도록 하자.

노동자가 자신의 하루 노동이나 1주일 노동 등의 대가로 받는 화폐액[10]은 그의 명목임금〔즉 가치에 의해 평가된 임금〕의 액수를 이룬다. 그렇지만 노동일의 길이가 다르면〔즉 그가 매일 제공하는 노동량이 다르면〕, 그에 따라 똑같은 일급이나 주급도 전혀 다른 노동가격을〔즉 같은 양의 노동을 전혀 다른 화폐액으로〕 나타낼 수 있다는 것은 분명한 일이다.[11] 그러므로 시간급에서는 다시 일급이나 주급이라는 임금 총액이 노동의 가격과 구별되지 않으면 안 된다. 그러면 이 가격〔즉 일정량의 노동에 대한 화폐가치〕은 어떻게 알 수 있는가? 노동의 평균가격은 노동력의 평균적인 하루 가치를 평균적인 노동일의 시간 수로 나눔으로써 얻어진다. 예를 들어 노동력의 하루 가치가 3실링〔즉 6노동시간의 가치생산물〕이고 노동일이 12시간이라면, 1노동시간의 가격은 $\frac{3}{12}$실링=3펜스이다. 이렇게 산출된 노동시간의 가격은 노동가격에 대한 단위척도의 역할을 한다.

M566

그러므로 노동가격이 계속 하락하더라도 일급과 주급은 변하지 않을 수 있다. 예를 들어 통상적인 노동일이 10시간이고 노동력의 하루 가치가 3실링이라면, 1노동시간의 가격은 $3\frac{3}{5}$펜스이다. 노동일이 12시간으로 연장되면 그것은 3펜스가 되며, 노동일이 15시간으로 연장되면 그것은 다시 $2\frac{2}{5}$펜스로 떨어진다. 그럼에도 일급과 주급은 그대로 불변인 채로 머무를 수 있다. 거꾸로 노동가격이 변하지 않거나 심지어 하락하더라도 일급과 주급은 상승할 수 있다. 예를 들어 노동일이 10시간이고 노동력의 하루 가치가 3실링이라면, 1노동시간의 가격은 $3\frac{3}{5}$펜스이다. 일이 증가하여 노동자의 노동시간이 12시간으로 늘어났지만 노동가격은 그대로라면, 그의 일급은 이제 노동가격의 변동 없이도 3실링 $7\frac{1}{5}$펜스로 상승한다. 노동

10) 여기에서 화폐가치 그 자체는 불변이라고 가정한다.

11) "노동의 가격이란 일정량의 노동에 대해 지불되는 금액이다" (웨스트〔Edward West〕, 『곡물가격과 임금』, 런던, 1826, 67쪽). 웨스트는 경제학사에서 획기적인 익명의 저서 『토지에 대한 자본투하 고찰. 저자: 옥스퍼드 대학의 어떤 사람』(런던, 1815)의 저자이다.

의 외연적 크기가 아닌 그 내포적 크기가 증대해도 똑같은 결과가 생길 것이다.[12] 따라서 명목상의 일급이나 주급이 상승하더라도 노동가격은 변하지 않거나 하락할 수도 있다. 가장이 공급하던 노동량이 가족 구성원의 노동에 의해 증대됨으로써 노동자 가족의 수입이 변동하는 경우에도 마찬가지 얘기를 할 수 있다. 그러므로 명목상의 일급이나 주급의 인하에 의지하지 않고도 노동가격을 떨어뜨리는 방법은 여러 가지가 있다.[13]

M567

그렇지만 일반적인 법칙은 다음과 같다. 하루나 1주일의 노동량이 일정하다면 일급이나 주급은 노동가격에 따라 결정되고, 노동가격은 다시 노동력의 가치가 변동하거나 노동력의 가격이 가치에서 이탈하면 함께 변동한다. 거꾸로 노동가격이 일정하다면 일급이나 주급은 하루나 1주일의 노동량에 따라 결정된다.

시간급의 측정단위〔즉 노동시간의 가격〕는 노동력의 하루 가치를 통상적인 노동일의 시간 수로 나눈 것이다. 통상적인 노동일이 12시간이고 노동력의 하루 가치가 3실링〔즉 6노동시간의 가치생산물〕이라고 하자. 이런 조건에서는 1노동시간의 가격이 3펜스이며 그 가치생산물은 6펜스이다. 그런데 만일 노동자가 하루에 12시간 이하로(또는 일주일에 6일 이하

12) "임금은 노동의 가격과 수행된 노동량에 의해 결정된다. ……임금의 인상이 반드시 노동가격의 등귀를 뜻하지는 않는다. 작업시간이 연장되고 노동강도가 증가함으로써 임금이 꽤 상승하더라도 노동가격은 그대로일 수 있다"(웨스트, 『곡물가격과 임금』, 67 · 68 · 112쪽). 그러나 핵심문제인 '노동가격'이 어떻게 결정되는가 하는 물음에 대해서는 웨스트도 도처에 널려 있는 상투적인 문구로 끝내고 있다.

13) 18세기 산업부르주아 계급의 가장 열광적인 대변자인 『산업과 상업에 관한 고찰』 — 우리가 자주 인용하는 — 의 저자는 이 사실을 〔다소 혼란스럽게 서술하고 있기는 하지만〕 꽤 정확하게 알아차리고 있다. "식량과 그밖의 생활필수품 가격에 의해 결정되는 것은 노동의 양이지 노동의 가격(명목상의 일급이나 주급을 뜻한다)은 아니다. 생활필수품의 가격을 인하하면 당연히 그에 비례하여 노동의 양도 감소한다. …… 공장주들은 그 명목액수를 변경하는 방법 말고도 노동의 가격을 올렸다 내렸다 할 수 있는 여러 가지 방법이 있다는 것을 안다"(같은 책, 48 · 61쪽). 시니어는 자신의 저서(『임금률에 관한 세 가지 강의』, 런던, 1830)에서 출전을 밝히지 않은 채 웨스트의 저서를 인용하면서 다음과 같이 말하고 있다. "노동자는 주로 임금의 액수에 관심을 기울인다"(15쪽). 요컨대 노동자가 주로 관심을 기울이는 것은 그가 받는 것, 즉 임금의 명목액수이지 그가 주는 것, 즉 노동량이 아니라는 것이다!

로), 예컨대 8시간이나 6시간밖에 일하지 않는다면, 그는 이 노동가격으로는 2실링이나 $1\frac{1}{2}$ 실링의 일급밖에 받지 못한다.[14] 이 가정에 따르면 그는 M568 자신의 노동력가치에 상당하는 일급을 생산하기 위해 하루 평균 6시간 노동해야 하고, 또 똑같은 가정에 따라 그는 매시간 자신을 위해서는 단지 반 시간만 노동하고 나머지 반 시간은 자본가를 위해서 노동하는데, 바로 그렇기 때문에 그가 12시간 이하로 일할 경우 그는 6시간의 가치생산물을 받을 수 없을 것이 분명하다. 우리는 앞에서 과도노동의 파괴적인 결과를 보았지만, 이번에는 불완전취업이 노동자에게 고통의 원인이 되는 현상을 보게 된다.

만일 자본가가 일급이나 주급 방식의 지불이 아니라 시급으로, 즉 자신이 노동자들을 사용하고 싶은 시간에 대해서만 임금을 지불하기로 정해버린다면, 자본가는 원래 시급〔즉 노동가격의 측정단위〕의 계산기준이 되었던 시간보다 더 짧게 노동자를 사용할 수 있다. 이 측정단위는 '$\frac{\text{노동력의 하루 가치}}{\text{일정한 시간 수의 노동일}}$'라는 비율에 의해 결정되기 때문에 노동일의 시간 수가 일정하게 주어지지 않는 순간 곧바로 모든 의미를 상실한다. 지불노동과 불불노동 사이의 관련도 없어진다. 이제 자본가는 노동자에게 그가 자신을 유지하기 위해 필요한 노동시간을 허락하지 않고도 노동자에게서 일정량의 잉여노동을 빼낼 수 있게 된다. 자본가는 노동자를 일정하게 고용할 필요가 없어지며, 전적으로 자신의 편의나 기분 그리고 눈앞의 이익을 좇아 그때그때 번갈아가며 노동자들을 극도의 과도노동이나 불완전고용 또는 완전실업 등의 형태로 내몰 수 있게 된다. 그는 '노동의 정상가격'을 지불한다는 구실 아래, 노동자들에게 적절한 대가를 주지 않고도

14) 이처럼 비정상적인 불완전취업이 초래하는 결과는 노동일을 법률로 강제 단축시킴으로써 초래되는 결과와는 전혀 다르다. 전자는 노동일의 절대적 길이와는 상관 없이 15시간 노동일의 경우나 6시간 노동일의 경우에도 똑같이 나타날 수 있다. 노동의 정상가격은 첫 번째 경우에는 하루 평균 15시간 노동에 기초하여 계산되고 두 번째 경우에는 6시간 노동에 기초하여 계산된다. 따라서 첫 번째 경우 노동자가 하루에 7시간 반 일하고 두 번째 경우 3시간만 일하게 된다면 그 결과는 똑같아진다.

노동일을 비정상적으로 연장시킬 수 있다. 그러므로 이런 시급을 도입하려는 자본가들의 시도에 반대하여, 런던의 건축업부문 노동자들이 봉기한 것(1860년)은 아주 당연한 일이었다. 노동일의 법적 제한은 — 물론 그것이 기계의 경쟁, 고용된 노동자들의 질적 변화, 부분적 공황과 전반적 공황 등에서 발생하는 불완전취업에까지 종지부를 찍는 것은 아니지만 — 이러한 횡포에 종지부를 찍는다.

일급과 주급이 인상되어도 명목상의 노동가격은 변하지 않을 수 있으며, 심지어 그 정상적인 수준 이하로 떨어질 수도 있다. 그것은 노동가격〔즉 노동시간의 가격〕이 불변인 상태에서 노동일의 길이만 일반적인 수준보다 길어질 경우에는 언제나 일어나는 일이다. 만약 '$\frac{\text{노동력의 하루 가치}}{\text{노동일}}$'라는 분수에서 분모가 커지면 분자는 한층 더 급속하게 커진다. 즉 노동력의 사용시간이 길어지면 그 소모도 증대하기 때문에 노동력의 가치는 증가하는데, 그 증가비율이 노동력 사용시간의 증가보다 더 높은 것이다. 따라서 노동시간의 법적 제한 없이 시간급이 통용되고 있는 많은 산업부문에서는 일정 수준〔예를 들어 10시간〕 이하의 노동일만을 정상적인 노동일('표준노동일'〔normal working day〕이나 '하루 노동'〔the day's work〕 또는 '정규노동시간'〔the regular hours of work〕)으로 간주하는 관습이 자연발생적으로 생겨났다. 이 수준을 넘어서는 노동시간은 시간외 노동(overtime)이 되며, 시간 단위로 계산하여 할증임금(extra pay)이 지불되는데, 그러나 사실 그 비율은 가소로울 만큼 적은 경우가 대부분이다.[15] 이 경우 표준노동일은 실제 노동일의 일부로만 존재하며, 1년 내내 전자보다 후자가 더 길 때가 자주 있다.[16] 영국의 여러 산업부문에서는 일정

M569

15) "시간외 노동에 대한 지불액은 (레이스 제조업에서는) 시간당 $\frac{1}{2}$ 페니라는 매우 적은 액수인데, 그것은 시간외 노동이 노동자의 건강과 생활력에 끼치는 크나큰 해독과 비교하면 터무니없는 대조를 이루고 있다. …… 더구나 이런 식으로 손에 들어온 미미한 초과분은 피로회복을 위한 특별한 음식물의 구입에 지출되지 않으면 안 되는 경우가 많다"(『아동노동 조사위원회: 제2차 보고서』, 별첨 16쪽, 제117번).

16) 예를 들면 공장법이 도입되기 전 벽지 인쇄업의 경우가 그러했다. "우리는 별도의 식사시

기준시간을 넘어서는 노동일의 연장을 통한 노동가격의 상승 때문에 생계에 충분한 임금을 받으려는 노동자들은 낮은 노동가격이 지불되는 이른바 표준시간 외에 그보다 높은 임금이 지불되는 시간외 노동을 반드시 해야 하는 상황이 벌어지고 있다.[17] 노동일의 법적 제한은 이런 즐거움에도 종지부를 찍는다.[18]

M570

어떤 산업부문이든 노동일이 길어질수록 임금이 낮아진다는 것은 널리 알려진 사실이다.[19] 공장감독관 레드그레이브는 1839~59년의 20년 기간

간 없이 일했기 때문에 10시간 반의 하루 노동은 오후 4시 반이면 끝났고, 그뒤의 작업은 모두 시간외 노동이었다. 그러나 이 시간외 노동은 저녁 6시 이전에 끝나는 경우가 드물었기 때문에 사실상 우리는 일 년 내내 시간외 노동을 하고 있었다"(『아동노동 조사위원회: 제1차 보고서』, 125쪽에 있는 스미스의 증언).

17) 예를 들면 스코틀랜드의 표백업의 경우가 그러하다. "스코틀랜드의 몇몇 지방에서 이 산업은 (1862년의 공장법이 도입되기 전) 시간외 노동제도에 의해 경영되었다. 일단 표준노동일은 10시간으로 간주되고 이 10시간에 대하여 남자는 1실링 2펜스를 받았다. 그리고 거기에 날마다 3~4시간의 시간외 노동이 추가되었는데, 여기에 대해서는 시간당 3펜스가 지불되었다. 이 제도의 결과 표준시간만 일하는 남자는 주급 8실링만 벌 수 있었고 시간외 노동 없이 이 임금만으로는 생활하기가 어려웠다"(『공장감독관 보고서: 1863년 4월 30일』, 10쪽). "시간외 노동시간에 대한 할증임금은 노동자들에게는 저항할 수 없는 유혹이다"(『공장감독관 보고서: 1848년 4월 30일』, 5쪽). 런던 시티(City) 지구의 제본업은 14~15세의 어린 소녀를 무척 많이 사용하는데, 주로 일정한 노동시간을 명시한 도제계약을 통해서 사용한다. 그럼에도 그녀들은 매월 마지막 주에는 밤 10시, 11시, 12시, 심지어는 새벽 1시까지 성인 남성 직공들과 함께 뒤섞여 일한다. '고용주들은 그녀들을 할증임금과 야식비로 유혹하는데' 그녀들은 이 돈으로 근처의 선술집에서 야식을 먹는다. 그리하여 이들 '불멸의 청춘들'이 지불하게 되는(『아동노동 조사위원회: 제5차 보고서』, 44쪽, 제191번) 극심한 방탕과 타락은 단지 그녀들이 손수 제본하는 그 책들 가운데 상당수의 성서와 종교서적이 포함되어 있다는 사실을 통해서만 겨우 위안받을 수 있을 뿐이다.

18) 『공장감독관 보고서: 1863년 4월 30일』, 10쪽을 보라. 런던의 건축부문 노동자들은 1860년의 대파업과 공장 폐쇄 당시 다음과 같은 두 가지 조건에서만 시간급을 받아들이겠다고 선언하였는데, 그것은 참으로 사태를 정확하게 꿰뚫어본 것이었다. ① 노동시간의 가격과 함께 9~10시간의 표준노동일을 확정하고, 10시간 노동일의 1시간 가격을 9시간 노동일의 1시간 가격보다 높게 책정할 것. ② 표준노동일을 초과하는 시간은 모두 시간외 노동으로 계산하여 할증임금으로 지불할 것.

19) "또 장시간 노동이 통례가 되어 있는 곳에서는 저임금도 통례가 되어 있다는 것은 분명 주목할 만한 사실이다"(『공장감독관 보고서: 1863년 10월 31일』, 9쪽). "굶주림을 겨우 면할 정도의 극히 낮은 임금이 지불되는 노동은 대개 과도하게 장시간 지속되는 노동들이다"(『공중위생: 제6차 보고서』, 1863, 15쪽).

을 비교·개관함으로써 이 사실을 예증하고 있다. 그에 따르면 10시간 노동법의 적용을 받는 공장들에서는 임금이 상승했지만 하루에 14~15시간 작업이 이루어지는 공장들에서는 오히려 임금이 하락하였다.[20)]

"노동가격이 일정하면 일급과 주급은 공급되는 노동량에 따라 정해진다"는 법칙에서 첫째, 다음과 같은 명제가 도출된다. 즉 노동가격이 낮아질수록 노동자는 빈약한 평균임금이라도 확보하기 위해 노동량을 더욱더 늘려야 한다. 바꾸어 말하면 노동일이 더 길어져야 하는 것이다. 이 경우 노동가격이 낮다는 사실은 노동시간을 연장하는 요인으로 작용한다.[21)]

M571

그러나 거꾸로 노동시간의 연장도 또한 노동가격의 하락과 이에 따른 일급 또는 주급의 하락을 가져온다.

노동가격이 '$\frac{\text{노동력의 하루 가치}}{\text{일정 시간 수의 노동일}}$'에 따라 결정되므로, 아무런 보상 없는 노동일의 연장은 노동가격을 저하시킨다고 말할 수 있다. 그렇지만 자본가로 하여금 계속해서 노동일을 연장할 수 있게 만들었던 바로 그 요인들은 다시 명목상의 노동가격까지 인하하게 만들고, 결국은 증가된 시간 수의 총가격〔즉 일급과 주급〕을 인하할 수밖에 없도록 만든다. 여기에서는 그 가운데 두 가지 요인만 지적해두고자 한다. 만일 한 사람이 $1\frac{1}{2}$명 몫이나 2명 몫의 일을 한다면 시장에 나와 있는 노동력의 공급이 변하지 않더라도 노동의 공급은 증가한다. 이처럼 노동자 사이에서 벌어지는 경쟁은 자본가로 하여금 노동의 가격을 억제할 수 있게 해주며, 노동가격의 저하는 다시 거꾸로 자본가로 하여금 노동시간을 더욱 연장할 수 있게 만들어준다.[22)] 그러나 이처럼 비정상적인〔즉 사회적 평균수준을 넘어서는〕

20) 『공장감독관 보고서: 1860년 4월 30일』, 31·32쪽.

21) 예를 들어 영국의 못〔釘〕 생산 수공업노동자들은 노동가격이 너무 낮아서 빈약하기 짝이 없는 주급이나마 벌기 위해 매일 15시간을 노동해야만 한다. "그것은 하루의 시간 대부분을 차지하며, 11펜스나 1실링을 벌기 위해 그는 그 시간 내내 지독히 힘든 일을 감당해야만 한다. 더구나 그 가운데 $2\frac{1}{2}$~3펜스는 도구의 마모와 연료 그리고 철부산물 등의 비용에 지출해야만 한다"(『아동노동 조사위원회: 제3차 보고서』, 136쪽, 제671번). "여자는 같은 노동시간 동안에 5실링의 주급밖에 받지 못한다"(같은 글, 137쪽, 제674번).

불불노동의 양에 대한 처분권은 곧 자본가들간의 경쟁수단이 된다. 상품가격 가운데 일부는 노동가격으로 이루어져 있다. 노동가격 가운데 지불되지 않은 부분은 상품가격에 포함될 필요가 없다. 따라서 이 부분은 상품구매자에게 공짜로 희사되어버릴 수 있다. 이것이 경쟁의 첫 단계이다. 경쟁이 강요하는 다음 단계는 노동일의 연장을 통해서 창출된 비정상적인 잉여가치 가운데 일부를 똑같은 방식으로 상품의 판매가격에서 〔조금이라도〕 공제하는 것이다. 이런 방식을 통해서 비정상적으로 낮아진 상품의 판매가격은 처음에는 드문드문 형성되다가 차차 고착되면서 그 이후부터는 과도한 노동시간 아래에서의 비참한 임금 — 원래 이 낮은 임금은 바로 이 상품가격 인하의 산물이었다 — 을 만들어내는 불변적인 토대로 자리를 잡는다. 지금은 아직 경쟁을 분석하는 단계가 아니므로 이런 운동을 단지 암시하는 것으로만 그치기로 한다. 그렇지만 잠깐 자본가 자신의 말을 한번 들어보기로 하자.

M572

> 버밍엄에서는 업주들 사이에 경쟁이 심하여 우리들 가운데 많은 사람이 보통 때는 부끄러워서도 못할 일을 고용주로서 어쩔 수 없이 하고 있다. 그런데도 돈을 더 버는 것은 아니며, 단지 세상 사람들만 그 덕택을 보고 있을 뿐이다.[23)]

우리가 기억하듯이, 런던의 제빵업자에는 두 부류의 사람들이 있다. 한 부류는 빵을 정상가격으로 판매하고 다른 한 부류는 정상가격 이하로 판매한다. '정상가격으로 판매'하는 업자는 의회의 조사위원회에 자신들의

22) 예를 들어 만일 어떤 공장 노동자가 기존의 관습적인 장시간 노동을 거부한다면, "그는 즉시 장시간 노동을 기꺼이 하려는 다른 노동자로 교체되고 따라서 실직할 것이다"(『공장감독관 보고서: 1848년 10월 31일』, 증언, 39쪽, 제58번). "만일 한 사람이 두 사람 몫의 일을 한다면, …… 이윤율은 전반적으로 높아질 것이다. …… 왜냐하면 노동의 추가공급이 노동의 가격을 떨어뜨릴 것이기 때문이다"(시니어, 『임금률에 관한 세 가지 강의』, 15쪽).

23) 『아동노동 조사위원회: 제3차 보고서』, 증언, 66쪽, 제22번.

경쟁자를 다음과 같이 고발하였다.

> 그는 첫째, 세상 사람들을 속이고(저질의 상품으로써), 둘째, 자신의 노동자들에게 12시간의 임금만 주고 18시간 동안 일을 시킴으로써 겨우 생존하고 있다. …… 노동자의 불불노동은 치열한 경쟁을 헤쳐나가기 위한 수단이 되고 있다. …… 제빵업자들 사이의 경쟁은 야간노동의 폐지를 어렵게 만드는 원인이다. 자신의 빵을 밀가루 가격에 따라 변하는 원가 이하로 판매하는 할인업자는 자신의 노동자들에게서 더 많은 노동을 착취함으로써 그 손실을 메우고 있다. 내가 만일 노동자들에게서 12시간 노동밖에 얻어내지 못하고 있는데 내 이웃은 18~20시간을 얻어낸다면, 그는 틀림없이 판매가격으로 나에게 타격을 가할 것이다. 만일 노동자가 시간외 노동에 대한 지불을 요구할 수 있다면 이런 야비한 수작은 곧 없어질 것이다. …… 할인업자들이 고용하고 있는 노동자들은 대부분 외국인이나 소년 · 소녀들이며, 그들은 아무리 적은 임금이라도 기꺼이 받아들일 수밖에 없는 사람들이다.[24)]

이 하소연이 흥미로운 이유는 자본가의 머릿속에는 오로지 생산관계의 겉모습만이 반영된다는 사실을 보여주고 있기 때문이다. 자본가는 노동의 정상가격도 일정량의 불불노동을 포함하고 있다는 것과 이 불불노동이야말로 자기 이득의 정상적인 원천이라는 사실을 모른다. 모름지기 잉여노동시간이라는 범주는 그에게 존재하지 않는다. 왜냐하면 그것은 그가 일급으로 지불한다고 믿고 있는 표준노동일 속에 포함되어 있기 때문이다. 그러나 그에게도 시간외 노동〔즉 노동의 보통가격에 맞는 한도를

24) 『제빵 직인의 고충에 관한 보고서』, 런던, 1862, 별첨 52쪽, 증언록 제479 · 359 · 27번. 그러나 앞에서 언급했듯이, 〔그리고 그들의 대변자인 베넷 자신도 시인했듯이〕 정상 가격으로 파는 업자들도 자신들의 노동자들에게 "밤 11시 또는 그 이전에 작업을 시작하여 이튿날 저녁 7시까지 계속 일을 시키는 경우가 많다"(같은 글, 22쪽).

넘어서는 노동일의 연장]은 존재한다. 심지어 그는 헐값으로 판매하는 자 M573 신의 경쟁자에 대해서 이 시간외 노동에 대한 추가임금의 지불을 주장하기까지 한다. 그는 다시 이 추가임금도 통상적인 노동시간의 가격과 마찬가지로 불불노동을 포함하고 있다는 사실을 모른다. 예를 들어 12시간 노동일에서 한 시간의 가격은 3펜스[$\frac{1}{2}$노동시간의 가치생산물]이지만, 시간외 노동의 한 시간 가격은 4펜스[$\frac{3}{2}$노동시간의 가치생산물]이라고 해보자. 앞의 경우 자본가는 1노동시간 가운데 절반을, 뒤의 경우에는 $\frac{1}{3}$을 아무런 대가도 지불하지 않고 착복하는 것이다.

제19장

성과급

성과급(Stücklohn)은 시간급의 변형에 불과하며, 이는 시간급이 노동력가치〔또는 가격〕의 변형에 불과한 것과 마찬가지이다. M574

성과급에서는 얼핏 보면 노동자가 판매한 사용가치가 그의 노동력 기능인 살아 있는 노동이 아니라 이미 생산물을 통해서 대상화되어버린 노동인 것처럼 보이며, 또한 이 노동의 가격도 시간급의 경우처럼 '$\frac{\text{노동력의 하루 가치}}{\text{일정 시간 수의 노동일}}$'라는 분수에 의해서가 아니라 생산자의 작업능력에 의해서 결정되는 것처럼 보인다.[25]

이처럼 얼핏 드러난 겉모습을 그대로 신뢰하는 믿음은 무엇보다도 임금의 이 두 가지 형태가 같은 시기, 같은 산업부문에 병존한다는 사실 때

25) "성과급제도는 노동자의 역사에서 한 시대를 나타낸다. 그것은 자본가의 자의(恣意)에 의존하는 단순 일용노동자의 지위와, 머지않은 장래에 수공업자와 자본가를 한 사람이 겸하는 협동조합 수공업자의 중간형태이다. 성과급 노동자는 비록 고용주의 자본에 의해 일하고 있긴 하지만 사실상 자신이 곧 사장이기도 하다"(와츠〔John Watts〕, 『노동조합과 파업, 기계와 협동조합』, 맨체스터, 1865, 52 · 53쪽). 내가 이 소책자를 인용하는 까닭은 그것이 오래 전부터 묵혀둔 온갖 변호론적 상투어를 모두 담고 있기 때문이다. 이 책의 필자 와츠는 원래 오언주의를 팔고 다니다가 1842년 또다른 소책자 『경제학자의 사실과 허구』를 출판하였는데, 이 책 속에서 그는 재산이라는 것이 바로 강도질이라고 단언하고 있다. 그것은 벌써 오래된 말이다.

문에 크게 동요되지 않을 수 없다. 예를 들면 다음과 같다.

> 런던의 식자공은 대개 성과급에 따라 일하고 있으며, 시간급은 이들에게서 예외적인 경우에 해당한다. 지방 식자공의 경우에는 거꾸로 시간급이 일반적이며 성과급은 예외에 속한다. 런던항의 조선공들은 성과급에 따라 임금을 지불받는데, 다른 항구들에서는 시간급이 지불된다.[26)]

M575

런던의 마구(馬具) 제조공장들에서는 똑같은 작업을 하는데도 영국인에게는 시간급을 지불하고 프랑스인에게는 성과급을 지불한다. 전반적으로 성과급이 지배적인 공장들에서도 몇몇 작업에서는 성과 측정과 관련된 몇몇 기술적인 이유로 시간급을 지불하는 경우가 있다.[27)] 그러나 임금의 지불에서 형태의 차이는—비록 어떤 형태가 다른 형태보다 자본주의적 생산의 발전에 더 유리하다 하더라도—임금의 본질에 아무런 변화도 일으키지 않는다는 것은 그 자체로 명백한 일이다.

보통의 노동일이 12시간이고 그 가운데 6시간은 지불되고 6시간은 지불되지 않는다고 하자. 그리고 노동일의 가치생산물은 6실링이고 따라서 1노동시간의 가치생산물은 6펜스라고 하자. 또 평균적인 강도와 숙련으로 노동하는〔따라서 실제로 한 물품의 생산에 사회적으로 필요한 노동시

26) 더닝(T. J. Duning), 『노동조합과 파업』, 런던, 1860, 22쪽.

27) 임금의 이 두 가지 형태가 병존한다는 사실이 공장주들의 사기행각에 얼마나 유리한지를 말한다면, "어떤 공장은 400명을 고용하고 있는데 그 절반은 성과급으로 일하고 있어서 좀더 오랜 작업시간에 직접적인 이해를 갖고 있다. 나머지 200명은 일급으로 지불받기 때문에 전자의 200명과 똑같은 시간 동안 일하더라도 시간외 노동에 대해 별도의 임금을 받지 않는다. …… 이 200명이 하루에 반 시간씩만 더 노동하면 그것은 한 사람이 50시간 노동하는 분량〔또는 한 사람의 일주일 노동의 $\frac{5}{6}$〕에 해당하는 이익을 고용주에게 확실하게 안겨주게 된다"(『공장감독관 보고서: 1860년 10월 31일』, 9쪽). "시간외 노동은 아직도 꽤 성행하고 있다. 그리고 대개의 경우 이들 시간외 노동은 적발되어 처벌받을 염려가 없도록 법률이 앞장서서 오히려 안전을 보장하고 있다. 나는 과거의 여러 보고서를 통해서 …… 성과급이 아닌 주급을 받는 노동자들이 얼마나 부당하게 손해를 보고 있는지를 밝혀낸 바 있다"(『공장감독관 보고서: 1859년 4월 30일』, 8~9쪽에 있는 레너드 호너의 진술).

간만을 소비하는] 노동자 1명이 12시간에 24개 — 각기 별개의 불연속 제품으로 24개이든 아니면 계량 가능한 연속적 제품으로 24개이든 — 를 공급한다고 경험적으로 알려져 있다고 하자. 그러면 이 24개의 가치는, 그 속에 포함된 불변자본 부분을 공제하고 나면 6실링이 되고, 1개의 가치는 3펜스가 된다. 노동자는 1개당 $1\frac{1}{2}$ 펜스를 받고, 따라서 12시간에 3실링을 받는다. 시간급의 경우 노동자가 6시간을 자신을 위해, 그리고 나머지 6시간을 자본가를 위해 각기 노동한다고 가정하든 또는 매 시간마다 30분을 자신을 위해, 나머지 30분을 자본가를 위해 일한다고 가정하든 마찬가지인 것처럼, 이 경우에도 우리는 생산물 1개마다 절반은 지불되고 나머지 절반은 지불되지 않는다고 말하든 또는 12개의 가격은 노동력의 가치만을 보전하고 나머지 12개에는 잉여가치가 들어 있다고 말하든 마찬가지이다.

성과급이라는 형태도 시간급이라는 형태와 마찬가지로 불합리하다. M576
예를 들어 2개의 상품이, 거기에 소비된 생산수단의 가치를 공제하고 나면 1노동시간의 생산물로서 6펜스의 가치를 갖고, 이에 대해 노동자는 3펜스의 임금을 받는다. 성과급은 사실 직접적으로는 아무런 가치관계도 나타내지 않는다. 여기에서는 생산물 1개의 가치를 거기에 구체화되어 있는 노동시간으로 계산하는 것이 아니라 거꾸로 노동자가 지출한 노동을 그가 생산한 생산물의 개수로 계산한다. 시간급에서 노동은 그것의 직접적인 시간 길이로 계산되지만 성과급에서는 일정 길이의 시간 동안 노동이 응결하는 생산물의 양으로 노동이 계산된다.[28] 노동시간 그 자체의 가격은 결국 하루 노동의 가치=노동력의 하루 가치라는 등식으로 결정된다. 그러므로 성과급은 단지 시간급의 변형에 불과하다.

이제 성과급의 특성을 좀더 자세히 살펴보도록 하자.

28) "임금은 두 가지 방법으로 계산할 수 있다. 노동시간의 길이에 의하든가, 아니면 노동생산물에 의한다"(『경제학 원리 개요』, 파리, 1796, 32쪽. 이 저서의 익명의 필자는 가르니에[G. Garnier]이다).

여기에서는 노동의 질이 제품 그 자체에 의해 결정되고 각 제품이 온전한 가격을 지불받기 위해서는 평균적인 품질을 갖고 있어야 한다고 가정한다. 이런 측면에서 본다면 성과급은 임금의 삭감이나 자본주의적 속임수의 가장 풍부한 원천이 된다.

성과급은 자본가에게 노동강도를 측정할 수 있는 가장 확실한 척도를 제공한다. 그러나 미리 정해져서 경험적으로 고착화된 상품량에 들어가는 노동시간만이 사회적 필요노동시간으로 인정되며 또 그렇게 지불된다. 그러므로 런던의 대규모 봉제공장들에서는 생산물 1개의 노동〔예를 들어 1벌의 조끼〕이 1시간 또는 반 시간으로 불리는데, 이때 1시간은 6펜스를 뜻한다. 한 시간의 평균생산물이 몇 개인지는 경험적으로 알려져 있다. 새로운 유형의 상품 생산이나 수리작업 등의 경우에는 얼마만큼의 노동생산물이 1시간에 해당하는지를 둘러싸고 고용주와 노동자 사이에 분쟁이 발생하기도 하지만, 이 경우에도 그것은 결국 경험적으로 결정된다. 런던의 가구 제조공장들에서도 사정은 비슷하다. 만일 노동자가 평균적인 작업능력을 갖고 있지 않고 따라서 그가 하루에 일정 최소량의 제품을 공급할 수 없다면 그는 해고당한다.[29)]

M577 이 경우 노동의 질과 강도는 임금의 형태 그 자체에 의해 통제되기 때문에, 대부분의 노동 감독은 필요없어진다. 따라서 이 형태는 앞에서 서술한 근대적 가내공업의 기초를 이룰 뿐만 아니라 동시에 착취와 억압의 위계제도에서도 그 기초를 이룬다. 이 위계제도에는 두 가지 기본형태가 있다. 성과급은 한편으로는 자본가와 임노동자 사이에 기생계급의 개입〔즉 노동의 하청(subletting of labour)〕을 용이하게 해준다. 중개인들의 이득

29) "그(방적공)는 일정한 무게의 면화를 제공받고, 일정 시간이 지난 다음 일정한 수준의 품질을 가진 일정한 무게의 연사나 방사를 돌려주어야 한다. 그는 이런 식으로 자신이 돌려주는 물량에 대해 파운드당 얼마씩의 임금을 지불받는다. 만약 그가 돌려준 제품의 품질에 결함이 있으면 그는 벌금을 물어야 하며, 또한 만약 주어진 시간에 정해진 최소량보다 적은 분량을 돌려주면 그는 해고당하고 더 유능한 직공이 새로 채용된다"(유어, 『공장철학』, 316·317쪽).

은 오로지 자본가가 지불하는 노동의 가격과 이 가격 중에서 중개인들이 실제로 노동자에게 건네주는 부분 사이의 차액에서만 발생한다.[30] 영국에서는 이 제도를 그 특징을 반영하여 '고한제도'(苦汗制度, Sweating-system)라고 부른다. 다른 한편 자본가는 성과급 방식을 통해서 주력노동자들 — 매뉴팩처의 조장, 광산의 채탄부, 공장에서는 본래의 기능공 — 과 1개당 얼마라는 식의 계약을 체결할 수 있는데, 이 주력노동자들은 그 가격에 따라 보조노동자를 모집하고 임금 지불하는 일을 떠맡는다. 자본에 의한 노동자의 착취가 이 경우에는 노동자에 의한 노동자의 착취를 통해서 이루어지게 된다.[31]

성과급제도의 경우 노동자의 개인적인 이해는 당연히 자신의 노동력 강도를 최대한 높이는 데 있지만, 이는 다시 자본가로 하여금 노동의 표준 강도를 쉽게 높일 수 있도록 만들어준다.[31a] 노동일의 연장도 마찬가지로 M578 일급과 주급의 상승을 가져오므로 노동자에게 개인적으로 이익이 된다.[32] 그러나 이것은 다시 앞서 시간급 부분에서 서술한 바와 같은 반작용

30) "일은 마지막 사람만 하지만 그 노동생산물이 여러 사람의 손을 거쳐가면서 이들 각자에게 이윤을 챙겨준다면 최종적으로 여공의 손에 남는 급여는 형편없이 적어질 것이다"(『아동노동 조사위원회: 제2차 보고서』, 별첨 70쪽, 제424번).

31) 변호론자인 와츠조차 다음과 같이 말한다. "어떤 한 사람이 자신의 이익을 위해 자기 동료들을 혹사하는 데 관심을 쏟는 방식이 아니라 어떤 일에 종사하는 노동자 전원이 각자의 능력에 맞는 계약의 당사자가 된다면, 그것은 성과급제도의 중요한 개선이 될 것이다"(『노동조합과 파업, 기계와 협동조합』, 53쪽). 이 제도의 비열함에 대해서는 『아동노동 조사위원회: 제3차 보고서』, 66쪽 제22번, 11쪽 제124번, 별첨 11쪽 제13 · 53 · 59번을 참조하라.

31a) 이 자연발생적인 결과는 때때로 인위적으로 조장되기도 한다. 예를 들어 런던의 기계공업에서는 오래된 술수로 흔히 다음과 같은 일이 자행되곤 한다. "자본가는 더욱 뛰어난 체력과 기능을 가진 한 남자를 한 무리 노동자들의 우두머리로 선발한다. 자본가는 이 우두머리가 보통의 임금밖에 못 받는 동료들에게 자신을 본받으라고 격려하는 데 진력하겠다는 조건으로 그에게 3개월〔또는 다른 일정한 기간 동안〕 추가임금을 지불한다. …… 두말 할 나위 없이 이것은 '노동조합이 우수한 기능과 노동력의 활발한 사용을 가로막고 있다는' 점에 대한 자본가의 불만을 얘기해준다"(더닝, 앞의 책, 22 · 23쪽). 이 저자 자신이 노동자이자 노동조합 서기이기 때문에 이 얘기는 과장된 것이라고 생각할 수도 있다. 그러나 예를 들어 '높은 평가를 받는' 모턴(J. C. Morton)의 『농업사전』에서 '노동자'라는 항목을 펼쳐보라. 거기에서는 이 방법을 차지농업가가 시험해볼 만한 것으로 권장하고 있다.

32) "성과급을 받는 사람은 모두 …… 법적 노동기준을 넘어섬으로써 이익을 본다. 이런 대표

을 빚어내는데, 여기에는 성과급이 불변인 경우에도 노동일의 연장은 그 자체 이미 노동의 가격하락을 포함하고 있다는 사실 외에 많은 것들이 포함된다.

시간급의 경우 거의 예외없이 같은 작업에는 같은 임금을 주는 것이 일반적이다. 한편 성과급의 경우에는 노동시간의 가격이 일정한 생산물의 양으로 계산되기 때문에 일급과 주급이 노동자들의 개인적인 차이〔즉 일정한 시간 동안 어떤 사람은 최소량의 생산물만, 어떤 사람은 평균량을, 또 어떤 사람은 평균량 이상을 공급한다〕에 따라 달라지게 된다. 그러므로 이 경우 현실적인 수입은 노동자 개인별로 각기 차이가 나는 숙련·체력·정력·지구력 등에 따라 큰 차이가 생긴다.[33] 물론 이 같은 사실이 M579 자본과 임노동 사이의 일반적인 관계를 변화시키는 것은 결코 아니다. 첫째, 작업장 전체로 보면 개인적인 차이는 상쇄되어서 결국 이 작업장은 일정한 노동시간에 평균생산물을 공급하게 될 것이고 또 지불되는 총임금도 해당 산업의 평균임금이 될 것이다. 둘째, 각 개별 노동자가 제공하는 잉여가치량은 그의 개별 임금에 맞추어지는 것이므로 임금과 잉여가치의 비율은 여전히 변하지 않는다. 그렇지만 성과급은 개인별 차이의 여지를 제공하기 때문에 한편으로는 노동자들의 개별적인 속성〔즉 자유롭다는 느낌과 자립성·자발성〕을 발달시키고, 다른 한편으로는 노동자들 사이의 경쟁을 발전시키는 경향이 있다. 그러므로 성과급은 개별 임금을 평균수준보다 높이는 동시에 이 평균수준 자체를 떨어뜨리는 경향이 있다. 그

적인 사례로는 특히 자진하여 시간외 노동을 하는 경우로서 직공과 실감기공으로 고용되는 여성들에게서 쉽게 찾아볼 수 있다"(『공장감독관 보고서: 1858년 4월 30일』, 9쪽). "자본가들에게 매우 유리한 이 성과급제도는 …… 어린 도공들을 4~5년 동안 낮은 성과급으로 고용하면서 과도한 노동으로 직접 몰아가고 있다. 이것이 바로 도공들의 체력 저하를 가져온 주된 원인의 하나이다"(『아동노동 조사위원회: 제1차 보고서』, 별첨 13쪽).

33) "어떤 업종에서 임금이 산출량에 따라〔즉 개수에 따라〕 지불될 경우 각 노동자들의 임금액수는 서로 상당한 차이가 난다. …… 그러나 일급의 경우에는 대체로 통일된 액수가 …… 고용주와 노동자 사이에 그 직종의 평균노동자에 대한 표준임금으로 인정되고 있다"(더닝, 앞의 책, 17쪽).

러나 일정한 기준의 성과급이 오래전부터 전통적으로 고착화되어 있어서 그것을 인하하기가 특히 어려운 곳에서는, 고용주들은 예외적으로 그것을 무리하게 시간급으로 바꾸려 하는 경우도 있었다. 예를 들어 1860년 코번트리의 리본 공장 직공들의 대규모 파업은 이 때문에 일어났다.[34] 끝으로, 성과급은 앞서 서술한 시간급제도의 한 중요한 지주이기도 하다.[35]

지금까지의 서술을 토대로 우리는 성과급이 자본주의적 생산양식에 가장 적합한 임금형태라는 것을 알 수 있다. 성과급은 결코 새로운 것은 아니지만—그것은 14세기의 프랑스와 영국의 노동자법령에 벌써 공식적으로 시간급과 함께 나타나고 있다—널리 통용되기 시작한 것은 본격적인 매뉴팩처 시대에 들어와서이다. 대공업의 질풍노도 시대, 특히 1797년부터 1815년까지 성과급은 노동시간을 연장하고 임금을 인하하기 위한 지렛대 구실을 했다. 이 시대의 임금의 움직임에 대한 아주 중요한 자료가 다음의 청서(靑書)에 들어 있다. 즉 『곡물법 관련 청원에 관한 특별위원회

M580

34) "수공업 직인의 노동은 1일 단위 또는 산출량에 따라 계산된다. …… 장인들은 각 직종별로 직인이 하루에 수행할 수 있는 작업량을 대략 알고 있다. 따라서 임금은 직인들이 수행하는 작업량에 비례하여 그들에게 지불된다. 이리하여 이들 직인은 감시를 받지 않아도 자신의 이익을 위해 되도록이면 많은 일을 한다"(캉티용〔Cantillon〕, 『상업 일반의 성질에 관하여』, 암스테르담판, 1756, 185 · 202쪽. 초판은 1755년에 나왔다). 캉티용—케네와 제임스 스튜어트, 애덤 스미스는 그에게서 많은 부분을 베꼈다—은 여기서 이미 성과급이 단지 시간급의 변형일 뿐이라고 서술하고 있다. 캉티용의 프랑스어판은 표제에 영문 번역판이라고 되어 있지만 그 영어판인 『런던 시티의 상인, 고(故) 필리프 캉티용 지음. 산업 · 상업……의 분석』은 그 발행연도(1759년)가 늦을 뿐 아니라 그 내용을 봐도 나중에 수정한 것임을 알 수 있다. 그래서 예를 들면 프랑스어판에서는 '흄'이 아직 언급되지 않고, 거꾸로 영어판에서는 '페티'가 거의 나오지 않는다. 영어판은 이론적으로는 그리 대단한 것이 아니지만, 영국의 상업 · 지금(地金)거래 등에 관해 프랑스어판에는 없는 여러 가지 특수한 내용이 들어 있다. 따라서 영어판의 표제에서 이 저술이 "주로 이미 작고한 재주 많은 한 신사의 초고에서 발췌하여 제작되었다. ……"고 말한 것은 당시에 유행하던 지어낸 말이 아니라고 생각된다.[†132]

35) 실제 작업에 필요한 수보다 훨씬 더 많은 노동자가 고용되어 있는 작업장을 우리는 얼마나 자주 보았는가? 불확실하고 또 많은 경우 머릿속에서만 그려진 일들을 예상하여 노동자가 고용되는 일도 많다. 그러나 노동자들은 성과급으로 지불받기 때문에 적어도 주인에게는 아무런 위험도 없다. 왜냐하면 비는 시간으로 인한 손실은 모두 일감이 없는 노동자들에게 그대로 전가되기 때문이다"(그레구아르〔H. Grégoir〕, 『브뤼셀 형사재판소의 인쇄공』, 브뤼셀, 1865, 9쪽).

의 보고 및 증거자료』(1813~14년의 의회 회기)와 『곡물의 재배 · 거래 및 소비상태에 대한 상원위원회의 보고와 일체의 관계법령』(1814~15년의 의회 회기)이 그것이다. 이들 자료에서 반(反)자코뱅 전쟁이 개시된 이후 노동가격이 계속 하락한 데 대한 문서상의 증거가 발견된다. 예를 들어 직물업에서는 성과급이 너무 많이 하락하여 노동일이 훨씬 연장되었는데도 하루 임금은 오히려 예전보다 낮아졌다.

> 직물공들의 실제 수입은 이전보다 훨씬 줄어들었다. 원래 보통 노동자들보다 훨씬 더 좋았던 그들의 상태는 이제 거의 무시해도 될 정도가 되었다. 실제로 숙련노동과 보통노동 사이의 임금 격차는 이제 과거 어느 때보다도 미미해졌다.[36)]

성과급으로 인한 노동강도의 증대와 노동시간의 연장이 농촌 프롤레타리아트에게 아무런 이익이 되지 못했다는 것은 지주와 차지농업가의 편에 선 어느 당파적인 저술의 다음 구절을 보면 알 수 있다.

> 농사일은 거의 대부분이 일급 또는 성과급으로 고용된 사람들에 의해 수행된다. 그들의 주급은 약 12실링이다. 성과급의 경우 노동에 대한 유인이 더 크기 때문에 주급에 비해서 한 사람이 1실링이나 2실링을 더 벌 수 있을 것으로 예상할 수도 있지만, 1년 중 그에게 일이 없을 때도 있으므로 그의 총수입을 계산해보면 이 추가분은 상쇄된다는 것을 알 수 있다. …… 그리고 일반적으로 이들 노동자의 임금은 필요생활수단의 가격과 일정한 비례관계를 이루고 있어서 어린애가 둘 있는 사람이 교구의 보조금에 의지하지 않고 자신의 가족을 부양할 수 있을 정도가 된다는 것을 알 수 있다.[37)]

36) 『영국의 상업정책론』, 런던, 1815, 48쪽.
37) 『영국의 지주와 차지농업가를 위한 변론』, 런던, 1814, 4 · 5쪽.

당시 맬서스는 의회에 의해 공포된 사실과 관련하여 다음과 같이 말했다. M581

> 성과급 관행이 널리 확대되고 있는 현상에 대해 솔직히 나는 불만스럽다. 하루에 12~14시간 또는 이보다 더 긴 시간에 걸쳐 실로 격렬하게 노동하는 것은 인간에게 너무나 가혹한 일이다.[38]

공장법의 적용을 받는 작업장에서는 성과급이 통례가 되고 있다. 왜냐하면 거기에서는 이제 자본이 노동일을 내포적으로 확대하는 방법밖에 없기 때문이다.[39]

노동생산성의 변동에 따라 동일한 생산물 양이 나타내는 노동시간도 변동한다. 이에 따라 성과급도 변동하는데, 왜냐하면 성과급은 일정 노동시간의 가격 표현이기 때문이다. 앞서 들었던 예에서는 12시간에 24개가 생산되는데, 12시간의 가치생산물은 6실링, 노동력의 하루 가치는 3실링, 1노동시간의 가격은 3펜스, 한 개당 임금은 $1\frac{1}{2}$펜스였다. 생산물 1개마다에는 $\frac{1}{2}$노동시간이 흡수되어 있다. 이제 만일 노동생산성이 2배가 됨으로써 동일한 노동일에 24개가 아닌 48개를 공급하게 되고 다른 조건은 불변이라고 한다면, 생산물 1개는 이제 $\frac{1}{2}$노동시간이 아닌 $\frac{1}{4}$노동시간밖에 나타내지 않으므로 성과급은 $1\frac{1}{2}$펜스에서 $\frac{3}{4}$펜스로 하락한다. $24 \times 1\frac{1}{2}$펜스 $=3$실링이며 $48 \times \frac{3}{4}$펜스$=3$실링이다. 바꾸어 말하면 동일한 시간에 생산되는 개수가 증가하는 비율로,[40] 즉 똑같은 1개에 사용되는 노동시간이

38) 맬서스, 『지대의 본질과 발전과정에 대한 연구』, 런던, 1815, 49쪽의 주.

39) "성과급으로 지불받는 노동자들은 아마 전체 공장노동자의 $\frac{4}{5}$를 차지할 것이다"(『공장감독관 보고서: 1858년 4월 30일』, 9쪽).

40) "그의 방적기 생산력은 정확하게 계산되고, 그것을 사용하여 수행된 일에 대한 지불은 방적기 생산력이 증가함에 따라 — 똑같은 비율은 아니더라도 — 함께 감소한다"(유어, 앞의 책, 317쪽). 이 마지막 변론을 유어는 스스로 다시 취소하고 있다. 그는 예를 들어 뮬 방적기의 가동시간을 연장하면 이 연장에서 추가노동이 발생한다는 것을 시인하고 있다. 즉 노동은 그 생산성이 증가하는 것만큼 감소하지 않는다. 또한 "이 연장으로 말미암아 기계의 생산력은 $\frac{1}{5}$만

M582 감소하는 것과 같은 비율로 성과급은 하락하는 것이다. 성과급의 이런 변동은—순전히 명목적인 것에 불과하지만—자본가와 노동자 사이에 끊임없는 투쟁을 불러일으킨다. 이는 자본가가 실제로 노동의 가격을 떨어뜨리기 위한 구실로 그것을 이용하기 때문이기도 하고, 또한 노동생산력의 증대에는 언제나 노동강도의 증대가 수반되기 때문이기도 하다. 또한 그것은 노동자가 성과급의—자신에게 지불되는 것이 자신의 노동력에 대한 것이 아니라 자신의 생산물에 대한 것이라는—피상적인 모습을 사실이라고 생각하고, 따라서 상품의 판매가격이 인하되지 않는 경우의 임금인하에는 반대하기 때문이다.

> 노동자들은 원료의 가격과 제품의 가격을 주의 깊게 감시하고 있기 때문에 자신들의 고용주의 이윤을 정확하게 계산할 수 있다.[41]

이런 요구*를 자본은 당연히 임노동의 본질을 잘못 이해하기 때문이라고 치부해버린다.[42] 자본은 산업의 진보에 대해 이처럼 세금을 부과하려

큼 증가할 것이다. 이렇게 되면 방적공은 동일한 작업량에 대해 예전과 똑같은 금액의 임금을 지불받지 않게 된다. 그러나 이 금액이 $\frac{1}{5}$만큼 감소하는 것은 아니기 때문에 일정 노동시간에 대한 그의 화폐수입은 이 생산력의 증가로 높아질 것이다. —그러나, 정말로 그러나,—지금까지의 얘기에는 약간의 단서조항이 필요하다. …… 즉 방적공은 그의 증가된 임금 6펜스 가운데 소년 보조공에게 얼마간을 더 지불하지 않으면 안 되며, 또한 이런 생산력의 증가는 성년노동자 일부의 일자리를 빼앗아버린다는 것이다"(같은 책, 320·321쪽). 그러나 이런 것들이 결코 임금인상의 경향을 띠게 되지는 않는다.

41) 포셋(H. Fawcett), 『영국 노동자의 경제적 지위』, 케임브리지와 런던, 1865, 178쪽.

* 제3판과 제4판에는 '발언'이라고 되어 있다.

42) 1861년 10월 26일, 런던의 『스탠더드』지에는 존 브라이트 사가 로치데일의 치안판사 앞으로 '융단직공 노동조합의 대표자들을 공갈 혐의로 고소한' 사건에 대한 보도가 있었다. "브라이트 사의 출자자들은 예전에 160야드의 융단을 생산하는 데 필요했던 시간과 노동(!)으로 240야드를 생산할 수 있는 새로운 기계를 도입했다. 고용주가 기계의 개량을 위해 자본을 투하함으로써 얻은 이윤을 노동자가 나누어 갖기를 요구할 권리는 전혀 없었다. 따라서 브라이트 사는 임금을 야드당 $1\frac{1}{2}$펜스에서 1펜스로 낮추자고 제안했는데, 그것은 노동자들의 수입을 똑같은 노동에 대해서 정확히 종전대로 유지하자는 것이었다. 그러나 명목상으로는 임금이 인하되었는데, 노동자들의 주장에 따르면 그들은 사전에 거기에 대해 아무런 내용도 통보받지 않았

는 건방진 시도에 호통을 치면서, 노동* 생산성은 노동자와는 아무런 상관이 없는 것이라고 단호히 선언한다.[43)]

다는 것이다."

* 제4판에는 '노동자'라고 되어 있다.

43) "노동조합은 임금을 유지하기 위하여 기계의 개량에서 비롯된 이윤을 나누어 가지려고 한다! (이 얼마나 무서운 생각인가!) …… 그들은 노동이 단축되었다면서 임금인상을 요구한다. …… 바꾸어 말하면 그들은 산업의 개량에 세금을 매기려는 것이다"(『직종간 단결에 대하여』, 신판, 런던, 1834, 42쪽).

제20장

임금의 국가별 차이

M583 제15장에서 우리는 노동력가치의 절대적 또는 상대적(즉 잉여가치에 대해서) 크기의 변동을 불러일으킬 수 있는 다양한 조합을 고찰하였지만, 다른 한편 노동력의 가격이 실현되는 생활수단의 양은 이 가격의 변동과는 별개로,[44] 또는 이 가격의 변동과는 상이하게 움직일 수 있다는 것을 보았다. 이미 서술했듯이 노동력의 가치 또는 가격을 단순히 임금이라는 통속적인 형태로 해석해버린다면 그 모든 법칙은 갖가지 임금의 운동법칙들로 전화한다. 이 운동 속에서 조합방식의 변동으로 나타나는 것이 국가들 사이에서는 국가별 임금의 차이로 나타날 수 있다. 따라서 국가들간의 임금을 비교할 때는 노동력가치 크기의 변동을 결정하는 모든 계기 — 자연적이며 역사적으로 발전된 일차적 생활필수품의 가격과 범위, 노동자의 육성비용, 여성노동과 아동노동의 역할, 노동생산성, 노동의 외연적 · 내포적 크기 등 — 를 고려하지 않으면 안 된다. 아무리 피상적으로만

44) "임금으로 더 싼 물품을 더 많이 구입할 수 있다고 해서, 임금(여기서는 노동력의 가격이 문제가 된다)이 상승했다고 하는 것은 옳은 얘기가 아니다"(애덤 스미스, 『국부론』, 데이비드 뷰캐넌판, 1814, 제1편, 417쪽의 주).

비교해본다 하더라도, 일단 각 나라의 똑같은 산업부문에서의 평균 하루 임금은 똑같은 크기의 노동일로 환산할 필요가 있다. 이렇게 하루 임금을 조정한 다음에는 시간급을 성과급으로 환산해야만 한다. 왜냐하면 성과급만이 노동생산성과 노동의 내포적인 크기를 측정할 수 있는 기준이기 때문이다.

어느 나라에나 일정한 중간 정도의 노동강도라는 것이 있는데, 이것보다 낮은 강도의 노동은 상품을 생산하는 데 사회적으로 필요한 시간보다 많은 시간을 소비하게 되며, 따라서 표준적인 질의 노동으로 계산되지 않는다. 한 나라 안에서는 그 나라의 평균강도를 넘어서지 않고는 단지 노동시간의 길이로만 계산되는 가치척도를 변경시킬 수 없다. 그러나 물론 각 개별 국가를 구성요소로 하는 세계시장의 경우에는 그렇지 않다. 중간수준의 노동강도는 나라마다 다르다. 어떤 나라에서는 높으며, 어떤 나라에서는 낮다. 이들 각국의 국가별 평균은 하나의 위계를 이루고 있으며, 그 측정단위는 범세계적 노동의 평균단위이다. 따라서 강도가 더 높은 국가의 노동은 강도가 더 낮은 국가의 노동에 비해 똑같은 시간에 더 많은 가치〔더 많은 화폐로 표현된다〕를 생산한다. M584

그러나 가치법칙은 그것이 국제적으로 적용될 때에는 다시 다음과 같은 요인으로 말미암아 수정된다. 즉 세계시장에서는, 생산력이 더 높은 국가가 경쟁 때문에 자신의 상품 판매가격을 그 가치로까지 인하해야 하는 경우가 아닌 한, 그 국가의 노동은 더 강도가 높은 노동으로 계산된다는 것이다.

어떤 나라의 자본주의적 생산의 발전수준은 그 나라의 노동강도와 노동생산성이 국제적인 수준과 얼마만큼의 격차를 보이는지를 그대로 반영한다.[44a] 따라서 서로 다른 나라들에서 동일한 노동시간 동안에 생산된

44a) 우리는 생산성과 관련하여 이 법칙이 개별 생산부문에서 몇몇 요인에 의해 수정될 수 있다는 것을 다른 곳에서 다루게 될 것이다.

같은 종류의 상품량은 제각기 다르고, 이들 상품량은 국제적 가치가 각기 다르며, 각기 다른 가격으로[즉 그때그때의 국제적 가치에 따라 각기 상이한 화폐액으로] 표현된다. 즉 자본주의적 생산양식이 좀더 발전한 국가에서는 조금 덜 발전해 있는 국가보다 화폐의 상대적 가치가 작을 것이다. 따라서 명목임금[즉 화폐로 표현된 노동력의 등가]도 전자의 국가가 후자의 국가보다 더 높을 것이다. 그러나 이것이 실질임금, 즉 노동자가 자유로이 처분할 수 있는 생활수단의 양에서도 그렇다고는 결코 말할 수 없다.

그렇지만 나라별 화폐가치의 이러한 상대적 차이를 무시하더라도 일급이나 주급 등의 임금은 전자의 국가가 후자의 국가보다 더 높은 반면 노동의 상대가격[즉 잉여가치와 생산물가치에 대한 노동가격의 비율]은 전자의 국가보다 오히려 후자의 국가에서 더 높게 나타나는 것을 자주 볼 수 있다.[45)]

M585 1833년 공장조사위원회의 한 사람이었던 코웰은 방적업을 면밀히 조사한 뒤 다음과 같은 결론을 내렸다.

> 영국의 임금이 대륙의 임금보다 노동자의 입장에서는 더 높을지 모르지만, 공장주의 입장에서는 사실상 더 낮다.(유어, 『공장철학』, 314쪽)

45) 앤더슨(James Anderson)은 스미스에 대한 반론에서 다음과 같이 말했다. "또 하나 얘기해둘 점은, 토지생산물[특히 곡물]의 가격이 낮은 가난한 나라들에서는 보통 노동가격이 명목상으로는 다른 나라보다 낮지만, 실질적으로는 대개 더 높다는 것이다. 왜냐하면 노동자에게 매일 지급되는 임금은 노동의 명목적 가격이긴 하지만 실질가격은 아니기 때문이다. 실질가격은 수행된 일정량의 노동에 대해 고용주가 실제로 부담하는 것이다. 그리고 그런 관점에서 보면 곡물과 그밖의 생활수단의 가격은 부자 나라보다 가난한 나라에서 훨씬 더 낮은 것이 보통이지만, 노동의 가격은 거의 모든 경우 가난한 나라보다 부자나라에서 더 높다. …… 일급으로 지불되는 노동은 잉글랜드보다 스코틀랜드에서 훨씬 더 저렴하다. …… 성과급으로 지불되는 노동은 일반적으로 잉글랜드 쪽이 더 저렴하다"(앤더슨, 『국가적 산업정신의 진흥책에 관한 고찰』, 에든버러, 1777, 350 · 351쪽). 거꾸로, 저렴한 임금은 또한 값비싼 노동을 낳는다. "노동은 잉글랜드에서보다 아일랜드 쪽이 더 고가이다. …… 왜냐하면 임금이 그만큼 훨씬 더 싸기 때문이다"(『칙명철도위원회 증언기록』, 1867, 제2074번).

영국의 공장감독관 레드그레이브는 1866년 10월 31일의 공장보고서에서 대륙 여러 나라와의 통계 비교를 통해서 대륙의 노동은 영국의 노동보다 임금도 낮고 노동시간도 훨씬 길지만, 생산물에 대한 비율로 본다면 영국의 노동보다 비싸다고 지적하고 있다. 올덴부르크에 있는 한 면직공장의 영국인 지배인이 말하는 바에 따르면, 그곳의 노동시간은 토요일을 포함하여 아침 5시 반부터 저녁 8시까지 계속되는데, 그 시간 동안 그곳 노동자들이 영국인의 작업감독을 받으면서 생산하는 물량은 영국 노동자들이 10시간 동안 생산하는 물량보다 적으며, 그나마 독일인의 작업감독을 받을 때에는 이보다도 더 적게 생산한다고 한다. 임금은 영국보다 훨씬 낮아서 많은 경우 50%밖에 안 되지만 노동자 수는 기계설비에 대한 비율로 본다면 훨씬 많고, 심지어 몇몇 부문에서는 5 대 3의 비율이라고 한다. 레드그레이브는 러시아의 면직공장에 대해서도 매우 정확하고 상세한 기술을 하고 있다. 그 내용은 최근까지 그곳에서 일하고 있던 어떤 영국인 지배인이 그에게 알려준 것이었다. 온갖 종류의 비행이 자행되는 이 러시아 땅에서는 영국 공장의 유년기에서나 볼 수 있었던 지난날의 참상도 역시 극에 달해 있었다. 지배인은 물론 영국인이다. 이는 러시아의 토착자본가가 공장 업무에 서투르기 때문이었다. 온갖 과도노동, 끊임없는 주야노동 그리고 터무니없이 낮은 노동자들의 임금 등에도 불구하고, 러시아 제품은 단지 외국제품의 수입금지를 통해 겨우 유지되고 있었다. ―끝으로, 유럽 여러 나라의 공장당 평균 방추 수와 방적공 1인당 평균 방추 수에 대한 레드그레이브의 비교표(770쪽―옮긴이)를 하나 더 예로 들어보자. 레드그레이브 자신의 말에 따르면, 그가 이 수치들을 작성한 것은 몇 해 전이었는데, 그때 이후로 영국의 공장규모와 노동자 1인당 방추 수는 더욱 늘어났다고 한다. 그러나 그는 자신이 열거한 대륙 여러 나라에서도 비슷한 속도로 진보가 이루어지고 있었기 때문에, 이 수치들은 비교자료로서는 여전히 가치가 있다고 생각하고 있다. M586

이에 대해서 레드그레이브는 다음과 같이 말한다.

공장당 평균 방추 수

잉글랜드	12,600	벨기에	4,000
스위스	8,000	프랑스	1,500
오스트리아	7,000	프로이센	1,500
작센	4,500		

1인당 평균 방추 수

프랑스	14	벨기에	50
러시아	28	작센	50
프로이센	37	독일의 군소 연방들	55
바이에른	46	스위스	55
오스트리아	49	영국	74

이 비교는 무엇보다도 특히 다음과 같은 이유에서 영국에는 불리하게 되어 있다. 즉 영국에는 기계직물업이 방적업과 결합된 공장이 아주 많아서 직기에 딸린 직공 수도 위의 계산에 함께 포함되어 있다. 반면 외국의 공장들은 대개 순수한 방적공장이다. 동일한 조건으로 엄밀하게 비교할 수 있다면 나는 내 관할구역의 많은 면방직공장들을 비교하고 싶은데, 이들 공장에서는 2,200개의 방추기를 가진 뮬 방적기가 1명의 남자 직공과 2명의 보조여공에 의해 날마다 길이 400마일, 무게 220파운드의 실을 제조하고 있다.(『공장감독관 보고서, 1866년 10월 31일』, 31~37쪽의 곳곳)

잘 알려진 바와 같이 동유럽과 아시아에서 영국 회사들은 철도 부설공사를 수행했는데, 이들 공사에서는 토착노동자들 외에 일정 수의 영국인 M587 노동자들도 함께 고용하였다. 그리하여 노동강도의 국가별 차이가 계산되어야 할 실제 필요성이 대두되었으나 영국 회사들은 그로 인해 아무런 손해도 입지 않았다. 그들의 경험이 가르치는 바에 따르면, 임금의 크기는 어느 정도 중간수준의 노동강도에 따라 변동하지만 노동의 상대가격(생산물에 대한)은 대개 그 반대방향으로 움직인다는 것이다.

케어리(H. Carey)는 초기 경제학 저술인 『임금률 고찰』[46]에서 각 나라의 임금은 그 나라의 노동일의 생산성수준에 정비례한다는 것을 입증하려 했으며, 이런 국가들간의 관계에서 임금은 일반적으로 노동생산성과 같은 방향으로 변동한다는 결론을 끌어내려 하였다. 케어리가 〔늘 하는 대로 아무 비판 없이 피상적으로 주워모은 통계자료들을 마구 뒤섞지 않고〕 설사 자신의 가정을 잘 입증했다 하더라도, 이 결론이 엉터리라는 것은 잉여가치생산에 관한 우리의 전체 분석을 바탕으로 잘 알 수 있다. 그래도 그가 현실이 자신의 이론을 그대로 반영한다고 주장하지 않은 것은 그나마 다행이다. 그는 국가의 간섭이 자연적인 경제적 관계를 왜곡시켰다고 보았다. 따라서 국가별 임금 가운데 조세형태로 국가에 귀속되는 부분은 노동자에게 귀속되는 것으로 계산되어야 한다고 주장하였다. 그러나 케어리는 더 나아가 이 '국가 비용'(Staatskosten)도 또한 자본주의적 발전의 '자연적 성과'가 아닐지에 대해 생각해봤어야 하지 않을까? 이 추론은 참으로 그다운 발상이다. 그는 우선 자본주의적 생산관계를 〔국가의 간섭에 의해서만 그 자유롭고 조화로운 작용을 교란당하는〕 영원한 자연적·이성적 법칙으로 선언해놓고, 그런 다음 세계시장에 대한 영국의 악마적인 영향—자본주의적 생산의 자연법칙에서 나오지 않는 것처럼 보이는 영향—때문에 국가의 간섭〔즉 국가에 의한 자연적·이성적 법칙의 보호, 다시 말해서 보호무역제도〕이 필요해졌다는 사실(!)을 발견한 것이다. 그는 나아가 현존하는 갖가지 사회적 대립과 모순들을 정식화한 리카도 등의 정리(定理)들이 현실의 경제적 운동의 관념적 산물이 아니라, 거꾸로 영국을 비롯한 여러 나라의 자본주의적 생산이 빚어내는 갖가지 현실의 대립들이 리카도 등의 이론적 성과라는 사실을 발견하였다! 끝으로 그는 자본주의적 생산양식의 타고난 아름다움과 조화를 파괴하는 요소가 M588

46) 『임금률 고찰』, 필라델피아, 1835.

궁극적으로 상업이라는 사실을 발견하였다. 한 걸음만 더 나아갔더라면 아마 그는 자본주의적 생산의 유일한 결점이 자본 그 자체에 있음을 발견할 수 있었을 것이다. 이처럼 놀랄 만큼 무비판적이고 거짓 학식으로만 가득 찬 인물만이—그의 보호무역주의자적 이단에도 불구하고—바스티아나 그밖의 다른 모든 최근 자유무역주의 낙관론자들이 의존하는 이른바 조화로운 지혜의 은밀한 원천이 되었다.

제7편

자본의 축적과정

어떤 화폐액이 생산수단과 노동력으로 전화하는 것은 자본의 기능을 M589 수행할 가치량이 거치는 첫 번째 운동이다. 이 운동은 시장〔즉 유통영역〕에서 이루어진다. 운동의 두 번째 단계인 생산과정은 생산수단이 상품으로 전화함으로써 완결되는데, 이 상품의 가치는 자신의 구성 부분들의 가치를 초과한다. 즉 처음 투하된 자본에 잉여가치를 더한 것이 상품의 가치이다. 그런 다음 이 상품들은 다시 한 번 유통영역에 투입되어야 한다. 즉 그것을 판매하여 그 가치를 화폐로 실현시키고, 나아가 이 화폐를 다시 새로운 자본으로 전화시켜야 하며, 또 그것을 끊임없이 반복해야만 한다. 이처럼 계속해서 동일한 계기적 단계들을 통과하는 순환은 자본의 유통(Zirkulation des Kapitals)을 이룬다.

축적의 첫째 조건은 자본가가 자신의 상품을 판매하고 또 그를 통해 획득한 자본의 대부분을 다시 자본으로 전화시키는 일을 완수한다는 데에 있다. 지금부터는 자본이 그 유통과정을 정상적인 방식으로 통과한다는 것을 전제로 한다. 이 과정에 대한 더욱 상세한 분석은 제2권에서 이루어질 것이다.

잉여가치를 생산하는〔즉 불불노동을 노동자에게서 직접 뽑아내어 상품으로 고정시키는〕 자본가는 그 잉여가치를 최초로 취득하는 사람이지만 그 잉여가치의 최후 소유자는 결코 아니다. 그는 나중에 그 잉여가치를 사회적 생산의 전체구조 속에서 각기 다른 기능을 수행하는 자본가나 토지소유자들과 나누어 가져야 한다. 그러므로 잉여가치는 여러 부분으로 분할된다. 분할된 잉여가치의 조각은 여러 부류의 사람들 손에 들어가며, 이윤 · 이자 · 상업이윤 · 지대 등과 같은 각기 자립적인 여러 형태를 취한다. 잉여가치의 이런 전화된 형태들은 제3권에서 다루게 될 것이다.

M590 그러므로 여기서 우리는 한편으로 상품을 생산하는 자본가가 상품을 그 가치대로 판매한다고 가정하고, 자본가의 상품시장으로의 복귀, 자본이 유통영역에서 취하는 새로운 형태들 그리고 이 형태들에 포함되어 있는 재생산의 구체적인 조건 등은 자세히 다루지 않기로 한다. 다른 한편 우리에게 자본주의적 생산자는 잉여가치 전체의 소유자〔또는 달리 표현한다면 획득물을 그와 함께 나누어 먹는 모든 사람들의 대표자〕로 간주된다. 요컨대 우리는 먼저 축적을 추상적으로만〔즉 단순히 직접적 생산과정의 한 계기로만〕 고찰하기로 한다.

그리고 축적이 진행되는 한, 자본가는 생산된 상품을 판매하고 그것을 통해 획득한 화폐를 다시 자본으로 순조롭게 전화시킬 수 있다. 또한 잉여가치가 여러 부분으로 분할된다고 해서 그것이 잉여가치의 본질은 물론 잉여가치가 축적의 기본단위가 되는 데 필요한 여러 조건까지 변화시키는 것은 아니다. 자본주의적 생산자는, 잉여가치 가운데 얼마만큼을 자신의 것으로 확보하고 얼마만큼을 다른 사람에게 양도하든, 늘 그것을 최초로 취득하는 사람이다. 그러므로 우리가 축적에 대한 설명에서 가정하는 것은 실제 축적이 이루어지는 과정에서도 그대로 적용된다. 한편 잉여가치의 분할과 유통의 매개운동은 축적과정의 단순한 기본형태를 불명료하게 만든다. 따라서 축적과정을 순수하게 분석하기 위해서는 그 메커니즘의 내적 작용을 은폐하는 모든 현상을 잠시 무시할 필요가 있다.

제21장

단순재생산

생산과정은 그 사회적 형태와 상관 없이 연속적이어야 한다. 즉 주기적 으로 똑같은 과정을 계속해서 통과해야만 한다. 사회는 소비를 중단할 수도 없고 생산도 중단할 수 없다. 그러므로 모든 사회적 생산과정을 하나의 연속적인 관련 속에서 그리고 끊임없이 갱신되어가는 흐름 속에서 바라본다면, 그것은 곧 재생산과정이기도 하다. M591

생산의 여러 조건은 곧 재생산의 조건들이기도 하다. 어떤 사회라도 그 생산물의 일부를 끊임없이 생산수단이나 새로운 생산요소로 재전화시키지 않고서는 계속해서 생산이나 재생산을 수행할 수 없다. 다른 조건이 불변인 한, 한 사회가 그 부를 동일한 규모로 재생산하거나 유지하기 위해서는 예를 들어 1년 동안에 소비된 생산수단〔즉 노동수단 · 원료 · 보조재료들〕을 새로운 물품의 일정량—연간 생산물에서 따로 떼어내 다시 생산과정에 투입하는 양—에 의하여 현물로 보전해야 한다. 즉 연간 생산물의 일정량은 생산을 위한 것이다. 그것은 처음부터 생산적 소비를 위한 것으로 정해져 있으며 대부분 현물형태(Naturalform)로 존재하고 당연히 개별적 소비에서 배제되어 있다.

만일 생산이 자본주의적 형태를 취한다면 재생산도 마찬가지로 자본주의적 형태를 취한다. 자본주의 생산양식에서는 노동과정이 그저 가치증식과정의 한 수단으로만 나타나는데, 이와 마찬가지로 재생산 역시 투하된 가치를 자본으로〔즉 자기증식하는 가치로〕 재생산하기 위한 수단으로 나타날 뿐이다. 어떤 사람이 자본가라는 경제적 분장(扮裝)을 갖추게 되는 것은 단지 그의 화폐가 계속해서 자본의 기능을 수행하기 때문이다. 예를 M592 들어 100파운드스털링의 투하된 화폐액이 금년에 자본으로 전화하여 20파운드스털링의 잉여가치를 생산했다면 그것은 내년이나 내후년에도 같은 작용을 되풀이해야만 한다. 자본가치의 주기적 증가분〔또는 운동하고 있는 자본의 주기적 과실(果實)〕으로서 잉여가치는 자본에서 발생한 수입의 형태를 취한다.[1)]

만일 이 수입이 자본가에게 그저 소비기금으로만 사용된다면〔바꿔 말해서 주기적으로 획득된 것이 주기적으로 소비되기만 한다면〕, 이는 다른 조건이 불변인 한 단순재생산(einfache Reproduktion)이 이루어지는 것을 뜻한다. 이 단순재생산은 그저 생산과정이 동일한 규모로 반복되는 것에 불과하지만, 이 단순한 반복 또는 연속은 이 과정에 어떤 새로운 성격을 각인하며 또한 그저 개별화된 과정처럼 보이는 이 과정의 피상적인 성격을 해소시켜버린다.

생산과정은 일정 기간 노동력을 구매함으로써 그 준비가 이루어지고, 이 준비는 노동의 판매기간이 만료되어 일정한 생산기간〔예를 들어 주·월 등의 기간〕이 끝날 때마다 계속해서 갱신된다. 그러나 노동자는 자기 노동력을 가동시켜 그 노동력의 가치는 물론 잉여가치까지 모두 상품으

1) "타인의 노동생산물을 소비하는 부자들은 그것을 오로지 교환행위(상품 구입)를 통해서만 획득한다. …… 그러므로 그들은 자신들의 예비기금을 금방 다 써버릴 것처럼 보인다. …… 그러나 사회적 질서를 통해서 부는 다른 사람의 노동에 의해 자신을 재생산하는 힘을 지니고 있다. …… 부는 노동과 마찬가지로, 또 노동의 힘을 빌려 해마다 과실(果實)을 제공하고 부자는 해마다 가난해지지 않고도 이 과실을 소비할 수 있다. 이 과실은 자본에서 발생하는 수입이다" (시스몽디〔Sismondi〕, 『신경제학 원리』 제1권, 81~82쪽).

로 실현한 뒤에야 비로소 지불을 받는다. 그리하여 그는 잉여가치〔우리가 당분간은 자본가의 소비기금으로만 간주하는〕와 함께 자신이 받는 지불기금〔즉 가변자본〕도 그것이 임금이라는 형태로 자신에게 다시 흘러들어오기 전에 미리 생산한다. 더구나 그는 이들 기금을 끊임없이 재생산하는 한에서만 고용된다. 제16장 제2절에서 설명한 경제학자들의 정식〔즉 임금을 생산물 그 자체의 일부라고 서술한 정식〕은 바로 이것을 얘기한 것이다.[2)] 즉 노동자 자신이 끊임없이 재생산한 생산물 가운데 일부가 다시 임금의 형태로 끊임없이 노동자에게로 되돌아오는 것이다. 물론 자본가는 노동자에게 상품가치를 화폐로 지불한다. 그렇지만 이 화폐는 단지 노동생산물이 전화된 형태에 지나지 않는다. 노동자가 생산수단의 일부를 생산물로 전화시키는 동안 그가 앞서 생산한 생산물의 일부는 화폐로 재전화한다. 오늘 또는 다음 반년 동안 그의 노동에 대해 지불되는 것은 바로 지난주 또는 지난 반년 동안 수행된 그의 노동이다. 화폐형태가 빚어내는 환상은 개별 자본가나 개별 노동자 대신 자본가계급과 노동자계급을 고찰하게 되면 금방 사라져버린다. 자본가계급은 생산물—노동자계급이 생산하고 자신이 취득하는—가운데 일부분(가변자본, 즉 임금-옮긴이)에 대한 화폐형태의 어음을 계속해서 노동자계급에게 제공한다. 노동자는 이 어음을 끊임없이 자본가계급에게 되돌려주고 자신의 생산물 가운데 자신에게 귀속되는 부분을 자본가에게서 받는다. 생산물의 상품형태와 상품의 화폐형태가 이 거래의 진실을 은폐한다.

M593

이리하여 가변자본은 노동자가 자신을 유지하고 재생산하기 위해 필요할 뿐 아니라 그가 사회적 생산의 어떠한 체제 아래에서도 늘 스스로 생산하고 재생산하지 않으면 안 되는 생활수단 기금〔또는 노동기금〕의 한 특수한 역사적 현상형태에 지나지 않는다. 노동기금이 그의 노동에 대한 지

2) "임금과 이윤은 모두 완성된 생산물의 일부로 간주되어야 한다"(램지, 『부의 분배에 관한 고찰』, 142쪽). "임금의 형태로 노동자 수중에 들어가는 생산물 부분"(제임스 밀, 『경제학 요론』, 파리소〔Parisot〕 옮김, 파리, 1823, 33~34쪽).

불수단이라는 형태로 끊임없이 그의 수중으로 흘러들어오는 까닭은 오로지 그 자신의 생산물이 쉴새없이 자본이라는 형태를 취하면서 자신에게서 멀어져가기 때문이다. 그러나 노동기금의 이런 현상형태에도 불구하고 노동자 자신의 대상화한 노동이 자본가에 의해 노동자 자신에게 투하된다는 사실은 조금도 달라지지 않는다.[3)]

부역농민을 예로 들어보자. 그는 예를 들어 매주 3일 동안은 자신의 생산수단을 갖고 자신의 경지에서 노동한다. 나머지 3일 동안 그는 영주의 농지에서 부역노동(Fronarbeit)을 한다. 그는 자신의 노동기금을 끊임없이 재생산하지만, 이 기금은 결코 그에게 대립하여 제3자가 그의 노동에 대하여 투하하는 지불수단이라는 형태를 취하지 않는다. 그 대신 그의 지불받지 않는 강제노동(Zwangsarbeit)도 결코 자발적인 지불노동의 형태를 취하지 않는다. 만일 내일이라도 영주가 부역농민의 경작지 · 역축 · 종자 등〔요컨대 생산수단〕을 자신의 것으로 삼아버린다면 그때부터 이 농민은 자신의 노동력을 부역영주에게 팔지 않을 수 없게 된다. 다른 조건이 불변이라면 그는 여전히 매주 6일 가운데 3일 동안은 자기 스스로를 위하여, 나머지 3일 동안은 이제는 고용주로 모습을 바꾼 이전의 부역영주를 위해 노동할 것이다. 그는 전과 다름없이 생산수단을 생산수단으로 사용하고 그 가치를 생산물로 이전시킬 것이다. 생산물 가운데 일정 부분은 또 이전 M594 처럼 재생산에 투입될 것이다. 그러나 부역노동이 임노동(Lohnarbeit)이라는 형태를 취하는 것처럼 부역농민에 의해 생산되고 재생산된 노동기금도 여전히 원래의 부역영주가 그에게 투하하는 자본의 형태를 취한다. 부르주아 경제학자의 좁은 두뇌로는 현상형태와 그 현상형태의 본질을 구별할 수 없기 때문에 그들은 오늘날까지도 아직 노동기금이 자본이라는 형태로 지구상에 나타나는 것은 단지 예외적인 현상일 뿐이라는 사실

3) "노동자에게 임금을 투하하기 위해 자본이 사용된다 해도 노동을 유지하기 위한 기금은 조금도 불어나지 않는다"(맬서스, 『경제학의 갖가지 정의』, 카제노프 엮음, 런던, 1853, 22쪽 카제노프의 주).

에 대해서 눈을 뜨지 못하고 있다.[4)]

가변자본이 자본가 자신의 기금에서 투하되는 가치가 아니라는 것은[4a)] 분명 우리가 자본주의적 생산과정을 끊임없이 갱신되는 흐름 속에서 고찰할 때에만 드러난다. 그렇지만 이 과정은 언제 어디에선가 시작되지 않으면 안 된다. 따라서 지금까지의 우리 입장에서 본다면, 자본가가 언젠가 타인의 불불노동과는 무관한 어떤 본원적 축적을 통해 이미 화폐소유자가 되었고, 그 결과 노동력의 구매자로서 시장에 등장할 수 있었을 것으로 추정된다. 그러나 그렇다 해도 자본주의적 생산과정의 단순한 연속〔즉 단순재생산〕은 또다른 특유의 변화〔가변자본 부분뿐만 아니라 총자본에까지도 영향을 끼치는〕를 일으킨다.

1,000파운드스털링의 자본으로 주기적으로〔예를 들어 해마다〕 생산되는 잉여가치가 200파운드스털링이고 해마다 이 잉여가치가 모두 소비된다면, 이런 과정이 5년 동안 똑같이 되풀이된 뒤에 소비된 잉여가치의 총액이 5×200, 즉 처음 투하되었던 자본가치 1,000파운드스털링과 같아진다는 것은 명백하다. 만일 1년 동안의 잉여가치가 일부분〔예를 들어 $\frac{1}{2}$〕밖에 소비되지 않는다면 생산과정이 10년 동안 계속된 뒤에야 비로소 똑같은 결과가 발생할 것이다. 10×100=1,000이기 때문이다. 일반적으로 말해 투하 자본가치를 해마다 소비되는 잉여가치로 나누면, 최초의 투하자본이 자본가에 의해 탕진되고 소멸될 때까지 걸리는 횟수 또는 재생산 주기의 횟수가 나온다. 자본가가 자신의 소비는 타인의 불불노동 생산물〔즉 잉여가치〕에 의존하고 최초의 자본가치는 그대로 보존하겠다고 생각한다 해도 그것이 이 사실을 변화시킬 수는 결코 없다. 일정한 기간이 지나고 M595 나서 그가 취득하는 자본가치는 그가 이 기간 동안 취득한 잉여가치의 총

4) "노동자의 생존수단이 자본가에 의해서 노동자에게 투하되는 곳은 아직 지구상의 $\frac{1}{4}$ 에도 미치지 못한다"(존스, 『국민경제학 교본』, 허트퍼드, 1852, 36쪽).

4a) "매뉴팩처 노동자는 고용주에게서 임금을 받지만, 그는 실질적으로 고용주에게 아무런 비용도 부담시키지 않는다. 왜냐하면 대개 임금의 가치는 그의 노동이 사용된 대상물의 증가된 가치를 통해 이윤과 함께 보전되기 때문이다"(애덤 스미스, 『국부론』 제2권, 제3장, 355쪽).

액과 같고, 그가 소비한 가치 총액은 최초의 자본가치와 같다. 물론 그는 크기가 변하지 않은 자본을 수중에 지니고 있으며 그 일부인 건물과 기계 등은 그가 사업을 시작할 때부터 이미 존재하고 있던 것이다. 그러나 여기서 문제가 되는 것은 자본의 가치이지 자본의 물적 구성 부분이 아니다. 어떤 사람이 자신의 재산가치에 필적할 만한 돈을 빌려 씀으로써 온 재산을 다 써버렸다면, 이 온 재산은 단지 그의 부채 총액을 나타낼 뿐이다. 자본가가 자신이 투하한 자본가치를 다 써버린 경우에도 이 자본가치는 단지 그가 무상으로 취득한 잉여가치의 총액을 나타낼 뿐이다. 그의 최초의 자본가치는 한 푼도 남아 있지 않다.

그러므로 전혀 축적이 이루어지지 않는다 해도 생산과정의 단순한 연속〔즉 단순재생산〕은 어느 정도 기간이 지나고 나면 필연적으로 모든 자본을 축적된 자본〔또는 자본화된 잉여가치〕으로 전화시킨다. 처음 생산과정에 투입될 당시의 자본은 그 소유주가 직접 노동하여 취득한 재산이라 할지라도, 일정 기간이 지나고 난 다음의 자본은 결국 등가 없이 취득한 가치〔또는 타인의 불불노동이 물화한 것(Materiatur)〕— 화폐형태를 띠건 다른 형태를 띠건 — 가 된다.

우리가 제4장에서 살펴본 바와 같이 화폐를 자본으로 전화시키기 위해서는 상품생산*과 상품유통이 존재하는 것만으로는 충분하지 않았다. 우선 한편에는 가치 또는 화폐소유자가, 다른 한편에는 가치를 창조하는 실체의 소유자가〔다시 말해서 한편에는 생산수단과 생활수단의 소유자가, 다른 한편에는 노동력의 소유자가〕 구매자와 판매자로서 서로 마주 서 있어야만 했다. 즉 노동생산물과 노동 그 자체의 분리, 객관적인 노동조건과 주관적인 노동력의 분리야말로 자본주의적 생산과정의 실질적인 토대이자 출발점이었다.

그런데 처음에는 단지 출발점에 지나지 않았던 것이 과정의 단순한 연

* 제4판에는 '가치생산'이라고 되어 있다.

속〔즉 단순재생산〕을 거치면서 계속해서 새롭게 생산되고 영구화되는데, 이것은 자본주의적 생산이 만들어내는 고유한 결과이다. 생산과정은 한편으로는 계속적으로 물질적 부를 자본〔즉 자본가를 위한 가치증식과 향락수단〕으로 전화시킨다. 다른 한편으로 노동자는 이 과정에서 그가 처음 들어갈 때와 똑같은 형태—부의 인적(人的) 원천이지만, 자신을 위해서 이 부를 실현할 수 있는 모든 수단을 상실한 형태—로 끊임없이 다시 나온다. 이 과정에 들어가기 전에 벌써 그 자신의 노동은 자신에게서 소외되고 자본가에게 점유당한 채로 자본에 통합되어 있기 때문에, 그 노동은 이 과정이 진행되는 동안 끊임없이 타인의 생산물로 대상화한다. 또한 생산과정은 자본가가 노동력을 소비하는 과정이기도 하기 때문에, 노동자의 생산물은 끊임없이 상품으로 전화할 뿐만 아니라 자본〔즉 가치를 창조하는 힘을 착취하는 가치이자 사람을 구매하는 생활수단이며 또한 생산자를 사용하는 생산수단〕으로도 전화한다.[5] 그러므로 노동자는 끊임없이 객관적인 부를 자본〔즉 자신에 대해서 외적이면서(fremd) 자신을 지배하고 착취하는 힘〕으로서 생산하고, 자본가는 끊임없이 노동력을 주관적인〔즉 그 자신을 대상화하고 실현하는 수단에서 분리되어 추상적으로 노동자의 육체 속에 존재하는〕 부의 원천으로서 생산한다. 요컨대 노동자를 임노동자로서 생산하는 것이다.[6] 이런 노동자의 끊임없는 재생산 또는 영구화는 자본주의적 생산에서 없어서는 안 될 조건이다. M596

노동자의 소비에는 두 종류가 있다. 생산과정에서 그는 자신의 노동에 의해 생산수단을 소비하고 그것을 투하자본의 가치보다도 큰 가치의 생

5) "이것은 생산적 소비(produktiven Konsumtion)의 특기할 만한 속성이다. 생산적으로 소비되는 것은 자본이며, 또 그것은 소비됨으로써 자본이 된다"(제임스 밀, 앞의 책, 242쪽). 그러나 밀은 이 '특기할 만한 속성'을 추적하지는 않았다.

6) "매뉴팩처가 처음 도입됨으로써 많은 빈민이 취업하게 된 것은 분명 사실이지만, 이들 빈민은 여전히 가난하며 매뉴팩처가 지속되면서 그 수가 더욱 늘어나고 있다"(『양모 수출 제한의 이유』, 런던, 1677, 19쪽). "차지농업가들은 이제 몰상식하게도 자신들이 빈민을 먹여 살리고 있다고 단언한다. 그러나 사실 빈민은 여전히 빈곤상태를 벗어나지 못하고 있다"(『최근 구빈세 인상의 이유 또는 노동가격과 식량가격의 비교 고찰』, 런던, 1777, 31쪽).

산물로 전화시킨다. 이것은 그의 생산적 소비(produktive Konsumtion)이다. 그것은 동시에 그의 노동력을 구매한 자본가에 의한 그의 노동력의 소비이기도 하다. 또 한편으로 노동자는 노동력 구매의 대가로 지불된 화폐를 생활수단으로 사용한다. 이것은 그의 개별적 소비(individuelle Konsumtion)이다. 이처럼 노동자가 행하는 생산적 소비와 개인적 소비는 전혀 다른 것이다. 첫 번째 소비에서 그는 자본의 동력으로 행동하며 자본가에게 속해 있다. 두 번째 소비에서 그는 자신에게 속해 있으며 생산과정의 외부에서 여러 가지 생활기능을 수행한다. 전자의 결과는 자본가의 생활이고 후자의 결과는 노동자 자신의 생활이다.

M597

'노동일'에 대한 고찰에서 여러 번 지적했듯이 노동자는 흔히 자신의 개별적 소비를 생산과정의 단순한 부속물로 여기도록 강요당한다. 이런 경우 노동자가 자신에게 생활수단을 공급하는 것은 그의 노동력을 계속 움직이기 위한 것으로, 이는 증기기관에 석탄과 물을 붓고 차축에 기름을 치는 것과 마찬가지이다. 그리하여 그의 소비수단은 단지 생산수단의 소비수단에 지나지 않으며, 그의 개별적 소비는 곧 생산적 소비이다. 그렇지만 이것은 자본주의적 생산과정에서 반드시 필요한 것은 아닌 일종의 남용으로 나타난다.[7)]

그러나 우리가 개별 자본가와 노동자가 아닌 자본가계급과 노동자계급으로 눈을 돌려, 상품의 개별적 생산과정이 아닌 자본주의적 생산과정을 그 흐름과 그 사회적 범위 속에서 보게 되면 사태는 다르게 나타난다. 자본가가 자기 자본의 일부분을 노동력으로 전화시키면 그는 그것을 통해 자신의 총자본을 증식시킨다. 그것은 그에게 일석이조의 이익을 안겨준다. 그는 노동자에게서 직접 이익을 획득할 뿐만 아니라 아니라, 자신이 노동자에게 주는 것에서도 이득을 얻는다. 노동력과의 교환으로 양도되

---

7) 로시(Rossi)가 만약 '생산적 소비'의 비밀을 제대로 간파했더라면 그는 이 점을 그토록 강하게 비난하지 않았을 것이다.

는 자본은 생활수단으로 전화하며, 이 생활수단의 소비는 현존하는 노동자의 근육 · 신경 · 뼈 · 뇌를 재생산하고 새로운 노동자를 생산하는 데 사용된다. 그러므로 절대적인 필수품의 한계 내에서 이루어지는 노동자계급의 개별적 소비는, 자본에 의해 노동력과의 교환으로 양도되는 생활수단이 자본에 의해 새롭게 착취될 수 있는 노동력으로 다시 전화하는 것을 뜻한다. 그것은 자본가에게 없어서는 안 될 가장 중요한 생산수단인 노동자의 생산이며 재생산이다. 즉 노동자의 개별적 소비는—그것이 작업장이나 공장의 내부에서 행해지든 외부에서 행해지든, 아니면 노동과정의 내부에서 행해지든 외부에서 행해지든—늘 자본의 생산과 재생산을 위한 계기이며, 이것은 마치 기계를 청소하는 일이 노동과정 중에 이루어지든 일정한 휴식시간에 이루어지든 언제나 자본의 생산과 재생산의 계기인 것과 똑같다. 노동자가 개별적 소비를 행하는 것이 자신을 위한 것이지 자본가를 기쁘게 하기 위한 것은 아니라 할지라도 그것이 이런 사태를 변화시키는 것은 전혀 아니다. 역축(役畜)이 스스로 좋아서 먹이를 먹는다 할지라도 그 역축이 행하는 소비가 생산과정의 한 필수적인 계기라는 사실은 달라지지 않는다. 노동자계급의 끊임없는 유지와 재생산은 자본의 재생산을 위한 지속적인 조건이다. 자본가는 이 조건의 충족을 노동자의 자기유지 본능과 생식 본능에 안심하고 맡길 수 있다. 단지 자본가가 신경써야 할 일은 노동자들의 개별적 소비를 되도록이면 반드시 필요한 부분에만 국한시키는 일이며, 이는 노동자에게 영양가가 낮은 음식 대신 영양가가 높은 음식을 먹도록 강요하는 저 남미의 투박한 방식과는 엄청난 거리가 있는 일이다.[8]

M598

8) "남미의 광산노동자들은 일상적인 작업으로 중량이 180~200파운드나 되는 광석을 어깨에 메고 깊이가 450피트나 되는 굴에서 지상으로 운반하는 일(아마도 세계에서 가장 힘든 노동)을 하면서 빵과 콩으로만 살아간다. 그들이 빵만으로는 그렇게 힘든 노동을 할 수 없음을 아는 그들의 고용주들은 그들을 말처럼 취급하여 콩을 강제로 먹이고 있다. 콩은 빵보다 훨씬 많은 단백질을 함유하고 있기 때문이다"(리비히, 『농업과 생리학에 대한 화학의 응용』, 제1부, 194쪽의 주).

따라서 자본가와 그 이념적 대변인인 경제학자는 모두 노동자의 개별적 소비 가운데 단지 노동자계급의 영속화를 위해서 필요한 부분〔즉 자본이 노동력을 사용하기 위해 실제로 소비하지 않으면 안 될 부분〕만을 생산적인 것으로 간주한다. 그밖에 노동자가 자신의 쾌락을 위해서 소비하는 부분이 있다면 그것은 비생산적 소비인 것이다.[9] 만일 자본의 축적이 자본에 의한 더 많은 노동력의 소비 없이 임금의 인상을 〔따라서 노동자의 소비수단 증가를〕 가져온다면, 이 추가적인 자본은 비생산적으로 소비된 것으로 간주될 것이다.[10] 실제로 노동자의 개별적 소비는 자신에게 비생산적이다. 왜냐하면 그것은 오직 빈곤한 개인만 재생산할 뿐이기 때문이다. 그러나 그것은 자본가와 국가에는 생산적이다. 왜냐하면 그것은 타인의 부를 생산하는 힘의 생산이기 때문이다.[11]

이리하여 사회적으로 볼 때, 노동자계급은 생명이 없는 노동용구와 마찬가지로 직접적 노동과정 외부에서도 자본의 부속물이 된다. 노동자계급의 개별적 소비조차도 일정한 범위 내에서는 단지 자본의 재생산과정의 한 계기에 지나지 않는다. 그러나 이 과정은 자의식을 가진 이 생산용구가 도망치지 못하도록 그들의 생산물을 끊임없이 그들의 극(極)에서 떼어내 자본이라는 반대편 극에 갖다 붙인다. 개별적 소비는 그들 자신의 유지와 재생산이 이루어지도록 하는 한편, 생활수단을 소진시킴으로써 그들이 끊임없이 되풀이하여 노동시장에 나타나도록 만든다. 로마의 노예는 쇠사슬로 자기 소유주에게 묶여 있었으나 임노동자는 눈에 보이지 않

M599

9) 제임스 밀, 앞의 책, 238쪽 이하.

10) "만일 자본의 증대에도 불구하고 더 많은 노동이 사용될 수 없을 정도로 노동의 가격이 등귀한다면, 나는 이러한 자본 증가분은 비생산적으로 소비되고 있는 것이라고 말하고 싶다" (리카도, 『경제학 원리』, 163쪽).

11) "본래적인 의미에서 유일한 생산적 소비는 자본가가 재생산을 위해 부를 소비하거나 파괴하는(그는 생산수단의 소비에 대해 말하고 있다) 것이다. …… 노동자는 …… 자신을 사용하는 사람이나 국가에 대해서는 생산적 소비자이지만 엄밀하게 말해서 그 자신에 대해서는 그렇지 않다" (맬서스, 앞의 책, 30쪽).

는 끈에 의해 그 소유주에게 묶여 있다. 임노동자의 외견상 자립성은 그들의 고용주가 끊임없이 교체되는 방식을 통해서, 그리고 계약이라는 그 사이비 제도를 통해서 유지되는 것이다.

지난날 자본은 자신에게 필요하다고 생각되는 경우 강제법에 의해서라도 자유로운 노동자에 대한 자신의 소유권을 발동시켰다. 예를 들어 영국에서는 1815년까지 기계노동자의 이주가 중형으로 금지되어 있었다.

또한 노동자계급의 재생산은 다음 세대로의 기능 전승과 축적을 포함하고 있다.[12] 자본가가 이런 숙련노동자계급의 존재를 자신이 소유하고 있는 생산조건의 하나로 간주하며, 이 계급을 사실상 자신의 가변자본의 실제 모습으로 간주한다는 것은 공황으로 말미암아 이 계급이 없어질 위험이 닥칠 때 매우 분명하게 드러난다. 미국의 남북전쟁과 그에 따른 면화기근 때문에 랭커셔 등지에서 다수의 면직업 노동자들이 거리로 내몰린 것은 잘 알려진 사실이다. 노동자계급은 물론 다른 사회계층 내부에서도 '과잉인구'(Überflüssigen)가 영국의 식민지나 미국으로 이주할 수 있도록 국가의 원조와 국민의 자발적인 기부가 있어야 한다는 목소리가 드높았다. 당시 『타임스』(*Times*, 1863년 3월 24일치)에 전(前) 맨체스터 상업회의소 회장 에드먼드 포터의 편지가 실렸다. 그 편지에 대해서 하원은 '공장주 선언'(das Manifest der Fabrikanten)이라는 매우 적절한 이름을 붙여주었다.[13] 여기서는 그 가운데 노동력에 대한 자본의 소유권이 솔직히 표명되어 있는 몇몇 특징적인 구절을 들어보겠다. M600

면직업 노동자들은 다음과 같은 얘기를 들을 수 있다. 즉 그들의 공급이

12) "미리 축적되어 준비되어 있는 것으로 얘기할 수 있는 유일한 것은 노동자의 숙련이다. …… 숙련노동(geschickter Arbeit)의 축적과 저장이라는 이 가장 중요한 작업을 노동자 대중은 아무런 자본도 없이 수행해낸다"(호지스킨, 『자본의 요구에 대한 노동의 방어』, 12~13쪽).

13) "이 편지는 공장주들의 선언으로 볼 수 있다"(페런드, 1863년 4월 27일 하원에서의 면화기근에 대한 동의안).

지나치게 많아서 …… 아마 그들 가운데 $\frac{1}{3}$은 감소해야 하고, 그렇게 되면 비로소 나머지 $\frac{2}{3}$에 대한 건강한 수요가 나타나게 되리라는 것이다. …… 여론은 이민을 촉구하고 있다. …… 고용주〔즉 면직공장주〕들은 자신들에 대한 노동공급 통로가 막히는 것을 보고 좋아할 리가 없다. 그들은 그것이 옳지 못하고 부당한 것이라고 생각할 것이다. …… 만일 이민이 공공기금의 지원을 받는다면 고용주들은 거기에 대해 자신들의 의견을 개진하고 항의할 권리를 가질 것이다.

포터는 계속해서 다음과 같이 얘기하고 있다. 즉 면직업은 매우 유익해서, "의심할 나위 없이 많은 사람들을 아일랜드와 잉글랜드 농업지대에서 뽑아냈으며" 그 인구유출 규모도 거대하였다. 또한 면직업은 1860년 영국의 수출무역 총액의 $\frac{5}{13}$를 공급했을 뿐 아니라 몇 년 뒤에는 계속되는 시장〔특히 인도 시장〕의 확대를 통해서, 그리고 '충분한 면화공급을 확보하기 위하여 면화 가격을 1파운드당 6펜스로까지' 무리하게 인상하는 방식을 통해서 앞으로 더욱 성장하게 되리라는 것이다. 그는 계속해서 이렇게 말한다.

시간이 — 대개 1년이나 2년에서 3년 — 필요량을 생산해줄 것이다. …… 나는 이렇게 묻고 싶다. 이 산업은 계속 유지할 만한 가치가 있는가, 이 기계〔즉 살아 있는 노동기계〕를 정비해두는 수고를 할 만한 가치가 있는가, 그리고 이것을 내버려두려고 생각하는 것이 가장 어리석은 짓은 아닐까! 나는 그렇다고 믿는다. 물론 나는 노동자가 소유물〔특히 랭커셔나 고용주의 소유물〕이 아니라는 것을 인정한다. 그러나 그들은 이들 둘의 든든한 힘이며 한 세대 만에 보전할 수 없는 정신적으로 훈련된 힘이다. 반면 그들이 사용하는 다른 기계들은 대부분 12개월 만에 교체되거나 개량될 수 있다.[14] 그런데 노동력의 이주를 장려하거나 허가(!)하게 된다면 자본가는 어떻게 될까?

이 낭패감은 시종장 칼프†133를 상기시킨다. M601

……노동자들 가운데 핵심인력을 제거해버리면 고정자본의 가치는 급격히 떨어지고 저숙련노동의 빈약한 공급에만 의존해야 하는 유동자본은 살아남기 어려울 것이다. …… 우리가 듣기로는 노동자들 역시 스스로 이민을 희망하고 있다고 한다. 그들이 그런 희망을 품는 것은 지극히 당연한 일이다. …… 면직업부문의 노동력을 감축하여 그들에 대한 임금비용을 $\frac{1}{3}$〔즉 500만〕 정도 줄임으로써 면직업이 축소되도록 압박한다면 노동자들의 바로 윗계급인 소상인들은 어떻게 되겠는가? 지대나 가옥 임대료는 어떻게 되겠는가? 그리고 소규모 차지농업가와 비교적 생활이 윤택한 가옥 소유주와 지주는 또 어떻게 될 것인가? 이처럼 한 나라에서 가장 우수한 공장노동자들을 수출함으로써〔즉 한 나라에서 가장 생산적인 자본과 부 가운데 일부분의 가치를 떨어뜨림으로써〕 국력을 약화시키는 것보다, 이 나라의 모든 계급에게 자살이나 다름없는 계획이 있을 수 있겠는가?

구호대상자들의 도덕적 수준을 유지하기 위하여 일정한 의무노동을 부과하는 특별법을 제정하여, 면직업지대의 구빈국 부설 특별위원회가 관리하는 조건으로 2~3년에 걸친 500만~600만의 대부를 행할 것을 나는 권고한다. …… 자신의 가장 우수한 노동자들을 방기하고 나머지 노동자들도

14) 우리가 기억하고 있듯이, 임금을 인하할 필요가 생기면 정상적인 상태에서도 자본은 갑자기 말을 바꾼다. 그런 경우 '고용주'들은 이구동성으로 다음과 같이 말한다(제4편의 주 188을 보라. M446을 보라). "공장노동자들은 자신들의 노동이 실은 매우 낮은 숙련의 노동이라는 것, 그리고 자신들의 노동처럼 손쉽게 얻을 수 있는 노동은 없으며 또 그 질에 비해서 자신들의 노동만큼 보수가 좋은 노동은 없다는 것, 또한 거의 경험이 없는 사람을 조금만 지도해도 그렇게 짧은 기간에 그렇게 풍부하게 공급할 수 있는 노동은 없다는 것을 잘 기억하고 있어야 한다. 사실 고용주의 기계(요즘 들리는 바에 따르면 이들 기계는 12개월도 채 안 되어 더욱 개량된 형태로 대체될 수 있다고 한다)는 생산작업에서 노동자(이것은 현재 30년 안에는 대체될 수 없다)의 노동이나 숙련—누구라도 6개월만 교육하면 쉽게 습득될 수 있는—보다 훨씬 중요한 역할을 한다."

타락하고 의기소침하게 만드는 것—그 지방 전체에 걸친 노동자들의 대량 이주를 방치하고 그로 인한 자본과 가치의 공동화를 유발함으로써—보다 토지소유주와 고용주에게 더 나쁜 것이 있을 수 있겠는가?

면직업 공장주 가운데에서 선발된 대변자인 포터는 '기계'를 두 종류로 구분하고 있다. 그것들은 둘 다 자본가의 것이지만, 하나는 그의 공장 안에 있고, 다른 하나는 일요일과 야간에는 공장 밖 오두막에서 거주한다. 하나는 죽은 것이고 다른 하나는 살아 있는 것이다. 죽은 기계는 날이 갈수록 손상되어 그 가치를 상실해갈 뿐 아니라 그 존재량도 대부분 끊임없는 기술 진보 때문에 낙후되어버림으로써 몇 달도 되지 않아 새 기계로 교체하는 것이 더 유리할 경우가 많다. 이와 반대로 살아 있는 기계는 오래 존속할수록, 그리고 대대로 물려진 기능을 자신의 몸 속에 쌓아갈수록 더욱 좋아진다. 『타임스』는 이 대공장주에게 다음과 같이 답하고 있다.

포터는 면직업 공장주들의 비상한 절대적 중요성을 통감한 나머지, 이 계급을 유지하고 그 직업을 영구화하기 위하여 50만 명의 노동자계급을 그들의 의사에 반하여 하나의 거대한 도덕적 구빈원 속에 가두어두려고 한다. 이 산업은 유지할 만한 가치가 있는가 하고 포터는 묻는다. 분명히 가치가 있다. 단, 모든 공정한 수단을 통해서라고 우리는 대답한다. 그 기계를 정비해두는 수고를 할 만한 가치가 있는가 하고 포터는 거듭 질문한다. 여기서 우리는 잠시 주저한다. 포터가 기계라고 말하는 것은 인간기계이다. 왜냐하면 그는 그것을 절대적 소유물로 취급할 생각이 없다고 단언하고 있기 때문이다. 솔직히 말하자면 우리는 인간기계를 정비해두는 일〔다시 말해 필요할 때까지 그것을 가두어서 기름칠을 해두는 일〕이 '수고할 만한 가치'가 있는 일이라고는 생각하지 않으며 또 그것이 가능한 일이라고도 생각하지 않는다. 인간기계는 아무리 기름을 칠하고 닦고 조이더라도 활동하지 않으면 녹이 스는 성질이 있다. 뿐만 아니라 인간기계는 우리가

M602

잘 알고 있듯이 혼자 힘으로 증기를 뿜고 폭발하기도 하며 우리의 대도시들에서 춤추며 돌아다닐 수도 있는 능력을 지니고 있다. 포터의 말처럼 노동자의 재생산에는 상당히 오랜 시간이 소요될 수도 있겠지만, 기계기술자와 화폐만 있으면 우리는 언제든지 근면하고 강건한 노동자를 발견할 수 있으며 따라서 우리가 모두 소화해낼 수도 없을 만큼 많은 공장주들을 만들어낼 수도 있다. …… 포터는 1년이나 2년 또는 3년 안에 이 산업이 부활할 것처럼 말하면서 우리에게 노동력의 이주를 장려하거나 허용하지 말라고 요구하고 있다. 노동자가 이주를 바라는 것은 당연하다고 그는 말하고 있다. 그럼에도 그는, 이 나라가 70만 명의 식솔들을 거느리고 있는 이 50만의 노동자들을 — 그들의 희망을 거스르면서 — 면직업 지대에 가두어놓고, 그 필연적인 결과인 그들의 불만을 폭력으로 억압하는 한편 그들에게 자선을 베풀어 연명시키지 않으면 안 된다는 것이다. 더구나 이 모든 것은 면직업 공장주들이 언젠가 그들을 필요로 하게 될 기회가 오리라는 판단에 기초하고 있다. ……이 '노동력'을 석탄이나 철 또는 면화와 똑같이 취급하려는 사람들에게서 구해내기 위해 이 섬나라의 위대한 여론이 무엇인가 해야 할 시기가 도래하였다.[15]

이 『타임스』의 논설은 단지 기지가 번뜩이는 관념의 유희(jeu d'esprit)에만 머물렀다. '위대한 여론'이라는 것은 실은 공장노동자가 공장에 부속된 유동자산이라고 말한 포터의 의견과 같은 것이었다. 그들의 이주는 저지되었다.[16] 사람들은 그들을 면직업 지대의 '도덕적 구빈원'(moralische

15) 『타임스』, 1863년 3월 24일.

16) 의회는 이민을 위해서 단 한푼의 지출도 결의하지 않았고 단지 시 당국이 노동자들의 생사여탈권〔즉 표준임금을 지불하지 않고서도 그들을 착취할 수 있는 권한〕을 쥐게 하는 법률을 가결했을 뿐이었다. 그런데 3년 뒤 소〔牛〕들에게서 전염병이 발생했을 때 의회는 의회의 관례조차 무시하면서 마구잡이로 대지주의 손실을 보상하기 위한 수백만 파운드스털링의 지출을 순식간에 가결했다. 더구나 지주들에게 지대를 지불할 차지농업가들은 쇠고기 가격의 등귀로 말미암아 전혀 손실을 입지 않은 상태였다. 1866년 의회가 열렸을 때 지주들이 보여준 야수 같은 포효는 굳이 힌두교도가 되지 않고서도 사발라의 암소를 숭배할 수 있으며 주피터가 되지 않

M603 Workhouse) 속에 가두었다. 그리고 그들은 여전히 '랭커셔 면직업 공장주들의 든든한 힘'이 되었다.

이리하여 자본주의적 생산과정은 스스로의 진행을 통해 노동력과 노동조건의 분리를 재생산한다. 그리하여 그것은 노동자의 착취조건을 재생산하고 영속화한다. 그것은 노동자에게 끊임없이 자신의 노동력을 팔아서 살아가도록 강요하고, 자본가에게는 자신의 치부를 위해 끊임없이 노동력을 살 수 있도록 만들어준다.[17] 자본가와 노동자가 상품시장에서 구매자와 판매자로 서로 만난다는 것은 이제 우연한 일이 아니다. 노동자들이 끊임없이 자기 노동력의 판매자로서 상품시장에 들어가고 자신의 생산물을 끊임없이 타인의 구매수단으로 전화시키는 것은 이 생산과정이 진행되면서 빚어내는 필연적인 현상이다. 사실 노동자는 자신을 자본가에게 판매하기 전에 이미 자본에 귀속되어 있다. 노동자의 경제적 예속(ökonomische Hörigkeit)[18]은, 자신을 판매하는 그의 행위가 주기적으로 갱신되고 그의 고용주가 주기적으로 교체되며 또한 노동의 시장가격이 계속해서 변동함에 따라, 그것들에 의해 매개되면서 동시에 은폐되어버

고서도 스스로 황소로 변신할 수 있다는 것을 보여준 좋은 사례였다.

17) 노동자는 살기 위해서 생활수단을 요구하고 고용주는 돈을 벌기 위해서 노동을 요구했다(시스몽디, 앞의 책, 91쪽).

18) 더럼 주에는 이런 예속이 저속한 농민적 형태로 존재한다. 이 주는 여러 가지 사정으로 말미암아 차지농업가가 농업 일용노동자에 대한 확실한 소유권을 보장받지 못하는 몇몇 주 가운데 하나이다. 일용노동자들은 광산업에도 취업할 수 있다. 따라서 이곳에서 차지농업가는 통상의 경우와는 달리 노동자용 오두막집이 있는 땅만을 임차한다. 이 오두막집의 집세는 임금의 일부를 이룬다. 이 오두막집을 '농업노예의 집' (hind's houses)이라고 부른다. 그것은 일정한 봉건적 의무〔이것은 예속(bondage)이라고 일컫는 계약인데, 예를 들어 노동자가 다른 곳에서 일하는 동안에는 그의 딸을 대신 제공할 의무를 지는 방식이다〕를 조건으로 노동자에게 임대된다. 노동자 자신은 예농(bondsman)이라고 불린다. 이 관계는 노동자의 개별적 소비도 자본을 위한 소비〔또는 생산적 소비〕라는 것을 보여준다 — 그것은 전혀 새로운 측면을 보여주는데, 즉 우리는 이 예농의 분뇨마저도 그의 계산 빠른 주인의 부수입으로 산정되는 것을 볼 수 있다. …… 차지농업가는 인근 일대에 자기 변소 말고는 단 하나의 변소도 짓지 못하게 하며, 이 점과 관련된 자신의 영주권 침해는 절대 용납하지 않는다"(『공중위생에 관한 제7차 보고서, 1846년』, 188쪽).

린다.[19)]

이리하여 자본주의적 생산과정을 연속되는 과정으로〔즉 재생산과정으로〕 고찰하면 그것은 단지 상품이나 잉여가치만을 생산하는 것이 아니라 자본관계(Kapitalverhältnis) 그 자체〔즉 한편은 자본가, 다른 한편은 임노동자〕를 생산하고 재생산한다.[20)] M604

19) 우리가 기억하고 있는 바와 같이 아동노동과 같은 경우에는 자신을 판매한다는 형식조차도 사라져버린다.

20) "자본은 임노동을 전제로 하고 임노동은 자본을 전제로 한다. 그것들은 서로를 제약하고 서로를 창출한다. 면직공장의 노동자는 오로지 면포만 생산하는가? 그렇지 않다. 그는 자본을 생산한다. 그는 가치를 생산하며, 이 가치는 다시 그의 노동을 지휘하고 그의 노동을 통해 새로운 가치를 창조하는 데 쓰인다"(카를 마르크스, 『임노동과 자본』, 『신라인 신문』, 제266호, 1849년 4월 7일). 이 제목으로 『신라인 신문』에 발표된 글은 내가 1847년 브뤼셀의 독일인 노동자협회†134에서 같은 제목으로 행한 강연의 일부인데, 그 인쇄는 2월 혁명 때문에 중단되었다.

제22장

잉여가치의 자본으로의 전화

제1절 확대된 규모의 자본주의적 생산과정. 상품생산 소유법칙의 자본주의적 취득법칙으로의 전화

M605 지금까지 우리는 자본에서 잉여가치가 어떻게 발생하는지를 살펴보았는데, 이제는 잉여가치에서 자본이 어떻게 발생하는지를 살펴보기로 한다. 잉여가치가 자본으로 사용되는 것〔즉 잉여가치가 자본으로 재전화하는 것〕을 우리는 흔히 자본의 축적이라고 일컫는다.[21)]

우리는 먼저 이 과정을 개별 자본가의 입장에서 살펴보도록 하자. 예를 들어 어떤 방적업자가 1만 파운드스털링의 자본 가운데 $\frac{4}{5}$는 면화와 기계 등에, 나머지 $\frac{1}{5}$은 임금에 투하했다고 하자. 또 그가 1년에 1만 2,000 파운드스털링의 가치가 있는 24만 파운드의 실을 생산한다고 하자. 잉여가치율이 100%라면 잉여가치는 4만 파운드의 실—총생산물의 $\frac{1}{6}$이며

21) "자본의 축적: 수입의 일부분을 자본으로 사용하는 것"(맬서스, 앞의 책, 11쪽). "수입의 자본으로의 전화"(맬서스, 『경제학 원리』, 제2판, 런던, 1836, 320쪽).

판매를 통해 2,000파운드스털링의 가치를 실현하게 된다—이라는 잉여생산물〔또는 순생산물〕 속에 포함되어 있다. 2,000파운드스털링의 가치액은 2,000파운드스털링의 가치액이다. 아무리 냄새를 맡아보고 이리저리 살펴보아도 이 화폐가 잉여가치라는 것은 도저히 알아차릴 수 없다. 어떤 가치가 잉여가치라는 것은 그것이 어떻게 그 소유자의 손에 들어갔는지를 나타내는 것이지만, 그것이 가치나 화폐의 본성을 변화시키는 것은 전혀 아니다.

그런데 다른 모든 조건이 불변이라면 새로 늘어난 2,000파운드스털링의 금액을 자본으로 전화시키기 위하여 방적업자는 이 금액의 $\frac{4}{5}$를 면화 등의 매입에, $\frac{1}{5}$을 새로운 방적노동자의 매입에 투하할 것이다. 그리고 이들 노동자는 방적업자가 자신들에게 투하한 가치액만큼의 생활수단을 시장에서 구할 것이다.그러면 이 새로운 2,000파운드스털링의 자본은 방적업에서 운용되어 400파운드스털링의 새로운 잉여가치를 발생시킬 것이다. M606

자본가치는 처음에는 화폐형태로 투하되었다. 반면 잉여가치는 처음부터 총생산물 가운데 일정 부분의 가치로 존재한다. 총생산물이 판매되어 화폐로 전화하면 자본가치는 다시 원래의 형태로 돌아가지만 잉여가치는 원래의 존재형태를 바꾸게 된다. 이 순간부터 자본가치와 잉여가치는 모두 화폐액이고 그것들이 자본으로 재전화하는 과정은 완전히 똑같은 방식으로 이루어진다. 자본가는 이 둘을 모두 상품의 매입에 투하하고 이 상품들은 그가 새로 자신의 제품을 제조하기 시작할 수 있도록〔더구나 이번에는 확대된 규모로〕 해준다. 그런데 이들 상품을 구매하기 위해서 그는 그것들을 시장에서 발견해야만 한다.

그 자신이 만든 실이 유통되는 까닭은 단지 그가—다른 모든 자본가들과 마찬가지로—자신의 연간 생산물을 시장에 내놓기 때문이다. 그러나 이 상품들은 시장에 가기 전에 이미 연간 총생산물 속에 존재하고 있었다. 즉 그것들은 개별 자본의 총액〔또는 사회적 총자본〕이 한 해 동안 전화하는 온갖 물건의 총량—개별 자본가가 수중에 지니고 있는 것은 이 가운데 일부에 불과하다—속에 벌써 존재하고 있었다. 시장에서 이루어지는 일은 그저 연간 생산물의 각 구성 부분들이 각기 매매되어 한 사람에게서 다른 사람의 손으로 옮겨가는 것에 불과하며, 이 과정은 연간 총생산량을 증대시킬 수도 없고 생산된 물건의 성질을 변화시킬 수도 없다. 따라서 연간 총생산물이 어떻게 사용될 수 있는지는 총생산물 자체의 구성에 의해 결정되는 것일 뿐 유통에 의해 결정되는 것은 아니다.

먼저, 연간 생산물은 그 해에 소비되는 물적 자본성분을 보전할 모든 물품(사용가치)을 공급해야만 한다. 이 부분을 공제하고 나면 순생산물〔또는 잉여생산물〕이 남는데, 여기에 잉여가치가 포함되어 있다. 그러면 이 잉여생산물은 무엇으로 이루어져 있는가? 아마도 자본가계급의 욕망을 충족시켜줄〔즉 이 계급의 소비기금으로 들어갈〕 온갖 물적 존재들로 이루어져 있지 않을까? 만일 그것이 전부라면 잉여가치는 남김없이 다 소비되어 단순재생산만 이루어질 것이다.

축적을 위해서는 잉여생산물 가운데 일부를 자본으로 전화시켜야만 한다. 그러나 기적이라도 일어나지 않는 한 자본으로 전화할 수 있는 것은 오직 노동과정에서 사용될 수 있는 물품〔즉 생산수단〕과 그밖에 노동자의 생활유지에 쓰이는 물품〔즉 생활수단〕뿐이다. 따라서 연간 잉여노동의 M607 일부분은 투하자본의 보전에 필요한 분량 이상의 추가적 생산수단과 생활수단의 생산에 사용되어야만 한다. 한마디로 말해 잉여가치가 자본으로 전화할 수 있는 까닭은 바로 잉여생산물—그 가치가 곧 잉여가치인—이 이미 새로운 자본의 물적 성분들을 포함하고 있기 때문이다.[21a)]

21a) 여기에서는 한 나라가 사치품을 생산수단과 생활수단으로 전화할 수 있게 해주고 또 그 역의 전화도 가능하게 해주는 수출무역을 배제하고 있다. 우리는 연구대상을 순수한 형태로〔즉 혼동을 가져올 수 있는 갖가지 부수적인 요인을 제거한 상태로〕 파악하기 위해 온 상업세계를 한 나라로 간주하고, 또 자본주의적 생산이 이미 도처에서 확립되어 모든 산업부문을 지배하고 있다고 전제한다.

다음으로 이 성분들이 실제 자본으로 기능할 수 있기 위해 자본가계급은 추가적인 노동을 필요로 한다. 그런데 이미 고용된 노동자의 착취가 외연적으로나 내포적으로나 더 이상 증대될 수 없다면 추가적인 노동력이 매입되어야 한다. 이에 대해서도 자본주의 생산기구는 벌써 요량해두고 있다. 왜냐하면 이 기구는 노동자계급을 임금에만 의존하는 계급으로 재생산하고 있으며, 이 계급의 통상 임금(gewöhnlicher Lohn)은 이 계급의 유지뿐만 아니라 그 증식을 보증하기에도 충분하기 때문이다. 다양한 연령층의 노동자계급이 해마다 자본에 공급하는 이들 추가노동력을, 자본은 그저 연간 생산 가운데에 이미 포함되어 있는 추가 생산수단에 결합시키기만 하면 되며, 잉여가치의 자본으로의 전화는 그것으로 완료된다. 구체적으로 얘기한다면 축적은 규모가 누진적으로 증대하는 자본의 재생산으로 귀착된다. 단순재생산의 순환은 변화하며, 시스몽디의 표현을 빌리자면 하나의 나선(螺線)으로 전화하는 것이다.[21b)]

그러면 이제 우리의 예로 다시 돌아가보자. 그것은 아브라함이 이삭을 낳고 이삭은 야곱을 낳고……[†136] 하는 것과 같은 옛날 이야기이다. 1만 파운드스털링의 초기 자본은 2,000파운드스털링의 잉여가치를 낳고 이 잉여가치는 자본화한다. 새로운 2,000파운드스털링의 자본은 400파운드스털링의 잉여가치를 낳는다. 이것은 다시 자본화하여〔즉 제2의 추가적 자본으로 전화하여〕 새로운 잉여가치 80파운드스털링을 낳으며, 이것은 다시 똑같은 과정을 되풀이한다.

여기서는 잉여가치 가운데 자본가가 소비하는 부분을 무시하기로 하자. 또 추가자본이 최초의 자본에 부가되든, 최초의 자본과는 별도로 가치증식을 하든, 또는 그것을 축적한 자본가가 직접 사용하든, 그것을 다른 자본가의 손에 양도하든, 이런 모든 것들에 대해서도 당분간 관심을 두지 M608

21b) 축적에 대한 시스몽디의 분석에는 큰 결함이 있는데, 그것은 그가 '수입의 자본으로의 전화'라는 문구에 만족하고 이 과정의 물적 조건을 구명하지 않았다는 점이다.[†135]

않기로 하자. 다만 우리가 잊지 말아야 할 것은, 새로 형성된 자본과 함께 최초의 자본도 계속 스스로를 재생산하고 잉여가치를 생산하며 또 모든 축적된 자본과 그것으로부터 생겨난 추가자본에서도 언제나 똑같은 과정이 진행된다는 사실이다.

최초의 자본은 1만 파운드스털링의 자본투하를 통해서 형성되었다. 그런데 그 소유주는 그것을 어디에서 얻었을까? 그 자신의 노동과 그의 선조의 노동을 통해서이다! 경제학의 대표자들은 이구동성으로 이렇게 답한다.[21c] 그리고 실제로도 이런 가정은 상품생산의 여러 법칙과 일치하는 유일한 가정인 것처럼 보인다.

그런데 2,000파운드스털링의 추가자본의 경우에는 사정이 전혀 다르다. 우리는 그것의 발생과정을 매우 정확히 알고 있다. 그것은 자본화한 잉여가치이다. 거기에는 처음부터 타인의 불불노동 이외의 다른 곳에서 유래된 가치는 전혀 포함되어 있지 않다. 추가 노동력이 결합되는 생산수단과 추가 노동력이 유지되기 위한 생활수단은 모두 잉여생산물〔즉 자본가계급이 해마다 노동자계급에게서 거두어들이는 공물(Tributs)〕의 구성부분일 뿐이다. 자본가계급이 이 공물의 일부분으로 노동자계급에게서 추가적인 노동력을 사고자 한다면 — 그 추가 노동력이 제값으로 구매되고 따라서 이 교환이 등가끼리의 교환이라 하더라도 — 그것은 여전히 피정복자로부터 탈취한 화폐로 피정복자에게서 상품을 사는 방식〔즉 정복자들이 오랜 옛날부터 해온 방식〕과 전혀 다른 점이 없다.

만일 추가자본이 자신을 생산한 노동자(즉 이미 고용되어 있던 노동자—옮긴이)를 고용한다면, 이 생산자는 먼저 기존에 하던 대로 최초의 자본을 증식시키는 것은 물론 거기에 다시 이 최초의 노동이 생산한 생산물을 거기(그 성과물—옮긴이)에 들어간 비용보다 더 많은 노동을 주고 도로 사야만 한다. 이것은, 자본가계급과 노동자계급 사이의 거래로 본다면, 원래

21c) "최초의 노동 — 이것 덕분에 그의 자본이 생겨났다"(시스몽디, 앞의 책, 109쪽).

고용되어 있던 노동자의 불불노동으로 추가 노동자가 고용되는 경우와 똑같다. 경우에 따라서 자본가는 추가자본을 기계로 전환시키고 이 기계는 추가자본의 생산자를 거리로 내쫓는 대신 2~3명의 아동을 고용하는 경우도 있을 것이다. 어떤 경우든 노동자계급은 자신의 금년 잉여노동을 통해서 이듬해에 추가노동을 고용할 자본을 창조하게 된다.[22] 이것이 이른바 '자본에 의하여 자본을 낳는다'라는 말의 의미이다.

제1의 추가자본 2,000파운드스털링이 축적되기 위한 전제는 자본가가 투하한〔그가 '최초의 노동'을 통해서 획득한〕 1만 파운드스털링의 가치액이었다. 그런데 제2의 추가자본 400파운드스털링의 전제는 다름 아닌 그에 선행하는 제1의 추가자본 2,000파운드스털링의 축적이며, 제2의 추가자본은 제1의 추가자본의 잉여가치가 자본으로 전화한 것이다. 과거의 불불노동을 소유하는 것이 이제 살아 있는 불불노동을 지금 소유하기 위한 — 갈수록 규모가 확대되는 방식으로 — 유일한 조건으로 나타난다. 축적된 것이 많을수록 자본가는 더욱더 많이 축적할 수 있게 된다. M609

제1의 추가자본을 구성하는 잉여가치가 초기 자본의 일부분으로 노동력을 매입 — 즉 상품교환의 여러 법칙에 따르는 매입, 그리고 법률적인 측면에서 노동자가 자신의 능력에 대한 자유로운 처분권을 갖고 화폐 또는 상품소유자가 자신의 가치에 대한 자유로운 처분권을 갖는 것을 전제로 한 매입 — 한 결과였다면, 또 제2의 추가자본과 그 이후의 추가자본이 단지 제1의 추가자본의 결과일 뿐이고 따라서 그 최초의 관계의 귀결이라면, 뿐만 아니라 하나하나의 거래가 지속적으로 상품교환의 법칙에 따르면서 자본가는 늘 노동력을 매입하고 노동자는 늘 그것을 판매한다면 — 더구나 우리의 가정대로 노동력이 실제 가치대로 제값에 판매된다면 — 분명 상품생산과 상품유통에 따른 취득의 법칙이나 사적 소유의 법칙은

22) "자본이 노동을 사용하기 전에 노동은 자본을 창조한다"(웨이크필드〔E. G. Wakefield〕, 『영국과 미국』, 런던, 1883, 제2권, 110쪽).

그 자신의 내적인 〔그리고 불가피한〕 변증법에 따라 정반대의 결과를 가져올 것이다. 최초의 과정으로 나타난 등가물끼리의 교환은 완전히 뒤집어져 단지 외견상의 교환으로만 되고 말 것이다. 왜냐하면 첫째로 노동력과 교환된 자본 부분 그 자체가 단지 등가 없이 취득한 타인의 노동생산물 가운데 일부에 지나지 않기 때문이고, 둘째로 이 자본 부분은 그 생산자인 노동자에 의해 보전되어야—그것도 새로운 잉여를 추가한 형태로—하기 때문이다. 이리하여 자본가와 노동자 사이의 교환관계는 오직 유통과정에 속하는 피상적인 형식—내용 그 자체와는 아무런 관계도 없이 내용을 신비화시킬 뿐인—에 지나지 않게 된다. 끊임없이 되풀이되는 노동력의 매매는 바로 그런 형식일 뿐이다. 그 내용은, 자본가가 계속적으로 등가 없이 취득하는 타인의 노동—이미 대상화되어 있는—가운데 일부를 계속해서 더 많은 타인의 노동으로 전화시킨다는 데 있다. 처음에는 소유권이 자신의 노동에 기초해 있는 것으로 나타났다. 적어도 이런 가정은 반드시 필요한 것이었다. 왜냐하면 오직 동등한 권리를 가진 상품소유자들끼리만 서로 만나고 타인의 상품을 취득하기 위한 수단은 오로지 자신의 M610 상품을 양도하는 데 있을 뿐이며, 자신의 상품은 노동을 통해서만 만들어낼 수 있기 때문이다. 소유는 이제 자본가의 입장에서는 타인의 불불노동〔또는 그 생산물〕을 취득하는 권리로 나타나고, 노동자의 입장에서는 자신의 생산물을 취득할 수 없는 조건으로 나타난다. 소유와 노동의 분리는, 외견상 양자의 동일성에서 출발했던 한 법칙의 필연적인 귀결인 것이다.[23)]

따라서 자본주의적 취득양식은 원래의 상품생산 법칙들과 서로 모순되는 것처럼 보이지만, 그런 모순은 이들 법칙이 훼손되면서 발생하는 것이

23) 타인의 노동생산물을 자본가가 소유하는 것은 "취득법칙의 엄밀한 귀결로, 그 근본원리는 거꾸로 자신의 노동생산물에 대한 각 노동자들의 배타적 소유권이었다"(셰르뷜리에, 『부유냐 빈곤이냐』, 파리, 1841, 58쪽. 그러나 이 책에서는 이런 변증법적 전환이 제대로 논의되지 않고 있다).

아니라 오히려 그것들을 적용함으로써 발생한다. 자본주의적 축적을 종점으로 하는 일련의 운동단계들을 간단히 돌이켜보면 이것은 한층 더 명확해진다.

처음 우리가 본 바와 같이 어떤 가치액이 자본으로 전화하는 첫 단계는 전적으로 교환의 법칙에 따라 이루어진다. 계약 당사자의 한쪽은 자신의 노동력을 팔고, 다른 한쪽은 그것을 산다. 전자는 자기 상품의 가치를 받고, 그 사용가치〔노동〕를 후자에게 양도한다. 그런데 후자는 이제 자기 것이 된 그 노동의 힘을 빌려 이미 자신이 소유하고 있던 생산수단을 새로운 생산물로 전화시키고 이 생산물은 법률적으로 그의 소유가 된다.

이 생산물의 가치는 첫째, 소비된 생산수단의 가치를 포함하고 있다. 유용노동은 이 생산수단의 가치를 새로운 생산물에 이전시키지 않고는 이 생산수단을 소비할 수 없다. 그런데 노동력이 판매될 수 있으려면 그것은 자신이 사용될 산업부문에 유용노동을 공급할 수 있어야 한다.

새로운 생산물의 가치는 또한 노동력가치의 등가와 잉여가치를 포함하고 있다. 그 이유는 일정 기간〔며칠 또는 몇 주〕 동안 판매되는 노동력이 지닌 가치가 그 기간 동안 그 노동력의 사용으로 창조되는 가치보다 적기 때문이다. 그렇지만 노동자는 자신의 노동력의 교환가치를 지불받고 그 사용가치를 양도하였다 — 이것은 다른 모든 매매의 경우와 똑같다.

이 특수한 상품인 노동력이 노동을 공급한다는〔즉 가치를 창조한다는〕 독특한 사용가치를 지녔다고 해서 그것이 상품생산의 일반적인 법칙에 어떤 영향을 끼치는 것은 아니다. 그러므로 임금에 투하된 가치액이 생산물을 통해 재현되고 또한 잉여가치만큼 증가되어 나타나는 것은 판매자를 속여서 그렇게 된 것이 아니라 — 판매자는 분명 자신의 상품가치를 온전히 받고 있다 — 단지 구매자가 이 상품을 소비하는 과정에서 그렇게 되는 것일 뿐이다. M611

교환법칙은 서로 양도되는 상품들의 교환가치가 동등해야 한다는 것만을 그 조건으로 한다. 게다가 교환법칙은 처음부터 이 상품들의 사용가치가 상이함을 그 조건으로 하며, 거래가 끝난 뒤에 비로소 시작되는 이들 사용가치의 소비와는 아무런 관계가 없다.

그러므로 화폐가 자본으로 처음 전화하는 과정은 상품생산의 경제적 법칙들은 물론 그것들에서 파생되는 소유권과도 정확하게 일치하는 방식으로 이루어진다. 그럼에도 이 전화는 다음과 같은 결과를 낳는다.

① 이 생산물은 자본가의 소유가 되고 노동자의 소유는 되지 않는다.

② 이 생산물의 가치는 투하자본의 가치 외에 잉여가치를 포함하고 있으며, 이 잉여가치를 위하여 노동자는 노동을 소비하고 자본가는 아무것도 소비하지 않았지만 그것은 자본가의 합법적인 소유물이 된다.

③ 노동자는 계속 자신의 노동력을 보유하고 있고 구매자를 발견하면 다시 그것을 판매할 수 있다.

단순재생산은 그저 이 최초의 과정 — 즉 매번 끊임없이 반복적으로 화폐가 자본으로 전화하는 — 이 주기적으로 반복되는 것에 지나지 않는다. 그러므로 이 법칙은 파괴되는 것이 아니라 오히려 계속 작동될 기회를 가질 뿐이다.

> 차례로 이어지는 숱한 교환행위는 최후의 교환행위를 통해서 최초의 교환행위를 나타내는 것에 불과하다.(시스몽디, 『경제학 원리』, 70쪽)

그럼에도 이미 본 바와 같이 단순재생산은 이 최초의 과정 — 그것이 고립된 과정으로 파악되는 경우 — 에 대하여 완전히 변화된 성격을 각인하기에 충분하다.

> 국민소득(revenu national)의 분배에 참여하는 사람들 가운데 한쪽(노동자)은 해마다 새로운 노동을 통해서 그에 대한 새로운 권리를 얻게 되고, 다른 한쪽(자본가)은 이미 최초의 노동을 통하여 그에 대한 항구적인 권리를 얻었다.(같은 책, 110~111쪽)

잘 알려진 바와 같이, 맏아들이 기적을 행하는 영역은 노동의 영역이 유일한 영역은 아니다. M612

단순재생산 대신 확대된 규모의 재생산〔즉 축적〕이 이루어지더라도 상황은 조금도 변하지 않는다. 전자의 경우 자본가는 잉여가치를 전부 소비하지만, 후자의 경우에는 그 일부만을 소비하고 나머지를 화폐로 전화시킴으로써 자신의 부르주아적 덕목을 실천한다.

잉여가치는 자본가의 소유이고 다른 사람에게 소유된 적이 결코 없었다. 그가 그것을 생산에 투하한다면, 그 투하는 그가 처음으로 시장에 나타났을 때 했던 것과 꼭 마찬가지로 바로 자신의 기금에서 이루어지는 투하이다. 이 기금이 이번에는 그의 노동자의 불불노동에서 유래한 것이라 해도 사정은 전혀 변하지 않는다. 노동자 A가 생산한 잉여가치로 노동자 B가 고용된다 하더라도, 첫째, A는 자기 상품의 정당한 가격을 한 푼도 놓치지 않고 다 받으면서 이 잉여가치를 제공하고, 둘째, 이 거래는 B와 전혀 관계가 없다. B가 요구하는 것〔또 요구할 권리가 있는 것〕은 자본가가 자신에게 자기 노동력의 가치를 지불하라는 것뿐이다.

> 그래도 양자는 모두 이득을 얻는다. 왜냐하면 노동자는 자신의 노동이 이루어지기도 전(정확하게 말하면 '자신의 노동이 결실을 맺기 전'이라고 해야 할 것이다)에 자신의 노동(정확하게 말하면 '다른 노동자의 불불노동'이라고 해야 할 것이다)에 대한 결실을 제공받기 때문이며, 고용주는 이 노동자의 노동이 그에게 지불된 임금보다 더 큰 가치를 갖기(정확하게 말하면 '그에게 지불된 임금보다 더 많은 가치를 낳기'라고 해야 할 것이다) 때문이다.(같은 책, 135쪽)

물론 우리가 자본주의적 생산을 끊임없이 갱신되는 흐름 속에서 고찰하고 개별 자본가와 개별 노동자 대신 전체〔즉 자본가계급과 그에 대립하는 노동자계급)의 시각에서 살펴본다면 사태는 완전히 달라진다. 그러나 그럴 경우 우리는 상품생산과 전혀 다른 척도를 적용하게 될 것이다.

상품생산에서는 판매자와 구매자가 각기 독립적인 상태에서 만나고 있을 뿐이다. 그들의 상호관계는 그들 사이에 체결된 계약의 만기일과 더불어 끝난다. 거래가 계속 이어진다면 그 거래는 새로운 계약의 결과이므로, 이 계약은 이전의 계약과는 아무런 관계가 없으며, 이 계약에서 같은 판매자와 구매자가 다시 만난다 해도 그것은 그저 우연일 뿐이다.

M613 그러므로 상품생산(또는 거기에 속하는 과정)을 상품생산 자신의 경제적 법칙들에 따라 판단해야 한다면, 우리는 모든 교환행위를 그에 선행하는 교환행위는 물론 그에 후속하는 교환행위와의 모든 관련에서도 분리시켜 그 자체만으로 고찰해야 한다. 또 매매는 단지 개인들 사이에서만 이루어지므로 전체 사회계급간의 관계를 이런 매매과정 속에서 찾으려 하는 것도 용인될 수 없다.

지금 활동 중인 자본이 아무리 오랜 기간 동안 주기적 재생산과 그에 선행하는 축적을 반복적으로 거쳐왔다 해도 이 자본은 언제나 그 최초의 처녀성을 유지한다. 모든 교환행위 — 개별적으로 본 — 에서 교환의 법칙들이 지켜지는 한, 그 취득양식은 상품생산에 적합한 소유권에 아무런 영향을 끼치지 않고도 철저한 변혁을 경험할 수 있다. 이 권리는 생산물이 생산자에게 귀속되던 최초의 시기 — 또한 교환이 등가물끼리 이루어지기 때문에 생산자가 자신의 노동을 통해서만 부를 획득할 수 있었던 시기 — 와 마찬가지로 자본주의 시대 — 즉 사회의 부가 갈수록 확대되고 타인의 불불노동을 취득할 수 있는 사람들이 그 사회적 부를 소유하게 되는 시대 — 에도 여전히 유효하다.

노동력이 노동자 자신에 의해 상품으로 자유롭게 판매되기 시작하면 이런 결과는 불가피해진다. 그러나 또한 바로 그때부터 비로소 상품생산은 일반화되고 또 전형적인 생산형태가 된다. 그때부터 비로소 모든 생산물은 처음부터 판매를 위하여 생산되고, 모든 생산된 부는 유통을 통과하게 된다. 임노동이 상품생산의 기초가 되는 그때부터 비로소 상품생산은 사회 전체에 강제력으로 작용한다. 그러나 또한 바로 그때부터 비로소 상품생산은 그 동안 숨겨왔던 모든 힘을 발휘한다. 임노동의 개입이 상품생산을 왜곡시킨다고 말하는 것은 상품생산이 왜곡되지 않으려면 발전하지 말아야 한다고 말하는 것과 마찬가지이다. 상품생산이 그 자체의 내재적 법칙들에 의해 자본주의적 생산으로 발전해감에 따라 상품생산의 소유법칙은 자본주의적 취득법칙으로 전화한다.[24]

이미 살펴본 바와 같이 단순재생산의 경우에도 투하된 모든 자본은 그것이 원래 어떻게 획득되었든 상관 없이 축적된 자본〔또는 자본화한 잉여가치〕으로 전화한다. 그러나 생산이 흘러가면서 처음 투하되었던 모든 자본은 직접 축적된 자본—축적한 사람의 수중에서 사용되든 다른 사람의 수중에서 사용되든 상관 없이 어쨌든 자본으로 재전화한 잉여가치〔또는 잉여생산물〕—과 비교하면 소멸해가는 크기〔수학적인 의미의 무한소(magnitudo evanescens)〕가 된다. 그러므로 경제학은 일반적으로 자본을 '잉여가치의 생산에 새롭게 사용되는 축적된 부'[25](전화한 잉여가치 또는 수입)로 표현하고 또 자본가를 '잉여생산물의 소유자'[26]로 표현한다. '현존하는 자본은 모두 축적된〔또는 자본화한〕 이자이다'라는 표현은 똑같은 내용을 형식만 달리한 것에 불과하다. 왜냐하면 이자는 잉여가치의 한 부분에 지나지 않기 때문이다.[27]

M614

24) 그러므로 상품생산의 영원한 소유법칙을 자본주의적 소유와 대립하는 것으로 만들어 자본주의적 소유를 폐지하고자 한 프루동의 교활한 생각에는 그저 놀랄 뿐이다.

25) "자본이란 이윤을 얻기 위하여 사용되는 축적된 부이다"(맬서스, 『경제학 원리』, 262쪽). "자본은 …… 수입 중에서 남겨두었다가 이윤을 획득하기 위해 사용되는 부로 이루어진다"(존스, 앞의 책, 16쪽).

26) "잉여생산물 또는 자본의 소유자"(『국민적 고난의 원인과 구제책, 존 러셀 경에게 부치는 편지』, 런던, 1821, 4쪽).

27) "자본은 저축된 자본의 각 부분을 복리로 계산하여 모든 것을 탈취하기 때문에, 소득의 원천이 되는 세상의 모든 부는 벌써 오래 전에 자본의 이자가 되어버렸다"(런던, 『이코노미스트』, 1851년 7월 19일).

제2절 확대된 규모의 재생산에 관한 잘못된 경제학적 견해

축적〔또는 잉여가치의 자본으로의 재전화〕에 대하여 좀더 자세히 살펴보기 전에, 우리는 이제 고전파 경제학이 빚어낸 모호한 개념들을 먼저 정리해보고자 한다.

자본가가 잉여가치의 일부분으로 자신의 소비를 위해서 구입한 상품이 그에게 생산이나 가치증식 수단으로 사용되지 않는 것과 마찬가지로, 그가 자신의 갖가지 자연적 · 사회적 욕망을 충족하기 위하여 구입한 노동은 생산적 노동이 아니다. 이런 상품이나 노동을 구매함으로써 그는 잉여가치를 자본으로 전화시키는 대신 그것을 수입으로 소비하거나 지출한다. 헤겔이 정확하게 지적하듯이, 옛 귀족은 "수중에 있는 것을 소비해버리는"[†137] 성향과 사람을 부리는 사치를 과시하는 성향이 있었는데, 부르주아 경제학에서는 이와 반대로 가장 결정적으로 중요한 것이 자본의 축적을 시민의 일차적 의무로 선포하고, 들어가는 비용보다 더 많은 것을 가져올 추가적 생산적 노동자를 얻는 데 수입의 전부를〔그 일부가 아니라〕 지출해버리면 축적이 불가능해진다는 것을 부단히 설교하는 일이었다. 다른 한편 부르주아 경제학은 세간의 편견과도 싸우지 않으면 안 되었다. 그 편견이란, 자본주의적 생산을 화폐축장과 혼동하고[28] 축적된 부를 그 현존하는 현물형태의 파괴〔즉 소비〕를 모면한〔또는 유통에서 구출된〕 부라고 생각하는 것이다. 화폐를 유통시키지 않고 묶어두는 것은 화폐를 자본으로 전화시켜 가치를 증식시키는 일과 정반대의 행동이며, 단순히 축장하기 위해서 상품을 축적하는 것은 참으로 어리석은 짓에 지나지 않는

M615

28) "오늘날 저축을 단지 화폐축장으로만 생각하는 경제학자는 한 사람도 없다. 저축을 단순히 이 화폐축장이라는 불충분한 축약어로만 이해한다면, 국민적 부와 관련하여, 저축된 것이 사용되는 다양한 방식과 그것에 의해 유지되는 다양한 노동형태들간의 차이를 표현할 수 있는 단어를 우리는 어디에서도 찾아낼 수 없을 것이다" (맬서스, 『경제학 원리』, 38~39쪽).

다.[28a] 대량의 상품축적은 유통의 정체나 과잉생산[29]의 결과이다. 물론 저 세간에 떠도는 관념의 근저에는, 일면 부자의 소비기금으로 축적되었다가 조금씩 소비되는 재화가 있고 또다른 일면에는 어떤 생산양식에서나 볼 수 있는 현상인 재고의 형성이 있지만, 이것들에 관해서는 유통과정의 분석에서 살펴보게 될 것이다.

그러므로 고전파 경제학이 만일 비생산적 노동자가 아니라 생산적 노동자에 의한 잉여생산물의 소비를 축적과정의 특징적인 계기로 강조한다면, 그것은 맞는 얘기이다. 그러나 바로 이 얘기에서 고전파 경제학의 오류가 또다시 시작된다. 애덤 스미스는 축적을 단지 생산적 노동자에 의한 잉여생산물의 소비로〔또는 잉여가치의 자본화를 단순히 잉여가치가 노동력으로 전화하는 것으로〕 설명하는 유행을 퍼뜨렸다. 예를 들어 리카도의 말을 들어보자.

> 한 나라의 생산물은 모두 소비된다고 생각하지 않으면 안 된다. 그러나 그것을 소비하는 사람이 또다른 가치를 재생산하는 사람들인지 아니면 그렇지 않은 사람들인지에 따라 이 문제는 전혀 다르게 생각될 수 있다. 우리가 수입을 저축하여 자본에 부가한다고 말할 때, 그 말은 수입 가운데 자본에 부가되는 부분을 비생산적인 노동자가 아닌 생산적인 노동자가 소비한다는 것을 뜻한다. 자본이 소비되지 않고서 증대된다고 생각하는 것보다 더 큰 오류는 없다.[30]

M616

리카도와 그 이후의 모든 사람들이

28a) 온갖 유형의 탐욕을 깊이 탐구하였던 발자크(Balzac)도 그렇게 생각하였다. 즉 그는 늙은 고리대금업자 고브세크가 상품을 축적하여 재산을 모으려고 하자 그것을 어린애 같은 생각이라고 치부하였다.

29) "자본의 축적 …… 교환의 정지 …… 과잉생산(Überproduktion)" (코벳〔Th. Corbet〕, 『개인의 부의 원인과 양식의 연구』, 104쪽).

30) 리카도, 앞의 책, 163쪽의 주.

수입 가운데 자본에 부가되는 부분은 생산적 노동자에 의해 소비된다.

는 애덤 스미스의 말을 흉내내고 있지만 이보다 더 큰 오류는 없다.

이런 생각에 따르면 자본으로 전화하는 잉여가치는 모두 가변자본이 될 것이다. 그러나 잉여가치는 처음에 투하된 가치와 마찬가지로 불변자본과 가변자본으로〔즉 생산수단과 노동수단으로〕 나뉜다. 노동력은 생산과정 내부에서 가변자본이 존재하는 형태이다. 이 과정에서 노동력은 자본가에 의해 소비된다. 노동력은 자신의 기능—노동—을 통해서 생산수단을 소비한다. 그와 동시에 노동력의 구매를 위해 지불된 화폐는 생활수단으로 전화하고 이 생활수단은 '생산적 노동'이 아니라 '생산적 노동자'가 소비한다. 애덤 스미스는 완전히 전도된 분석을 통해서 다음과 같은 어리석은 결론에 도달했다. 즉 모든 개별 자본이 불변성분과 가변성분으로 나누어진다고 해도 사회적 자본은 오직 가변자본으로만〔즉 임금의 지불로만〕 지출된다는 것이다. 예를 들어 어떤 직물업자가 2,000파운드스털링을 자본으로 전화시킨다고 하자. 그는 이 화폐의 일부분을 직공의 매입에 투하하고 다른 부분은 털실이나 모직기계 등에 투하한다. 그러나 그에게 실과 기계를 파는 사람은 그 대금의 일부분으로 다시 노동에 대해 지불하고, 이 과정이 계속되어 결국 2,000파운드스털링은 모두 임금의 지불에 사용된다. 요컨대 2,000파운드스털링이 대표하는 생산물을 모두 생산적 노동자가 소비하는 것이다. 이 주장을 받쳐주는 버팀목은 "이 과정이 계속되어"라는 말에 있고, 이것이 우리를 폰티우스(Pontius)로부터 필라투스(Pilatus)까지 끌고 간다(한정이 없다는 뜻—옮긴이). 사실 스미스는 난관이 시작되는 바로 이 지점에서 연구를 중단해버린다.[31]

31) 존 스튜어트 밀은 『논리학』이라는 저서까지 썼는데도 그의 선행자들이 범했던 잘못된 분석〔즉 부르주아의 시야에서 보더라도 순전히 전문적인 입장에서 정정할 필요가 있는 분석〕에 대해 그 오류를 간파조차 못하고 있다. 그는 어디서나 문하생의 독단론에 빠져 자기 스승들의 사

연간 총생산 기금만을 고려한다면, 연간 재생산과정은 쉽게 이해할 수 있다. 그러나 연간 생산의 모든 성분은 상품시장으로 다시 나오지 않으면 안 되기 때문에 여기에서 난관이 시작된다. 개별 자본과 개별 수입의 운동이 전반적인 하나의 장소변환(Stellenwechsel) — 사회적 부의 유통 — 속에서 서로 교차하고 뒤섞여 자신을 상실하는데, 이 전반적인 장소변환이 보는 사람의 눈을 혼란시켜 연구에서 아주 복잡한 문제를 부과한다. 이에 대한 현실적 관련의 분석은 제2권 제3편에서 이루어질 것이다. — 연간 생산을 그것이 유통에서 나올 때의 모습으로 제시하려는 시도가 중농학파의 『경제표』(*Tableau économique*)[†138]에서 최초로 이루어졌는데, 그것은 그들의 위대한 공적이다.[32)]

M617

순생산물 중에서 자본으로 전화하는 부분은 모두 노동자계급이 소비한다고 하는 애덤 스미스의 명제를, 경제학이 자본가계급을 위해 최대한 이용해먹었다는 것은 더 말할 나위 없다.

제3절 잉여가치의 자본과 수입으로의 분할. 절욕설(節慾說)

앞 장에서 우리는 잉여가치나 잉여생산물을 단지 자본가의 개별적 소

상적 혼란을 그대로 답습하고 있다. 여기에서도 마찬가지로 그는 다음과 같이 말한다. "자본 그 자체는 결국 모두 임금이 되고, 생산물의 판매를 통해 회수되더라도 그것은 다시 임금이 되고 만다."

32) 애덤 스미스는 재생산과정〔따라서 축적도〕에 대한 설명에서 그의 선행자〔특히 중농학파(Physiokrate)〕들과 비교해볼 때 많은 측면에서 아무런 진보도 이루지 못했으며 오히려 명백한 퇴보를 보이고 있다. 본문에서 언급한 그의 잘못된 생각은 또한 그가 경제학에 남겨준 다음과 같은 참으로 황당무계한 도그마와 관련되어 있다. 즉 상품의 가격이 임금과 이윤(이자)·지대〔요컨대 오로지 임금과 잉여가치〕만으로 구성되어 있다는 주장이 바로 그것이다. 이 개념을 기초로 삼아 적어도 슈토르흐는 다음과 같이 소박하게 고백하고 있다. "필요가격을 더 이상의 단순한 요소들로 분해하는 것은 불가능하다"(슈토르흐, 『경제학 강의』, 상트페테르부르크, 1815, 제2권, 141쪽의 주). 상품가격을 더 이상의 단순한 요소들로 분해하는 것이 불가능하다고 단언하는 이 훌륭한 경제학이라니! 이 점에 대한 더 자세한 논의는 제2권의 제3편과 제3권의 제7편에서 다루게 될 것이다.

비기금으로만 고찰하였고, 이 장에서는 지금까지 단지 축적기금으로만 고찰하였다. 그러나 잉여가치는 이들 둘 가운데 어느 하나인 것이 아니라 M618 동시에 둘 모두에 해당된다. 잉여가치 가운데 일부는 자본가가 수입으로 소비하며[33] 나머지 부분은 자본으로 사용되거나 축적된다.

잉여가치의 양이 주어져 있다면 이 부분 가운데 어느 한 부분이 적어지면 다른 한 부분은 그만큼 커질 것이다. 다른 조건이 불변이라면 이 분할이 이루어지는 비율은 축적의 크기를 결정한다. 그러나 이 분할을 수행하는 사람은 잉여가치의 소유자, 즉 자본가이다. 그러므로 이 분할은 자본가의 의지행위(Willensakt)이다. 그가 거두어들인 공물 가운데 그가 축적하는 부분에 대해 사람들은 그가 그것을 절약한다고 말한다. 왜냐하면 그가 그것을 소비해버리지 않기 — 이것은 곧 자본가로서의 기능, 다시 말해서 자신을 부유하게 만드는 기능이다 — 때문이다.

자본가는 인격화된 자본인 한에서만 역사적 가치와 역사적 존재권 — 리히노프스키(Lichnowski)가 재치있게 말했듯이 '날짜가 기록되지 않은' †139 — 을 갖는다. 단지 그런 한에서만 자본가의 일시적 필연성은 자본주의적 생산양식의 일시적인 필연성 속에 포함된다. 그러나 또한 그런 한에서는, 사용가치와 향락이 아니라 교환가치와 그 증식이 자본가의 추진력 동기가 된다. 가치증식의 광신자인 자본가는 가차없이 인류에게 생산을 위한 생산〔따라서 사회적 생산력의 발전〕을 강요할 뿐만 아니라, 물적 생산조건 — 각 개인의 완전하고 자유로운 발전을 근본원리로 하는 더욱 높은 사회형태의 유일한 현실적 기초가 될 수 있는 — 의 창조까지 강요한다. 오로지 인격화된 자본으로 존재할 때만 자본가는 존중받는다. 이

33) 독자들은 이제 수입(Revenue)이라는 말이 이중의 의미로 사용된다는 것을 알게 될 것이다. 즉 첫째는 주기적으로 자본에서 생기는 과실인 잉여가치를 표현하는 데 사용되는 것이고, 둘째는 그 과실 가운데 자본가가 주기적으로 소비하는 부분〔즉 그의 소비기금에 부가되는 부분〕을 표현하는 데 사용된다. 나도 이 말을 그런 이중의 의미로 사용한다. 왜냐하면 그렇게 하는 것이 영국이나 프랑스 경제학자들의 용어 사용과 맞기 때문이다.

런 존재로서 그는 화폐축장자와 똑같이 절대적으로 부유해지고자 하는 욕망을 품는다. 그렇지만 화폐축장자에게는 개인적 광기로 나타나던 이것이 자본가에게는 사회적 메커니즘의 작용으로 나타나는데, 이 메커니즘 속에서 그는 하나의 톱니바퀴에 지나지 않는다. 더구나 자본주의적 생산의 발전은 필연적으로 한 기업에 투하되는 자본을 끊임없이 증대시키고, 또 경쟁은 자본주의적 생산양식의 갖가지 내재적 법칙을 개별 자본가들에게 외적인 강제법칙으로 강요한다. 경쟁은 자본가에게, 자본을 유지하기 위해서는 그것을 끊임없이 증대시키도록 강제하고, 그는 오로지 누진적인 축적을 통해서만 자본을 증대시킬 수 있다.

그러므로 자본가의 모든 일거수일투족이 자본가를 통해서 의지와 의식을 부여받는 자본의 기능에 지나지 않는 한, 자본가 자신의 사적 소비는 자본의 축적에 대한 도둑질로 간주된다. 이탈리아식 부기(簿記)로 말한다면 사적 지출은 자본에 대한 자본가의 차변(借邊)에 기입되는 것이다. 축적이란 사회적 부의 세계를 정복하는 것이다. 축적은 착취당하는 인간재료(Menschenmaterial)의 양을 확대시키는 동시에 자본가의 직접적 · 간접적 지배도 확대시킨다.[34] M619

34) 끊임없이 반복적으로 나타나기는 하지만 자본가의 낡은 형태에 지나지 않는 고리대금업자를 통해 루터(Luther)는 지배욕이 치부욕의 한 요소라는 것을 참으로 잘 묘사하고 있다. "이교도는 이성적인 판단으로 고리대금업자를 4중의 도둑이며 살인자라고 생각할 수 있다. 그런데 우리 기독교인들은 고리대금업자들이 갖고 있는 화폐 때문에 코가 땅에 닿도록 그들을 존경하고 있다. …… 남이 먹을 것을 빨아먹고 강탈하며 훔치는 자는 사람을 굶겨 죽이는 자와 마찬가지로 큰 살인을 (그의 힘이 미치는 한에서) 하는 것이다. 그런데 고리대금업자는 바로 그런 죄악을 저지르면서 편안히 의자 위에 버티고 앉아 있다. 따라서 그는 마땅히 교수대에 목이 매어야 할 것이며, 그가 훔친 굴덴화의 수만큼 많은 까마귀에게 — 만약 그렇게 많은 까마귀가 쪼아먹을 수 있을 만큼 많은 고기가 그에게 붙어 있다면 — 쪼아먹혀야 할 것이다. 그런데 사람들은 작은 도둑만을 교수형에 처한다. …… 작은 도둑은 태형을 받고, 큰 도둑은 금과 비단으로 몸을 치장한다. …… 그러므로 지상에서 (악마 다음으로) 수전노와 고리대금업자보다 더 큰 인류의 적은 없다. 왜냐하면 그는 만인의 위에 신으로 군림하려 하기 때문이다. 터키인이나 무사 또는 폭군도 악인이지만, 그러나 그들은 대중을 살려두어야 하고 또 자신이 악인이고 적이라는 것을 인정할 수밖에 없다. 게다가 때로는 다른 사람들에게 동정을 보내기도 하고 또 보낼 수밖에 없기도 하다. 그러나 고리대금업자와 수전노는 온 세상을 될 수 있는 대로 굶주림과 목마름과

그러나 원죄의 결과는 도처에서 나타난다. 자본주의적 생산양식이 발전하고 축적과 부가 증대함에 따라 자본가는 더 이상 자본의 단순한 화신이기를 그만둔다. 그는 자신의 아담에게 '인간적인 공감' †140을 느낀다. 그리고 금욕에 심취하는 것은 고루한 화폐축장자의 편견이라고 비웃도록 교육을 받는다. 고전적인 자본가는 개별적 소비를 자본가의 직분에 반하는 죄악이자 축적을 '억제하는 행동'으로 낙인을 찍지만, 근대화된 자본가는 축적을 자신의 향락욕에 대한 '금욕'으로 이해할 수 있게 된다.

M620

> 아! 그의 가슴에는 서로 떨어지고 싶어하는 두 개의 영혼이 살고 있구나! †141

자본주의 생산양식의 역사적 초창기 — 자본가적인 벼락부자들은 모두 개별적으로 이 역사적 단계를 거친다 — 에는 치부의 충동과 탐욕이 절대적인 열정으로 지배한다. 그러나 자본주의적 생산의 진보가 단지 향락의 세계만 창조하는 것은 아니다. 그것은 투기와 신용제도를 비롯하여 무수

슬픔과 궁핍 속에 빠뜨리려고 하며, 그리하여 모든 것을 독차지하려 할 뿐만 아니라 모든 사람이 신의 혜택을 받듯이 그들의 혜택을 받아서 영원히 그들의 노예가 되기를 원한다. 그는 아름다운 옷과 금줄과 반지를 몸에 두른 채 시치미를 뚝 떼고는, 자신이 고귀하고 경건한 사람으로 보이고 찬사를 받기를 원한다. …… 고리대금업자는 이처럼 무서운 거대한 괴물로, 카쿠스나 게리온이나 안테우스(그리스 신화에 나오는 괴물들—옮긴이)보다도 더 심하게 모든 것을 황폐화시킨다. …… 그러면서도 그 몸을 치장하여 경건한 체하고 있기 때문에 사람들은 그가 자신의 소굴로 황소를 몰아넣어 잡아먹는다는 사실을 알아차리지 못한다. 그렇지만 헤라클레스는 황소와 그에게 붙잡힌 사람들의 울음소리를 듣고 험한 바위절벽 가운데에서 카쿠스를 찾아내 황소를 악한의 손에서 해방시키고야 말 것이다. 사실 카쿠스라는 놈은 경건한 고리대금업자로, 모든 것을 도적질하고 탈취하여 먹어버리는 악한이다. 그러고도 그놈은 자신이 그런 짓을 하지 않은 체하고 누구에게도 들키지 않으려 한다. 왜냐하면 그의 동굴 속으로 끌려들어간 황소는 그 발자국만 보면 밖으로 걸어나온 것처럼 보이기 때문이다. 이렇게 해서 고리대금업자는 자신이 쓸모있는 사람이며 세상에 황소를 놓아주는 것처럼 보이도록 세상 사람을 기만하려 하지만, 실상은 황소를 자기 혼자서 차지하여 먹어치우는 것이다. …… 그래서 사람들은 노상강도나 살인자 또는 강도를 찢어 죽이거나 목을 베듯이, 고리대금업자들은 그 이상으로 모조리 찢어 죽여야 하며 …… 내쫓고 저주하며, 목을 잘라야 한다"(마르틴 루터, 『고리대금업에 반대하는 설교를 할 목사들에게』, †49 비텐베르크, 1540, 19 · 40~42쪽).

히 많은 벼락치부의 원천을 개방한다. 일정한 발전단계에 다다르면, 부의 과시인 동시에 신용의 수단이 되는 관례적인 수준의 낭비는 '불행한' 자본가에게 사업상 필요한 것이 된다. 사치는 자본의 교제비 가운데 일부가 된다. 자본가는 화폐축장자와 달리 자신의 노동이나 절약에 비례해서 부를 이루는 것이 아니라 타인의 노동력을 얼마나 착취하고 또 노동자에게 인생의 온갖 향락을 얼마나 억제하도록 강요하는가에 따라서 부를 이룬다. 그러므로 자본가의 낭비는 방종한 봉건영주의 낭비처럼 악의 없는 성격을 띠기는커녕 오히려 그 배후에 언제나 극히 불순한 탐욕과 극히 소심한 타산이 잠재해 있다. 그럼에도 그의 낭비는 그의 축적과 함께 증대하며, 하나가 다른 하나를 중단시킬 필요가 없다. 그럼으로써 개별 자본가의 가슴속에는 축적의 충동과 향락의 충동이 파우스트의 갈등처럼 동시에 전개된다.

1795년에 출판된 에이킨(Aikin) 박사의 책에는 이런 문구가 있다.

> 맨체스터의 공업은 4개의 시기로 구분될 수 있다. 제1기에 공장주들은 자신의 생계를 위해 힘들게 노동하지 않으면 안 되었다.

그들은 특히 도제의 부모들에게서 도둑질한 것으로 부를 이루었다. 즉 그 부모들은 자식들을 도제로 고용주에게 보냈으며, 도제들은 굶어 죽을 지경이었는데도 그들의 부모들은 그 대가로 상당한 사례금을 지불해야만 했다. 다른 한편 평균이윤이 낮았기 때문에 축적을 위해서는 엄청난 절약이 필요했다. 그러나 그들은 화폐축장자처럼 생활했고, 더욱이 자기 자본의 이자를 소모하는 일은 있을 수 없었다.

> 제2기에 그들은 적은 재산이나마 취득하기 시작했지만 여전히 이전과 마찬가지로 힘들게 일하였다. M621

왜냐하면 노예 사역자라면 누구나 알고 있듯이, 노동의 직접적 착취에는 노동이 필요하기 때문이었다.

> 그리고 그들은 변함없이 검소한 생활을 하였다. …… 제3기에는 사치가 시작되었고, 말 탄 사람(말을 타고 다니는 영업사원)을 파견하여 왕국 안의 모든 시장 도시들에서 주문을 받음으로써 사업은 확장되었다. 아마 1690년 이전까지는 공업에서 취득한 자본이 3,000파운드스털링에서 4,000파운드스털링을 넘는 경우가 거의 없었을 것이다. 그러나 그 무렵 또는 그보다 조금 뒤부터 공장주들은 이미 화폐를 축적하고 있었으며, 나무나 회반죽으로 만든 집 대신 석조건물들을 짓기 시작하였다. …… 18세기 초까지도 맨체스터의 한 공장주가 1파인트(약 $\frac{1}{2}$ 리터)의 외국산 포도주를 손님들에게 내놓았다가 이웃사람들의 비난과 빈축을 산 일이 있었다.

기계가 출현하기 전까지 공장주들이 모이는 술집에서 하루 저녁에 그들이 소비하는 액수는 펀치 한 잔의 6펜스와 담배 한 봉지의 1페니를 결코 넘지 않았다. 1758년에 이르러야 비로소〔그것은 실로 획기적인 일이었는데〕 "실제로 사업에 종사하는 사람으로서 자기 마차를 가진 자가 한 명!" 나타났다. 1760년대에 해당되는 "제4기는 사업의 확장에 힘입은 대대적인 사치와 낭비의 시기이다." [35] 만일 이 선량한 에이킨 박사가 오늘날 맨체스터에 소생한다면 과연 그는 무슨 말을 하게 될까?

축적할지어다, 축적할지어다! 이것이 모세와 예언자들의 말이다! [†142] "근면은 재료를 주고, 재료는 절약을 통해서 축적된다." [36] 그러니까 절약하라, 절약하라! 다시 말해서 잉여가치나 잉여생산물 가운데 되도록 많은 부분을 자본으로 재전환시켜라! 축적을 위한 축적, 생산을 위한 생산, 이

35) 에이킨, 『맨체스터 주변 30~40마일 지방에 관한 기술』, 런던, 1795, 181~182쪽 이하, 188쪽.
36) 스미스, 『국부론』 제2권, 제3장, 367쪽.

정식 속에서 고전파 경제학은 부르주아 시대의 역사적 사명을 말하였다. 고전파 경제학은 부를 낳는 고통에 관해서는 한순간도 잘못 생각하지 않았지만,[37] 그러나 역사적 필연을 한탄한들 무슨 소용이 있겠는가? 고전파 경제학에서 프롤레타리아가 단지 잉여가치를 생산하기 위한 기계로서만 간주될 뿐이라면, 자본가도 역시 이 잉여가치를 잉여자본으로 전화시키기 위한 기계로만 간주될 뿐이다. 고전파 경제학은 자본가의 역사적 기능을 진심으로 중요하게 생각한다. 자본가의 가슴을 향락욕과 치부욕 사이의 유해한 갈등에서 지켜내기 위해 맬서스는 1820년대 초 실제 생산에 종사하고 있는 자본가에게는 축적하는 일을 할당하고, 잉여가치를 분배받는 다른 사람들〔즉 토지귀족과 국가와 교회의 녹을 받는 사람들〕에게는 낭비하는 일을 할당하는 분업체계를 옹호하였다. 그는 "지출에 대한 열정과 축적에 대한 열정을 분리하는 것" [38]이 극히 중요한 일이라고 말한다. 그러자 오래 전에 벌써 향락과 사교의 선수로 변신한 자본가들께서는 자신들의 대변인 가운데 한 사람인 리카도의 한 제자의 목소리를 빌려 이렇게 맞받아친다. 맬서스가 고율의 지대나 고율의 조세를 주장하는 것은 비생산적인 소비자를 통해서 끊임없이 공장주들을 닦달하기 위한 것이 아니고 무엇이란 말인가! 오로지 생산, 그리고 끊임없는 생산의 확대 — 표어는 이렇게 부르짖고 있다. 그러나, M622

> 이 같은 방식으로는 생산이 촉진되기는커녕 오히려 방해가 된다. 또한 일을 하도록 강요할 수만 있다면, 그 성격으로 보아 일을 훌륭하게 해낼 수 있는 상당수의 사람들을 그저 다른 사람을 닦달하기만 하고 다른 아무 일

37) 세이(J. B. Say)조차 이렇게 말하고 있다. "부자의 저축은 빈자를 희생시켜가면서 이루어진다." †143 "로마의 프롤레타리아는 거의 전적으로 사회를 희생시켜 생활하였다. …… 근대사회는 프롤레타리아를 거의 전적으로 희생시켜 〔다시 말하면 프롤레타리아의 노동 보수로부터 사회가 빼앗은 부분에 의해〕 생활한다고 말할 수 있다"(시스몽디, 『경제학 연구』 제1권, 24쪽).

38) 맬서스, 『경제학 원리』, 319~320쪽.

도 하지 않도록 방치해두는 것은 결코 공정한 일이 못 된다.[39]

이 리카도의 제자는 산업자본가에게 맛있는 수프를 먹지 못하게 함으로써 그가 축적에만 전념하도록 몰아세우는 것은 공정하지 않다고 생각하면서도, "노동자를 계속 근면하게 유지하기 위해서는" 될 수 있는 대로 노동자를 최저임금에 묶어둘 필요가 있다고 생각하였다. 또 불불노동의 취득이 이식(利殖)의 비밀이라는 것도 그는 결코 감추려 하지 않았다.

노동자들의 처지에서 수요의 증가는 다름 아닌 그들 자신의 생산물 가운데 자신들을 위한 부분을 줄이고 나머지 더 큰 부분을 그들의 고용주에게 양도하려는 그들의 의향을 뜻한다. 그리고 그것이 소비(노동자 측의)의 감소로 말미암아 공급과잉(시장범람 · 과잉생산)을 낳는다고 말하는 사람이 있다면, 나는 단지 공급과잉이 높은 이윤과 동의어라고 대답해줄 수 있을 뿐이다.[40]

노동자에게서 빨아들인 수탈물을 산업자본가와 게으른 토지소유자들 사이에 어떻게 배분하는 것이 축적을 가장 촉진시킬 수 있는지를 둘러싼 학자들간의 논쟁은 7월 혁명이 일어나자 잠잠해졌다. 그뒤 얼마 지나지 M623 않아 도시 프롤레타리아트는 리옹에서 경종을 울렸으며, 농촌 프롤레타리아트는 영국에서 요원의 불길을 일으켰다. 해협 이쪽에서는 오언주의가, 저쪽에서는 생시몽주의와 푸리에주의가 창궐했다. 속류경제학의 임종을 알리는 종은 이미 울렸다. 맨체스터에서 자본의 이윤(이자를 포함하여)은 지불되지 않은 '12노동시의 마지막 한 시간'의 산물이라고 발견하기 바로 1년 전에, 시니어는 이미 또다른 한 가지 발견을 세상에 발표하였

39) 『최근 맬서스가 주장하는 원리에 관한 연구』, 67쪽.
40) 같은 책, 59쪽.

다. 그는 스스로를 대견해하면서 이렇게 말했다.

> 나는 생산용구로 간주되는 자본이라는 말을 절욕(節慾)이라는 말로 바꾸고자 한다.[41)]

이야말로 속류경제학의 '발견들'에 대한 더할 나위 없는 표본이다! 속류경제학은 경제학적 범주를 아첨하는 말로 바꾸어놓은 것이다. 그것뿐이다. 시니어는 다음과 같이 강의한다.

> 미개인이 활을 만들 때 그는 하나의 근로를 행하는 것이지 절욕을 실천하는 것은 아니다.

이것은 초기의 사회상태에서는 '어떻게 그리고 왜' 자본가의 '절욕 없이도' 노동수단이 만들어졌는지를 설명해준다.

> 사회가 진보할수록 사회는 더욱더 절욕을 요구한다.[42)]

41) 시니어, 『경제학의 근본원리』, 아리바베네(Arrivabene) 옮김, 파리, 1836, 309쪽. 이것은 낡은 고전학파의 추종자들이 보기에도 너무 지나친 것이었다. "시니어는 노동과 자본이라는 말을 노동과 절욕이라는 말로 바꿔놓고 있다. …… 절욕이란 단지 하나의 부정(Negation)일 뿐이다. 이윤의 원천이 되는 것은 절욕이 아니라 생산적으로 이용되는 자본의 사용이다"(맬서스, 『경제학의 갖가지 정의』, 카제노프 엮음, 130쪽의 편자 주). 반면 존 스튜어트 밀은 한편에서는 리카도의 이윤론을 발췌하면서 다른 한편에서는 시니어의 '절욕의 보상설'(remuneration of abstinence)을 취하고 있다. 모든 변증법의 근원이 되는 헤겔의 '모순'(Widerspruch)은 그에게 낯선 것이었지만 평범한 모순은 그에게도 친숙한 것이었다. 제2판의 보유: 속류경제학자는, 인간의 모든 행동이 그와 반대되는 행동의 '절제'로 파악될 수 있다는 단순한 반성조차 해본 적이 없다. 식사는 단식의 절제이고 보행은 정지의 절제이며 노동은 나태의 절제이고 나태는 노동의 절제이다. …… 속류경제학자들은 '규정은 부정이다'[†144]라는 스피노자(Spinoza)의 명제에 관하여 한번쯤 생각해볼 필요가 있을 것이다.

42) 시니어, 앞의 책, 342~343쪽.

즉 '다른 사람의 근로와 그 생산물을 취득하는' 근로에 종사하는 사람들의 절욕을 요구한다. 노동과정의 모든 조건은 그때부터 자본가의 절욕 행위로 전화한다. 곡물이 그저 식용으로 쓰이는 데 그치지 않고 파종되기도 한다는 것, 그것은 바로 자본가의 절욕 때문이다! 포도주가 발효하려면 시간이 걸리는 것, 그것도 자본가의 절욕 때문이다![43] 가령 자본가가 "생산용구를 노동자에게 빌려준다"(!)면, 다시 말해서 증기기관이나 면화 또는 철도와 비료, 노역용 말 등을 소비해버리거나 — 또는 속류경제학자들의 유치한 생각처럼 — '그것들의 가치'를 사치나 그밖의 소비수단으로 탕진해버리는 대신 그것들에 노동력을 결합시켜 자본으로서 가치증식을 시킨다면, 그는 자신의 아담(즉 소비욕이라는 본성—옮긴이)을 포기하는 것이 된다.[44] 자본가계급이 어떻게 해서 그렇게 해야 하는지의 문제는 속류경제학이 지금까지 굳게 입을 다물어온 비밀에 속한다. 요컨대 세상 사람들은 단지 자본가라는 이 — 비슈누(Vishnu: 힌두교 3대 신의 하나—옮긴이) 신전 앞에 선 — 근대적 속죄자의 자기 고행 덕택에 살아가고 있다는 것이다. 단순히 축적하기 위해서뿐만 아니라 "자본을 그냥 유지하기만 하려 해도 그것을 탕진하고자 하는 욕망을 이겨내기 위해 끊임없는 노력이 필요하다."[45] 따라서 단순한 인류애적 관점에서 보더라도 자본가를 순교와 유혹이라는 고통에서 구출해야 하는 것은 명백한 시대적 소명인 것처럼

M624

43) "추가적인 가치를 얻으려고 기대하지 않는다면 …… 어느 누구도 …… 예를 들어 그의 밀이나 포도주 또는 그것들의 등가물을 곧바로 소비하는 대신 밀을 파종해서 일 년 동안 땅 속에 파묻어두거나 포도주를 몇 년씩 지하실에 저장해두지 않을 것이다"(스크로프〔Scrope〕, 『경제학』, 포터〔A. Potter〕 엮음, 뉴욕, 1841, 133쪽†145).

44) "자본가가 자신에게 부과하는 절제는, 자본가가 자신의 생산수단을 유용한 편익의 대상물로 전화시켜 그 가치를 자신의 용도로 소비하는 대신 그 생산수단을 노동자에게 빌려주는 데(이러한 완곡한 표현은 속류경제학의 상투적인 방식에 따라, 산업자본가에게 착취당하는 임노동자를 대부자본가에게서 돈을 빌리는 산업자본가와 동일시하기 위해 사용된다!)"(드 몰리나리〔G.de Molinari〕, 『경제학 연구』, 36쪽) 있다.

45) "La conservation d'un capital exige …… un effort …… constant pour résister à la tentetion de le consommer"(쿠르셀-스뇌유〔Courcelle-Seneuil〕, 『공업·상업·농업 기업의 이론과 실제』, 20쪽).

보인다. 마치 조지아의 노예 소유자가 최근 노예제도가 폐지됨으로써, 과거의 고통스럽던 딜레마 — 흑인노예에게서 짜낸 잉여생산물을 모두 샴페인을 사는 데 써버려야 할지 아니면 일부분을 더 많은 흑인과 토지로 재전화시켜야 할지를 결정해야 하는 — 에서 해방된 것과 똑같은 방식으로 말이다.

아무리 온갖 형태의 경제적 사회구성체들에서도 단순재생산은 물론 — 정도의 차이는 있겠지만 — 확대된 규모의 재생산도 이루어진다. 갈수록 많이 생산되고 갈수록 많이 소비되며, 따라서 갈수록 많은 생산물이 생산수단으로 전화한다. 그러나 이 과정은, 노동자의 생산수단과 생산물 그리고 생활수단이 아직도 자본의 형태로 그에게 대립해서 나타나지 않는 동안은 자본의 축적으로 나타나지 않으며, 따라서 자본가의 기능으로 나타나지도 않는다.[46] 맬서스의 후임으로 헤일리버리의 동인도대학 경제학 강좌를 맡았다가 몇 해 전에 타계한 리처드 존스는 크게 다음의 두 가지 사실을 통해서 이 점을 잘 규명하고 있다. 인도 인민의 최대 다수는 자영농이기 때문에 그들의 생산물과 그들의 노동수단 · 생활수단은 결코 "다른 사람의 수입으로부터 저축된 〔따라서 축적의 선행적 과정을 통과한〕 기금의 형태로는" 존재하지 않는다.[47] 다른 한편 영국의 지배로 인한 낡은 체제의 해체가 가장 적었던 지방의 비농업노동자들은 농촌의 잉여생산물 가운데 일부분을 공물이나 지대로 수취하는 호족들이 직접 일을 시키고 있었다. 이 생산물 가운데 일부는 현물형태로 호족들에 의해 소비되고 다른 일부 — 그것도 결국 호족들을 위한 것이지만 — 는 노동자에 의

M625

46) "소득 중에서 어떤 부분이 국가 전체 자본의 진보에 가장 많이 이바지하는지는 이 진보의 단계가 달라지는 데 따라 함께 변화한다. 그러므로 그것은 이 진보의 수준이 서로 다른 나라들마다 완전히 다르다. …… 이윤은 …… 사회 발전의 초기 단계에서는 임금이나 지대보다 그다지 중요하지 않은 축적의 원천이다. …… 나라 전체의 산업능력이 사실상 아주 발전하고 나면, 이윤은 축적의 원천으로서 점점 더 중요한 것이 된다"(존스, 앞의 책, 16 · 21쪽).

47) 같은 책, 36쪽 이하.{제4판의 주: 이것은 실수일 것이다. 거기에서는 이 문구를 찾을 수 없었다. — 엥겔스}

해 사치품이라든가 그밖의 소비수단으로 전화하며, 그 나머지가 자신의 노동용구를 소유한 노동자들의 보수로 지출되고 있다. 이곳에서는 생산 및 확대된 규모의 재생산이 '금욕적' 자본가라는 저 놀라운 성자〔즉 처량한 모습을 하고 있는 저 기사〕의 어떠한 개입도 없이 이루어지고 있다.

제4절 잉여가치의 자본 및 수입으로의 비례적 분할과는 무관하게 축적규모를 결정하는 여러 요인: 노동력의 착취도, 노동생산력, 사용되는 자본과 소비되는 자본 간 차이의 증가, 투하자본의 크기

잉여가치가 자본과 수입으로 분할되는 비율이 일정하다고 전제하면, 축적되는 자본의 크기는 명백하게 잉여가치의 절대적인 크기에 따라 정해진다. 80%가 자본화되고 20%가 소비된다고 가정하면, 총잉여가치가 M626 3,000파운드스털링이냐 1,500파운드스털링이냐에 따라서 축적되는 자본은 2,400파운드스털링이 되거나 1,200파운드스털링이 될 것이다. 따라서 축적의 크기를 결정하는 데에는 잉여가치량을 결정하는 모든 요인이 함께 작용한다. 우리는 여기서 그런 요인들을 다시 한 번 정리해보기로 한다. 단, 그들 요인이 축적과 관련하여 새로운 관점을 제공하는 경우에만 국한하기로 한다.

우리가 기억하고 있듯이 잉여가치율은 첫째, 노동력의 착취도에 달려 있다. 경제학은 이 역할을 너무 높이 평가한 나머지 때로는 노동생산력의 증대로 인한 축적속도의 증가를 노동자에 대한 착취의 증대로 인한 축적속도의 증가와 동일시하기도 한다.[48] 잉여가치의 생산에 관한 편들에서

48) "리카도는 다음과 같이 말하고 있다. '사회의 발전단계가 다르면 노동을 사용하는(즉 착취하는) 수단인 자본의 축적속도도 다르지만, 어떤 경우든 이 축적이 노동생산력에 의존해야만 한다는 것은 분명하다. 일반적으로 노동생산력은 비옥한 토지가 충분히 있는 곳에서 가장 크

는 늘 임금이 적어도 노동력의 가치와 같다고 가정하였다. 그러나 실제 운동에서는 임금을 이 가치 이하로 강제로 인하하는 것이 아주 중요한 역할을 하기 때문에 우리는 이 문제를 꼼꼼하게 살펴보아야겠다. 이 인하는 사실상 일정한 한계 내에서 노동자의 필요소비기금을 자본의 한 축적기금으로 전화시킨다. 밀은 다음과 같이 말한다.

> 임금은 아무런 생산력도 갖지 않는다. 그것은 생산력의 가격일 뿐이다. 임금이 노동 그 자체와 더불어 상품생산에 아무런 기여도 하지 않는다는 것은 기계의 가격이 기계 그 자체와 더불어 상품생산에 아무런 기여도 하지 않는 것과 마찬가지이다. 만약 구매하지 않고도 노동을 얻을 수 있다면 임금은 필요없을 것이다.[49)]

그러나 만약 노동자들이 공기만 먹고 살 수 있다면 어떤 가격으로도 그들을 구매할 수 없을 것이다. 그러므로 그들에게 비용이 전혀 들지 않는다는 것은 수학적 의미에서 하나의 한계로, 끊임없이 접근할 수는 있으나 결코 도달할 수는 없는 것이다. 그들을 이런 허무주의적인 입장으로까지 끌어내리는 데에서 자본의 끊임없는 경향이 드러난다. 내가 자주 인용하는 18세기의 한 저술가, 즉 『산업과 상업에 관하여』의 저자는 영국의 임금을 프랑스나 네덜란드 수준까지 끌어내리는 것이 영국의 중대한 역사적 사명이라고 말하는데,[50)] 그것은 단지 영국 자본의 가장 내면적인 영혼의 비 M627

다.' 만약 이 문장에서 노동생산력의 증가라는 것이 각 생산물 중에서 육체노동으로 그것을 생산하는 사람의 손에 돌아오는 비율이 적다는 것을 뜻한다면, 이 문장은 동어반복적이다. 왜냐하면 그 비율의 나머지 부분은, 만약 그 소유자가 원한다면 자본으로 축적될 수 있는 기금이며 이런 축적은 토지가 가장 비옥한 곳에서는 대체로 이루어지지 않기 때문이다"(『경제학에서 몇몇 용어상의 논쟁에 대한 고찰』, 74쪽).

49) 존 스튜어트 밀, 『경제학의 몇 가지 미해결 문제』, 런던, 1844, 90~91쪽.

50) 『산업과 상업에 관하여』, 런던, 1770, 44쪽. 이와 비슷한 내용으로 1866년 12월과 1867년 1월의 『타임스』지도 영국 광산소유주들의 심중을 피력하고 있는데, 거기에는 자신들의 '고용주'를 위하여 살아가는 데 꼭 필요한 수준 이상으로는 요구하지도 않고 받지도 않는 벨기에 광

밀을 토로하는 것에 지나지 않는다. 그는 소박하게도 다음과 같이 말하고 있다.

> 그러나 우리나라의 빈민(노동자를 가리키는 기술적 표현)들도 사치스러운 생활을 하고자 한다면 …… 그들의 노동은 당연히 비싸질 수밖에 없다. 브랜디, 진, 차, 설탕, 외국산 과일, 독한 맥주, 날염된 아마포, 코담배, 연초 등과 같이 우리나라 공업노동자들이 소비하는 엄청난 양의 사치품들을 한번 생각해보라.[51]

그는 노샘프턴셔의 한 공장주의 글을 인용하고 있는데, 이 공장주는 하늘을 쳐다보고 통탄한다.

> 프랑스에서 노동은 영국보다 $\frac{1}{3}$은 싸다. 왜냐하면 프랑스의 빈민들은 열심히 일을 하면서도 먹고 입는 것은 극히 보잘것없기 때문이다. 그들의 주식은 빵 · 과일 · 채소 · 근채 · 건어물 등으로, 그들은 거의 고기를 먹지 않으며 밀가루가 비쌀 때는 빵조차 거의 먹지 않는다.[52]

이 저자는 덧붙여 말한다.

> 더욱이 그들의 음료는 물이거나 또는 그와 비슷한 약한 술이므로 그들은

산노동자들의 행복한 상태가 묘사되고 있다. 벨기에 노동자들은 많은 고통을 견뎌내고 있는데, 그것이 『타임스』에서는 모범노동자로 묘사되고 있다! 1867년 2월 초 화약과 탄환으로 진압된 벨기에 광산노동자의 파업이 이에 대한 대답이었다(마르셴에서).

51) 같은 책, 44 · 46쪽.

52) 노샘프턴셔의 이 공장주는 절박한 심정 때문이라고 양해할 수도 있는 경건한 사기행각을 벌이고 있다. 그는 영국과 프랑스 매뉴팩처 노동자들의 생활을 비교한다고 말해놓고는—나중에 자기도 모르게 스스로 고백하듯이—위에서 인용한 문구에서는 프랑스 농업노동자들의 상태를 얘기하고 있다!

사실 거의 돈을 쓰지 않는다. …… 이런 상태로까지 만드는 것이 매우 힘든 일이긴 하겠지만, 프랑스나 네덜란드에서 그런 상태가 존재한다는 사실에서 볼 수 있듯이 그것이 전혀 불가능한 일은 아니다.[53)]

그때부터 20년 뒤 미국의 사기꾼으로 작위까지 받은 양키 벤저민 톰프슨(Benjamin Thompson: 일명 럼퍼드 백작)은 하느님과 인간을 모두 만족시킬 만한 똑같은 박애주의의 길을 따랐다. 그의 『논집』(*Essays*)은 값비싼 노동자들의 일상 음식을 값싼 대용물로 바꾸기 위한 온갖 종류의 조리법이 실려 있는 하나의 요리책이다. 이 기이한 '철학자'의 조리법 가운데 특히 우수한 것을 하나 들어보면 다음과 같다. M628

> 보리 5파운드(7$\frac{1}{2}$펜스), 옥수수 5파운드(6$\frac{1}{4}$펜스), 3펜스어치의 청어, 1페니어치의 소금, 1페니어치의 식초, 2펜스어치의 후추와 채소 — 합계 20$\frac{3}{4}$펜스를 들이면 64인분의 스프를 만들 수 있다. 그래서 곡물의 평균 가격을 기준으로 할 때 수프 1인분의 비용은 $\frac{1}{4}$페니(20온스의 분량)로 줄일 수 있다.[54)]

53) 같은 책, 70~71쪽. 제3판의 주: 그뒤에 더욱 심화된 세계시장 경쟁 덕분에 오늘날 우리는 한층 더 앞으로 나아갔다. 스태플턴 의원은 자기 선거구민들에게 다음과 같이 말한다. "만약 중국이 대공업국이 된다면 유럽의 노동자들이 이 경쟁자 수준으로까지 생활수준을 낮추지 않고서 어떻게 싸움에서 살아남을 수 있을지 나는 잘 모르겠다"(『타임스』, 1873년 9월 3일). — 이제 영국의 자본이 동경하는 대상은 대륙이 아니라 중국의 임금이 되었다.

54) 벤저민 톰프슨, 『정치 · 경제 · 철학 논집』 제3권, 런던, 1796~1802, 제1권, 294쪽. 이든(F. M. Eden)은 자신의 저서 『빈민의 상태, 또는 …… 영국 노동자계급의 역사』에서 이 럼포드식 거지 수프를 구빈원 관리자들에게 열심히 권장하면서 잉글랜드 노동자들에게는 다음과 같은 훈계를 하고 있다. "스코틀랜드에는 몇 개월 동안 밀이나 호밀 또는 육류 대신 소금과 물을 혼합한 것에 지나지 않는 귀리죽이나 보리가루만 먹으면서도 매우 안락하게 사는 가족이 많이 있다"(같은 책, 제1권, 제2편, 제2장, 503쪽). 이와 비슷한 '지적'은 19세기에도 볼 수 있는데, 예를 들어 다음과 같은 것이다. "잉글랜드의 농업노동자는 저급한 종류의 곡물 혼합물은 먹으려 하지 않는다. 그러나 비교적 교육이 잘되어 있는 스코틀랜드에서는 아마 이런 편견을 찾아볼 수 없을 것이다"(패리〔Charles H. Parry〕, 『현행 곡물법의 필요성에 관한 고찰』, 런던, 1816, 69쪽). 그러나 이 패리도 잉글랜드의 노동자가 오늘날(1815년)에는 이든 시대(1797년)에 견주어 훨씬 더 영락해 있다고 한탄한다.

자본주의 생산의 진보에 따라 급격히 증가한 불량상품들의 제조로 말미암아 톰프슨의 이상(理想)은 무용지물이 되고 말았다.[55)]

18세기 말과 19세기 초 사이의 몇십 년 동안 영국의 차지농업가들과 지주들은 농업 일용노동자들에게 임금의 형태로는 최저액 이하만을 지불하고 나머지는 교구 구휼금의 형태로 지불함으로써 절대적인 저임금을 강요하였다. 영국의 도그베리들이 임금을 '합법적'으로 결정하면서 꾸몄던 우스꽝스러운 연극의 한 예를 보자.

M629

> 1795년 스핀햄랜드에서 스콰이어(시골의 신사—옮긴이)들이 임금을 결정하면서 점심을 먹고 있었는데, 그들은 노동자들이 점심 같은 것을 먹을 필요가 없다고 생각한 것이 분명하였다. …… 그들은 8파운드 11온스의 빵 덩어리가 1실링 할 때에는 남자 1인당 주급을 3실링으로 하고, 빵값이 1실링 5펜스가 될 때까지는 주급을 똑같은 비율로 올리기로 결정했다. 그러나 빵값이 여기에서 더 올라가면, 2실링까지는 임금을 빵값보다 적은 비율로 올리기로 결정하였다. 그 결과 이 경우 남자 한 사람의 빵 크기는 이전보다 $\frac{1}{5}$ 줄어들게 되었다.[56)]

상원 조사위원회는 1814년 대규모 차지농업가이자 치안판사이며 또 구빈원 관리와 임금 조정위원 등을 겸직하고 있던 베넷이라는 인물에 대해 청문회를 실시하였다.

55) 불량 생활수단의 제조에 관한 최근의 의회 조사위원회 보고서를 보면, 불량 의약품의 제조는 영국에서 예외적인 사건이 아니라 오히려 일상적인 일이 되고 있다. 예를 들면 런던 34곳의 약국에서 팔고 있는 아편 견본을 시험한 결과, 그 가운데 31곳에서 겨자씨·밀가루·고무진·점토·모래 등이 섞여 있는 것으로 판명되었다. 모르핀 성분이 전혀 포함되지 않은 것도 많았다.

56) 뉴넘〔법정변호사〕, 『곡물법에 관한 양원 위원회 증언의 검토』, 런던, 1815, 20쪽의 주.

"노동자의 하루 노동가치와 교구 구휼금 사이에 어떤 일정한 비율이 나타나는가?" 답: "나타난다. 노동자의 명목임금이 1주일에 1인당 1갤런의 빵 덩어리(8파운드 11온스)와 3펜스에 못 미칠 때는 부족분이 교구의 구휼금으로 채워진다. …… 우리가 생각하기에 1갤런의 빵은 가족 구성원 한 사람을 1주일 동안 부양하기에 충분한 양이다. 그리고 3펜스는 옷값이다. 교구가 옷을 현물로 제공하는 편이 낫겠다고 할 때는 3펜스는 공제된다. 이런 사정은 단지 윌트셔의 서부지역 전체뿐만 아니라 — 내가 믿는 바로는 — 전국 어디를 가나 비슷할 것이다." [57]

당시의 한 부르주아 저술가는 이렇게 부르짖고 있다.

이렇게 해서 차지농업가들은 자신들의 농촌 이웃 가운데 한 훌륭한 계급에게 구빈원의 보호를 받도록 강요함으로써 얼마 지나지 않아 이들을 금방 타락시키고 말았다. …… 차지농업가는 노동자들에게 없어서는 안 될 소비기금의 축적마저 방해함으로써 자신들의 이익을 증가시켜왔다.[58]

오늘날 노동자의 필요소비기금에 대한 직접적 약탈이 잉여가치〔따라서 자본의 축적기금〕의 형성에 어떤 역할을 하는지는 예컨대 이른바 가내노동〔제15장 제8절의 c(제13장 제8절의 d를 잘못 쓴 것으로 보인다―옮긴이)를 보라〕이 잘 보여주고 있다. 더 자세한 내용은 이 편(제7편―옮긴이)에서 차차 다루게 될 것이다.

어떤 산업부문이든 불변자본 가운데 노동수단으로 이루어지는 부분은 투자규모에 따라 결정되는 노동자 수에 비해 충분해야 하지만, 그렇다고

57) 같은 책, 19~20쪽.

58) 패리, 앞의 책, 69·77쪽. 지주들 또한 그들이 영국의 이름으로 수행한 반(反)자코뱅 전쟁 덕분에 손해를 '보상받았을' 뿐만 아니라 막대한 부까지 이루었다. "그들의 지대는 18년 사이에 2배, 3배, 4배가 되었으며, 어떤 경우에는 심지어 6배까지 되었다"(같은 책, 100~101쪽).

해서 그것이 반드시 사용노동량과 같은 비율로 증가할 필요는 없다. 어떤 M630 공장에서 100명의 노동자가 8시간의 노동으로 800노동시를 공급한다고 하자. 만약 자본가가 이 시간 수를 $\frac{1}{2}$만큼 증가시키고자 한다면 그는 50명의 새로운 노동자를 고용하면 된다. 그러나 그럴 경우 그는 임금뿐 아니라 노동수단에 대해서도 새로운 자본을 투하해야만 한다. 그러나 그는 또한 기존의 노동자 100명을 8시간 대신 12시간 동안 일을 시킬 수도 있다. 이 경우에는 기존의 노동수단만으로도 충분할 것이다. 물론 기존의 노동수단이 좀더 빨리 마모되기는 할 것이다. 이처럼 노동력의 강도를 더 높여서 생겨나는 추가노동은 잉여생산물과 잉여가치〔즉 축적의 실체〕를 불변자본 부분의 비례적 증대 없이도 증대시킬 수 있다.

채취산업〔예를 들면 광산업〕에서 원료는 투하자본의 구성 부분이 아니다. 여기에서 노동대상은 과거 노동의 산물이 아니라 자연이 무상으로 증여한 것이다. 금속 광석, 광물, 석탄, 석재 등이 바로 그러하다. 여기에서 불변자본은 거의 노동수단으로만 이루어져 있고, 이 노동수단은 노동량이 증가해도(예를 들면 노동자의 주야 맞교대) 이를 잘 소화해낼 수 있다. 그러나 다른 조건이 불변이라면, 생산물의 양과 그 가치는 사용된 노동에 정비례하여 증가한다. 생산이 처음 시작된 날과 마찬가지로 여기에서도 본원적인 생산물 형성주체이며, 따라서 자본의 온갖 소재적 요소의 형성주체이기도 한 인간과 자연이 서로 협력하는 것이다. 노동력의 탄력성 때문에, 불변자본의 확대가 선행되지 않더라도 축적의 영역은 확대된다.

농업에서는 종자나 비료의 추가적인 투하 없이는 경지를 확대할 수 없다. 그러나 이런 투하가 일단 이루어지기만 하면 단순히 기계적으로 토지를 갈기만 해도 그것은 생산물의 대량증가에 놀라운 영향을 끼친다. 이리하여 종래와 같은 수의 노동자가 더 많은 노동을 수행함으로써 노동수단의 새로운 투하 없이도 수확량은 늘어난다. 여기에서도 또한 새로운 자본의 개입 없이 축적이 증대되는 직접적 원천은 자연에 대한 인간의 직접적 작용이다.

마지막으로, 공업에서도 노동의 추가지출은 늘 그에 대응하는 원료의 추가지출을 전제로 하지만, 그것이 꼭 노동수단의 추가지출을 전제로 하지는 않는다. 그리고 채취산업과 농업은 제조업에 원료 그 자체와 노동수단의 원료를 공급하기 때문에 전자가 추가적 자본투하 없이 산출해낸 추가생산물은 후자에게도 도움이 된다.

일반적인 결론은 다음과 같다. 즉 자본은 부의 두 본원적 형성주체인 노동력과 토지를 자신과 결합시켜 하나의 팽창능력을 획득하는데, 이를 M631 통해 자본은 자본 자신의 크기〔즉 자본의 현존재인 기존 생산수단의 가치와 양〕에 따라 설정된 것처럼 보이는 한계를 넘어서서 자신의 축적요소들을 확대할 수 있다.

자본축적에서 또 하나 중요한 요인은 사회적 노동의 생산성 수준이다.

노동생산력이 증대함에 따라 일정한 가치〔따라서 일정량의 잉여가치까지도〕를 나타내는 생산물의 양도 증가한다. 잉여가치율이 불변이라면〔혹시 하락하더라도 노동생산성의 증가보다 느린 속도로 하락한다면〕, 잉여생산물의 양은 증대한다. 그러므로 잉여생산물이 수입과 추가자본으로 분할되는 비율이 불변일 경우 자본가의 소비는 축적기금을 감소시키지 않고도 증가할 수 있다. 축적기금의 비율은 소비기금을 희생시키면서도 증가할 수 있지만, 그 경우에도 상품가격이 하락하면 자본가는 종전과 똑같거나 더 많은 향락수단을 자유롭게 처분할 수 있게 된다. 그러나 노동생산성이 증가하면 이미 본 바와 같은 노동자의 가격이 하락〔즉 잉여가치율이 상승〕하고, 이는 실질임금이 상승하는 경우에도 그러하다. 실질임금은 결코 노동생산성에 비례하여 상승하지 않는다. 따라서 동일한 가변자본가치가 더 많은 노동력을〔따라서 더 많은 노동을〕 움직인다. 동일한 불변자본가치가 더 많은 생산수단〔즉 더 많은 노동수단 · 노동재료 · 보조재료〕으로 나타나고, 따라서 더 많은 생산물 형성주체〔즉 가치 형성주체, 또는 노동흡수자〕를 공급한다. 그러므로 추가자본의 가치가 불변〔또는 설사 감소하는 경우에도〕이라면, 축적은 가속적으로 이루어진다. 재생산의 규모가 물적으로 확대될 뿐만 아니라 잉여가치의 생산도 추가자본의 가치보다 더 빨리 증대하는 것이다.

노동생산력의 발전은 초기자본〔즉 벌써 생산과정에 들어가 있는 자본〕에도 반작용을 미친다. 현재 사용 중인 불변자본 가운데 일부는 기계류 등과 같은 노동수단으로 이루어져 있는데, 이런 노동수단은 꽤 오랜 기간에 걸쳐 소비되고 재생산되거나 같은 종류의 신품으로 대체된다. 그러나 이들 노동수단 가운데 일부는 해마다 사멸해간다. 즉 그 생산적 기능의 종점에 도달한다. 그리하여 그 일부는 해마다 주기적 재생산의〔또는 같은 종류의 신품으로 대체되는〕 단계에 이르게 된다. 만일 노동생산력이 이런 노동수단의 출생 장소에서 증대되면—노동생산력은 과학과 기술의 중단 M632 없는 흐름 속에서 끊임없이 발전한다—그 작용능력에서 더욱 값싸고 효율적인 기계나 도구 또는 장치 따위가 낡은 것을 대신하게 된다. 기존의 노동수단에서 일어나는 끊임없는 세부적 변화는 무시하더라도, 낡은 자본은 더욱 생산적인 형태로 재생산된다. 불변자본 가운데 또다른 부분인 원료와 보조재료는 한 해 동안에도 끊임없이 재생산되고, 농업에서 생산되는 부분들은 대개 1년을 주기로 재생산된다. 그리하여 여기에서는 개량된 방법의 도입 등이 모두 추가자본과 기존의 자본에 거의 동시에 영향을 끼친다. 화학의 온갖 진보는 유용한 소재의 수를 증가시키며, 이미 알려진 소재의 용도를 다양화시킨다. 따라서 그것은 자본의 증대와 함께 그 투하영역을 확대시킨다. 그것은 또한 생산과정과 소비과정의 폐기물을 재생산과정의 순환 속으로 다시 집어넣는 방법을 가르쳐주고, 따라서 선행적인 자본투하 없이도 새로운 자본소재를 만들어낸다. 단지 노동력의 강도를 높이는 것만으로도 자연적인 부의 이용을 증진시키는 것과 똑같이, 과학과 기술은 현재 사용되고 있는 자본의 주어진 크기와는 무관하게 자본의 팽창력을 형성한다. 또한 과학과 기술은 초기자본 가운데 이미 교체시기를 맞이한 부분에도 반작용을 미친다. 초기자본은 자신의 낡은 형태의 배후에서 이루어진 사회적 진보를 그 새로운 형태 속에 무상으로 결합시킨다. 물론 이 같은 생산력의 발전은 그와 함께 현재 사용 중인 자본들의 부분적인 감가를 수반하지만, 이 감가가 경쟁에 의해 뼈아프게 느껴지는 한, 가장 큰 압력은 노동자에게 돌아간다. 즉 노동자에 대한 착취를 강화함으로써 자본가는 손해를 보상하려 한다.

노동은 자신에 의해 소비된 생산수단의 가치를 생산물에 이전시킨다. 다른 한편 일정 노동량에 의해 움직여지는 생산수단의 가치와 양은 노동생산성이 증가함에 따라 비례적으로 증대한다. 따라서 같은 노동량은 언제나 같은 양의 새로운 가치만을 생산물에 부가하지만, 그것이 생산물에 이전하는 낡은 자본가치는 노동생산성이 높아짐에 따라 함께 증가한다.

예를 들어 영국 방적공 한 명과 중국 방적공 한 명이 똑같은 시간 동안 똑같은 강도로 노동한다면, 양자는 1주일 동안에 똑같은 가치를 생산해야 할 것이다. 그러나 이렇게 가치가 동일한데도 강력한 자동기계를 가지고 작업하는 영국 노동자의 1주일 생산물가치와, 겨우 한 개의 방차만으로 작업하는 중국 노동자의 1주일 생산물가치 사이에는 엄청난 차이가 있다. 중국 노동자가 1파운드의 면화를 방적하는 시간과 똑같은 시간에 영국 노동자는 몇백 파운드의 면화를 방적한다. 몇백 배나 더 큰 액수의 낡은 가치가 영국 노동자의 생산물가치를 증가시키고, 그 생산물은 그 낡은 가치를 새로운 유용형태로 바꾸어 새로운 자본으로 사용될 수 있도록 만든다. 엥겔스는 우리에게 이렇게 일러주고 있다. M633

> 1782년에는 노동자의 부족 때문에 그 이전 3년 동안의 (잉글랜드의) 양모 수확량 전체가 통째로 가공되지 않은 채 남아 있었다. 만일 새로 발명된 기계의 도움으로 그것이 방적되지 않았다면 그것은 아직도 그런 상태로 남아 있었을 것이 분명하다.[59]

59) 엥겔스, 『영국 노동자계급의 상태』, 20쪽.

기계의 형태로 대상화된 노동이 물론 땅 속에서 인간을 곧바로 불러낸 것은 아니지만, 그 기계 덕분에 몇 안 되는 노동자들이 비교적 적은 양의 살아 있는 노동을 부가함으로써 양모를 생산적으로 소비하고 거기에 새로운 가치를 부가하는 것은 물론 양모의 낡은 가치도 실과 같은 제품의 형태로 보존해놓은 것이다. 그럼으로써 그것은 또한 양모의 확대재생산을 위한 수단과 자극을 제공하였다. 새로운 가치를 창조하면서 낡은 가치를 보존하는 능력은 살아 있는 노동의 천부적 자질이다. 따라서 노동은 그 생산수단의 효율성과 규모 및 가치가 증대함에 따라〔그리하여 노동생산력의 발전과 함께 축적이 진행됨에 따라〕 끊임없이 팽창하는 자본가치를 늘 새로운 형태로 유지하고 영속화한다.[60] 노동의 이러한 천부적인 힘은 노

60) 고전파 경제학은 노동과정과 가치증식과정에 대한 분석이 부족했기 때문에 이 중요한 재생산의 의미를 전혀 파악하지 못했는데 우리는 그 대표적인 경우를 리카도에게서 볼 수 있다. 예컨대 그는 이렇게 말한다. 생산력이 어떻게 변하든 상관 없이 “100만 명의 사람이 공장에서 생산하는 가치는 언제나 똑같다.” 만일 이때 이들의 노동시간과 강도가 불변이라면 이 말은 옳다. 그러나 만일 노동생산력이 변화한다면 이들 100만 명의 사람이 생산물에 이전하는 생산수단의 양은 그에 따라 매우 달라질 것이고, 따라서 그들의 생산물 속에 보존하는 가치량은 물론 그들이 공급하는 생산물가치의 크기도 달라지게 되는데, 이것은 앞의 얘기(노동시간과 강도가 불변이라면 옳다는 그 얘기—옮긴이)와는 무관한 별개의 얘기이다. 그럼에도 리카도는 이 얘기를 그의 여러 논의에서 빠뜨리고 있다. 덧붙여 말한다면, 리카도는 위의 예에 의존하여 세이에게서 사용가치(여기서 그는 이것을 부〔wealth, 즉 소재적 부〕라고 일컫는다)와 교환가치의 구별을 명확하게 하려고 했지만 그것은 허사였다. 세이는 거기에 대해서 이렇게 답하고 있다. “리카도는 개량된 방법을 사용할 경우 100만 명의 사람이 가치의 증가 없이도 2~3배의 부를 생산할 수 있다고 말했는데, 여기에서 그가 제기하는 난점은, 만일 사람들이 생산도 하나의 교환으로 간주하고 이 교환을 통해 생산물을 얻기 위해 자신의 노동과 토지 그리고 자본에 생산적인 역할을 부여한다면, 사라져버린다. 우리가 세상에 존재하는 모든 생산물을 얻을 수 있는 이유는 바로 이들의 이러한 생산적 역할 때문이다. 그러므로 …… 생산이라고 불리는 교환에서 이 생산적 역할들이 가져오는 유용물의 양이 크면 클수록 우리의 부는 그만큼 커지고 우리의 생산적인 역할도 그만큼 더 큰 가치를 갖는다(세이, 『맬서스에게 보내는 편지』, 파리, 1820, 168~169쪽). 세이가 설명하려는 난점 — 그것은 세이에게 존재하는 것이지 리카도에게 존재하는 것은 아니다 — 은 다음과 같은 것이다. 즉 ‘노동생산력이 증가한 결과 사용가치의 양은 증가하는데 왜 그 가치는 증가하지 않는가?’ 하는 것이다. 답 — 이 난점은 사용가치를 교환가치라고 불러줌으로써 해결된다. 교환가치는 아무래도 교환과 관련이 있는 물적 존재이다. 따라서 생산을 ‘노동 및 생산수단’과 ‘생산물’ 사이의 ‘교환’이라고 한다면, 생산에 의해 공급되는 사용가치가 많으면 많을수록 그만큼 더 많은 교환가치가 얻어진다는 것은 아주 명백하다. 바꿔 말하면 1노동일이 양말 공장주에게 공급하는 사용가치〔예를 들어 더 많은 양말〕가 증가

동이 결합되어 있는 자본의 자기유지능력으로 나타나는데, 이것은 정확히 노동의 사회적 생산력이 자본의 속성으로 나타나며, 또 자본가에 의한 잉여노동의 끊임없는 취득이 자본의 끊임없는 자기증식으로 나타나는 것과 전적으로 동일하다. 상품의 모든 가치형태가 화폐형태로 투영되듯이 노동의 모든 힘은 자본의 힘으로 투영된다. M634

자본이 증가함에 따라 사용된 자본과 소비된 자본 사이의 차액은 증대한다. 바꿔 말하면 건물 · 기계 · 배수관 · 역축 및 갖가지 장치 등과 같은 노동수단의 가치와 소재의 양이 증가할 때, 이들 노동수단은 길든 짧든 끊임없이 되풀이되는 생산과정에서 처음부터 끝까지 줄곧 사용되면서 일정한 사용가치를 만들어내는 데 기여하지만, 마모는 단지 점진적으로만 이루어져서, 자신의 가치를 조금씩만 상실하면서 생산물에 이전하는 것이다. 이처럼 노동수단이 생산물에 가치를 이전하지 않으면서 생산물 형성에 기여하는〔즉 전체가 사용되지만 소비는 부분적으로만 이루어지는〕 한, M635

하면 할수록 양말 공장주는 양말을 통해 그만큼 더 부자가 된다. 그런데 세이는 갑자기 다음과 같이 생각한다. 양말의 '양이 증가함에 따라' 그 '가격'(그것들은 물론 교환가치와 아무 관계도 없다)은 하락하는데, "그것은 경쟁이 그들〔즉 생산자들〕로 하여금 생산물을 거기에 들인 비용만 받고 양도하도록 강제하기 때문이다." 그렇지만 자본가가 상품을 거기에 들인 비용과 같은 가격으로 판매한다면, 도대체 이윤은 어디에서 나오는 것인가? 그것은 염려할 필요가 없다. 생산성이 증가한 결과 모든 사람이 동일한 가치로, 예전에는 양말 한 켤레를 얻던 것에서 이제는 두 켤레를 얻게 되었다고 세이는 설명한다. 그가 내린 결론은 바로 그가 반박하고자 한 리카도의 명제 그대로이다. 이렇게 격렬한 사색적 노력 끝에 그는 의기양양하게 다음과 같이 맬서스에게 말했다. "이것은 훌륭한 근거가 있는 학설이다. 단언하건대, 이 학설 없이는 경제학의 가장 어려운 문제들—특히 부가 곧 가치임에도 불구하고 한 나라에서 생산물가치는 감소하는데 그 나라의 부가 어떻게 증가할 수 있는지에 대한 의문—을 해결할 수 없다(같은 책, 170쪽). 영국의 한 경제학자는 세이의 이 책에 나온 이와 비슷한 곡예에 관해 다음과 같이 말한다. "이렇게 교묘하게 말만 바꾸어놓은 것이 대개 세이가 즐겨 자신의 학설이라고 이름붙인 것들인데, 그는 이것을 〔이미 '유럽의 여러 지방에서' 가르쳐지고 있는 것처럼〕 허트퍼드에서도 가르치도록 맬서스에게 권하고 있다. 그는 말한다. '만일 그대가 이 모든 명제에서 모순적인 부분을 하나라도 발견한다면 이 명제들이 나타내고 있는 사물을 고찰하기 바란다. 그렇게 한다면 그대는 이 명제들을 매우 단순하고 합리적인 것으로 이해하게 되리라는 점을 나는 감히 믿는 바이다.' 물론 내가 일러준 과정을 그대로 따라한다 해도 이 명제들이 다른 것으로 보일 수도 있겠지만, 그럴 경우에도 그것이 완전히 독창적인 것이거나 중요한 것으로 보이지는 않을 것이다"(『최근 맬서스가 주장하는 수요의 성질 및 소비의 필요와 관련된 원리의 연구』, 110쪽).

그것은 앞서 언급한 바와 같이 물 · 증기 · 공기 · 전기 등과 같은 자연력과 마찬가지로 무상의 기여를 하는 셈이다. 과거 노동에 의한 이런 무상의 기여는 그것이 살아 있는 노동에 의하여 이용되고 고무될 경우, 축적규모가 증대함에 따라 더욱더 커질 것이다.

과거 노동은 늘 자본의 형태로 분장하고 있기 때문에〔즉 A · B · C 노동의 수동태는 비(非)노동자 X의 능동태로 분장하기 때문에〕 부르주아와 경제학자들은 과거 노동의 공로를 극구 찬양한다. 스코틀랜드의 천재 매컬럭에 따르면, 과거 노동은 자신의 보수(이자와 이윤 따위)를 받아야 한다.[61] 그러므로 살아 있는 노동과정에서 생산수단의 형태로 함께 작용하는 과거 노동의 비중이 점점 증대하는 것은, 노동자의 예전 불불노동인 이 과거 노동이 노동자 자신에게서 소외된 모습〔즉 그것의 자본형태〕 덕분이라고들 말한다. 오늘날 자본주의적 생산의 실제 담당자와 그 이데올로기적 대변자가 생산수단을, 거기에 씌워진 적대적인 사회적 가면에서 분리시켜 생각할 수 없는 것은 마치 노예 소유주가 노동자 그 자체를 노예라는 그의 성격으로부터 분리시켜 생각할 수 없는 것과 마찬가지이다.

노동력의 착취도가 일정하다면 잉여가치의 양은 동시에 착취당하는 노동자의 수에 따라 정해지고, 그 노동자 수는—자본에 대한 비율은 달라질 수 있지만—자본의 크기에 따라 같은 방향으로 변동한다. 그리하여 M636 축적이 계속됨에 따라 자본도 증대하는데, 그럴수록 소비기금과 축적기금으로 분리되는 가치 총액도 증대한다. 그러므로 자본가는 더욱 사치스럽게 생활하면서 동시에 더욱 많은 '절욕'을 할 수 있다. 그리고 마지막으로 투하자본의 양과 더불어 생산규모가 확대될수록 생산의 모든 동력은 더욱더 역동적으로 움직인다.

61) 매컬럭은 시니어가 '절욕임금설'에 대한 특허권을 얻기 훨씬 이전에 '과거 노동 임금설'에 대한 특허권을 얻었다.

제5절 이른바 노동기금

이 연구과정을 통해 명확해진 바와 같이, 자본은 결코 고정된 크기가 아니라 탄력성을 지니고 있으며, 특히 잉여가치의 수입과 추가자본으로의 분할에 따라 끊임없이 변동하는 사회적 부의 한 부분이다. 또한 앞서 보았듯이 현재 사용 중인 자본의 크기가 일정하더라도 거기에 결합되는 노동력과 과학 · 토지(토지는 경제학적으로 인간의 도움 없이 천연적으로 주어진 모든 노동대상으로 이해해야 한다)가 이 자본의 탄력적인 힘을 이루고 있어서 이들 힘은 일정한 범위 안에서 자본에 그 크기와는 별개의 영향력을 허용한다. 이 연구에서는 동일한 자본량이 각기 다른 영향력을 행사하게 만드는 유통과정의 갖가지 요인을 모두 무시하였다. 우리는 자본주의적 생산에 의한 구조적인 제약〔즉 사회적 생산과정의 순수한 원래대로의 모습〕을 전제로 했기 때문에, 현존의 생산수단과 노동력을 가지고 직접적이고 계획적으로 실현할 수 있는 좀더 합리적인 결합은 모두 무시하였다. 고전파 경제학은 이전부터 사회적 자본을 고정된 영향력 수준을 가진 하나의 고정된 크기로 이해하는 경향이 있었다. 이 편견을 최초로 하나의 도그마로 확정시킨 사람은 타고난 속물 제레미 벤담(Jeremy Bentham)으로, 그는 19세기 부르주아적 상식에 대한 무미건조하고 현학적이며 수다스러운 신탁자(神託者)였다.[62] 철학자들 사이에서 벤담이라는 인물은 시인들 가운데에서 마틴 터퍼(Martin Tupper)와 같은 존재이다. 이들 둘은 모두 영국에서만 만들어질 수 있는 인물들이었다.[63] 그의 도그

62) 벤담, 『형벌과 보상의 이론』, 뒤몽(Et. Dumont)의 프랑스어 번역본, 제3판, 파리, 1826, 제2권, 제4편, 제2장 참조.

63) 벤담이라는 인물은 순전히 영국적인 현상이다. 독일의 철학자 크리스티안 볼프(Christian Wolf)를 포함하더라도 일찍이 어떤 시대 어떤 나라에서도 이처럼 평범하고 진부한 상투어가 그렇게 득의양양하게 뽐낸 적은 없었다. 공리주의는 결코 벤담의 발명품이 아니었다. 그는 이미 엘베티우스(Helvetius)를 비롯한 18세기의 여러 프랑스인이 재치있게 얘기했던 것들을 그저

마로는 생산과정의 가장 평범한 현상들조차〔예를 들면 그 돌연한 팽창과 M637 수축, 심지어 축적까지도〕 전혀 이해할 수 없다.[64] 이 도그마는 벤담뿐만 아니라 맬서스, 제임스 밀, 매컬럭 등에 의해서도 변호론적 목적으로―특히 자본의 한 부분인 가변자본〔즉 노동력으로 전화할 수 있는 자본〕을 하나의 고정된 크기로 설명하기 위해―이용되었다. 가변자본의 소재적 존재〔즉 노동자에게서 생활수단의 양으로 나타나는 이른바 노동기금〕는 사회적 부 가운데에서 자연의 사슬에 묶여 어쩔 수 없는 특수 부분이라고 날조되었다. 사회적 부 가운데 불변자본으로〔또는 소재적으로 표현하면 생산수단으로〕 기능해야 할 부분을 움직이기 위해서는 일정량의 살아 있는 노동이 필요하다. 이 양은 기술적으로 주어진다. 그러나 이 노동량을 움직이는 데 필요한 노동자의 수는 주어져 있지 않다. 왜냐하면 그것은 개별 노동력의 착취도에 따라 변할 뿐만 아니라 이 노동력의 가격도 주어져 있지 않기 M638 〔단지 그 가격의 최저 한계만이 주어져 있는데, 그나마도 매우

앵무새처럼 재생산한 것에 지나지 않았다. 예를 들어 무엇이 개에게 유용한지를 알려면 우리는 개의 본성을 연구해야 한다. 그런데 이 본성은 '공리주의'로 구성될 수 있는 것이 아니다. 인간의 경우, 인간의 모든 행위·운동·관계 등을 공리주의에 따라 판단하려고 할 때 문제가 되는 것은 첫째 인간성 일반이고, 그 다음이 각 시대마다 역사적으로 변형된 인간성이다. 그러나 벤담은 이를 간단하게 처리해버린다. 그는 지극히 소박하고 무미건조한 방식으로 근대의 속물, 특히 영국의 속물들을 표준적인 인간으로 상정한다. 그리고 이 기형적인 표준적 인간과 그의 세계에 유용한 것이 곧 유용한 것이다. 그런 다음 그는 이 척도를 가지고 과거와 현재 그리고 미래를 판단한다. 예를 들면 기독교는 '유용'하다. 왜냐하면 "기독교는 형법이 법적으로 유죄로 선고하는 비행을 종교적으로 금지하기 때문이다." 예술 비평은 '유해'하다. 왜냐하면 그것은 존경할 만한 사람들이 마틴 터퍼의 작품을 즐기지 못하도록 방해하기 때문이다. …… 등등. "붓을 들지 않는 날이 없다"[†146]는 것을 모토로 삼은 이 부지런한 남자는 이런 싸구려 글귀들로 산더미 같은 저서들을 채웠다. 만일 내가 친구 하이네만큼만 용기가 있다면 나는 제레미를 부르주아적 우둔함의 천재라고 부를 것이다.

64) "경제학자들은 일정량의 자본과 일정 수의 노동자를 일정한 힘과 일정한 강도를 계속 유지하며 작동하는 생산용구로 간주하는 경향이 있다. …… 상품이 생산의 유일한 동인(動因)이라고 주장하는 사람들은 다음과 같이 논증한다. 즉 생산이라는 것은 결코 확대될 수 없는데, 왜냐하면 이런 확대가 이루어지려면 생활수단과 원료와 도구가 미리 증가되어 있어야만 하기 때문이다. 이러한 주장은 사실상 생산의 확대는 생산이 미리 증대하지 않고서는 이루어질 수 없다는 주장, 바꾸어 말하면 어떤 생산의 증가도 불가능하다는 주장으로 귀착된다"(베일리, 『화폐와 그 가치변동』, 58·70쪽). 베일리는 이 도그마를 주로 유통과정의 관점에서 비판하고 있다.

탄력적인 형태로 주어져 있기〕 때문이다. 이 도그마의 밑바탕에는 다음과 같은 사실이 놓여 있다. 한편으로 노동자는 사회적 부가 비노동자의 향락 수단과 생산수단으로 분할되는 과정에 관여할 수 없다. 다른 한편으로 노동자는 오직 운이 좋은 예외적인 경우에만 부자의 '수입'을 희생시켜서 이른바 '노동기금'을 확대할 수 있다.[65)]

노동기금의 자본주의적 제약(자본주의 생산양식 그 자체에서 비롯된 구조적 제약—옮긴이)을 사회적인 자연적 제약으로 변조하는 것이 얼마나 어리석은 동어반복인지는 포셋(Fawcett) 교수가 잘 보여주고 있다.

그는 다음과 같이 말한다.

> 한 나라의 유동자본(zirkulierende Kapital)[66)]은 그 나라의 노동기금이다. 그러므로 노동자 한 사람이 받는 평균 화폐임금을 계산하기 위해서는 단지 이 유동자본을 노동자 인구 수로 나누기만 하면 된다.[67)]

다시 말해서 우리는 먼저 실제로 지불된 개별 임금을 합한 다음 그것을 신과 자연에 의해 정해진 '노동기금'의 가치 총액이라고 주장한다. 마지막으로, 우리는 이렇게 얻어진 총액을 노동자의 머릿수로 나누어 다시 노

65) 존 스튜어트 밀은 자신의 『경제학 원리』, 제2편, 제1장, 제3절에서 다음과 같이 말하고 있다. "노동생산물은 오늘날 노동에 반비례하여 배분된다. 즉 가장 큰 부분은 전혀 노동하지 않는 사람들에게 배분되고, 그 다음으로 큰 부분은 거의 명목상으로만 노동하는 사람들에게 배분된다. 이런 방식으로 노동이 점점 격렬해지고 힘들어지는 데 비례하여 보수는 점점 더 작아져서 마침내 가장 힘이 들고 체력 소모가 많은 육체노동은 생활필수품의 획득조차도 보장될 수 없을 정도가 된다." 오해를 피하기 위해 지적해두어야 할 점은, 밀 같은 사람들을 그들의 낡은 도그마와 그들의 근대적인 경향 간의 모순 때문에 비난할 수는 있지만 그들을 속류경제학적 변론자들과 한 무리로 취급하는 것은 결코 옳지 않다는 것이다.

66) 케임브리지 경제학 교수 포셋, 『영국 노동자의 경제적 지위』, 런던, 1865, 120쪽.

67) 나는 여기에서, 가변자본과 불변자본이라는 2개 범주는 내가 처음으로 사용한 것임을 독자들에게 환기시켜두고자 한다. 경제학은 스미스 이래 이들 두 범주의 차이를 유통과정에서 생겨나는 고정자본(fixem Kapital)과 유동자본(zirkulierendem Kapital) 사이의 형태적 차이와 혼동하고 있다. 이에 대한 더욱 상세한 논의는 제2권 제2편에서 다루기로 한다.

동자 한 사람이 평균적으로 얼마를 할당받을 수 있는지를 알아낸다. 이것은 아주 교활한 방법이다. 그런데 포셋은 곧바로 태연하게 이렇게 말한다.

> 해마다 영국에서 축적되는 모든 부는 크게 두 부분으로 나누어진다. 한 M639 부분은 영국에서 우리 자신의 산업을 유지하는 데 사용된다. 나머지 다른 부분은 외국으로 수출된다. …… 우리 산업에서 사용되는 부분은 우리나라에서 연간 축적되는 부 가운데 별로 큰 부분이 아니다.[68]

따라서 해마다 증가하는 잉여생산물 — 영국 노동자에게서 등가를 지불하지 않고 빼앗아낸 — 가운데 대부분은 영국이 아니라 외국에서 자본화된다. 그러나 이렇게 수출되는 추가자본과 함께 신과 벤담이 발명한 '노동기금'의 일부분도 수출된다.[69]

68) 포셋, 같은 책, 122~123쪽.

69) 자본뿐 아니라 노동자도 이민이라는 형태로 해마다 영국에서 수출된다고 말할 수 있을 것이다. 그러나 본문에서는 국외 이주자(대부분이 노동자가 아닌 차지농업가의 아들이었다)의 페쿨리움(Peculium)[†147]에 대해서는 전혀 다루지 않았다. 해마다 이루어지는 축적 가운데 이자를 얻기 위해 외국으로 수출되는 영국 추가자본이 차지하는 비중은 해마다 증가하는 인구 가운데 국외 이주자가 차지하는 비중과 비교하면 훨씬 더 크다.

제23장
자본주의적 축적의 일반 법칙

제1절 자본구성이 불변일 때 축적에 따른 노동력 수요의 증가

이 장에서는 자본의 증대가 노동자계급의 운명에 어떤 영향을 끼치는지를 다루고자 한다. 이 연구에서 가장 중요한 요인은 자본의 구성(Zusammensetzung des Kapitals)과 그것이 축적과정의 진행 속에서 겪게 되는 갖가지 변화이다. M640

자본의 구성은 이중의 의미로 파악되어야 한다. 가치 측면에서 보면 자본구성은 불변자본〔또는 생산수단의 가치〕과 가변자본〔또는 노동력의 가치, 즉 임금의 총액〕 사이의 비율에 따라 결정된다. 생산과정에서 사용되는 소재의 측면에서 본다면 각 자본은 생산수단과 살아 있는 노동력으로 나누어진다. 이 구성은 사용되는 생산수단의 양과 그것을 사용하는 데 필요한 노동력 사이의 비율에 따라 결정된다. 나는 첫 번째 구성을 자본의 가치구성(Wertzusammensetzung), 두 번째 구성을 자본의 기술적 구성(technische Zusammensetzung)이라 부르겠다. 이 둘 사이에는 밀접한 상호관계가 있다. 이 상호관계를 나타내기 위해 나는 자본의 가치구성이 자본의 기술적 구성에 의해 결정되고 이 기술적 구성의 변화를 반영하는 경우에 한해서 그것을 자본의 유기적 구성(organische Zusammensetzung des Kapitals)이라 부를 것이다. 그냥 자본의 구성이라고 말하는 경우에는 언제나 자본의 유기적 구성이라고 이해해야 할 것이다.

어떤 하나의 생산부문에 투하된 수많은 개별 자본은 서로 어느 정도 구성이 다르다. 이 자본들의 개별적 구성을 평균한 것이 그 생산부문의 총자본 구성이다. 끝으로, 모든 생산부문의 평균구성의 총평균이 한 나라의 사회적 자본의 구성이며, 앞으로의 논의에서는 이것만을 문제로 삼는다.

M641

자본의 증대는 그 가변성분〔즉 노동력으로 전화하는〕의 증대를 포함한다. 추가자본으로 전화하는 잉여가치 가운데 일부는 늘 가변자본〔즉 추가적 노동기금〕으로 재전화해야 한다. 다른 조건이 불변인 상태에서 자본구성도 불변이라면〔즉 일정량의 생산수단이나 불변자본이 가동되기 위해서 언제나 똑같은 양의 노동력이 필요하다면〕 명백히 노동에 대한 수요와 노동자의 생존기금은 반드시 자본의 증대와 함께 증가할 것이며, 증가속도에서도 자본의 증가속도에 비례할 것이다. 자본은 해마다 잉여가치를 생산하고 그 중 일부는 해마다 초기자본에 추가되기 때문에, 그리고 이 증가분도 이미 사용되고 있던 자본규모의 증가에 따라 해마다 함께 증가하기 때문에, 그리고 끝으로 특별히 치부 충동을 자극하는 요인〔예를 들어 새롭게 개발된 사회적 욕망으로 인한 새로운 시장과 새로운 투자영역의 등장과 같은〕이 나타나 잉여가치나 잉여생산물이 자본과 수입으로 분할되는 비율이 변화됨으로써 축적의 규모가 갑작스럽게 확대될 수 있기 때문에, 자본축적의 욕망은 노동력이나 노동자 수의 증가를〔즉 노동력 수요가 그 공급을〕 앞지를 수 있으며 그에 따라 임금도 상승할 수 있다. 위의 전제가 그대로 유지된다면 이것은 실제로 그렇게 될 것이 틀림없다. 고용되는 노동자의 수가 해마다 전년도보다 늘어날 것이기 때문에, 결국 언젠가는 축적의 욕망이 통상적인 노동공급을 웃돌기 시작하는〔그리하여 임금이 상승하기 시작하는〕 시점이 나타날 수밖에 없다. 영국에서는 15세기의 전 기간에 걸쳐서, 그리고 18세기의 전반기에 이런 현상에 대한 불평의 소리가 드높았다. 그렇지만 임노동자가 유지되고 증식되는 상황이 어느 정도 유리해진다 해도 그것이 자본주의적 생산의 근본적인 성격을 변화시키는 것은 아니다. 단순재생산이 자본관계 자체를〔따라서 한편에서는 자본가를, 다른 한편에서는 임노동자를〕 끊임없이 재생산하듯이, 확대재생산〔즉 축적〕은 자본관계를 확대된 규모로〔즉 한쪽 끝에는 더 많은 자본가 또는 더 큰 자본가를, 다른 쪽 끝에는 더 많은 임노동자를〕 재생산한다. 노동력의 재생산—가치증식수단으로서 자본에서 벗어나지 못하고 끊임없이 자본과 결합되어야 하고 또 그것을 구매하는 개별 자본가가 계속 바뀌기 때문에 자신이 자본에 예속되어 있다는 이런 사실이 은폐되고 있는—은 사실 자본 그 자체의 재생산의 한 계기를 이루고 있다. 그러므로 자본의 축적은 프롤레타리아의 증식이다.[70] M642

고전파 경제학은 이 명제를 너무나 잘 이해한 나머지, 앞서 얘기했듯이 애덤 스미스나 리카도 등은 축적을 잉여생산물 가운데 자본화한 부분을 모두 생산적 노동자가 소비하는 것〔즉 그 부분 전체가 추가적 임노동자로 전화하는 것〕과 동일한 것으로 잘못 이해하였다. 이미 1696년 존 벨러스(John Bellers)는 이렇게 말했다.

70) 카를 마르크스, 『임노동과 자본』. "대중 억압의 정도가 같다면 프롤레타리아가 많은 나라일수록 더 부유하다"(콜랭〔Colins〕, 『경제학: 혁명과 이른바 사회주의적 유토피아의 원천』, 파리, 1857, 제3권, 331쪽). 경제학에서 '프롤레타리아'란 다름 아닌 임노동자이다. 즉 '자본'을 생산하고 증식하는 기능이 있고, 페케르(Pecqueur)가 의인화하여 부르는 '미스터 자본'의 가치증식 욕구에 더 이상 도움이 되지 않으면 당장 거리로 내쫓기는 바로 그 임노동자이다. '원시림의 병약한 프롤레타리아'는 로셔(Roscher)가 지어낸 제멋대로의 환상이다. 원시림에 사는 사람은 바로 원시림의 소유주이며, 오랑우탄처럼 원시림을 전혀 거리낌 없이 자신의 소유물로 간주한다. 그러므로 그는 프롤레타리아가 아니다. 만일 그가 원시림을 이용하는 것이 아니라 원시림이 그를 이용할 경우가 있다면, 그럴 때에만 그는 프롤레타리아가 될 것이다. 건강상태에서 그는 현대의 프롤레타리아와 견주어 손색이 없을 뿐만 아니라 매독이나 임파선병을 앓는 '귀인'과도 견줄 만하다. 그렇지만 빌헬름 로셔가 원시림이라고 말하는 것은 아마도 그의 가문이 소유하고 있는 뤼네부르크의 황무지일 것이다.

어떤 사람이 10만 에이커의 토지와 10만 파운드스털링의 화폐, 그리고 10만 마리의 가축을 갖고 있더라도 만약 노동자를 1명도 고용하지 않고 있다면, 이 부자는 스스로 노동자가 되는 수밖에 더 있겠는가? 노동자는 사람들을 부유하게 만들어주기 때문에, 노동자가 많으면 많을수록 그만큼 부자도 많아진다. …… 가난한 사람의 노동은 부자의 보고(寶庫)이다.[71]

또 맨더빌(Bernard Mandeville)도 18세기 초에 다음과 같이 말했다.

소유권이 충분히 보장된 곳에서는 돈 없이는 살아나갈 수 있지만 가난한 사람 없이는 살아나가기 어려울 것이다. 왜냐하면 가난한 사람이 없다면 노동을 수행할 사람이 없을 것이기 때문이다. …… 노동자들을 굶어 죽지 않게 하는 것도 중요하지만, 그들에게 저축할 만한 가치가 있는 것을 아무것도 주지 말아야 하는 것도 매우 중요하다. 여기저기서 최하층계급 사람들 가운데 몇몇이 놀라울 정도의 근면과 검약으로 자신들이 살아온 처지를 M643 넘어서 계층상승을 한다면 아무도 그것을 방해해서는 안 된다. 사실 사회의 모든 개인이나 가정에 가장 현명한 생활방식은 의심할 나위 없이 검약하게 살아가는 일이다. 그러나 한 나라가 부유해지기 위해서는 대부분의 빈민들이 결코 그렇게 살지 않아야 하고, 또한 자신들이 벌어들인 것을 모두 지출해야만 한다. …… 자신의 삶을 하루하루의 노동으로 꾸려나가는 사람들에게는 그들의 욕망을 제외하고는 그 어떤 것도 그들이 일하도록 만드는 유인이 되지 못한다. 이 욕망을 진정시키는 것은 현명한 일이지만 이것을 만족시키는 일은 어리석은 짓이다. 일하는 사람을 부지런하게 만들 수 있는 유일한 요인은 적당한 임금이다. 너무 적게 주면 기질상 그들은 무기력해지고 절망감에 빠지게 되며, 너무 많이 주면 무례하고 게을러진다. …… 이렇게 볼 때, 노예가 허용되지 않는 자유국가에서 가장 확실한 부는

71) 존 벨러스, 『산업대학 설립 제안』, 2쪽.

근면한 빈민이 얼마나 많은지에 달려 있다. 그들은 육군과 해군의 마르지 않는 공급원일 뿐만 아니라, 그들 없이는 어떤 향락도 존재하지 않으며, 나라의 어떤 생산물도 더 이상 늘어나지 않을 것이기 때문이다. 사회(여기에서 사회란 비노동자들로 이루어진 사회를 말한다)에 행복을 주고 인민을 궁핍 속에서도 만족시키기 위해서는 대다수의 사람들을 완전한 무지와 빈궁 속에 빠뜨려둘 필요가 있다. 지식은 우리의 욕망에 대한 기대수준도 상승시키며, 우리의 기대수준이 낮으면 낮을수록 우리의 욕망은 쉽게 채워질 수 있다.[72)]

정직하고 머리 좋은 이 맨더빌도 축적과정의 메커니즘 그 자체가 자본과 함께 '근면한 빈민'〔즉 임노동자〕의 수를 늘려나간다는 사실을 이해하지 못하고 있었다. 이들 '근면한 빈민'은 자신의 노동력을 증대되어가는 자본의 증대되어가는 가치증식력으로 전화시켜야 하고, 또 그럼으로써 자본가로 인격화된 자신의 생산물에 대한 자신의 예속관계를 영속화시켜야만 한다. 바로 이런 예속관계에 대해 이든은 자신의 『빈민의 상태 또는 영국 노동자계급의 역사』에서 이렇게 말하고 있다.

우리가 사는 곳에서는 욕망 충족을 위해 노동이 필요하다. 그래서 적어도 사회의 어느 한 부분은 쉴새없이 일을 해야만 한다. …… 어떤 사람들은 노동은 하지 않으면서 근면의 산물을 자유로이 처분할 수 있다. 그러나 이 재산 소유자들이 그렇게 할 수 있는 것은 오직 문명과 질서의 덕택이며, 그들은 부르주아 제도의 순수한 창조물이다.[73)] 왜냐하면 이 부르주아 제도는

72) 맨더빌(B. de Mandeville), 『벌〔蜂〕 이야기』, 제5판, 런던, 1728, 211~213, 328쪽. — "분수에 맞는 생활과 부단한 노동은 빈민에게는 물질적 행복(그가 말하는 것은 가능한 한 최대의 노동일과 최소의 생활수단이다)에 이르는 길이고, 국가(즉 토지소유주와 자본가 그리고 그들의 정치적 고급관리와 그 대리인들)에는 부에 이르는 길이다"(『산업과 상업에 관하여』, 런던, 1770, 54쪽).

73) 그렇다면 '부르주아 제도'는 누구의 창조물인지 이든은 의문을 제기해야 했을 것이다. 법

M644 노동이 아닌 다른 방법으로도 노동의 결과를 취득할 수 있도록 인정하고 있기 때문이다. 독립된 재산을 가진 사람들이 그 재산을 얻게 된 것은 거의 전적으로 다른 사람의 노동 덕분이지 자신의 능력—다른 사람보다 전혀 나을 것이 없는—덕분이 아니다. 부자들을 빈민들과 구별시켜주는 것은 그들이 토지와 화폐를 소유하고 있기 때문이 아니라 노동에 대한 지휘권을 갖고 있기 때문이다. …… 빈민들에게 약속되는 것은 열악하고도 노예적인 그러한 상태가 아니라 안락하고 자유로운 예속상태이며, 재산 소유자들에게 약속되는 것은 자신들을 위해 노동하는 사람들에 대한 충분한 영향력과 권위이다. …… 이런 예속관계는, 인간의 본성을 파악하고 있는 사람이라면 누구나 알고 있듯이 노동자 자신의 안락을 위해서 반드시 필요한 것이다.[74)]

덧붙이자면, 이든은 애덤 스미스의 제자 중에서 18세기 동안 의미 있는 일을 한 유일한 사람이다.[75)]

학적인 견지에서 볼 때 그는 법률을 물적 생산관계의 산물로 보지 않고 거꾸로 생산관계를 법률의 산물로 보고 있다. 랭게(Linguet)[†148]는 몽테스키외의 공상적인 『법의 정신』을 "법의 정신은 소유이다"라는 한마디 말로 무너뜨렸다.

74) 이든, 앞의 책, 제1권, 제1부, 제1장, 1~2쪽과 서문 20쪽.

75) 만일 독자들이 1798년에 『인구론』을 세상에 내놓은 맬서스를 떠올릴 수 있다면 다음과 같은 사실을 지적해주고 싶다. 맬서스의 이 저작은 일차적으로 그 형태에서 디포와 제임스 스튜어트 그리고 타운센드(Townsend)·프랭클린(Franklin)·월리스(Wallace) 등을 유치하고 천박하게, 또 성직자가 암송하듯이 표절해낸 것 이외의 아무것도 아니며, 자신의 머리로 생각해낸 것이라고는 한 구절도 없다. 이 소책자가 불러일으킨 대단한 센세이션은 오로지 당파적 이해에서 나온 것이다. 영국에는 프랑스 혁명의 열렬한 옹호자들이 있었다. '인구법칙'은 18세기에 천천히 만들어진 다음 큰 사회적 위기가 닥치자 콩도르세(Condorcet)의 학설에 대한 해독제로서 확실한 효능이 있다고 대대적으로 선전되었으며, 영국 과두정부로부터 인간의 진보에 대한 모든 열망을 절멸시키는 묘안이라고 환영받았다. 자신의 성공에 깜짝 놀란 맬서스는 이번에는 천박하게 모인 자료들을 낡은 도식 속에 가득 채워넣은 다음, 자신이 스스로 발견해낸 것이 아니라 그저 이어붙이기만 했을 뿐인 새로운 재료들을 첨가하는 작업에 착수했다. —이왕 말이 나온 김에 덧붙이자면, 맬서스는 영국 고교회파(High Church)의 목사였는데도 수도승의 독신서약을 하였다. 그것은 프로테스탄트 계열인 케임브리지 대학의 교우가 되기 위한 조건의 하나였다. "우리 교우들에게는 결혼이 허용되지 않는다. 누구든 부인을 얻게 되면 그는 더 이상 교우가 아니다"(『케임브리지 대학 위원회 보고서』, 172쪽). 이것은 맬서스를 다른 프로테스탄

트 목사들과 구별시키면서 그에게 유리하게 작용하였다. 즉 다른 목사들은 가톨릭의 독신계율을 버리고 '낳고 불리는 일'을 자신들에게 특별히 부여된 하느님의 사명이라고 주장하며 도처에서 참으로 음탕하다 할 정도로 인구의 증가에 기여하는 한편 노동자들에게는 이 '인구법칙'을 설교하고 있었기 때문이다. 경제학적으로 번안된 원죄—즉 아담의 사과 또는 참을 수 없는 욕망, 또는 타운센드 목사가 익살맞게 얘기한 것처럼 "큐피드의 화살을 무디게 만든 방패"—라는 낯간지러운 문제가 프로테스탄트 신학자들(또는 교회)에 의하여 독점되었고, 지금도 여전히 독점되고 있다는 사실은 특기할 만하다. 독창적이고 재기 넘치는 저술가인 베니스의 수도승 오르테스를 제외하면, 인구론자들은 대부분 프로테스탄트 목사들이다. 즉 『동물 계통론』(라이테, 1767)—근대의 인구론이 빠짐없이 다루어지고 있으며, 원래 같은 주제를 둘러싼 케네(Quesnay)와 그 제자 미라보 1세(Mirabeau père) 간의 일시적인 논쟁에서 착상을 얻은 저작—의 저자 브루크너(Bruckner)를 비롯하여 월리스 목사, 타운센드 목사, 맬서스 목사 그리고 그의 제자인 대목사 찰머스(Th. Chalmers) 등이 바로 그들이다. 이들과 같은 줄에 세울 수 있는 자잘한 목사 저자들은 헤아릴 수도 없이 많다. 본래 경제학은 홉스·로크·흄 같은 철학자들, 그리고 토머스 모어, 템플, 설리, 드 비트, 노스, 로, 밴더린트, 캉티용, 프랭클린 같은 실업가와 정치가들에 의해 연구되었으며, 특히 이론적으로 막대한 성과를 이룩한 사람들은 페티·바번·맨더빌이나 케네처럼 주로 의사들이었다. 18세기 중엽까지만 해도 당시 저명한 경제학자였던 터커 목사는 자신이 금전문제의 연구에 손을 댔다는 점에 대해 변명하고 있다. 그런 다음 '인구법칙'과 함께 프로테스탄트 목사들의 시대가 도래하였다. 인구를 부의 토대로 간주하던 페티는 스미스처럼 목사들의 공공연한 적이었으며, 마치 이들 목사의 졸렬한 짓을 예감하고 있었던 것처럼 "변호사가 굶주릴 때 법률이 가장 번창하듯이 목사가 금욕당할 때 종교가 가장 번창한다"고 말하였다. 그래서 그는 프로테스탄트 목사들에게 다음과 같이 충고하였다. 즉 설사 그들이 사도 바울의 말을 따르지 않고 독신을 지키지(즉 '금욕'하지) 않기로 했다 하더라도, 그들은 "현재의 성직(聖職)이 흡수할 수 있는 것보다 더 많은 목사를 양성해서는 안 된다. 즉 잉글랜드와 웨일스에 성직이 12,000개밖에 없을 때 24,000명의 목사를 양성하는 것은 현명하지 못한 일이다. 왜냐하면 그럴 경우 12,000명의 무직자는 계속 생계수단을 얻으려 할 것이고, 그럴 경우 이들 무직자가 민중 사이로 들어가 다른 12,000명의 성직자들은 민중의 영혼을 해치고 굶주리게 할 뿐 아니라 천국으로 가는 길을 잘못 인도하고 있다고 설교하는 것보다 더 쉬운 일이 없을 것이기 때문이다"(페티, 『조세공납론』, 런던, 1667, 57쪽). 당시 프로테스탄트 성직자들에 대한 스미스의 태도는 다음 사건을 통해서 특징적으로 드러난다. 『법학박사 애덤 스미스에게 주는 글. 그의 친구 흄의 생애와 죽음 그리고 그 철학에 관하여. 기독교인이라 불리는 인민의 한 사람 지음』(제4판, 옥스퍼드, 1784)에서 노위치의 영국 고교회파 감독목사 혼(Horne) 박사는 애덤 스미스를 다음과 같은 이유로 비난하고 있다. 즉 스미스는 스트라한에게 보낸 공개서한에서 그의 "친구 데이비드 흄을 자신이 방부처리하였다"는 것을 얘기하고 있을 뿐 아니라 그가 대중에게 "흄이 숨을 거둔 침상에서 류키언과 휘스트를 즐겨 읽었다"고 밝힌데다, 뻔뻔스럽게도 "나는 흄을 늘 그의 생전이나 사후에도 인간성의 약점이 용서하는 한에서 완벽하게 덕망과 지혜를 갖춘 이상적 인간에 가까운 사람이라고 보고 있다"고 썼다는 것이다. 혼 감독목사는 격노해서 외치고 있다. "종교라 일컬어지는 일체의 것에 대해 구제할 수 없는 반감을 품고 있었고, 또 종교라는 이름조차 되도록이면 사람들의 기억에서 없애버리려고 모든 신경을 집중시켰던 한 인간의 성격과 행동을, 완벽하게 덕망과 지혜를 갖추었다고 표현하는 것이 귀하에게는 올바른 일인가?"(같은 책, 8쪽). "그러나 진리를 사랑하는 우리는 낙심하지 않는다. 무신론은 단명하는 것이기 때문이다"(17쪽). "스미스는 무신론을 (자신의 『도덕감성론』

M645 지금까지의 얘기에 따르면 노동자에게 가장 유리한 자본축적 조건에서는 자본에 대한 노동자의 예속상태는 참을 만한 상태〔또는 이든의 말처럼 '안락하고 자유로운' 형태〕를 취하고 있다. 이런 예속상태는 자본이 증대한다고 해서 더 강화되는 것이 아니라, 단지 외연적으로만 확대될 뿐이다. M646 즉 자본 자신의 규모와 자본에 예속된 사람들의 수가 증대함에 따라 자본의 착취영역과 지배영역이 확대될 뿐이다. 노동자 자신의 잉여생산물—갈수록 증가하면서 점점 더 많이 추가자본으로 전화되는—가운데 점점 더 많은 부분이 지불수단의 형태로 그들에게 되돌아옴으로써 노동자들은 자신들의 향락의 범위를 넓히고 의복이나 가구 등에 쓰이는 소비기금을 더욱 충실하게 채우며 소액이나마 예비기금도 형성할 수 있게 된다. 그러나 의복이나 음식물을 비롯하여 처우가 개선되고 페쿨리움(Peculium) †147이 증가한다 해도 그것이 노예의 예속관계와 착취를 폐지시키지는 못했던 것과 마찬가지로, 이런 노동자들의 상태 개선도 임노동자의 예속관계와 착취를 폐지시키지는 못한다. 자본축적의 결과 노동가격이 상승한다 하더라도, 그것이 실제로 뜻하는 바는, 임노동자가 스스로 만든 황금 사슬의 크기나 무게가 증대하더라도 그것은 다만 그 사슬이 죄는 힘을 조금 완화 M647 시킬 뿐이라는 것이다. 그 동안 이 주제를 둘러싼 논쟁들에서는 대개 핵심

을 통해서) 전국에 전파하려는 사악한 심사를 지니고 있다. …… 박사! 우리는 귀하의 간계를 알고 있다. 귀하의 생각은 좋으나 이번에는 성공하지 못할 것이다. 귀하는 흄의 예를 통해서 무신론이 마음 약한 사람들에게 유일한 강심제이고 죽음의 공포에 대한 유일한 해독제라고 우리를 설득하려 하고 있다. …… 귀하는 바빌론의 폐허를 보면서 미소만 짓고 비정한 악한(惡漢) 파라오를 그저 축복만 하고 있는 게 아닌가?" (같은 책, 21~22쪽). 스미스의 청강생 가운데 정통파 한 사람은 스미스의 사후에 다음과 같이 쓰고 있다. "흄에 대한 그의 우정 때문에 …… 스미스는 기독교인이 될 수 없었다. …… 그는 흄의 말이라면 무엇이나 다 믿었다. 만약 흄이 그에게 '달은 녹색 치즈이다'라고 말했다 해도 그는 그대로 믿었을 것이다. 따라서 신과 기적 따위는 없다고 한 흄의 말도 그는 믿었을 것이다. …… 정치노선에서 그는 공화주의자에 가까웠다" (제임스 앤더슨, 『꿀벌』, 에든버러, 1791~1793, 제3권, 165~166쪽). 목사 찰머스는 프로테스탄트 목사들이 주님의 포도원에서 축복된 노동을 하고 있었음에도 불구하고, 스미스가 특별히 그들 목사에게서 '비생산적 노동자'라는 범주를 생각해낸 것은 순전히 악의에 의한 것이었을 거라고 의심하였다.

적인 사실〔즉 자본주의적 생산의 차별적 특수성(differentia specifica)〕이 간과되어왔다. 자본주의적 생산에서 노동력을 구매하는 목적은 노동력의 용역이나 생산물을 통해 구매자의 개인적인 욕망을 충족시키는 데 있는 것이 아니다. 구매자의 목적은 자기 자본의 가치증식에 있다. 즉 그가 지불한 것보다도 많은 노동을 포함하는〔따라서 그가 전혀 비용을 들이지 않았는데도 상품판매를 통해 실현할 수 있는 가치 부분을 포함하는〕 상품의 생산에 있다. 잉여가치의 생산〔즉 이식(利殖)〕은 이 생산양식의 절대적 법칙이다. 노동력이 생산수단을 자본으로 유지시키고, 자신의 가치를 자본으로 재생산할 뿐 아니라 불불노동을 통해 추가자본의 원천을 공급하는 한에서만 노동력은 판매될 수 있다.[76] 그러므로 노동력 판매의 조건 속에는 노동자에게 유리하든 불리하든 그 노동력을 끊임없이 다시 판매해야 할 필연성과 부〔즉 자본〕의 끊임없는 확대재생산이 포함되어 있다. 이미 본 바와 같이 임금은 그 본질상 노동자가 늘 일정량의 불불노동을 제공하는 것을 그 조건으로 한다. 노동가격의 하락을 수반하는 임금상승을 완전히 도외시한다면, 임금의 증가는 기껏해야 노동자가 수행해야 하는 불불노동의 양적 감소를 뜻할 뿐이다. 이 감소는 그것이 제도 자체를 위협할 정도까지는 결코 진행되지 않는다. 임금률을 둘러싼 격렬한 갈등을 무시한다면—애덤 스미스가 이미 밝혔듯이 고용주(Meister)는 늘 이런 갈등에서 도가 트인 사람(Meister)이다—자본축적에서 생겨나는 노동가격의 상승은 다음 두 경우 가운데 하나이다.

첫째는 노동가격의 상승이 축적의 진행을 방해하지 않음으로써 그 상승이 계속되는 경우이다. 이는 조금도 놀랄 만한 일이 아니다. 그 이유에

76) 제2판의 주: "그러나 고용되느냐 마느냐의 조건은 공업노동자의 경우나 농업노동자의 경우나 마찬가지이다. 즉 그것은 그들의 노동생산물에서 기업주가 이윤을 얼마나 뽑아낼 수 있는지에 달려 있다. 임금률이 고용주의 이익을 평균이윤 이하로 떨어뜨릴 정도로 높이 상승하면 그는 노동자들을 해고하든가 아니면 임금인하를 받아들이는 조건에서만 그들을 고용한다" (존 웨이드〔Jone Wade〕, 『중간계층과 노동자계급의 역사』, 240쪽).

대해 애덤 스미스는 이렇게 말한다.

> 이윤이 떨어질 경우에도 자본은 증가한다. 심지어 그것은 이전보다 더 급속하게 증가하기까지 한다. …… 일반적으로 대자본은 이윤이 감소하는 경우에도 큰 이윤을 남기는 소자본보다 더 급속하게 증대한다.(『국부론』 제1권, 189쪽)

M648 이런 경우, 불불노동의 감소가 자본 지배의 확대를 결코 방해하지 않는다는 것은 명백하다. 둘째는 노동가격이 상승한 결과 수익에 대한 유인이 저하되고 축적이 완만해지는 경우이다. 축적은 감소한다. 그러나 축적의 감소와 더불어 그 감소의 원인, 즉 착취 가능한 노동력과 자본 사이의 불균형도 사라진다. 즉 자본주의적 생산과정의 메커니즘은 자신이 일시적으로 만들어낸 장애물을 스스로 제거한다. 노동가격은 다시 자본의 증식욕구에 적합한 수준으로 떨어진다. 이 수준이 임금상승 이전에 표준적인 것으로 간주되던 수준보다 낮건 높건 아니면 같건 어쨌든 노동가격은 떨어진다. 요컨대 첫 번째 경우에는 노동력〔또는 노동인구〕의 절대적 또는 비율적 증대의 감소가 자본을 과잉상태로 만드는 것이 아니라 거꾸로 자본의 증가가 착취 가능한 노동력을 부족하게 만든다. 두 번째 경우에는 노동력〔또는 노동인구〕의 절대적 또는 비율적 증가가 자본을 부족하게 만드는 것이 아니라, 거꾸로 자본의 감소가 착취 가능한 노동력〔또는 그 가격〕을 과잉상태로 만드는 것이다. 자본축적의 이러한 절대적 운동은 착취 가능한 노동력 양의 상대적인 운동으로 반영되고, 따라서 그것이 마치 노동력의 양 그 자체의 운동에 기인한 것처럼 보인다. 수학적 표현을 빌려서 말하자면 축적의 크기는 독립변수이고 임금의 크기는 종속변수이며 그 반대는 아니다. 그리하여 산업순환의 공황 국면에서는 상품가격의 일반적 하락이 화폐가치의 상대적 상승으로 표현되고, 호황 국면에서는 상품가격의 일반적 상승이 화폐가치의 하락으로 표현된다. 이런 사실에서 이

른바 통화학파(Currency-Schule)†52는, 물가가 상승하면 너무 많은 화폐가 유통하며 물가가 하락하면 너무 적은 화폐가 유통한다*고 결론짓는다. 그들의 무지와 사실에 대한 완전한 오인[77]은 경제학자들이 축적의 그런 현상들(경기순환—옮긴이)을 한 번은 임노동자가 너무 적어서, 또 한 번은 너무 많아서 그렇다고 설명하는 것과 거의 맞먹는 수준을 보인다.

이른바 '자연적 인구법칙'의 기초를 이루는 자본주의적 생산의 법칙은 단적으로 다음과 같이 요약된다. 즉 자본과 축적 그리고 임금률의 관계는 자본으로 전화하는 불불노동과 추가자본의 운동에 필요한 추가노동의 관계일 뿐이다. 말하자면 그것은 결코 자본의 크기와 노동인구의 수라는 각기 독립된 두 개의 크기 간의 관계가 아니라, 궁극적으로는 단지 동일한 노동인구의 불불노동과 지불노동 간의 관계일 뿐이다. 노동자계급에 의해 공급되고 자본가계급에 의해 축적되는 불불노동의 양이 지불노동의 특별한 추가 없이는 자본으로 전화할 수 없을 만큼 급속하게 증가하면 임금은 상승하게 되고, 다른 모든 조건이 불변이라면 불불노동은 그에 비례하여 감소한다. 그러나 이 감소가 자본을 양육하는 잉여노동이 더 이상 정상적으로 공급되지 못하는 점에 도달하게 되면 곧 하나의 반작용이 나타난다. 즉 수입 가운데 자본화되는 부분은 점점 줄어들고 축적은 쇠퇴하며 임금의 상승운동은 반격을 받게 된다. 그리하여 노동가격의 상승은 일정한 한계〔즉 자본주의 체제의 기초를 흔들어놓을 정도가 아닌 것은 물론 이 체제의 확대재생산을 보장하는 정도〕 내에서 제한된다. 그러므로 하나의 자연법칙으로 신비화된 자본주의적 축적법칙이 실제로 나타내는 것은 단지 자본주의적 축적의 본성이 자본관계의 부단한 재생산과 그 확대재생산을 심각하게 위협할 수 있을 정도의 노동착취도 하락이나 노동가격 상승을 모두 배제한다는 사실뿐이다. 노동자가 현존하는 가치증식 욕구

M649

* 제3판과 제4판에는 "물가가 상승하면 너무 적은 화폐가 유통되고 물가가 하락하면 너무 많은 화폐가 유통된다"라고 되어 있다.

77) 카를 마르크스, 『정치경제학 비판』, 165쪽 이하 참조.

를 위해 존재하는 것이지, 거꾸로 대상적 부가 노동자의 발전 욕구를 위해 존재하는 것이 아닌 생산양식에서는 그렇게 될 수밖에 없다. 인간은 종교를 통해서 자신의 머리로 만들어낸 작품의 지배를 받는 것처럼, 자본주의적 생산을 통해서는 자신의 손으로 만들어낸 작품의 지배를 받는다.[77a)]

제2절 축적과 그에 수반하는 집적의 진행에서 가변자본 부분의 상대적 감소

M650

경제학자들에 따르면 임금상승을 가져오는 요인은 현존하는 사회적 부의 규모나 이미 획득된 자본의 크기가 아니라, 단지 축적의 지속적인 증대와 그 증대의 속도이다(애덤 스미스, 『국부론』 제1권, 제8장). 지금까지 우리는 이 과정 가운데 하나의 특수한 국면〔즉 자본의 기술적 구성이 불변인 상태에서 자본의 증대가 일어나는 국면〕만을 고찰하였다. 그러나 그 과정은 이 국면을 넘어서 진행된다.

자본주의 체제의 일반적 기초가 일단 주어지면 축적의 진행과정에서는 언제나 사회적 노동생산성의 발전이 축적의 가장 강력한 지렛대가 되는 점이 나타난다. 애덤 스미스는 다음과 같이 말한다.

> 임금을 상승시키는 바로 그 원인〔즉 자본의 증가〕이 노동의 생산력을 증가시키고, 적은 노동량으로 더 많은 양의 생산물을 산출할 수 있게 한다.[†149]

77a) "그러나 이제 우리가, 자본은 그 자체 인간노동의 산물에 지나지 않는다고 증명한 우리의 최초의 연구로 되돌아간다면 …… 인간이 자신의 산물〔즉 자본〕의 지배를 받는 처지가 되어 그것에 예속될 수 있다는 사실이 납득할 수 없는 일로 보인다. 그러나 이것은 현실적으로 논박할 수 없는 사실이기 때문에 자연히 다음과 같이 의문이 일어나게 된다. 자본의 창조자인 노동자가 어떻게 하여 자본의 지배자에서 자본의 노예로 전락할 수 있었는가?"(폰 튀넨〔von Thünen〕, 『고립된 국가』, 제2부, 제2편, 로스토크, 1863, 5~6쪽). 이런 물음을 제기한 것은 튀넨의 훌륭한 공적이지만 사실 그의 대답은 지극히 유치한 것이었다.

토지의 비옥도와 같은 자연조건, 그리고 독립하여 개별적으로 노동하는 생산자의 숙련—이것은 그러나 제품의 양을 통해서 양적으로 나타나기보다는 오히려 그 품질을 통해서 질적으로 드러난다—을 도외시한다면, 노동의 사회적 생산성은 한 사람의 노동자가 주어진 시간에 동일한 강도의 노동력을 가지고 생산물로 전환시킨 생산수단의 상대적인 크기로 표현된다. 그가 기능하기 위해 사용하는 생산수단의 양은 그의 노동생산성과 함께 증가한다. 이때 이 생산수단은 이중의 역할을 한다. 한편으로 생산수단의 증대는 노동생산성 증대의 결과이지만 다른 한편 생산수단의 증대는 또한 노동생산성의 조건이기도 하다. 예를 들어 매뉴팩처 분업과 기계의 사용으로 같은 시간에 더 많은 원료가 가공되고 따라서 더 많은 양의 원료와 보조재료가 노동과정에 투입된다. 이것은 노동생산성 증대의 결과이다. 다른 한편, 사용되는 기계와 역축, 광물성 비료나 배수관 등의 양은 노동생산성 증대를 위한 조건이다. 건물, 거대한 화로, 운송수단 등으로 집적된 생산수단의 양도 역시 마찬가지이다. 조건이든 결과든 생산 M651 수단에 결합되는 노동력에 비례하여 생산수단의 양이 증가하면 이것은 곧 노동생산성의 증대를 나타낸다. 따라서 노동생산성의 증대는 그 노동에 의해 작동되는 생산수단의 양에 비례하여 노동량이 감소하는 것으로 〔또는 노동과정의 객관적 요소들에 비례하여 주관적 요소의 양이 감소하는 것으로〕 나타난다.

자본의 기술적 구성의 이러한 변화〔즉 생산수단의 양이 자신에게 생명을 불어넣는 노동력의 양에 비례하여 증대하는 것〕는 자본의 가치 구성〔즉 자본가치 중 가변성분을 희생하여 불변성분이 증대하는 것〕을 통해서 반영된다. 예를 들어 한 자본에 대해 백분율로 표시해보면 처음에는 생산수단과 노동력에 각각 50%씩 투하되다가 나중에는 노동생산성이 증가하여 생산수단에 80%, 노동력에 20% 투하되는 것이다. 이렇게 가변자본 부분에 비해서 불변자본 부분이 점차 증가한다는 법칙은 이미 앞에서 논의되었듯이 상품가격의 비교분석을 통해 끊임없이 확인된다. 이것은 한 나라의 각기 다른 경제적 시기를 비교해보거나 동일한 경제적 시기의 여러 나라를 비교해볼 경우에도 마찬가지로 확인된다. 소비되는 생산수단의 가치〔즉 불변자본 부분〕만을 대표하는 가격요소의 상대적 크기는 축적의 진전에 정비례하고, 노동에 대해 지불되는〔즉 가변자본 부분을 대표하는〕 또다른 가격요소의 상대적 크기는 일반적으로 축적의 진전에 반비례한다.

그러나 불변자본 부분에 대한 가변자본 부분의 감소〔즉 자본의 가치 구성의 변화〕는 자본의 소재적 성분 구성의 변동을 단지 비슷하게만 보여준다. 예를 들어 방적업에 투하된 자본가치가 오늘날에는 $\frac{7}{8}$이 불변 부분이고 $\frac{1}{8}$이 가변 부분이지만, 18세기 초에는 $\frac{1}{2}$이 불변 부분이고 나머지 $\frac{1}{2}$이 가변 부분이었다. 그렇지만 일정량의 방적노동이 오늘날 생산적으로 소비하는 원료와 노동수단의 양은 18세기 초에 비해 수백 배나 된다. 그 이유는 노동생산성의 증대에 따라 노동에 의해 소비되는 생산수단의 규모는 증대하는 반면, 그 규모에 비해서 그 가치는 저하하기 때문이다. 따라서 생산수단의 가치는 절대적으로는 증가하지만 그 규모에 비례하여 증가하지는 않는다. 그러므로 불변자본과 가변자본의 차이의 증대는 불변자본이 전화한 생산수단의 양과 가변자본이 전화한 노동력의 양의 차이의 증대보다 훨씬 적다. 전자의 차이는 후자의 차이와 함께 증가하긴 하지만 그 정도는 더 적다.

M652

그리고 축적의 진전은 가변자본 부분의 상대적 크기를 감소시키지만, 그것이 가변자본 부분의 절대적 크기를 증가시키는 것을 결코 배제하는 것은 아니다. 예를 들어 어떤 자본가치가 처음에는 50%의 불변자본과 50%의 가변자본으로 분할되었다가 나중에는 80%의 불변자본과 20%의 가변자본으로 분할되었다고 하자. 그 사이에 최초의 자본, 예를 들어 6,000파운드스털링이 1만 8,000파운드스털링으로 증대했다면 그 가변성분도 $\frac{1}{5}$만큼 증대하였다. 그것은 이제 3,000파운드스털링에서 3,600파운드스털링이 되었다. 그러나 이전에는 노동수요를 20% 증가시키기 위해서 20%의 자본 증가로 충분했지만 이제는 최초 자본의 3배가 필요하게 되었다.

제4편에서 밝힌 대로 노동의 사회적 생산력의 발전은 대규모의 협업을 전제로 한다. 오로지 이 전제 아래에서만 노동의 분할과 결합이 조직될 수 있으며, 생산수단을 대량집적에 의해 절약할 수 있고, 또 그 소재적 성격 때문에 공동으로밖에 사용할 수 없는 노동수단〔예를 들어 기계 시스템 등〕이 생겨날 수 있으며, 나아가 거대한 자연력을 생산에 이용할 수 있을 뿐만 아니라 생산과정을 과학의 기술적 응용으로 전화시킬 수 있다. 상품생산 아래에서는 생산수단이 사적 소유이며, 따라서 육체노동자는 혼자서 자립적으로 상품을 생산하거나 또는 자신의 노동력을 상품으로 판매하는데〔자기 경영을 위한 수단을 갖고 있지 못할 때〕, 이런 상품생산의 기초 위에서는 위의 전제는 오로지 개별 자본의 증대에 의해서만〔또는 사회적 생산수단과 생활수단이 자본가의 사적 소유로 전화되는 정도에 따라서만〕 실현된다. 상품생산이라는 토대는 자본주의적 형태를 통해서만 대규모 생산을 수행할 수 있다. 따라서 개별 상품생산자의 수중에 어느 정도의 자본이 축적되어야 한다는 것이 자본주의적 생산양식의 특수한 전제를 이룬다. 그렇기 때문에 우리는 수공업에서 자본주의적 경영으로 이행하는 데서 이러한 축적을 가정해야만 하였다. 이것을 본원적 축적(ursprüngliche Akkumulation)이라고 할 수 있다. 왜냐하면 그것은 특수한 자본주의적 생산의 역사적 결과가 아니라 그 역사적 기초이기 때문이다. 이런 축적이 어떻게 생겨났는지는 여기에서 아직 다룰 필요가 없다. 단지 그것이 출발점이라는 사실을 확인해두는 것만으로 충분하다. 그러나 이 기초 위에서 성장하는 노동의 사회적 생산력을 증대시키기 위한 방법은 동시에 잉여가치 또는 잉여생산물의 생산을 증가시키는 방법이며, 이 잉여생산물은 그 자신이 축적의 형성요소이다. 그리하여 이 방법은 또한 자본에 의한 자본의 생산방법 또는 자본의 가속적 축적방법이기도 하다. 잉여가치의 자본 M653

으로의 연속적인 재전화는 생산과정에 투입되는 자본크기의 증대로 표시된다. 또한 이 증대는 생산규모 확대의 기초가 되고, 그에 따라 노동생산력을 증대시키기 위한 방법의 기초이자 잉여가치의 가속적 생산의 기초가 되기도 한다. 그리하여 일정 정도의 자본축적은 특수한 자본주의적 생산양식의 조건으로 나타나지만, 또한 후자(특수한 자본주의적 생산양식―옮긴이)는 반작용으로 다시 자본의 가속적 축적의 원인이 된다. 따라서 자본의 축적과 함께 특수한 자본주의적 생산양식이 발전하며 또한 특수한 자본주의적 생산양식과 함께 자본의 축적이 발전한다. 이 두 경제적 요인은 서로 누진적으로 자극을 주고받으면서 자본의 기술적 구성을 변동시키고, 이 변동에 따라 가변성분은 불변성분에 비해 점점 더 작아진다.

개별 자본은 모두 생산수단의 크고 작은 집적으로 이루어지며, 그에 상응하여 크고 작은 노동자군(軍)에 대한 지휘권을 갖는다. 모든 축적은 새로운 축적의 수단이 된다. 그것은 자본으로 기능하는 부의 양을 증대시키고 이들 부가 개별 자본가의 수중으로 더 많이 집적되게 하며, 그럼으로써 대규모 생산과 특수한 자본주의적 생산방법의 기초를 확대한다. 사회적 자본의 증대는 다수의 개별 자본의 증대를 통해서 이루어진다. 다른 모든 조건이 불변이라면 개별 자본과 생산수단의 집적은 사회적 총자본에서 이들이 차지하는 비율에 따라 함께 증대한다. 이와 함께 초기자본에서 어린 가지들이 갈라져나가 새로운 자립적 자본으로 기능하기도 한다. 이 경우에는 무엇보다도 자본가 가족 내에서의 재산분할이 큰 역할을 한다. 그리하여 자본축적과 함께 자본가의 수도 다소 늘어난다. 직접적으로 축적에 기초해 있는〔또는 축적과 동일한〕 이런 종류의 집적은 두 가지 특징이 있다. 첫째, 개별 자본가의 수중으로 사회적 생산수단이 집적되는 정도는, M654 다른 조건이 불변이라면 사회적 부의 증대수준에 따라 제한된다. 둘째, 사회적 자본 가운데 각 개별 생산영역에 자리를 잡은 부분은 많은 자본가들―이들은 상호경쟁하는 독립적 상품생산자로 서로 만난다―사이에 분배되어 있다. 그러므로 축적과 그에 따른 집적은 많은 점으로 분산되어 있으며, 또한 기능하고 있는 자본의 증대는 새로운 자본의 형성과 낡은 자본의 분열이라는 현상이 서로 교차하면서 이루어진다. 그리하여 축적은 한편으로는 노동에 대한 지휘권과 생산수단의 집적의 증대로 나타나지만 다른 한편으로는 다수 개별 자본들간의 상호반발로 나타난다.

이처럼 사회적 총자본이 다수 개별 자본으로 분열하고 그 개별 자본들이 서로 밀어내는 현상에는 다시 개별 자본들간에 서로 끌어당기는 힘이 반작용한다. 이것은 더 이상 축적과 동일한 집적〔즉 생산수단과 노동지휘권의 단순한 집적〕이 아니다. 그것은 이미 형성된 자본들의 집적이자 이들 자본의 개별적 자립성의 폐지이며, 나아가서는 자본가에 의한 자본가의 수탈이고, 다수의 소자본이 소수의 대자본으로 전화함을 뜻한다. 이 과정이 첫 번째 과정과 구별되는 점은, 이 과정은 단지 이미 기능하고 있는 기존 자본들간의 배분의 변화만을 전제하는 것이고, 따라서 그것이 작용하는 범위는 사회적 부의 절대적인 증가나 축적의 절대적 한계로부터 아무런 제한을 받지 않는다는 사실이다. 자본이 한 사람의 수중에서 대폭 팽창하는 것은 그것이 많은 다른 사람의 수중에서 그만큼 소멸하였기 때문이다. 이것은 바로 축적 또는 집적(Konzentration)과 구별되는 집중(Zentralisation)이다.

이러한 자본집중의 법칙〔즉 자본에 의한 자본흡수의 법칙〕들을 여기에서 논의할 수는 없다. 그러므로 여기에서는 그저 사실을 짤막하게 언급해두는 것으로 그치고자 한다. 경쟁의 다툼은 상품가격의 인하를 통해 이루어진다. 상품가격의 인하는 다른 조건이 불변이라면 노동생산성에 달려있지만, 이 노동생산성은 또 생산규모에 의존한다. 따라서 더 큰 자본이 더 작은 자본을 타도한다. 게다가 우리가 기억하고 있는 바와 같이 한 사업을 정상적인 조건에서 운영해나가는 데 필요한 개별 자본의 최소규모는 자본주의적 생산양식의 발전에 따라 커지게 된다. 그러므로 더 작은 자본은 대공업이 단지 분산적으로만〔또는 불완전하게만〕 정복하고 있는 생산영역으로 몰려든다. 여기에서 경쟁의 정도는 경쟁하는 자본의 수에 정 M655

비례하고, 그 크기에 반비례한다. 경쟁은 늘 다수의 소자본가가 몰락하는 것으로 끝나는데, 그들의 자본은 일부는 승리자의 손으로 넘어가고 일부는 파멸한다. 그밖에 다시 자본주의적 생산과 함께 완전히 새로운 하나의 힘, 즉 신용제도(Kreditwesen)가 형성된다. 신용제도는 처음에는 축적의 겸손한 보조자로 슬그머니 들어와서 사회의 표면에 분산되어 있는 크고 작은 양의 화폐수단을 개별 자본가〔또는 결합자본가〕의 손에 보이지 않는 실로 끌어들이지만, 얼마 지나지 않아 경쟁에서 새로운 가공할 무기로 변신하며, 그 결과 각종 자본의 집중을 위한 하나의 거대한 사회적 메커니즘으로 전화한다.

자본주의적 생산과 축적이 발전함에 따라 그에 비례하여 두 개의 가장 강력한 집중의 지렛대, 즉 경쟁과 신용이 발전한다. 이와 병행해서 축적의 진전은 자본집중의 소재〔즉 개별 자본〕를 증가시키는 반면, 자본주의적 생산의 확대는 한편으로는 사회적 욕망을 만들어내고 다른 한편으로는 자본의 선행적 집중이 있어야만 실현될 수 있는 강력한 공업기업의 기술적 수단을 만들어낸다. 따라서 오늘날에는 개별 자본의 상호 흡인력과 집중으로의 경향이 과거 어느 때보다도 강력하다. 그러나 집중화 경향의 상대적인 범위와 힘은 일정 정도까지 이미 이루어져 있는 자본주의적 부의 크기와 경제적 메커니즘의 우위에 따라 결정되지만 집중의 진전은 결코 사회적 자본의 크기가 증가하는 것에 의존하지 않는다. 그리고 이 점은 특히 집중을 집적—확대재생산의 다른 표현에 지나지 않는—과 구별시켜 주는 특징이다. 집중은 이미 존재하는 여러 자본의 배분에서의 단순한 변화〔즉 사회적 자본의 각종 구성 부분이 보이는 양적 편성의 단순한 변화〕에 의하여 일어날 수 있다. 자본이 한 자본가의 수중에서 엄청나게 증대될 수 있는 것은 그것이 다른 많은 사람들의 수중에서 탈취되기 때문이다. 어떤 한 사업부문에서 거기에 투하된 모든 자본이 하나의 개별 자본으로 융합될 때 그 부문에서 집중은 최고도에 이르게 될 것이다.[77b] 한 사회 내에서 이런 최고도의 집중이 이루어지는 경우는 사회적 총자본이 한 명의 개

M656

별 자본가〔또는 하나의 유일한 자본가 회사〕 수중에 깡그리 합병되는 순간일 것이다.

집중은 산업자본가들로 하여금 그들의 활동규모를 확대할 수 있게 해줌으로써 축적작업을 보완해준다. 이 규모의 확대가 축적의 결과이든 집중의 결과이든, 또는 집중이 합병이라는 폭력적인 방법으로 이루어지든 — 이 경우에는 몇몇 자본이 다른 자본들에 대하여 우위의 구심점이 됨으로써 다른 자본들의 개별적 응집력을 파괴하고, 그런 다음 산산조각난 파편들을 자신들에게 끌어들인다 — 아니면 주식회사의 형성 — 이미 형성된〔또는 형성 중인〕 다수 자본의 융합 — 이라는 좀더 순탄한 방법으로 이루어지든 그 경제적인 효과는 동일하다. 어떤 경우에도 산업설비의 확대는 다수 노동자들의 총노동을 더 한층 포괄적으로 조직하기 위한 — 즉 그 물적 추진력을 더욱 광범위하게 발전시키기 위한, 다시 말해 개별화되어 관행적으로 운영되는 생산과정을 사회적으로 결합되고 과학적으로 배치된 생산과정으로 끊임없이 전화시키기 위한 — 출발점을 이룬다.

그러나 재생산이 원형에서 나선형으로 이행하면서 이루어지는 자본의 점진적인 증가〔즉 축적〕는, 단지 사회적 자본의 구성 부분들에 대한 양적 편성을 변화시키기만 하면 되는 집중에 비해 매우 완만한 방식임이 명백하다. 만약 세계가 축적을 통해 개별 자본들이 철도를 건설할 수 있을 만한 규모가 될 때까지 기다려야 했다면 세계에는 아직도 철도가 건설되지 않고 있을 것이다. 그러나 집중은 주식회사를 매개로 하여 순식간에 그 일을 해냈다. 또한 집중은 축적의 작용을 증대시키고 촉진하는 동시에 자본의 기술적 구성의 변혁〔즉 자본의 가변 부분을 희생시켜 불변 부분을 증대시키고, 따라서 노동에 대한 상대적 수요를 감소시키는 변혁〕을 확대 · 촉진한다.

77b) {제4판의 주: 최근 영국과 미국의 '트러스트'는 적어도 한 사업부문의 대기업들을 모두 실질적인 독점권을 갖는 하나의 대규모 주식회사로 합병시킴으로써 벌써 이 목표를 향해 매진하고 있다. — 엥겔스}

집중에 의하여 하룻밤 사이에 용접된 자본 덩어리는 다른 자본의 덩어리와 마찬가지로 재생산되고 증식됨으로써 — 단지 속도에서만 다른 자본 덩어리보다 좀더 빠를 뿐이다 — 사회적 축적의 새로운 강력한 지렛대가 된다. 따라서 사회적 축적의 진전이라고 말할 때 그 속에는 — 오늘날 — 집중의 작용이 암묵적으로 포함되어 있다.

M657

축적이 정상적으로 진행될 때 형성되는 추가자본(제22장 제1절을 보라)은 주로 새로운 발명과 발견 그리고 산업적 개량을 이용하기 위한 매체 역할을 한다. 그러나 낡은 자본도 시간이 흘러가면 그 머리와 사지를 갱신할 순간에 도달하게 되고, 그때가 되면 껍질을 벗는 동시에 기술적으로 개량된 모습으로 다시 태어나게 된다. 그처럼 개량된 모습에서는 더 많은 양의 기계와 원료를 더 적은 양의 노동으로도 충분히 움직일 수 있게 된다. 여기에서 필연적으로 발생하는 노동수요의 절대적 감소는 이 갱신과정을 통과하는 자본이 집중에 의해 이미 대량으로 집적되어 있으면 있을수록 커진다는 것이 자명하다.

그리하여 한편에서는 축적이 진행되면서 형성되는 추가자본이 그 크기에 비해 노동자를 점점 더 적게 흡수하게 되고, 다른 한편에서는 새로운 구성(자본구성—옮긴이) 상태에서 주기적으로 재생산되는 낡은 자본이 예전에 사용하고 있던 노동자를 점점 더 많이 내보내게 된다.

제3절 상대적 과잉인구 또는 산업예비군의 누진적 생산

자본축적은 처음에는 단지 자본의 양적 확대로만 나타나지만, 앞서 보았듯이 자본구성의 끊임없는 질적 변동〔즉 자본의 가변성분을 희생시키면서 불변성분이 끊임없이 증대하는 변동〕을 수반하면서 진행된다.[77c)]

77c) {제3판의 주: 마르크스가 가지고 있던 책에는 다음과 같은 방주가 기록되어 있었다. "나중

특수한 자본주의적 생산양식과 그에 상응하는 노동생산력의 발전 그리고 그로 말미암아 일어나는 자본의 유기적 구성의 변동은 축적의 진전〔또는 사회적 부의 증대〕과 똑같은 보조로 진행되지 않는다. 그것들은 훨씬 더 빨리 진행된다. 왜냐하면 단순한 축적〔즉 총자본의 절대적 확대〕은 총자본의 개별 성분의 집중을 수반하고 추가자본의 기술적 변혁은 초기 자본의 기술적 변혁을 수반하기 때문이다. 그러므로 축적이 진행됨에 따라 불변자본 대 가변자본의 비율은 처음 1:1이었던 것이 2:1, 3:1, 4:1, 5:1, 7:1 등으로 변하고, 이로 인해 자본이 커짐에 따라 점차 그 총가치 가운데 $\frac{1}{2}$에서 $\frac{1}{3}$, $\frac{1}{4}$, $\frac{1}{5}$, $\frac{1}{6}$, $\frac{1}{8}$ 등만이 노동력으로 전화하고 $\frac{2}{3}$, $\frac{3}{4}$, $\frac{4}{5}$, $\frac{5}{6}$, $\frac{7}{8}$ 등은 생산수단으로 전화한다. 노동에 대한 수요는 총자본의 규모가 아니라 그 가변성분의 규모에 의해서 결정되기 때문에 총자본이 증가함에 따라 노동수요는—앞에서 상정했던 것처럼—총자본에 비례하여 증가하는 것이 아니라 오히려 점점 감소한다. 그것은 총자본의 크기에 비해 상대적으로 감소하고 또 이 크기의 증대에 따라 누진적으로 감소한다. 총자본의 증대에 따라 그 가변성분〔즉 총자본에 결합되는 노동력〕도 증대하기는 하지만 그 비율은 계속 감소한다. 주어진 기술적 기초 위에서 축적이 그저 생산의 확대로만 작용하는 중간기간은 단축된다. 일정한 수의 추가 노동자를 흡수하기 위해서는〔또는 옛 자본도 끊임없이 형태를 바꾸기 때문에 벌써 사용하고 있는 노동자 수를 계속 유지하기 위해서라도〕 총자본의 축적이 누진적으로 가속화되는 것만으로는 충분하지 않다. 이 증대하는 축적과 집중은 그 자체가 다시 자본구성의 새로운 변동〔즉 불변성분에 비한 가변성분의 한층 가속화된 감소〕의 한 원천으로 돌변한다. 총자본의 증대에 따라 가속화되는〔더구나 총자본 자신의 증대보다 더 급속히 M658

의 서술을 위해 여기에서 다음과 같은 점을 지적해두어야겠다. 즉 확대가 단지 양적으로만 이루어지면, 동일한 사업부문에서 규모가 서로 다른 자본의 이윤은 투하자본의 크기에 비례한다. 이런 양적인 확대가 질적으로 작용하면 이윤율은 규모가 더 큰 자본에서 더 높아진다." —엥겔스〕

가속화되는〕 가변자본의 이런 상대적 감소는 다른 측면에서 보면 거꾸로 노동자 인구가 절대적으로 증가하는 것처럼—그것도 가변자본〔즉 노동인구의 고용수단〕의 증대보다 더 급속한 속도로—보인다. 그러나 사실은 자본주의적 축적이—물론 그 힘과 규모에 비례해서—끊임없이 상대적인, 즉 자본의 평균적 증식욕구를 초과하는 과잉의 추가적인 노동자 인구를 낳는다.

사회적 총자본을 살펴보면, 때로는 그 축적운동이 주기적인 변동을 불러일으키기도 하고, 때로는 그 운동의 계기들이 여러 생산영역에 동시에 배분되기도 한다. 어떤 생산영역에서는 자본구성의 변동이 자본의 절대 M659 적 크기의 증가 없이 단순한 집적*의 결과로 발생한다. 또 어떤 영역에서는 자본의 절대적 증가가 그 가변성분〔또는 그것에 의해 흡수되는 노동력〕의 절대적 감소와 결부되어 있다. 그리고 또다른 어떤 영역에서는 자본이 때로는 그 주어진 기술적 기초 위에서 계속 증대하고 그 증대에 비례하여 추가적 노동력을 흡수하며, 때로는 유기적 변동이 일어나서 자본의 가변성분이 축소되기도 한다. 어떤 영역에서든 모두 가변자본 부분의 증대〔따라서 사용 노동자 수의 증대〕는 늘 격렬한 동요와 일시적인 과잉인구의 생산과 결합되어 있다. 이 과잉인구의 생산이, 이미 사용 중인 노동자를 쫓아내는 가시적인 형태를 취하든 또는 추가 노동인구를 흡수하는 통상적인 경로를 수축시키는—눈에 잘 띄지는 않지만, 그 효과는 결코 작지 않은—형태를 취하든 그것은 상관이 없다.[78] 이미 기능하고 있는

* 제3판에는 '집중'으로 되어 있다.

78) 잉글랜드 · 웨일스의 국세조사는 다음과 같은 사실을 보여준다. 농업에 종사하는 총인구(토지소유자 · 차지농업가 · 원예업자 · 목축업자 등 포함)—1851년: 2,011,447명, 1861년: 1,924,110명(87,337명 감소. 소모사직물업—1851년: 102,714명, 1861년: 79,242명. 견직물 공장—1851년: 111,940명, 1861년: 101,678명. 사라사 날염공—1851년: 12,098명, 1861년: 12,556명(산업의 상당한 확대에도 이처럼 낮은 증가는 취업노동자 수가 그만큼 크게 감소했기 때문이다). 모자 제조공—1851년: 15,975명, 1861년: 13,814명. 밀짚모자와 보닛 제조공—1851년: 20,393명, 1861년: 18,176명. 맥아 제조공—1851년: 10,566명, 1861년: 10,677명. 양초 제조공—1851년: 4,949명, 1861년: 4,686명(이 감소는 주로 가스 조명의 증가 때문이다). 빗 제

사회적 자본의 크기와 그 증대의 정도에 따라서, 또한 생산규모의 확대와 사용되는 노동자 수에 따라서, 그리고 그들의 노동생산력이 발전하고 모든 부의 원천이 더욱 광범위하고 풍부하게 흘러나옴에 따라서, 자본에 의해 노동자가 흡수되고 거기에 반발하는 규모는 더욱 확대되고, 자본의 유기적 구성과 기술적 구성의 변동이 급격해지며, 이 변동 — 동시에 발생하기도하고 번갈아가며 발생하기도 하는 — 이 일어나는 생산영역의 범위도 팽창한다. 그리하여 노동인구는 자신이 만들어낸 자본축적에 의해 자신을 상대적 과잉상태로 만드는 수단을 점점 더 많이 산출해낸다.[79] 이것이

M660

조공 — 1851년: 2,038명, 1861년: 1,478명. 톱 제조공 — 1851년: 30,552명, 1861년: 31,647명(이처럼 증가가 낮은 것은 기계톱이 크게 늘어났기 때문이다). 못 제조공 — 1851년: 26,940명, 1861년: 26,130명(이 감소는 기계와 경쟁 때문이다). 주석 · 구리 광산 노동자 — 1851년: 31,360명, 1861년: 32,041명. 반면 면방적업과 방직업 — 1851년: 371,777명, 1861년: 456,646명. 탄광 — 1851년: 183,389명, 1861년: 246,613명. "전반적으로 1851년 이후 노동자가 가장 많이 증가한 부문은 기계가 성공적으로 도입되지 못한 부문들이었다"(『1861년 잉글랜드 · 웨일스의 국세조사』 제3권, 런던, 1863, 35~39쪽).

79) 가변자본의 상대적인 크기가 누진적으로 감소하는 법칙과 그것이 임노동자계급의 상태에 미치는 영향은 몇몇 탁월한 고전파 경제학 학자들에 의해 — 파악되었다기보다는 — 예감되었다. 이 부분에 관한 최대의 공로는 존 바턴(John Barton) — 비록 그도 다른 학자들과 마찬가지로 불변자본을 고정자본으로, 가변자본을 유동자본으로 혼동하고 있긴 하지만 — 에게 돌아가는 것이 마땅하다. 그는 다음과 같이 말한다. "노동에 대한 수요는 유동자본의 증가에 달려 있지 고정자본의 증가에 달려 있는 것이 아니다. 이 두 자본 사이의 비율이 언제 어디서나 동일하다면, 분명 취업노동자의 수는 국부에 비례한다고 할 수 있다. 그러나 실제로는 그렇게 될 것처럼 보이지 않는다. 자연과학이 육성되고 문명이 보급됨에 따라 고정자본은 유동자본보다 점점 더 큰 비중을 차지하게 된다. 영국산 모슬린 한 조각을 생산하는 데 사용되는 고정자본액은 같은 크기의 인도산 모슬린을 생산하는 데 사용되는 고정자본보다 몇백 배 또는 몇천 배나 더 클 것이다. 그리고 유동자본의 비율은 백 배 또는 천 배나 더 작을 것이다. …… 연간 저축 총액이 고정자본에 추가된다면, 그것은 노동 수요의 증가에 아무런 영향도 끼치지 않을 것이다"(존 바턴, 『노동자계급의 상태에 영향을 끼치는 요인에 관한 고찰』, 런던, 1817, 16~17쪽). "한 나라의 순수입을 증가시키는 바로 그 요인이 동시에 인구를 과잉상태로 만들고 노동자들의 상태를 악화시킬 수도 있다"(리카도, 앞의 책, 469쪽). 자본이 증가함에 따라 "(노동에 대한) 수요는 비례적으로 감소할 것이다"(같은 책, 480쪽 주). "노동을 유지하는 데 사용되는 자본액은 자본 총액의 변화와 무관하게 변할 수 있다. …… 취업자 수의 대폭적인 동요와 극심한 곤궁은 자본이 풍부해질수록 더욱 빈번하게 발생할 것이다"(리처드 존스, 『경제학에 관한 입문적 강의』, 런던, 1833, 12쪽). "(노동에 대한) 수요의 증가는 …… 총자본의 축적에 비례하지 않을 것이다. …… 따라서 한 나라에서 재생산에 투하되는 자본의 증가가 노동자의 상태에 끼치는 영향은 사회가 진보함에 따라 계속 감소한다"(램지, 앞의 책, 90~91쪽).

바로 자본주의적 생산양식에 고유한 인구법칙인데, 실제로 모든 특수한 역사적 생산양식은 각기 특유의 역사적 타당성을 갖는 인구법칙을 가지고 있다. 추상적인 인구법칙이란 인간이 역사적으로 전혀 간섭하지 않는 조건에서 단지 동식물에게나 존재하는 것이다.

M661 그런데 잉여노동자 인구는 축적〔즉 자본주의적 토대 위에서의 부의 발전〕이 만들어낸 필연적인 산물이면서 동시에 거꾸로 자본주의적 축적의 지렛대 역할을 하기도 하며, 따라서 자본주의적 생산양식의 존재조건이 된다. 그것은 언제든지 이용 가능한 산업예비군(industrielle Reservearmee)을 이루고, 이 산업예비군은 마치 자본이 자신의 비용을 들여 키우기라도 한 것처럼 완전히 절대적으로 자본에 속해 있다. 이 과잉인구는 자본의 변동하는 증식 욕구를 위해서, 실제 인구증가의 제약과는 무관하게 언제든지 착취 가능한 인간재료를 만들어낸다. 축적과 그에 수반하는 노동생산력의 발전에 따라 돌발적인 자본의 팽창능력도 증가하는데, 이는 단지 현재 기능하고 있는 자본의 탄력성〔또는 자본이 자신의 탄력성의 일부를 이루는 절대적 부〕이 증대하기 때문만도 아니고 또한 어떤 특별한 자극이 있으면 즉시 신용이 이 부 가운데 엄청난 부분을 추가자본으로 생산에 사용하도록 제공하기 때문만도 아니다. 생산과정 그 자체의 기술적 조건, 즉 기계나 운송수단 등은 잉여생산물을 최대한의 규모로 최대한 급속하게 추가 생산수단으로 전화시킬 수 있도록 도와준다. 축적이 진행됨에 따라 사회적 부 가운데 넘쳐서 남아도는 부분〔따라서 추가자본으로 전화할 수 있는 부분〕은 시장이 갑자기 확대된 낡은 생산부문—또는 철도 등과 같이 낡은 생산부문의 발전에 따라 새롭게 필요하게 된 생산부문—으로 미친 듯이 쏟아져들어간다. 그러나 이들 경우 모두에서 반드시 필요한 조건은 대량의 인간이 결정적인 시점에 다른 영역의 생산규모에 피해를 입히지 않은 채로 신속하게 투입될 수 있어야 한다는 점이다. 그리고 바로 그것을 공급해주는 것이 곧 과잉인구이다. 근대산업의 특징적인 생활과정—즉 중간 정도의 활황, 생산급증, 공황, 침체의 각 시기가 더 작은 변

동에 의해 중단되면서 10년 정도의 순환주기를 그리는 형태 — 은 산업예비군 또는 과잉인구의 부단한 형성과 그것의 크고 작은 흡수 또는 재형성 등에 기초를 두고 있다. 이 산업순환의 부침(浮沈)은 스스로 과잉인구를 보충하기도 하고 또 그것을 가장 정력적으로 재생산하기도 하는 주요한 요인의 하나가 된다.

이러한 근대산업 특유의 생활과정은 과거 인류의 어떤 시대에도 볼 수 없던 것이고 자본주의적 생산의 유년기에도 있을 수 없던 것이었다. 자본의 구성은 매우 점진적으로만 변화해왔다. 즉 노동수요의 증가는 대체로 자본축적에 맞추어 비례적으로 증가해왔다. 자본축적의 진행은 현대보다 느리게 이루어지긴 했지만 그래도 착취 가능한 노동인구의 자연적 한계 — 이 한계는 나중에 설명할 폭력적인 수단에 의해서만 제거될 수 있었다 — 에 부딪혔다. 생산규모의 돌발적이고 발작적인 팽창은 그 돌발적인 수축의 전제이다. 수축은 다시 팽창을 불러일으키지만, 팽창은 이용 가능한 인간재료〔즉 인구의 절대적 증가와 무관한 노동자의 증가〕 없이는 불가능하다. 이런 증가는 노동자의 일부분을 끊임없이 '유리시키는' 단순한 과정〔즉 생산의 증가비율에 비해 상대적으로 사용 노동자 수를 줄이는 방법〕에 의해서 창출된다. 따라서 근대산업의 전체 운동형태는 노동자 인구의 일부분이 끊임없이 실업자 또는 반실업자로 전화하는 과정을 통해서 진행된다. 경제학의 천박함은 무엇보다도 산업순환의 주기적 변동의 단순한 징후에 불과한 신용의 팽창과 수축을 이 변동의 원인으로 보는 데서 나타난다. 천체(天體)가 일단 어떤 운동에 던져지면 끊임없이 그 운동을 되풀이하는 것과 마찬가지로 사회적 생산 역시 교대로 일어나는 저 팽창과 수축 운동에 한번 투입되면 계속 그 운동을 되풀이한다. 결과가 다시 원인이 되고 그리하여 자신의 조건을 끊임없이 재생산하는 그 과정 전체의 부침은 주기성의 형태를 취한다.* 일단 이 형태가 고정되고 나면 경제

M662

* 마르크스 자신이 교열을 본 프랑스어판(파리, 1873)에는 이곳에 다음과 같은 삽입문구가 들어

학도 이제는 상대적 과잉인구〔즉 자본의 평균적 증식 욕구를 기준으로 할 때의 과잉인구〕의 생산을 근대산업의 생활조건으로 이해하게 된다.

옥스퍼드 대학의 경제학 교수였고 나중에 영국 식민성의 관리가 된 메리베일(Merivale)은 다음과 같이 말한다.

M663

> 만약 공황기에 한 나라가 수십만의 과잉인구를 이민을 통해 해결하려고 온 힘을 다해 노력한다면 그 결과가 어떻게 될까? 노동수요가 회복되자마자 곧 노동부족 현상이 나타나게 될 것이다. 인간의 재생산이 아무리 빨리 이루어지더라도 성년노동자를 보충하기 위해서는 적어도 1세대의 간격이 필요하다. 이제 우리 공장주들의 이윤은 주로 호황기를 최대한 활용함으로써 불황기의 손실을 메우는 힘에 달려 있다. 이들 공장주들에게 이 힘을 보장해주는 것은 오로지 기계와 육체노동에 대한 지휘권뿐이다. 그들은 이용가능한 노동자를 찾아내야만 한다. 그들은 필요한 경우 작업을 최대한으로 활성화시켰다가 시장 상황에 따라서 때로는 작업을 축소시키기도 해야만 한다. 그러지 않으면 그들은 경쟁전에서 결코 이 나라의 부가 차지하고 있는 그 우위를 유지할 수 없을 것이다.[80]

맬서스는 자신의 편협한 사고방식 때문에 과잉인구를 노동자 인구의 절대적인 과잉증식으로만 설명하고 노동자 인구의 상대적 과잉 현상으로

있다. "그러나 기계공업이 깊이 뿌리를 내려 나라 전체의 생산에 주도적인 영향을 끼치게 되는—또한 기계공업으로 말미암아 대외무역이 국내교역을 추월하기 시작하고 세계시장이 신세계와 아시아·오스트레일리아 등지로 연이어 확대될 뿐만 아니라 경쟁에 참가한 공업국의 수도 충분히 많아지는—그런 시기가 되고 나서야 비로소 끊임없이 재생산되는 순환이 시작되었다. 이 순환에서 연이어 나타나는 각 국면은 몇 년 동안에 걸쳐 이어지면서 언제나 종국에는 하나의 일반적 공황〔즉 한 순환의 종점이면서 동시에 새로운 순환의 출발점이기도 한〕에 다다른다. 지금까지는 이런 순환의 주기가 10년이나 11년이었지만, 이 주기가 불변이라고 간주할 근거는 어디에도 없다. 오히려 이미 우리가 논의했던 바와 같은 자본주의적 생산의 온갖 법칙들에서 추론해보면 이 주기는 가변적이고 갈수록 단축될 것임에 틀림없다."

80) 메리베일, 『식민과 식민지에 관한 강의』, 1841·1842, 제1권, 146쪽.

는 설명하지 않았지만, 그럼에도 과잉인구가 근대산업의 필연적인 결과라는 점은 인식하고 있다. 그는 다음과 같이 말하고 있다.

> 결혼에 관한 현명한 습관은 만약 그것이 주로 상공업에 의존하고 있는 나라의 노동자계급 사이에서 성행할 경우에는 그 나라에 해로울 것이다. …… 특별한 수요가 발생하여 추가노동자가 시장에 공급될 수 있으려면 인구의 성질상 16~18년의 기간이 소요되는데, 저축을 통해 수입이 자본으로 전화하는 것은 이보다 훨씬 짧은 기간 동안에 이루어질 수 있다. 한 나라의 노동기금은 언제나 인구보다 급속히 증가하는 상태에 놓여 있다.[81]

경제학은 이렇게 노동자에 의한 상대적 과잉인구(relativen Übervölkerung)의 끊임없는 생산을 자본주의적 축적의 한 필연성으로 설명한 뒤, 다시 한 노처녀의 모습을 빌려서 이 '과잉인구'—자신들이 만들어낸 추가자본 때문에 길거리로 쫓겨난—에게 자본가의 '아름다운 이상'에 대하여 다음과 같이 말한다. M664

> 우리 공장주들은 여러분이 살아가는 데 필요한 자본을 늘림으로써 여러분을 위해 할 수 있는 일은 다 하고 있다. 따라서 남은 일은 여러분이 자신들의 수를 생활수단에 맞추어야 한다는 것이다.[82]

81) "Prudential habits with regard to marriage, carried to a considerable extent among the labouring class of a country mainly depending upon manufactures and commerce, might injure it …… From the nature of a population, an increase of labourers cannot be brought into market, in consequence of a particular demand, till after the lapse of 16 or 18 years, and the conversion of revenue into capital, by saving, may take the place much more rapidly; a country is always liable to an increase in the quantity of the funds for the maintenance of labour faster than the increase of population"(맬서스, 『경제학 원리』, 215 · 319 · 320쪽). 이 저작에서 맬서스는 궁극적으로 시스몽디를 매개로 하여 과잉생산-과잉인구-과잉소비라는 자본주의적 생산의 그 멋진 3위일체〔사실은 세 개의 기묘한 괴물〕를 발견하였다. 엥겔스, 『국민경제학 비판 개요』, 107쪽 이하 참조.

82) 마티노(Harriet Martineau), 『맨체스터의 파업』, 런던, 1832, 101쪽.

자본주의적 생산에서는 인구의 자연적 증가가 공급해주는 이용 가능한 노동력의 양만으로는 결코 충분하지 않다. 이 생산이 자유롭게 운영되기 위해서는 이 자연적 한계에서 독립된 산업예비군이 반드시 필요하다.

지금까지 우리는 취업노동자 수의 증감이 정확하게 가변자본의 증감에 따라 이루어진다고 가정하였다.

그러나 가변자본에 의해 좌우되는 노동자 수가 변하지 않거나 감소하더라도 개별 노동자가 더 많은 노동을 제공하고 따라서 그의 임금이 증가할 경우에는 비록 노동가격이 불변이라 할지라도〔또는 하락할 경우에도 노동량의 증가보다 완만하게 하락할 경우에는〕 가변자본이 증대한다. 이런 경우 가변자본의 증대는 노동량 증가의 지표는 되지만 사용 노동자 수의 지표는 되지 않는다. 모든 자본가의 절대적 관심사는 일정량의 노동을 더 적은 노동자에게서 뽑아내는 데 있지, 같은 가격으로〔또는 좀더 싼 가격일지라도〕 그것을 더 많은 노동자에게서 뽑아내는 데 있지 않다. 후자의 경우에는 사용되는 노동량에 비례해서 불변자본의 투하가 증대하지만 전자의 경우에는 이 증대가 훨씬 완만하게 이루어진다. 생산규모가 커질수록 전자를 따르고자 하는 동기는 점점 더 결정적인 것이 된다. 이 동기의 중요성은 자본축적이 이루어짐에 따라 함께 증가한다.

이미 보았듯이 자본주의적 생산양식과 노동생산력의 발전—이것은 축적의 원인이자 결과이기도 하다—에 따라 자본가는 같은 액수의 가변자본을 투하하면서도 개별 노동력의 외연적 또는 내포적 착취를 증대시킴으로써 더 많은 노동을 사용할 수 있다. 또 앞에서 본 바와 같이 자본가는 점차 숙련노동자를 미숙련노동자로, 남성노동자를 여성노동자로, 성인 노동력을 소년 또는 유년 노동력으로 바꿈으로써 동일한 자본가치로 더 많은 노동력을 사들인다.

M665

이리하여 축적이 진행됨에 따라 한편에서는 더 큰 가변자본이 더 많은 노동자를 모으지 않고도 더 많은 양의 노동을 움직이고, 다른 한편에서는 같은 크기의 가변자본이 같은 수의 노동력으로 더 많은 양의 노동을 움직이고, 마지막으로 또다른 한편에서는 고급의 노동력을 밀어냄으로써 더 많은 저급한 노동력을 움직인다.

따라서 상대적 과잉인구의 생산〔또는 노동자의 유리〕는 그러지 않아도 축적의 진전과 함께 가속화되는 생산과정의 기술적 변혁〔그리고 거기에 맞추어 불변자본 부분에 대한 가변자본 부분의 상대적 감소〕보다 더 빠르게 진행된다. 생산수단은 그 규모와 작용력이 커짐에 따라서 점점 노동자의 고용수단과는 무관해지지만, 이런 관계도 다시 노동생산력이 증대됨에 따라 자본이 자신의 노동공급을 자신의 노동자 수요보다 더 급속하게 증대시킴으로써 수정된다. 노동자계급 가운데 취업한 노동자들의 과도노동은 산업예비군의 대오를 팽창시키지만, 거꾸로 이 예비군은 다시 그들간의 경쟁을 통해 취업 노동자계층에게 압력을 증가시킴으로써 취업 노동자들이 과도노동을 하지 않을 수 없게 만드는 것은 물론 자본의 전제에도 굴종하도록 만든다. 노동자계급 가운데 한 계층이 다른 계층의 과도노동에 의해 강요된 태만이라는 벌을 받는 것〔그리고 그 반대의 경우도〕은 개별 자본가의 치부수단이 되는[83] 동시에 사회적 축적의 진전과 같은 속 M666

83) 1863년 면화기근의 시기에도 블랙번의 면방적공들이 펴낸 어느 소책자에는 과도노동에 대한 격렬한 비난이 보인다. 물론 이 과도노동은 공장법에 의해 성인 남성노동자 외에는 시킬 수 없도록 되어 있었다. "이 공장에서는 성인 노동자에게 하루 12~13시간을 노동하도록 요구하고 있다. 물론 노동자들 중에는 자신의 가족을 부양하기 위해서, 그리고 자신들의 노동형제들이 과도노동으로 요절하지 않게 하기 위해서 단 몇 시간이라도 일을 하고 싶어하지만 아무 일자리도 얻지 못하고 어쩔 수 없이 놀아야만 하는 노동자들도 많기는 하다." "우리는 이 초과노동의 관행이 고용주와 '피고용인' 사이의 관계를 계속 지속시킬 만한 것인지에 대해 묻고 싶다. 과도노동의 희생자들은 바로 그 과도노동에 의해 강요된 태만을 선고받은 사람들과 마찬가지로 부당함을 느끼고 있다. 만약 노동이 공정하게만 분배된다면 이 지방에는 모든 사람을 부분적으로라도 취업시킬 수 있는 일의 양이 충분하다. 노동자 가운데 일부는 노동이 부족해서 자선에 의지하여 연명하지 않을 수 없는 반면 다른 일부는 과도노동에 시달리는 이런 기막힌 상태를 종식시키기 위해, 우리가 고용주들에게 — 지금과 같은 상태가 지속되는 한 — 전반적으로 노동시간을 단축하라고 요구하는 것은 당연한 일 아니겠는가"(『공장감독관 보고서: 1863년 10월 31일』, 8쪽). — 상대적 과잉인구가 취업노동자들에게 끼치는 영향에 대하여 『산업과 상업에 관하여』의 저자는 그의 습관적인 부르주아적 본능을 통해서 분명하게 파악하고

도로 산업예비군의 생산을 촉진한다. 이 요인이 상대적 과잉인구의 형성에 얼마나 중요한 역할을 하는지는 영국의 사례가 잘 보여주고 있다. 노동 '절약'을 위해 영국이 이루어놓은 기술적 수단은 엄청나다. 그럼에도 만약 내일이라도 사회 전반에 걸쳐 노동을 합리적인 수준에서 제한하고, 또한 노동자계급의 여러 계층을 연령별·성별로 재편성하게 되면, 현존의 노동인구로는 국가적 생산규모를 현재 수준으로 계속 유지하기에 절대적으로 부족할 것이다. 그렇게 되면 현재의 '비생산적' 노동자의 대다수가 '생산적' 노동자로 전화해야 할 것이다.

대체로 임금의 일반적인 운동은 오직 산업순환의 주기적 변동에 따른 산업예비군의 팽창과 수축을 통해서만 규제된다. 그러므로 그것은 노동자 인구의 절대수의 움직임에 따라 정해지는 것이 아니라 노동자계급이 현역과 예비군으로 나누어지는 비율의 변동에 따라〔즉 과잉인구의 상대적 규모의 증감에 따라, 다시 말해서 과잉인구가 흡수되고 다시 유리되는 정도에 따라〕 정해진다. 근대산업—10년마다의 순환과 그 주기적인 국면이 있고, 게다가 축적의 진전에 따라 그 국면들이 점차 급속하게 잇달아 일어나는 불규칙한 변동과 다시 만나는—에서 노동의 수요와 공급이 이처럼 자본의 팽창과 수축〔즉 자본의 그때그때의 증식 욕구〕에 따라 규제되는〔즉 노동시장이 때로는 자본의 팽창으로 인해 상대적 공급부족을 빚기도 하고 때로는 자본의 수축으로 인해 다시 공급과잉이 나타나기도 하는〕 것이 아니라 거꾸로 자본의 움직임이 인구수의 절대적 변동에 의존한다는 것은 실로 하나의 아름다운 법칙일 것이다. 그러나 이것은 경제학적 독단론이다. 이 독단론에 따르면 자본축적의 결과 임금이 상승한다. 이렇

M667

있다. "이 나라에서 나타나는 나태의 또다른 원인은 노동자 수가 충분하지 않다는 데에 있다. 제품에 대한 수요가 급작스럽게 증가하여 노동량이 부족해질 때마다 노동자들은 자신들의 중요성을 스스로 느끼는 것은 물론 자신들의 고용주들도 그런 중요성을 느낄 수 있게 만들려고 한다. 이것은 놀라운 일이다. 그러나 그런 경우 이들 노동자 무리의 생각은 서로 단결하여 온종일 태업함으로써 자신들의 고용주를 당황하게 만들어야겠다고 할 정도로 타락해 있다"(『산업과 상업에 관하여』, 27~28쪽). 즉 이 무리는 임금인상을 요구하는 것이다.

게 상승한 임금은 노동자 인구의 가속적인 증가에 박차를 가하고, 이 증가가 계속되어 결국 노동시장은 공급과잉이 되고, 따라서 자본이 노동자 공급에 비해 상대적으로 부족해진다. 그 결과 임금은 하락하고 이제 동전의 뒷면이 나타난다. 임금하락에 의해 노동자 인구는 차차 감소하고 그 결과 노동자 인구에 비해 자본은 다시 과잉상태가 된다. 또는 다른 사람들이 설명하듯이 임금하락과 그에 따른 노동자 착취의 증대는 다시 축적을 가속화시키지만, 동시에 다른 한편으로 낮은 임금은 노동자계급의 증대를 억제한다. 그리하여 노동공급이 노동수요보다 적어짐으로써 임금이 상승하는 현상이 다시 등장한다. 발전된 자본주의적 생산을 위해서 이 얼마나 바람직한 운동방법인가! 임금상승의 결과 실제로 노동능력이 있는 인구가 플러스로 증가할 수 있으려면 산업전쟁이 일어나고 전투가 벌어져서 이윽고 승패가 결정되는 기간이 여러 번 경과해야 할 것이다.

1849년에서 1859년 사이 영국의 농업지역들에서는 곡물가격의 하락과 함께 임금의 인상 — 실질적으로는 단지 명목적인 것에 불과하였다 — 이 나타났다. 예를 들어 윌트셔에서는 주급이 7실링에서 8실링으로, 도싯셔에서는 7~8실링에서 9실링으로 인상되었다. 이것은 전쟁 수요[†150]와 철도 · 공장 · 광산 등의 대규모 확대로 인한 농업 과잉인구의 이례적인 유출이 빚어낸 결과였다. 임금수준이 낮을수록 임금은 조금만 상승해도 백분율에서 매우 큰 상승비율을 나타낸다. 예를 들어 주급이 20실링에서 22실링으로 상승하면 그것은 10%의 상승비율을 나타낸다. 그렇지만 7실링에서 9실링이 되면 그것은 $28\frac{4}{7}$%의 상승비율을 나타내고, 이것은 상당한 상승처럼 보인다. 어쨌든 차지농업가들은 아우성을 쳤고, 『런던 이코노미스트』(*London Economist*)[84]도 이 기아 임금에 대해 아주 진지하게 '일반적이고 실질적인 향상'이라고 떠들어댔다. 그러면 차지농업가들은 어떻게 했을까? 독단론에 사로잡힌 경제학자들의 생각처럼 이 어마어마한 지

84) 『이코노미스트』, 1860년 1월 21일.

불 때문에 농업노동자가 증가하여 그들의 임금이 다시 떨어질 때까지 기다렸을까? 그들은 더 많은 기계를 도입했다. 그래서 순식간에 노동자들은 차지농업가들도 만족시킬 만한 비율로 다시 '과잉'이 되었다. 이제 이전 M668 보다 '더 많은 자본'이 더 생산적인 형태로 농업에 투하되었다. 그리하여 노동에 대한 수요는 상대적으로는 물론 절대적으로도 감소하였다.

저 경제학적 허구는 임금의 일반적 운동을 규제하는 법칙〔또는 노동자 계급, 즉 총노동력과 사회적 총자본 사이의 관계를 규제하는 법칙〕과 노동자 인구를 개별 생산영역에 분배하는 법칙을 혼동하고 있다. 예를 들어 호경기 때문에 축적이 어떤 한 생산영역에서 특히 활발하게 이루어지고 그 영역의 이윤이 평균이윤보다 높아서 추가자본이 그곳으로 밀려들어간다면 노동자 수요와 임금은 당연히 상승한다. 더 높은 임금은 노동자 인구 가운데 더 많은 부분을 이 호황영역으로 끌어들이겠지만, 이 영역에서도 노동력이 포화상태에 이르게 되면 임금은 다시 처음의 평균수준으로〔또는 유입이 지나쳤다면 평균수준 이하로〕 하락할 것이다. 그렇게 되면 문제의 산업부문으로의 노동자 유입은 중지될 뿐만 아니라 오히려 노동자의 유출도 일어날 것이다. 여기에서 경제학자는 임금의 증가에 따른 노동자의 절대적 증가와 노동자의 절대적 증가에 따른 임금의 감소가 '언제 어떻게' 이루어지는지를 알게 되었다고 생각하지만, 그가 실제로 본 것은 단지 한 특수한 생산영역에서 이루어진 노동시장의 국지적인 변동일 뿐이며, 이는 곧 자본의 변화하는 욕구에 따라 각각의 자본투하 영역에 노동자 인구가 배분되는 현상일 뿐이다.

산업예비군은 침체기와 중간수준의 호황기에는 현역 노동자군을 압박하지만, 과잉생산기와 폭발적 활황기에는 현역 노동자군의 요구를 억제하는 기능을 수행한다. 따라서 상대적 과잉인구는 노동의 수요·공급 법칙이 움직이는 배경을 이룬다. 그것은 이 법칙의 작용범위를 자본의 착취욕과 지배욕에 꼭 들어맞는 범위 안으로 밀어넣는다. 여기에서 경제학의 거대한 변론사업 가운데 한 분야로 되돌아가보자. 우리가 이미 기억하고 있듯이, 새로운 기계의 채용과 낡은 기계의 확장으로 말미암아 가변자본의 일부분이 불변자본으로 전화하는 경우 경제학적 변호론자는 자본을 '구속하고' 바로 그럼으로써 노동자를 '유리시키는' 이러한 조작을 오히려 거꾸로 그것이 노동자를 위해 자본을 유리시키는 것이라고 해석한다. 이제 우리는 비로소 변호론자들의 뻔뻔스러움을 제대로 평가할 수 있게 되었다. 기계에 의해 직접 축출되는 노동자만 유리되는 것이 아니라 그들의 보충병력도 유리되고, 또한 사업이 종래의 기초 위에서 통상적인 방식으로 확장되는 경우에는 규칙적으로 흡수되는 추가병력마저도 유리된다. 그들은 지금 모두 '유리되어' 있지만, 새로 기능하고자 하는 모든 자본은 언제든지 그들을 자유롭게 이용할 수 있다. 이 자본에 의해 견인되는 사람들이 그들이든 아니면 다른 노동자들이든 간에 이 자본이 기계에 의해 시장으로 축출된 것만큼의 노동자들을 시장에서 구출할 수 있을 만큼 충분하다면 전체적인 노동수요에 미치는 영향은 제로〔零〕가 될 것이다. 만약 이 자본이 그보다 적은 수의 노동자를 고용한다면 과잉노동자의 수는 증가할 것이고, 만일 그보다 많은 수를 고용한다면 고용된 노동자가 '유리된 노동자'를 초과하는 수만큼 전체적인 노동수요가 증가할 것이다. 그러므로 어떤 경우든 활황 — 이들 요인이 없다면 투자할 곳을 찾는 추가자본 때문에 전반적인 노동수요의 증가가 나타났을 것이다 — 에 따른 노동수요의 증가는 기계 때문에 거리로 쫓겨난 노동자들이 그 수요를 채우는 만큼 상쇄될 것이다. 다시 말해서 자본주의적 생산의 메커니즘은 자본의 절대적 증대에 따라 전반적인 노동수요가 거기에 맞추어 함께 증대하지 않도록 배려하고 있다. 그리고 변호론자들은 이 사실을, 실업자들이 산업예비군으로 묶여 있는 과도기 동안 겪어야 하는 궁핍과 고통과 몰락에 대한 보상이라고 일컫고 있다! 노동에 대한 수요는 자본의 증대와 같은 것이 아니고, 노동의 공급은 노동자계급의 증대와 같은 것이 아니다. 즉 이들의 관계는 서로 독립된 두 개의 힘이 상호작용하는 그런 관계가 아니다. 주사위는 위조되어 있다(Les dés sont pipés). 자본은 양면에 모두 영향을

M669

끼친다. 자본의 축적은 한편으로 노동에 대한 수요를 증가시키고 다른 한편으로는 노동자의 '유리'를 통해 노동자의 공급도 증가시키며, 동시에 실업자의 압력은 취업자에게 더 많은 노동을 지출하도록 강요하고, 따라서 어느 정도까지는 노동공급을 노동자의 공급에서 분리시킨다. 이 토대 위에서 이루어지는 노동의 수요 · 공급 법칙의 운동은 자본의 전제(專制)를 완성한다. 그러므로 노동자들이, 자신들이 더 많이 노동하여 더 많은 타인의 부를 생산할수록, 또 자신들의 노동생산력을 더욱 증대시킬수록, 자본의 가치증식 수단으로서의 그들의 기능도 점점 더 취약해지는 이유가 무엇인지에 대한 비밀을 알게 되는 순간, 그리고 그들이 자신들간의 경쟁수준이 전적으로 상대적 과잉인구의 압력에 따라 좌우된다는 사실을 발견하는 순간, 그리하여 그들이 노동조합과 같은 조직을 통해 취업자와 실업자 간의 계획적인 협력을 조직하여 자본주의적 생산의 자연법칙이 그들 계급에게 주는 파멸적인 결과를 분쇄하거나 약화시키려고 시도하는 M670 순간, 자본과 그 추종자인 경제학자들은 이것을 '영원한'〔그리고 이른바 '신성한'〕 수요 · 공급 법칙에 대한 침해라고 규탄하게 된다. 즉 취업자와 실업자 사이의 모든 단결은 저 법칙의 '순수한' 작용을 교란시킨다는 것이다. 그러나 다른 한편 예를 들어 식민지들에서는 불리한 여건으로 말미암아 산업예비군의 창출과 자본가계급에 대한 노동자계급의 절대적 예속이 방해받게 되자 자본은 그의 고루한 산초 판사(Sancho Panza)와 함께 '신성한' 수요 · 공급 법칙에 반기를 들고 강제수단을 통해 그 법칙에 개입하려 하기도 한다.

제4절 상대적 과잉인구의 여러 존재형태. 자본주의적 축적의 일반 법칙

상대적 과잉인구는 각양각색으로 존재한다. 어떤 노동자라도 그가 반

실업 또는 완전실업 상태에 있는 동안에는 상대적 과잉인구에 속한다. 산업순환에서 상대적 과잉인구는 때로는 공황기에 급격하게 나타나기도 하고 때로는 불황기에 만성적으로 나타나기도 하는데, 이런 산업순환의 국면 전환에 따른 형태들—주기적으로 반복되어 나타나는 대규모 형태들—을 무시한다면, 그것은 언제나 3개의 형태, 즉 유동적 · 잠재적 · 정체적 형태를 취한다.

근대공업의 중심—공장 · 매뉴팩처 · 제련소 · 광산 등—에서 노동자는 때로는 축출되고 때로는 대규모로 다시 흡수됨으로써 취업자 수는 생산규모에 비해 늘 감소하는 비율이긴 하지만 대체로 증가한다. 이 경우 과잉인구는 유동적인 형태로 존재한다.

본격적인 의미의 공장이나 대규모 작업장들—기계가 생산요소로 도입되어 있거나 분업만이라도 근대적인 형태로 이루어지고 있을 경우—에서는, 아직 청소년 연령도 채 안 된 남성노동자들이 대량으로 사용된다. 청소년 연령을 넘기면서까지 그대로 같은 업종부문에 남아 있는 사람은 극히 소수이고 대다수는 통상적으로 해고된다. 이들은 산업규모와 함께 증대하는 유동적 과잉인구의 한 요소를 이룬다. 그 중 일부분은 해당 업종에서 떠나지만 그것은 대개 자본의 이동을 따라 움직이는 것에 불과하다. 그로 인한 결과의 하나가 여성인구가 남성인구보다 더 급속히 증가하는 현상인데, 영국은 그 대표적인 실례를 보여준다. 노동자 수의 자연적 증가가 자본의 축적 욕구를 만족시키지 않으면서 동시에 그것을 초과한다는 것은 자본의 운동 자체가 갖는 하나의 모순이다. 자본은 더 많은 어린 노동자를 필요로 하면서 동시에 성년 남성노동자는 더 적게 필요로 한다. 그에 못지않은 또 하나의 모순은, 분업에 의해 일정한 산업부문에 매여 있었던 탓에 일자리를 잃은 수천 명의 직공들이 거리를 헤매고 있는 바로 그 시각에 직공이 부족하다는 호소가 이루어지고 있다는 사실이다.[85] 게다

M671

85) 1866년 후반기에 런던에서는 8~9만 명의 노동자가 실직을 당했는데, 이 반년의 기간에 대

가 자본에 의한 노동력의 소비가 지나치게 급속히 이루어져서 중년 노동자는 대부분 벌써 상당 부분 노쇠해버렸다. 이들은 과잉인구의 대열로 합류하거나 아니면 높은 등급에서 낮은 등급으로 영락해버린다. 대공업 노동자는 참으로 그 수명이 매우 짧다고 할 수 있다.

> 맨체스터의 위생관 리(Lee) 박사가 단언한 바에 따르면, 그 도시에서는 유산계급의 평균수명이 38세이지만 노동자계급의 평균수명은 겨우 17세에 불과하다. 리버풀에서는 전자의 수명이 35세, 후자의 수명이 15세에 이른다. 따라서 특권계급은 그들보다 혜택을 받지 못하는 시민에 비해 2배 이상의 생명증서를 갖고 있는 셈이다.[85a)]

이런 상황에서 이들 프롤레타리아트 계층이 절대적으로 증가하기 위해서는, 각각의 프롤레타리아는 급속히 소모되더라도 전체 수는 계속 늘어나는 상태가 되어야만 한다. 따라서 노동자계급의 세대교체가 급속하게 이루어져야 한다(이 법칙은 다른 계급에게는 적용되지 않는다). 이 사회적 요구(노동자계급의 급속한 세대교체—옮긴이)는 대공업 노동자들의 생활상태가 빚어내는 필연적 결과인 조혼에 의해, 그리고 아동노동자의 착취가 아동노동자의 생산을 촉진해주는 효과에 의해 충족된다.

자본주의적 생산이 농업을 지배하게 되면〔또는 지배하는 정도에 따라〕 농업에서 기능하는 자본의 축적에 따라 농업노동인구에 대한 수요는 절대적으로 감소하지만, 여기에서는 비농업부문의 경우와 달리 노동자 인구의 배출이 더 큰 노동자 인구의 흡인력에 의해 중화되지 않는다. 그래서

해 '공장 보고서'에는 다음과 같이 씌어 있었다. "수요는 늘 공급이 필요한 바로 그 순간에 공급을 낳는다는 말은 항상 옳은 이야기가 아닌 것 같다. 노동의 경우에는 그 말이 맞지 않는데, 왜냐하면 작년에는 노동력의 부족 때문에 많은 기계가 놀아야만 했기 때문이다"(『공장감독관 보고서: 1866년 10월 31일』, 81쪽).

85a) 1875년 1월 14일의 버밍엄 위생관 회의에서 당시 시장이었던〔현재(1883년)는 상무장관이 되어 있는〕 체임벌린(J. Chamberlain)의 개회사.

농촌 인구 가운데 일부분은 계속 도시 프롤레타리아트〔또는 매뉴팩처 프롤레타리아트〕로 이행하려 하고, 또 이런 이행에 유리한 상황이 오기를 기다린다(여기에서 매뉴팩처란 모든 비농업부문을 뜻한다).[86] 따라서 이곳은 끊임없이 상대적 과잉인구를 흘려보내는 또 하나의 원천이 된다. 그러나 이 원천에서 상대적 과잉인구가 도시로 끊임없이 흘러나온다는 것은 농촌에 잠재적 과잉인구—그 규모가 얼마인지는 그 배수로가 예외적으로 넓게 열렸을 때만 눈에 드러난다—가 계속해서 존재한다는 것을 전제로 한다. 따라서 농촌노동자는 임금의 최저수준으로까지 밀려나며, 한쪽 발은 언제나 피구휼이라는 수렁에 빠져 있다. M672

상대적 과잉인구의 세 번째 부류인 정체적 과잉인구는 노동자 현역군의 일부를 이루지만 취업상태가 매우 불규칙하다. 따라서 이들은 자유롭게 이용 가능한 노동력의 마르지 않는 저수지를 자본에 제공한다. 그들의 생활상태는 노동자계급의 평균수준보다 낮은데, 바로 이 점 때문에 그들은 자본의 고유한 착취부문의 광범위한 토대가 된다. 최대한의 노동시간과 최소한의 임금이 이들의 특징을 이룬다. 우리는 가내노동에 관한 항목에서 이미 그들의 주요한 모습들을 보았다. 이 과잉인구는 계속 대공업과 농업 부문의 과잉노동자에 의해 보충되고, 또한 수공업 경영이 매뉴팩처 경영에, 또 매뉴팩처 경영이 기계 경영에 패배하여 몰락해가는 산업부문에서도 계속 보충된다. 축적의 규모 및 그 힘과 더불어 '과잉화'가 진행됨에 따라 이 과잉인구의 규모도 확대된다. 그러나 동시에 이 과잉인구는 스스로를 재생산하면서 영속화하는 노동자계급의 한 요소를 이루고, 또한

86) 잉글랜드 · 웨일스의 1861년 국세조사에 따르면, "781개 도시의 주민 수는 1,096만 998명이었는 데 반해, 촌락과 농촌 교구의 주민 수는 910만 5,226명이었다. …… 1851년 국세조사에서는 580개 도시가 집계되었고 그 인구는 이들 도시를 둘러싼 농촌지역 인구 수와 거의 같았다. 그러나 그뒤 10년 동안 농촌지역에서는 인구가 50만 명 증가한 반면 580개 도시에서는 155만 4,067명이 증가하였다. 인구증가율이 농촌 교구는 6.5%, 도시는 17.3%였던 것이다. 이러한 증가율의 차이는 농촌에서 도시로의 이주 때문이었다. 총인구증가의 $\frac{3}{4}$은 도시에서 이루어진 것이었다"(『잉글랜드 · 웨일스의 국세조사』 제3권, 11~12쪽).

노동자계급 전체의 증가에서 다른 요소들보다 비교적 더 큰 역할을 한다. 사실 출생자와 사망자 수뿐만 아니라 가족의 절대적인 크기도 임금수준〔즉 다양한 노동자계층이 처분할 수 있는 생활수단의 양〕에 반비례한다. 자본주의 사회의 이런 법칙은 미개인들은 물론이고, 문명화한 식민지인들이 보기에도 불합리한 것으로 생각될 것이다. 이 법칙은 하나하나의 개체로서는 힘이 없어 잘 잡아먹히는 동물류의 대규모 재생산을 연상시킨다.[87]

M673 끝으로, 상대적 과잉인구의 가장 밑바닥에 침전되어 있는 부분이 바로 피구휼빈민(Pauperismus)의 영역이다. 부랑자 · 범죄자 · 매춘부 등, 요컨대 본래적인 의미의 룸펜 프롤레타리아트(Lumpenproletariat)를 제외한다면 이 사회계층은 세 부류로 이루어진다. 제1부류는 노동능력이 있는 사람들이다. 영국의 피구휼빈민 통계를 대충만 훑어보아도 이들의 수가 공황기에는 팽창했다가 경기가 회복되면 감소하는 것을 알 수 있다. 제2부류는 고아나 빈민 아동들이다. 이들은 산업예비군의 후보자들로, 예를 들어 1860년 같은 대호황기에는 급속히 대량으로 노동자 현역군에 편입된다. 제3의 부류는 퇴락한 사람, 몰락한 사람, 노동력이 없는 사람 등이다. 분업으로 인해 다른 일자리에 적응할 수 없는 사람들과 노동자의 표준연령이 지나버린 사람들, 그리고 마지막으로 위험한 기계 · 광산 및 화학 공장 등과 함께 그 수가 늘어난 산업재해자 · 불구자 · 병자 · 홀어미 등이 이 부류에 속한다. 피구휼빈민은 노동자 현역군의 상이군인 수용소이자 산업예비군의 사하중(死荷重, tote Gewicht: 운반용구 자체의 무게—옮긴이)

87) "빈곤은 생식에 유리한 것으로 보인다"(애덤 스미스).†151 멋쟁이이자 재치가 넘치는 갈리아니(Galiani) 신부에 따르면 이것은 하느님의 지혜로운 섭리이기도 하다. "하느님은 가장 유용한 소명을 수행하는 인간이 남아돌 정도로 많이 태어나게 하셨다"(갈리아니, 『화폐에 관하여』, 78쪽). "빈곤은 극도의 기아와 질병을 통해서 인구증가를 저지하는 것이 아니라 오히려 그것을 촉진하는 경향이 있다"(렝, 『국민적 빈곤』, 1844년 69쪽). 렝은 이 사실을 통계적으로 예증한 다음 이어서 다음과 같이 말한다. "만약 모든 사람들이 안락한 상태에 이른다면 세계인구는 얼마 가지 않아 줄어들 것이다."

을 이룬다. 피구휼빈민의 생산은 상대적 과잉인구의 생산 속에 포함되어 있고, 그 필연성도 상대적 과잉인구의 필연성에 포함되어 있으며, 피구휼빈민은 상대적 과잉인구와 더불어 부의 자본주의적인 생산 · 발전에서 하나의 존재조건이 된다. 이 빈민은 자본주의적 생산의 공비(空費, faux frais: 헛된 비용—옮긴이)에 속하지만, 그러나 자본은 이 공비의 대부분을 자신에게서 노동자계급이나 하층 중간계급에게로 전가하는 방법을 알고 있다.

사회적인 부와 현재 기능하고 있는 자본, 그리고 그것의 증가규모와 증가속도, 또 프롤레타리아트의 절대적인 크기와 그 노동생산력 등이 커지면 커질수록 산업예비군도 함께 커진다. 자유롭게 이용 가능한 노동력은 자본의 팽창력을 발전시키는 것과 같은 원인에 의해 발전한다. 그러므로 산업예비군의 상대적인 크기는 부의 힘과 더불어 증대한다. 그러나 이 예비군이 현역 노동자군보다 커지면 커질수록 고착화되는 과잉인구 — 그들의 빈곤은 노동의 고통에 반비례한다 — 는 점점 더 대량화한다. 끝으로, 노동자계급의 극빈층과 산업예비군이 많으면 많을수록 공식적인 피구휼빈민도 점점 많아진다. **이것이 자본주의적 축적의 절대적이고 일반적인 법칙이**다. 이것도 다른 모든 법칙과 마찬가지로 그 실현과정에서는 다양한 요인에 의해 변형되지만, 그에 관한 분석은 여기에서 다루지 않는다. M674

노동자들에게 그들의 수를 자본의 가치증식 욕구에 맞추라고 설교하는 경제학적 지혜가 얼마나 어리석은 것인지를 이제 우리는 모두 파악하였다. 자본주의적 생산과 축적의 메커니즘은 이 수를 끊임없이 자신의 가치증식 욕구에 맞추어나간다. 그렇게 맞추어나가는 것을 설명해주는 첫 단어는 상대적 과잉인구 또는 산업예비군의 창출이고, 마지막 단어는 피구휼빈민의 사하중과 노동자 현역군 가운데 갈수록 증대해가는 빈곤층이다.

그리하여 갈수록 증대해가는 생산수단의 양이 사회적 노동생산성의 진보에 힘입어 점차 더 적은 인력지출로도 가동될 수 있다는 법칙 — 바로 그 법칙이 이제 자본주의적 기초〔노동자가 노동수단을 사용하는 것이 아니라 오히려 노동수단이 노동자를 사용하는〕 위에서는 노동생산력이 높아질수록 노동자가 자신들의 고용수단에 가하는 압력이 더욱 커지고 따라서 노동자의 생존조건—즉 타인의 부의 증식〔즉 자본의 자기증식〕을 위해 자신의 힘을 판매하는 것—도 더욱 불안정해지는 것으로 표현된다. 그리하여 생산적 인구보다 생산수단과 노동의 생산성이 더 빠르게 증대한다는 사실이 자본주의적 형태에서는 거꾸로 노동자 인구가 늘 자본의 가치증식 욕구보다도 빠르게 증대하는 것으로 표현된다.

우리는 제4편에서 상대적 잉여가치의 생산을 분석하면서 다음과 같은 사실을 알게 되었다. 즉 자본주의 체제 내에서 노동의 사회적 생산력을 높이기 위한 모든 방법은 개별 노동자를 희생시키면서 이루어진다는 것, 그리고 생산의 발전을 위한 모든 수단은 생산자에 대한 지배와 착취 수단으로 전화하여 노동자를 한낱 부분인간(Teilmenschen)으로 불구화시킴으로써 기계의 부속물로 전락시키고, 그의 노동을 고통으로 채움으로써 그 내용을 파괴하고, 독립적인 과학의 힘에 노동자를 결합시킴으로써 노동자의 정신적인 힘을 노동과정에서 소외시킨다는 것, 또한 이들 수단은 다시 그의 노동조건들을 왜곡시키고, 노동과정에서 그를 비열하고 가증스러운 전제(專制)에 굴복시키며, 그의 생활시간을 노동시간으로 전화시키고, 그의 처자를 자본의 저거노트 수레바퀴[†85] 밑으로 밀어넣는다는 것 등의 사실을 알게 되었다. 그러나 잉여가치를 생산하기 위한 모든 방법은 M675 또한 축적의 방법이기도 하고, 축적의 모든 확대는 거꾸로 축적방법을 발전시키기 위한 수단이 된다. 그리하여 자본이 축적되는 정도에 따라 노동자의 생활은 그가 얼마를 지불받든〔즉 많이 지불받든 적게 지불받든〕 상관 없이 악화되지 않을 수 없다. 끝으로, 상대적 과잉인구〔또는 산업예비군〕가 늘 축적의 규모 및 힘과 균형을 유지하게끔 하는 법칙은 헤파이스토스의 쐐기가 프로메테우스를 바위에 못박은 것보다 더 단단히 노동자를 자본에 못박아두고 있다. 그것은 필연적으로 자본축적에 따른 빈곤의 축적을 낳는다. 그러므로 한쪽 극에서의 부의 축적은 동시에 반대편 극에서의〔즉 자신의 생산물을 자본으로 생산하는 계급 편에서의〕 빈곤, 노동의 고통, 노예상태, 무지, 포악, 도덕적 타락의 축적이 된다.

자본주의적 축적의 이러한 적대적인 성격은[88] 경제학자들에 의해 다양한 형태로—부분적으로는 비슷하지만 본질적으로 완전히 다른 전(前)자본주의적 생산양식의 현상들을 이것과 잘못 혼동하고 있긴 하지만—표현되고 있다.

18세기의 위대한 경제학 저술가 가운데 한 사람인 베네치아의 승려 오르테스는 자본주의적 생산의 적대관계를 사회적 부의 일반적 자연법칙으로 이해하였다.

> 한 나라 안에서 경제적 선과 경제적 악은 늘 균형을 이루기 때문에 몇몇 사람의 풍부한 재산은 언제나 다른 사람의 빈약한 재산과 맞물려 있다. 몇몇 사람의 커다란 부는 늘 훨씬 많은 다른 사람들의 필수품에 대한 절대적인 약탈을 수반한다. 한 나라의 부는 그 나라 인구에 비례하며, 한 나라의 빈곤은 그 부에 비례한다. 몇몇 사람의 근면은 다른 사람들의 나태를 강요한다. 빈자와 게으른 자는 부자와 부지런한 자의 필연적 결과물이다.[89]

오르테스보다 약 10년 뒤에 영국 교회의 프로테스탄트 목사 타운센드(Townsend)는 극히 조잡한 방법으로 빈곤을 부의 필연적 조건이라고 찬 M676

88) "따라서 날이 갈수록 다음과 같은 사실이 점점 더 명백해지고 있다. 즉 부르주아 계급이 움직이는 생산관계는 단일하고 단순한 성격을 띠는 것이 아니라 이중의 성격을 띤다는 것, 부가 생산되는 바로 그 생산관계를 통해서 빈곤 또한 생산된다는 것, 생산력이 발전하는 바로 그 관계를 통해서 빈곤 또한 생산된다는 것, 그리고 이들 모든 관계가 오로지 부르주아 계급 구성원들의 부를 계속 파괴하고 끊임없이 증대하는 프롤레타리아트를 창출함으로써만 부르주아적인〔즉 부르주아 계급의〕 부를 낳는다는 것이다"(마르크스, 『철학의 빈곤』, 116쪽).

89) 오르테스(G. Ortes), 『국민경제학에 관하여』, 전6권, 1774, 쿠스토디(Custodi) 엮음, 근세편, 제21권, 6 · 9 · 22 · 25쪽 등. 오르테스는 같은 책, 32쪽에서 다음과 같이 말한다. "대중의 행복을 위한 쓸모없는 체계를 세우느니 차라리 나는 대중의 불행의 원인들을 연구하는 데 그치고자 한다."

미하였다.

노동을 법률로 강제하는 데에는 많은 번거로움과 무리와 물의가 뒤따르지만, 기아는 평화적이고 조용하며 끊임없는 압력으로서뿐만 아니라 근면과 노동을 향한 가장 자연스러운 동기로서도 매우 강력한 힘을 발휘한다.

그러므로 타운센드에 따르면 만사는 노동자계급 사이에 빈곤을 영속화시키는 데 달려 있으며, 그 영속화는 빈민들 사이에서 작동하는 인구법칙이 도와주고 있는 것이다.

빈민들이 어느 정도 무분별하고(금수저를 입에 물지 않고 이 세상에 나온다는 의미에서 무분별하다는 것이다) 그 때문에 공동체에서 극히 굴욕적이고 불결하고 비천한 일을 하는 사람들이 늘 존재한다는 사실은 하나의 자연법칙처럼 보인다. 이를 통해서 인류의 행복기금은 증대되고, 더 우아한 사람들은 고된 일에서 해방되어 아무런 방해도 받지 않고 고상한 일을 추구할 수 있다. 구빈법은 신과 자연이 이 세상에 세운 이 제도의 조화와 아름다움, 균형과 질서를 파괴하는 경향이 있다.[90]

저 베니스의 승려(오르테스—옮긴이)가 빈곤을 영구화하는 피할 수 없는

90) 『구빈법론. 인류의 행복을 기원하는 사람〔타운센드 목사〕 지음, 1786년』, 신판, 런던, 1817, 15 · 39 · 41쪽. 이 '우아한' 목사—여기에서 인용한 그의 저술과 스페인 여행기를 맬서스는 여러 페이지에 걸쳐 베꼈다—는 자신의 이론 대부분을 존 스튜어트에게서 빌려왔지만 스튜어트를 왜곡시키고 있다. 예를 들어 스튜어트는 "이 노예제도 속에는 (노동자가 아닌 사람들을 위하여) 인간을 강제로 근면하게 만들기 위한 폭력적인 방법이 존재하였다. …… 당시 사람들은 다른 사람의 노예였기 때문에 노동(즉 타인을 위한 무상노동)을 강요당했지만, 지금 사람들은 그들 자신의 욕망의 노예이기 때문에 노동(즉 노동자가 아닌 사람들을 위한 무상노동)을 강요당한다"[†152]고 말하고 있지만, 그렇다고 해서 저 살찐 목사처럼 임노동자가 늘 기아에 허덕여야 한다고 결론짓지는 않았다. 오히려 그는 임노동자의 욕망을 증가시켜 이 욕망의 수적 증가를 '더욱 우아한 사람들'을 위한 임노동자들의 노동을 자극하는 수단으로 삼고자 하였다.

운명 속에서 기독교적 자선과 독신 그리고 수도원과 성당 등의 존재이유를 발견했다면, 이 프로테스탄트 목사는 그와 정반대로 그 운명 속에서 약간의 공공보조를 받을 권리를 빈민들에게 부여하는 법률을 비난하기 위한 구실을 발견하고 있다.

슈토르흐는 다음과 같이 말한다. M677

> 사회적 부의 진전은 저 유용한 사회계급을 낳는다. …… 이 계급은 극히 지루하고 비천하며 혐오스러운 일을 하며〔요컨대 생활상의 모든 불쾌하고 천한 일을 스스로 담당하며〕, 그럼으로써 다른 계급들의 여가와 정신적 명랑함과 관습적인(맞는 말이다!) 품격을 만들어내고 있다.[91]

슈토르흐는 스스로에게 다음과 같이 묻는다. 그러면 대중의 빈곤과 타락을 수반하는 이 자본주의적 문명이 야만상태보다 나은 장점은 도대체 무엇인가? 그가 찾아낸 답은 단 하나—안전!이라는 것이었다.

시스몽디는 다음과 같이 말한다.

> 산업과 과학의 진보에 따라 모든 노동자는 날마다 자신의 소비에 필요한 것보다 훨씬 많은 것을 생산할 수 있다. 그러나 그의 노동이 부를 생산하는 그 시간에 만약 그가 부를 스스로 소비하기도 한다면, 이 부 때문에 그는 노동을 할 수 없게 될 것이다.

> 기술의 개량이든 산업이 우리에게 만들어주는 향락이든 이런 모든 것을 만약 쉴새없는 노동〔노동자의 노동과 같이〕을 통해서 사들여야만 한다면, 사람들(즉 노동자가 아닌 사람들)은 아마 이것들을 모두 단념할 것이다. …… 오늘날 노력은 그 보수와 분리되어 있다. 즉 똑같은 한 사람이 먼저 노동을

91) 슈토르흐, 앞의 책, 제3권, 223쪽.

하고 그런 다음 휴식하는 것이 아니다. 그 반대로 어떤 사람이 노동을 하기 때문에 다른 사람은 쉬지 않으면 안 된다. …… 그러므로 노동생산력의 무한한 증대는 게으른 부자들의 사치와 향락의 증대만 가져올 뿐이다.[92]

끝으로 냉혈동물 같은 부르주아 이론가 데스튀트 드 트라시는 잔인하게 다음과 같이 선고한다.

가난한 나라란 인민이 잘살고 있는 나라이고, 부유한 나라란 인민이 대체로 가난한 나라이다.[93]

제5절 자본주의적 축적의 일반 법칙에 대한 예증

ㄱ. 1846~66년의 영국

근대 사회의 어떤 시기를 보아도 최근 20년간만큼 자본주의적 축적을 연구하는 데 좋은 시기는 없다. 그것은 마치 포르투나투스(Fortunatus: 결코 돈이 떨어지지 않는 지갑을 가진 사람-옮긴이)의 지갑을 발견한 것이나 마찬가지이다. 그런데 이 시기에 다시 모든 나라 가운데 가장 그 전형적인 M678 사례를 보여주는 것은 영국이다. 왜냐하면 영국은 세계시장에서 제1위의 자리를 유지하고 있을 뿐만 아니라 자본주의적 생산양식이 충분히 발전한 유일한 나라이며, 또한 1846년 이후 자유무역의 천년왕국이 도래함으로써 속류경제학의 최후의 피난처마저도 봉쇄된 나라이기 때문이다. 이 20년간의 후반기에 그 전반기를 압도할 만큼의 엄청난 생산의 진보가 이

92) 시스몽디, 앞의 책, 제1권, 79~80 · 85쪽.

93) 데스튀트 드 트라시(Destutt de Tracy), 『의지와 의지작용론』, 231쪽. "Les nations pauvres, c'est là où le peuple est à son aise; et les nations riches, c'est là où il est ordinairement pauvre."

루어졌다는 것은 이미 제4편에서 충분히 얘기되었다.

최근 반세기 동안 영국 인구의 절대적 증가는 매우 컸지만 공식 국세조사에서 발췌한 다음 표에서 나타나듯이 그 상대적 증가량〔즉 증가율〕은 계속 감소하고 있다.

10년 단위의 잉글랜드 · 웨일스 연간 인구증가율

1811~21년…………1.533%

1821~31년…………1.446%

1831~41년…………1.326%

1841~51년…………1.216%

1851~61년…………1.141%

한편 부의 증가를 한번 살펴보기로 하자. 이 경우 가장 확실한 단서가 되는 것은 소득세의 대상이 되는 이윤과 지대 등의 변동이다. 과세대상이 되는 이윤(차지농업가와 그밖의 몇몇 항목은 제외)은 영국에서 1853~64년 기간 동안 50.47%(즉 연평균 4.58%)[94] 증가했는데, 같은 기간에 인구는 약 12% 증가했다. 과세대상이 된 토지(가옥 · 철도 · 광산 · 어장 등을 포함)의 임대료는 1853~64년 기간 동안 38%〔즉 연평균으로는 $3\frac{5}{12}$%〕 증

	1853~64년의 연간 임대소득 증가	연간 증가율
가옥	38.60%	3.50%
채석장	84.76%	7.70%
광산	68.85%	6.26%
제철소	39.92%	3.63%
어장	57.37%	5.21%
가스 제조소	126.02%	11.45%
철도	83.29%	7.57%

94) 『내국수입 조사위원회 제10차 보고서』, 런던, 38쪽.

가하였다. 그 가운데 다음[95] 항목이 가장 큰 비중을 차지하였다.

M679 1853~64년의 각 4년간을 비교하면 소득증가율은 계속 상승하고 있다. 예를 들어 이윤으로부터의 소득증가율은 1853~57년에는 매년 1.73%, 1857~61년에는 매년 2.74%, 1861~64년에는 매년 9.30%이다. 영국의 과세대상 소득총액은 1856년 3억 706만 8,898파운드스털링, 1859년 3억 2,812만 7,416파운드스털링, 1862년 3억 5,174만 5,241파운드스털링, 1863년 3억 5,914만 2,897파운드스털링, 1864년 3억 6,246만 2,279파운드스털링, 1865년 3억 8,553만 20파운드스털링이었다.[96]

자본의 축적은 그와 함께 자본의 집적과 집중을 수반하였다. 잉글랜드에 대한 공식 농업통계는 없지만(아일랜드에 대해서는 있다), 10개 주에서 임의로 제출된 통계는 있다. 그것에 따르면 10개 주에서 1851~61년 동안 100에이커 미만의 차지농장이 3만 1,583개에서 2만 6,567개로 감소한 것으로 나타났는데, 이는 곧 5,061개의 차지농장이 더 큰 차지농장에 합병되었다는 것을 말해준다.[97] 상속세가 부과된 100만 파운드스털링 이상의 동산은 1815~25년 동안에는 하나도 없었는데, 1825~55년 동안에는 8개, 1855~59년 6월까지의 기간〔즉 4년 반〕 동안에는 4개가 있었다.[98] 그러나 집중은 1864년과 1865년의 D항(차지농업가 등을 제외한 이윤)에 대한 소득세를 간단히 분석해보면 가장 잘 알 수 있다. 미리 말해두지만, 이 자료

95) 같은 글.

96) 이들 수치는 비교하는 데는 충분하지만, 절대액으로는 잘못된 것이다. 왜냐하면 연간 약 1억 파운드스털링의 소득이 '은폐'되고 있기 때문이다. 상공업자들의 조직적인 속임수에 대한 내국수입 조사위원들의 불평은 그들의 모든 보고서마다 되풀이되고 있다. 예를 들면 다음과 같은 것들이다. "어떤 주식회사는 과세대상 이윤이 6,000파운드스털링이라고 신고했지만, 징세관은 그것을 8만 8,000파운드스털링으로 평가하였고, 결국 회사는 이 금액에 맞추어 조세를 납부하였다. 또다른 어떤 회사는 19만 파운드스털링으로 신고했지만, 실제액은 25만 파운드스털링이라고 자백하지 않을 수 없었다"(같은 글, 42쪽).

97) 앞의 『국세조사』, 29쪽. 잉글랜드 토지의 절반을 150명의 지주가 소유하고 있고, 스코틀랜드 토지의 절반을 12명의 지주가 소유하고 있다는 존 브라이트(John Bright)의 주장에는 아무런 반론도 제기되지 않았다.

98) 『내국수입 조사위원회 제4차 보고서』, 런던, 1860, 17쪽.

에서 다루고 있는 소득은 60파운드스털링 이상의 소득세를 지불하는 경우만 대상으로 한다. 잉글랜드 · 웨일스 · 스코틀랜드에서 이 과세대상 소득은 1864년 9,584만 4,222파운드스털링, 1865년 1억 543만 5,787파운드스털링이고,[99] 납세자 수는 1864년 총인구 2,389만 1,009명에 대해서 30만 8,416명, 1865년 총인구 2,412만 7,003명에 대해서 33만 2,431명이었다. 이 두 해의 소득분포에 대해서는 다음 표가 얘기해주고 있다.

이윤소득 분포

M680

1864년 4월 5일 기준 회계연도		1865년 4월 5일 기준 회계연도	
이윤소득 (파운드스털링)	인원수	이윤소득 (파운드스털링)	인원수
95,844,222	308,416	105,435,787	332,431
57,028,290	22,334	64,554,297	24,075
36,415,225	3,619	42,535,576	4,021
22,809,781	822	27,555,313	973
8,744,762	91	11,077,238	107

영국에서 생산되는 석탄은 1855년 6,145만 3,079톤에 1,611만 3,267파운드스털링의 가치액, 1864년 9,278만 7,873톤에 2,319만 7,968파운드스털링의 가치액이었다. 선철은 1855년 321만 8,154톤에 804만 5,385파운드스털링의 가치액, 1864년 476만 7,951톤에 1,191만 9,877파운드스털링의 가치액이었다. 영국에서 경영되는 철도는 1854년에 연장 8,054마일로 불입자본은 2억 8,606만 8,794파운드스털링, 1864년에는 연장 1만 2,789마일로 불입자본은 4억 2,571만 9,613파운드스털링이었다. 영국의 총수출입액은 1854년 2억 6,821만 145파운드스털링, 1865년 4억 8,992만 3,285파운드스털링이었다. 다음 표는 수출액의 추이를 보여준다.

99) 이것은 순소득, 즉 법률상 인정된 공제액이 제외된 금액이다.

1847년	………………	58,842,377파운드스털링
1849년	………………	63,596,052파운드스털링
1856년	………………	115,826,948파운드스털링
1860년	………………	135,842,817파운드스털링
1865년	………………	165,862,402파운드스털링
1866년	………………	188,917,563파운드스털링[100)

이런 몇 가지 예를 통해서 우리는 영국 호적장관†128의 다음과 같은 승리의 목소리가 어떤 의미를 지닌 것인지를 이해하게 된다.

인구가 아무리 급속하게 늘어나더라도, 산업과 부의 발전속도는 따라가지 못하였다.[101)]

이제 우리는 이 산업의 직접적 담당자, 즉 이 부의 생산자인 노동자계급에게로 눈을 돌려보도록 하자. 글래드스턴은 다음과 같이 말하고 있다.

인민들의 소비능력이 감소하고 노동계급의 궁핍과 빈곤이 증대하고 있는데도, 상층계급의 부는 끊임없이 축적되고 자본은 쉴새없이 증가하고 있다는 점이 이 나라 사회상태의 아주 우울한 특징 가운데 하나이다.[102)]

M681

100) 1867년 3월 현재 인도와 중국의 시장은 영국 면직공장주들의 탁송물량 때문에 다시 완전히 공급과잉이 되었다. 1866년에는 면직업 노동자들의 임금이 5% 인하되기 시작했으며, 1867년에는 비슷한 조치 때문에 프레스턴에서 2만 명이 파업을 일으켰다. {그것은 곧이어 일어난 공황의 전주곡이었다. — 엥겔스}

101) 앞의 『국세조사』, 11쪽.

102) 1843년 2월 13일, 글래드스턴의 하원 연설: "It is one of the most melancholy features in the social state of this country that we see, beyond the possibility of denial, that while there is at this moment a decrease in the consuming powers of the people, an incerase of the pressure of privations and distress; there is at the same time a constant accumulation of wealth in the upper classes, an increase in the luxuriousness of their habits, and of their means of enjoyment" (『타임스』, 1843년 2월 14일 — 핸서드 국회토론집, 2월 13일).

1843년 2월 13일 하원에서 이렇게 말한 바로 그 점잔 빼던 장관은 20년 뒤인 1863년 4월 16일에는 그의 예산 연설에서 다음과 같이 말하고 있다.

> 1842년에서 1852년 사이에 이 나라의 과세대상 소득은 6% 증가했다. 1853년에서 1861년까지의 8년 동안 이 소득은 1853년을 기준으로 할 때 20%나 증가하였다. 이러한 사실은 거의 믿을 수 없을 정도로 놀라운 것이다. …… 이 같은 현기증 나는 부와 힘의 증가는 …… 전적으로 유산계급에게만 한정되었지만 …… 그러나 그것은 전반적으로 소비재의 가격을 하락시키기 때문에 노동인구에 대해서도 간접적인 이익임에 틀림없다 — 부자들이 더욱 부유해지는 동안 비록 극단적인 빈곤까지 완화되었는지*는 단언하기 어렵지만 어쨌거나 가난한 사람들도 조금씩 덜 가난해져온 것은 분명하다![103]

이 얼마나 용두사미인가! 노동자계급이 여전히 '궁핍'한 채 머물러 있으며 그들이 유산계급을 위해 '현기증 나는 부와 힘의 증가'를 생산한 것에 비례하여 단지 '덜 가난해졌을' 뿐이라고 한다면, 노동자계급은 여전히 상대적으로 궁핍한 상태 그대로 머물러 있는 것이다. 극단적인 빈곤이 완화되지 않았다면 빈곤은 증대한 것이다. 왜냐하면 극단적인 부는 증대하였기 때문이다. 생활수단의 가격하락을 보더라도 공식 통계, 예를 들어

* 제4판에는 '변화했는지'라고 되어 있다.

103) "From 1842 to 1852 the taxable income of the country increased by 6 persent …… In the 8 years from 1853 to 1861, it had increased from the basis taken in 1853, 20 percent! The fact is so astonishing as to be almost incredible …… this intoxicating augmentation of wealth and power …… entirely confined to classes of property …… must be of indirect benefit to the labouring population, because it cheapens the commodities of general consumption — while the rich have been growing richer, the poor have been growing less poor! At any rate, whether the extremes of poverty are less, I do not presume to say" (1863년 4월 16일, 글래드스턴의 하원 연설, 『모닝 스타』, 4월 17일)

런던 고아원 보고서에 따르면 그것은 1851~53년에 비해 1860~63년의 3 M682 년간 평균 20%가 올랐고 그 다음 3년간인 1863~65년에는 육류, 버터, 우유, 설탕, 소금, 석탄 그리고 그밖의 많은 생활필수품의 가격이 계속 올랐다.[104] 1864년 4월 7일 글래드스턴의 다음과 같은 예산 연설은 '빈곤' 때문에 약간 줄어든 인민의 행복과 이식(利殖)의 증대를 찬미하는 핀다로스(Pindaros: 그리스의 서정시인—옮긴이)풍의 열광적 찬가이다. 그는 '피구휼상태에 있는' 대중과 '임금이 오르지 않은' 사업부문에 대해서 말하고, 마지막으로 노동자계급의 행복을 다음과 같이 요약한다.

인생은 십중팔구 단지 생존을 위한 투쟁일 뿐이다.[105]

포셋 교수는 글래드스턴처럼 공적인 고려에 구애받지 않고 다음과 같이 노골적으로 말하고 있다.

물론 나는 (최근 몇십 년 동안의) 이러한 자본증가와 함께 화폐임금이 상승했다는 점을 부인하지는 않는다. 그러나 이런 외관상의 이익은 대개 다시 없어지고 만다. 왜냐하면 많은 생활필수품의 가격이 끊임없이 오르기

104) 청서(靑書), 『영국의 각종 통계 제6부』, 런던, 1866, 260~273쪽 곳곳의 공식 보고를 보라. 고아원 통계 같은 것 대신 왕실 자녀의 혼인자금을 설명하는 정부간행물도 유용한 자료가 될 수 있다. 그 속에는 생활수단의 가격상승도 잊지 않고 기록되어 있기 때문이다.

105) "Think of those who are on the border of that region (pauperism), wages …… in others not increased …… human life is but, in nine cases out of ten, a struggle for existence" (1864년 4월 7일 글래드스턴의 하원 연설). 핸서드 국회 토론집에는 이 문구가 다음과 같이 씌어 있다. "Again; and yet more at large, what is human life but, in the majority of cases, a struggle for existence(그리고 나아가서 더 일반적으로 말하자면, 인생이란 대부분의 경우 생존을 위한 투쟁일 뿐이다)." —1863~64년 글래드스턴의 예산 연설 가운데 연이어 터져나오는 모순점들을 영국의 한 저술가는 부알로-데프레오(Boileau-Despréaux)*의 말을 빌려 다음과 같이 특징짓고 있다. "바로 여기에 그런 사람이 있나니; 그는 백(白)에서 흑(黑)으로 옮아간다. 그의 감정은 아침 저녁으로 변하고, 자기도 괴롭겠지만 다른 사람들에게 폐를 끼치고, 옷을 바꿔 입듯이 끊임없이 마음을 바꾼다" (로이〔H. Roy〕, 『어음 상장 이론』, 런던, 1864, 135쪽에서 재인용).
* 제1판~제4판에는 '몰리에르'로 되어 있다.

때문이다(그는 이것을 귀금속의 가치하락 때문이라고 생각한다). …… 부자는 급속히 부를 증대시키고 있지만 노동자계급의 생활상태는 조금도 개선된 것이 보이지 않는다. …… 노동자들은 그들의 채권자인 소매상인들에게 거의 노예나 다름없는 처지가 되어 있다.[106]

앞서 노동일과 기계를 다룬 편들에서 영국의 노동자계급이 유산계급을 위해 '현기증 나는 부와 힘을 증대'시켜준다는 점은 벌써 충분히 밝혀졌다. 그러나 거기에서 우리가 다루었던 것은 주로 사회적인 기능을 수행하는 노동자들이었다. 축적의 여러 법칙을 충분히 해명하기 위해서는 작업장 밖에서의 그들의 상태와 음식물 그리고 주거상태도 고찰해야만 한다. 이 책의 한계 때문에 여기에서는 일단 산업 프롤레타리아와 농업노동자 가운데 극히 열악한 지불을 받는 계층〔즉 노동자계급의 대다수〕만 고찰해 보기로 한다. M683

그전에 한마디 더 해두고 싶은 것은 공인된 피구휼빈민, 즉 노동자계급 중에서도 노동력의 판매라는 자신의 생존조건을 잃고 공공의 시혜물로 이슬처럼 덧없는 생명을 이어나가고 있는 계층에 대한 이야기이다. 공식 빈민명부에는 잉글랜드의 경우[107] 1855년 85만 1,369명, 1856년 87만 7,767명, 1865년 97만 1,433명이 등재되어 있다. 이 수는 면화기근으로 인해 1863년과 1864년에 각각 107만 9,382명과 101만 4,978명으로 늘어났다. 런던을 강타한 공황 때문에 1866년 이 세계시장 중심지의 빈민 — 스코틀랜드 왕국의 전체 인구보다 더 많다 — 은 1865년에 비해 19.5%, 1864년에 비해 24.4% 증가하였고, 1867년 처음 몇 개월 동안에는 1866년보다 훨씬 더 많이 증가했다. 빈민통계의 분석에서는 다음 두 가지 점을 중시해

106) 포셋, 앞의 책, 67 · 82쪽. 소매상인에 대한 노동자의 예속이 더욱 심해진 것은 취업이 갈수록 불안정하고 자주 중단되기 때문이다.

107) 잉글랜드라고 하면 늘 웨일스가 포함되고, 그레이트 브리튼이라고 하면 잉글랜드 · 웨일스 · 스코틀랜드가 포함되며, 영국이라고 할 때는 이 셋에 아일랜드까지 포함된다.

야만 한다. 첫째, 빈민 수의 증감은 산업순환의 주기적인 변화를 반영한다. 둘째, 자본축적과 함께 계급투쟁이 발전하고 그에 따라 노동자의 자각이 발전할수록 피구휼빈민의 실제 규모에 대한 공식통계는 점점 기만적인 것으로 변한다. 예를 들면 최근 2년 동안 영국 신문들(『타임스』와 『팔말 가제트』〔*Pall Mall Gazett*〕 등)이 시끄럽게 떠들어댔던 피구휼빈민에 대한 야만적 취급방식은 오래 전부터 있어온 일이다. 엥겔스는 이미 1844년에 이것과 꼭 마찬가지 수준의 혐오감이나 일시적이고 위선적인 규탄〔일종의 '유행에 편승하는 문학'에 속하는〕을 확인한 바 있다.†153

그러나 최근 10년 동안 런던 아사자(餓死者) 수의 놀랄 만한 증가는 구빈원108)〔즉 빈곤의 형무소〕의 노예상태에 대한 노동자의 혐오가 점점 격렬해지고 있다는 것을 그대로 보여준다.

ㄴ. 영국 산업노동자계급의 저임금층

M684 이번에는 산업노동자계급의 저임금층으로 눈을 돌려보자. 면화기근 때인 1862년 스미스 박사는 추밀원†71에서 랭커셔와 체셔의 피폐한 면업 노동자의 영양상태에 관한 조사를 위탁받았다. 그 이전의 여러 해에 걸친 관찰을 통해 그는 이미 다음과 같은 결론에 도달해 있었다. 즉 '기아병'(starvation diseases)을 면하기 위해서는 여성의 경우 1인당 평균 하루 음식물이 최소 3,900그레인(1그레인=0.068그램—옮긴이)의 탄소와 180그레인의 질소를, 남성의 경우 최소 4,300그레인의 탄소와 200그레인의 질소를 함유해야만 하고, 여성에게는 대략 2파운드의 양질의 소맥빵에 함유되어 있는 것과 같은 양의 영양소가 필요하며, 남성에게는 그것보다 $\frac{1}{9}$이 더 필요하고, 성인 남녀의 1주일 평균치로는 최소 2만 8,600그레인의 탄소

108) 애덤 스미스가 구빈원(Workhouse)이라는 말을 공장(manufactory)과 같은 뜻으로 사용하고 있다는 것은 그의 시대 이후 이루어진 진보가 어떤 것인지를 해명할 수 있는 단서를 제공한다. 예를 들어 그는 분업에 관한 장의 첫머리에서 다음과 같이 말한다. "서로 다른 여러 작업부문에 종사하는 사람들이 같은 구빈원에 모여 있는 경우가 종종 있다." †154

와 1,330그레인의 질소가 필요하다는 것이다. 그의 계산은 궁핍으로 말미암아 그 소비가 억압된 면업노동자의 비참한 영양상태와 실제로 일치함으로써 놀라운 형태로 확증되었다. 이들 노동자는 1862년 12월 현재 1주일 동안 29,211그레인의 탄소와 1,295그레인의 질소를 섭취했던 것이다.

1863년 추밀원은 영국 노동자계급 가운데 가장 영양이 나쁜 계층의 궁핍상태에 대하여 조사 명령을 내렸다. 추밀원의 의무관 사이먼 박사는 앞서 언급한 스미스 박사에게 이 일을 위촉하였다. 그의 조사는 한편으로는 농업노동자에서 다른 한편으로는 견직공, 재봉공, 가죽장갑 제조공, 양말제조공, 장갑 직공, 제화공에 이르기까지 포괄적으로 이루어졌다. 후자의 범주는 양말 제조공만 제외하면 모두 도시노동자이다. 각 범주별로 가장 건강하고 비교적 좋은 상태에 있는 가구를 선택하는 것이 조사의 원칙이었다.

전반적으로 다음과 같은 결과가 드러났다.

> 조사된 도시노동자의 여러 범주 가운데 질소의 공급이 기아병 발생의 절대적 최저기준을 겨우 초과한 것은 단 한 범주뿐이었고, 2개 범주에서는 질소 함유 음식물과 탄소 함유 음식물의 공급이 모두 부족했으며, 특히 그 중 한 범주는 많이 부족하였다. 또한 조사된 농가 가운데 $\frac{1}{5}$ 이상이 탄소 함유 음식물의 최저필요량 이하를 섭취하고 $\frac{1}{3}$ 이상이 질소 함유 음식물의 최저필요량 이하를 섭취하고 있었으며, 3개 주(버크셔 · 옥스퍼드셔 · 서머싯셔)에서는 전체 평균이 질소 함유 음식물의 최저기준에 미치지 못하는 상태였다.[109]

M685

농업노동자 중에서는 영국에서 가장 부유한 지역인 잉글랜드의 농업노동자가 가장 영양상태가 나빴다.[110] 대체로 농업노동자 가운데 영양부족

109) 『공중위생 제6차 보고서: 1863년』, 런던, 1864, 13쪽.
110) 같은 글, 17쪽.

상태에 놓여 있던 사람들은 주로 여자와 아이들이었다. 왜냐하면 '남자는 일을 하기 위해 먹지 않으면 안 되었기' 때문이다. 조사된 도시노동자 범주들에서는 더욱 심한 영양부족 현상이 발견되었다.

> 그들의 영양상태는 너무 나빠서 끔찍하게 치명적인 궁핍(이 모든 것이 자본가에게는 '절욕'이다. 즉 그의 노동자가 생명을 이어나가는 데 필수불가결한 생활수단의 지불에 대한 '절욕'이다)의 경우도 허다하게 나타나고 있다.[111]

다음 표는 스미스 박사가 설정한 최소기준과 면업노동자가 가장 궁핍했을 때의 영양상태에 대한 (앞에서 언급한) 도시노동자 범주들의 영양상태 사이의 관계를 보여준다.[112]

	주 평균 탄소량 (그레인)	주 평균 질소량 (그레인)
5개 도시 공업부문 노동자(남 · 여)	28,876	1,192
랭커셔의 실직한 공장노동자(남 · 여)	29,211	1,295
랭커셔 노동자의 최소필요량(남 · 여)	28,600	1,330

조사대상에 오른 산업노동자 범주의 절반인 $\frac{60}{125}$이 맥주를 전혀 마시지 못했으며, 28%는 우유를 전혀 먹지 못했다. 가구당 주 평균 유동식품(流動食品)의 양은 가장 적은 범주가 재봉공의 7온스였고 가장 많은 범주가 양말 제조공의 24($\frac{3}{4}$)온스였다. 전연 우유를 먹지 못한 사람의 대다수는 런던의 재봉공들이었다. 빵 종류의 1주일 소비량은 가장 낮은 범주가 재봉공으로 7($\frac{3}{4}$)파운드였고, 가장 높은 범주가 제화공으로 11($\frac{1}{4}$)파운

111) 같은 글, 13쪽.
112) 같은 글, 부록 232쪽.

드였으며, 성인 전체 평균은 주 9.9파운드였다. 설탕(당밀 등) 소비량은 가장 낮은 범주가 가죽장갑 제조공으로 주 4온스였고, 가장 높은 범주가 양말 제조공으로 11온스였으며, 성인 전체 평균은 주 8온스였다. 버터(지 M686 방류 등)의 성인 전체 평균소비량은 주 5온스였다. 육류(베이컨 등)의 성인 1인당 평균은 가장 낮은 범주가 견직공으로 주 7($\frac{1}{4}$)온스였고, 가장 높은 범주가 가죽장갑 제조공으로 18($\frac{1}{4}$)온스였으며, 전체 범주를 포괄한 평균은 주 13.6온스였다. 성인 1인당 1주일 평균식비는 다음과 같았다. 즉 견직공 2실링 2($\frac{1}{2}$)펜스, 재봉공 2실링 7펜스, 가죽장갑 제조공 2실링 6($\frac{1}{2}$)펜스, 제화공 2실링 7($\frac{3}{4}$)펜스, 양말 제조공 2실링 6($\frac{1}{4}$)펜스 등이었다. 매클스필드 견직공의 주 평균식비는 겨우 1실링 8($\frac{1}{2}$)펜스였다. 영양상태가 가장 불량한 범주는 재봉공, 견직공, 가죽장갑 제조공이었다.[113)]

사이먼 박사는 그의 일반 위생보고에서 이런 영양상태에 관해 다음과 같이 말하고 있다.

> 영양부족이 병을 일으키거나 악화시키는 경우가 무수히 많다는 것은 빈민 의료나 병원 환자들 — 입원환자든 외래환자든 — 에 대해서 알고 있는 사람은 누구나 인정하는 사실이다. …… 그러나 여기에는 위생상의 관점에서 또 하나의 매우 결정적인 요인이 추가된다. …… 즉 음식물을 박탈당하는 것은 몹시 견디기 어렵기 때문에 대개 음식물의 극심한 부족은 그에 앞서 다른 여러 가지가 이미 결핍된 상태가 진행된 다음에야 비로소 나타나는 일이라는 점을 염두에 둘 필요가 있다. 영양부족이 위생적으로 중요한 현안이 되기 훨씬 전에〔즉 생사의 갈림길이 되는 질소와 탄소의 섭취량을 생리학자들이 계산해내기 훨씬 전에〕 가계는 이미 모든 물질적 안락을 완전히 빼앗긴 상태가 된다는 것이다. 의복과 연료는 음식물보다 더 결핍되어 있었을 것이다. 혹심한 비바람을 피하기 위한 충분한 설비도 없었을 것

113) 같은 글, 232~233쪽.

이고, 주거면적은 병을 일으키거나 악화시킬 정도로 협소했을 것이며, 가재도구나 가구는 찾아볼 수도 없었을 것이다. 청결을 유지하는 것조차도 사치스럽고 어려운 일이었을 것이며, 설사 청결을 유지하려는 자존심이 있었다 할지라도 그런 모든 노력은 기아의 고통을 가중시켰을 뿐일 것이다. 이 경우 가정은 가장 값싼 곳에 피난처를 마련하게 될 것이다. 즉 그것은 위생감독의 손이 가장 미치기 어렵고, 배수상태가 매우 나쁜데다 교통여건도 극히 나쁘고, 오물은 넘쳐나며, 급수는 매우 열악한 그런 곳에, 즉 도시 안에서 햇빛과 공기가 가장 부족한 지구에 자리를 잡을 것이다. 빈궁이 음식물 부족에까지 미치는 경우 이런 주거상태는 반드시 위생상의 위험을 유발하게 된다. 이들 해악을 모두 합치면 생명을 위협할 만한 정도가 놀라운 수준으로 높아지지만, 단지 음식물 부족 그 자체만으로도 치명적인 상태가 되는 것이다. …… 특히 여기서 말하는 빈곤이 나태에 의해 초래된 것이 아니라는 점을 염두에 둔다면 이런 상태는 생각만 해도 가슴 아픈 일이다. 그것은 노동하는 사람의 빈곤이다. 사실 도시노동자에 대해서 말하면 단지 한 조각의 음식물을 사기 위한 노동이 대개는 무제한적으로 연장되고 있다. 더구나 이러한 노동으로 자활할 수 있다는 것은 매우 제한된 의미만을 갖는다. …… 거의 대부분의 경우 명목상의 자활이란 완급의 차이는 있더라도 피구휼상태에 이르는 우회로에 불과한 것이다.[114)]

M687

가장 근면한 노동자계층의 기아의 고통과 자본주의적 축적에 기초한 부자들의 사치성 소비 — 조악하기도 하고 세련되기도 한 — 사이의 내적 관련은 경제법칙을 알아야만 비로소 분명하게 이해된다. 그러나 주거상태의 경우는 이와 다르다. 편견이 없는 관찰자라면 누구나 인정하듯이, 생산수단의 집중이 대규모화할수록 동일한 공간에서의 노동자의 밀집상태는 더욱 심해지고, 따라서 자본주의적 축적이 빨라질수록 노동자의 주거

114) 같은 글, 14~15쪽.

상태는 점점 더 비참해진다. 부가 증대됨에 따라 불량건축지구의 철거, 은행이나 상가 등 거대한 건물의 신축, 거래상의 왕래와 사치스러운 마차를 위한 도로 확장, 철도 마차의 개설 등에 의한 도시의 '개량'(improvement)이 이루어지고, 그 때문에 빈민은 누가 보아도 알 수 있듯이 더욱 열악하고 밀집된 구석진 곳으로 밀려나게 된다. 다른 한편 주택가격은 명백하게 그 질에 반비례하고, 빈곤이라는 광산은 포토시(Potosí) 광산의 경우보다 더 많은 이윤과 훨씬 적은 비용으로 가옥투기꾼들의 손에 의해 채굴된다. 여기에서는 자본주의적 축적의〔따라서 자본주의적 소유관계 일반의〕 적대적인 성격[115]이 너무나 명백하게 드러나기 때문에, 이 문제에 대한 영국 정부의 공식 보고서에서조차도 '소유와 그 권리'에 대한 이단적인 공격이 가득 차 있을 정도이다. 이들 폐해는 산업의 발달과 자본의 축적 그리고 도시의 성장과 '미화'가 진행됨에 따라 같은 여세로 늘어갔고, 따라서 결국 전염병에 대한 공포—'체면'도 개의치 않을 정도의—때문에 1847년부터 1864년까지 10가지 남짓한 위생감독 관련 법률이 제정되었으며, 나아가 리버풀과 글래스고 같은 몇몇 도시에서는 불안감에 사로잡힌 시민들이 시 당국을 통하여 이 문제에 개입하기도 하였다. 그럼에도 사이먼 박사는 1865년 자신의 보고서에서 "전반적으로 볼 때 잉글랜드에서는 이 폐해가 단속되지 않고 있다"고 부르짖고 있다. 추밀원의 명령에 따라 1864년에는 농촌노동자의 주거상태에 관한 조사가 이루어지고 1865년에는 도시 빈민계급의 주거상태에 관한 조사가 이루어졌다. 줄리언 헌터(Julian Hunter) 박사의 훌륭한 업적을 우리는 '공중위생'에 관한 제7차·제8차 보고서에서 볼 수 있다. 농촌노동자에 대해서는 나중에 얘기하기로 하고, 먼저 도시의 주거상태에 대해서 사이먼 박사의 기록을 전반적으로 살펴 M688

115) "노동자계급의 주택 사정만큼 노골적이고 파렴치하게 인격의 권리가 소유의 권리 때문에 희생당하는 경우는 없다. 모든 대도시는 인신공양이 행해지는 장소이자, 해마다 수천 명이 탐욕의 몰로크(소의 형상을 한 고대 페니키아의 신. 인신공양으로 봉헌되었다—옮긴이)에게 공물로 도살되는 제단이다"(렝, 앞의 책, 150쪽).

보기로 하자. 그는 다음과 같이 말하고 있다.

> 나의 공식적인 관점은 단지 의사로서의 관점일 뿐이지만, 그냥 보통 인간성의 관점에서는 이런 폐해로 인한 다른 측면들도 무시할 수 없다. 이 폐해의 정도가 심해지면 거의 필연적으로 모든 섬세한 관심이 무시되며, 육체와 육체적인 기능이 불결하게 뒤섞이게 되고, 성적인 무지도 드러나게 되는데, 이런 것들은 인간적이라고는 할 수 없는 동물적인 것들이다. 이런 영향을 받는다는 것은 곧 타락을 뜻하며, 이런 타락은 그 폐해가 지속되면서 더욱 심화되어간다. 이런 저주받은 운명 속에서 태어난 아이들에게 그 저주는 곧 파렴치로 이끄는 세례이기도 하다. 이런 환경에 놓인 사람들이 육체적 · 도덕적 순결을 본질로 하는 문명의 분위기를 갈망한다는 것은 도저히 바랄 수 없는 일이다.[116]

사람들로 가득 찬, 또는 도대체 사람이 거주할 수 있다고 생각할 수조차 없는 주거상태라는 점에서 런던은 제1위를 차지하고 있다.

헌터 박사는 다음과 같이 말하고 있다.

> 두 가지 점이 확실하다. 첫째, 런던에는 약 20개의 커다란 빈민굴이 있고 각 빈민굴마다 대략 1만 명 정도의 사람들이 살고 있는데, 그 참상은 지금까지 잉글랜드의 어느 지방에서도 본 적이 없을 정도로 지독한 것이다. 그것은 전적으로 그 가옥 설비가 나쁘기 때문이다. 둘째, 이들 빈민굴의 가옥이 사람들로 가득 차 썩어빠진 상태는 20년 전보다 훨씬 심해졌다.[117]

116) 『공중위생 제8차 보고서: 1865년』, 런던, 1866, 14쪽의 주.

117) 같은 글, 89쪽. 이들 빈민굴의 아이들에 대해 헌터 박사는 다음과 같이 말한다. "이런 빈민 밀집시대 이전에는 아이들이 어떻게 키워졌는지 모르지만, 지금 아이들은 온갖 연령층의 사람들과 어울려 밤새도록 술에 취해 음란한 짓거리나 싸움질을 해대면서 이 나라에서 유례를 찾아볼 수 없을 만큼 위험한 계급으로 장래의 실생활에 대한 교육을 받고 있다. 이런 아이들에게서 어떤 품행을 기대할 수 있는지를 예언하려는 사람이 있다면, 그는 분명 무모한 예언자일 것

런던과 뉴캐슬의 수많은 지구들의 생활상태는 지옥과 같다고 말해도 과언이 아니다.[118)]

런던에서는 오래된 거리 및 가옥의 '개량'과 철거가 함께 진행되고, 중심부로 공장과 인구 유입이 증가하며, 집세와 지대가 함께 상승함으로써 노동자계급 가운데 비교적 상태가 좋은 계층은 물론 소상인 그리고 그밖의 소(小)중간계급도 점점 이 열악한 주택 사정의 고통 속으로 떨어져간다. M689

집세가 과도하게 높아졌기 때문에 방 하나 이상을 쓸 수 있는 노동자는 거의 없다.[119)]

런던의 집 가운데 무수히 많은 '중개업자들'의 손을 거치지 않은 집은 거의 없다. 런던의 지가는 토지에서 얻는 연간 수입에 비해 훨씬 높은 것이 보통이다. 그 이유는 토지를 사는 사람이 누구나 조만간 그것을 감정가격(강제수용 때 감정관에 의해 확정되는 가격)에 되팔아버리거나 인근에 어떤 대기업이 들어와서 값이 뛰기를 기대하기 때문이다. 그 결과 만기가 임박한 임대계약을 매입하는 거래가 상례화되어 있다.

이런 장사를 하고 있는 사람들에게서 기대할 수 있는 것은 가장 그들다운 행동, 즉 세든 사람에게서 최대한의 것을 뽑아내고 집 그 자체는 가능한 한 형편없는 상태로 다음 사람에게 양도하리라는 것 바로 그것이다.[120)]

이다" (같은 글, 56쪽).

118) 같은 글, 62쪽.

119) 『세인트 마틴스 인 더 필즈의 보건관 보고서: 1865년』

120) 『공중위생 제8차 보고서』, 런던, 1866, 91쪽.

집세는 매주 내게 되어 있어서 이들 집주인들은 아무런 위험부담이 없다. 시내에 철도가 부설되었기 때문에,

> 최근 런던 동부에서는 자신들이 살던 집에서 쫓겨난 한 무리의 가족이 어느 토요일 밤에 보잘것없는 세간살이들을 등에 지고 구빈원 말고는 의탁할 곳도 없이 거리를 헤매고 있는 모습을 볼 수 있다.[121]

구빈원은 이미 초만원이고 의회가 벌써 동의한 '개량사업'도 이제 막 착수되었을 뿐이다. 노동자는 자기가 살던 집이 헐리게 됨으로써 거기에서 쫓겨나더라도 자신의 교구를 떠나지 않으며, 혹시 떠나더라도 가능한 한 그 경계 가까운 교구에 거주한다.

> 그들은 당연히 가능한 자신의 작업장 부근에 거주하려고 한다. 그 결과 방 두 개를 쓰던 가족이 방 하나에 살지 않으면 안 된다. 더 비싼 집세를 내고도 주거상태는 그들이 쫓겨났던 열악한 주거보다도 훨씬 더 나빠진다. 스트랜드에 사는 노동자 가운데 절반은 이제 작업장까지 2마일이나 걷지 않으면 안 된다.

이 스트랜드의 중심도로에 가본 방문객은 런던의 부에 대해 놀라운 인상을 받지만 그것은 런던의 높은 인구밀도에 대한 좋은 실례를 보여주기도 한다. 보건 공무원의 계산에 따르면 그곳의 한 교구는 인구밀도가 1에이커당 581명이었는데, 그것도 템스 강의 절반을 기준면적에 포함시켜 계산한 것이었다. 지금까지 런던에서 벌어진 사태가 보여주듯이 불량가옥의 철거를 통해서 노동자들을 한 곳에서 쫓아내는 모든 위생감독 조치들은 단지 이들을 다른 곳에 점점 더 밀집시키는 결과만 가져왔을 뿐이라는

M690

121) 같은 글, 88쪽.

점이 자명하게 드러났다. 헌터 박사는 다음과 같이 말한다.

> 이 같은 정책은 모두 불합리한 것으로 반드시 중단되어야만 한다. 그러지 않으면 오늘날 하나의 국민적 의무라고 일컬어도 무방한 것, 즉 자본이 없어 직접 집을 장만하지는 못하지만 임대인에게 정기적으로 집세를 지불할 수 있는 사람들에게 집을 마련해주어야 한다는 공공의 동정심(!)을 환기시켜야만 한다.[122]

얼마나 갸륵한 자본가적 정의인가! 지주와 집주인과 사업가는 철도 부설과 도로 신설 등의 '개량'에 따라 수용대상이 되더라도 충분한 보상을 받는다. 뿐만 아니라 그들은 자신들의 강제된 '금욕'에 대해 신과 법의 이름으로 막대한 이윤을 챙김으로써 위로를 받게 되어 있다. 노동자는 처자식과 세간살이 등과 함께 길거리로 내쫓겨나며, 혹시 시 당국에 의해 정비구역으로 지정된 곳에 떼를 지어 몰려들기라도 하면 그들은 위생감독관에 의해 단속을 받게 된다!

19세기 초 잉글랜드에서 10만 인구를 헤아리는 도시는 런던 하나밖에 없었다. 5만 명 이상의 도시도 겨우 5군데에 불과하였다. 지금은 인구 5만 이상의 도시가 28군데나 된다.

> 이런 변화의 결과 도시인구가 급증했을 뿐만 아니라 인구밀도가 높던 과거의 소도시들은 이제 사방에서 건물들에 둘러싸여 어느 쪽에서도 바람이 통하지 않는 중심부가 되었다. 이런 도심은 부자들에게 쾌적한 장소가 되지 못했기 때문에 그들은 그곳을 떠나 안락한 교외로 나가게 되었다. 이들 부자들이 떠난 집으로 이주해온 사람들은 이전보다 큰 집에 살게 되긴 했지만 방 하나에 한 가족씩, 때로는 몇 명의 하숙인과 함께 살기도 하였다.

122) 같은 글, 89쪽.

이처럼 주민들은 자신들을 위해서 세워진 것이 아닐 뿐만 아니라 자신들에게 전혀 적합하지도 않은 집으로 쫓겨들어갔기 때문에, 그 환경은 실로 어른들을 타락으로 이끌고 아이들을 파멸로 몰아갔다.[123)]

어떤 공업도시나 상업도시에서 자본축적이 급속하게 이루어지면 이루어질수록 착취 가능한 인적 자원의 유입은 더욱 급속해지고, 급조된 노동자들의 주거지도 더욱 열악해진다. 그런 이유 때문에 산출량이 계속 증가하고 있는 탄광 및 광산지역 중심지 뉴캐슬어폰타인은 열악한 주거상태에서 런던 다음으로 제2위를 차지하고 있다. 거기에서는 3만 4,000명 남짓한 사람들이 단칸방에서 살고 있다. 최근 뉴캐슬과 게이츠헤드에서는 꽤 많은 가옥이 공공생활에 절대적으로 유해하다는 이유로 경찰에 의하여 철거되었다. 새로운 가옥의 건축은 매우 느리게 진행되는 반면, 철거는 몹시 빨리 진행된다. 따라서 1865년에 이 도시는 이전의 어느 때보다 더 과밀해졌다. 셋방은 거의 구할 수 없었다. 뉴캐슬 열병(熱病) 전문병원의 엠블턴 박사는 다음과 같이 말하고 있다.

M691

티푸스가 계속 발생하고 만연되고 있는 원인이 사람들의 과도한 밀집과 불결한 주거상태에 있다는 것은 전혀 의심할 여지가 없다. 대개의 경우 노동자들이 거주하는 집들은 좁고 답답한 골목이나 뒤뜰에 있다. 그들의 집은 햇빛 · 공기 · 공간 · 청결에서 매우 부족하고 비위생적인 상태에 있으며, 모든 문명사회의 치욕이라고 할 수 있다. 밤에는 남자 · 여자 · 어린이 할 것 없이 뒤섞여 잔다. 남자의 경우 야간조와 주간조가 끊임없이 교대로 자기 때문에 침상은 거의 비어 있을 틈이 없다. 이 집들은 급수사정이 나쁘고, 변소는 한층 불결하고 통풍이 나빠 페스트의 온상이 되고 있다.[124)]

123) 같은 글, 56쪽.
124) 같은 글, 149쪽.

이런 빈민굴에서도 임차료는 주당 8펜스~3실링에 이른다.

헌터 박사는 다음과 같이 말하고 있다.

> 뉴캐슬어폰타인은 우리 국민 가운데 아주 우수한 종족 하나가 주택이나 도로와 같은 외적 환경 때문에 종종 야만에 가까운 타락상태에 빠지고 마는 실례를 그대로 보여준다.[125]

자본과 노동이 이곳저곳으로 이동해다니기 때문에 한 공업도시의 주거상태는 오늘은 견딜 만한 것일지라도 내일은 끔찍한 것이 되어버릴 수도 있다. 물론 때로는 도시의 위생당국이 최악의 폐해를 제거하기 위해 마침내 발을 벗고 나설 수도 있다. 그러나 그럴 경우에도 다음날 다시 넝마 같은 옷을 입은 아일랜드인과 영락해버린 잉글랜드 농업노동자가 메뚜기 떼처럼 밀려들어온다. 그들은 지하실 또는 차고에 수용되거나, 그때까지는 아직 괜찮은 상태를 유지하고 있던 노동자주택에 입주하여 삽시간에 그 집을 싸구려 여인숙—마치 30년전쟁 당시의 군인 숙소처럼 거주자가 자주 바뀌는—으로 만들어버린다. 예를 들면 브래드퍼드가 그러했다. 거기서는 시 당국의 도시 개량이 한창이었다. 그곳에는 1861년 당시 1,751채의 빈집이 있었다. 그런데 흑인들의 친구이자 온건자유주의자인 포스터가 최근에 그토록 점잖게 탄성을 뱉어낸 호경기가 발생하였다. 이 호경기와 더불어 끊임없이 유동상태를 보이고 있던 '예비군'〔또는 '상대적 과잉인구'〕의 범람이 당연히 발생하였다. 헌터 박사가 어느 보험회사 대리점에서 입수한 표[126]에 기재된 바로는 으스스한 지하실과 작은 방에도 M692

125) 같은 글, 50쪽.

126) 브래드퍼드에 있는 어떤 노동자 보험회사 대리점의 표.

발칸 가 122번지	1실	16명
럼리 가 13번지	1실	11명

고임금의 노동자가 많이 살고 있었는데, 헌터 박사의 설명에 따르면 그들은 더 좋은 집을 빌릴 수만 있다면 기꺼이 집세를 낼 의사가 있었다고 한다. 그러나 온건자유주의 국회의원인 포스터가, 자유무역의 축복과 브래드퍼드 소모사 직물업계 거물들의 이윤에 감읍하고 있는 동안 그들 노동자는 한 사람도 남김없이 영락하여 병들고 말았다. 1865년 9월 5일의 보고서에서 브래드퍼드 구빈의(救貧醫) 가운데 하나인 벨은 자기 담당구역 열병환자들의 가공할 사망률을 그들의 주거사정으로부터 설명하고 있다.

M693

> 1,500평방피트의 지하실 하나에 10명이 살고 있다. …… 빈센트 가(街)와 그린에어플레이스 그리고 리스에는 223채의 집이 있고 그 거주자는

바우어 가 41번지	1실	11명
포트랜드 가 112번지	1실	10명
하디 가 17번지	1실	10명
노스 가 18번지	1실	16명
노스 가 17번지	1실	13명
와이머 가 19번지	1실	성인 8명
조웨트 가 56번지	1실	12명
조지 가 150번지	1실	3가구
라이플 코트 메리게이트 11번지	1실	11명
마셜 가 28번지	1실	10명
마셜 가 49번지	3실	3가구
조지 가 128번지	1실	18명
조지 가 130번지	1실	16명
에드워드 가 4번지	1실	17명
조지 가 49번지	1실	2가구
요크 가 34번지	1실	2가구
솔트 파이 가	2실	26명

지하실

리전트 스퀘어	1지하실	8명
에이커 가	1지하실	7명
로버츠코트 33번지	1지하실	7명
백프래트 가(유기공장으로 이용된 장소)	1지하실	7명
이브니저 가 27번지	1지하실	6명

> 1,450명, 침대는 435개, 변소는 36개이다. …… 여기에서 말하는 침대라는 것은 더러운 넝마 한 묶음 또는 한 줌의 톱밥으로 이루어진 것이고, 1개가 평균 3.3명 때로는 4~6명을 수용한다. 젊은 남녀와 기혼자 · 미혼자를 가리지 않고 한데 뒤섞여 옷을 입은 채로 침대도 없이 맨바닥에서 잠자는 사람도 많다. 이들 주거지가 대개 어둡고, 축축하고, 더럽고 냄새가 나서 사람이 살기에는 전혀 부적당하다는 것을 덧붙일 필요가 있겠는가? 그곳은 죽음과 병의 진원지이며, 그 희생자는 이런 종기가 우리들 한가운데에서 곪도록 내버려둔 좋은 환경의 사람들 사이에서도 나온다.[127]

브리스톨은 주택의 참상이라는 점에서 런던 다음 다음으로 제3위를 차지하고 있다.

> 유럽에서 가장 풍요로운 도시의 하나인 이곳 브리스톨에서는 너무도 적나라한 빈곤과 주거의 비참함이 흘러넘치고 있다.[128]

ㄷ. 유랑민

이제 본래 뿌리는 농촌에 두고 일자리는 대부분 공업부문에서 얻고 있는 주민층에게로 눈을 돌려보자. 이 주민층은 자본의 경보병으로, 자본의 필요에 따라 때로는 이곳으로 때로는 저곳으로 내던져진다. 이들은 행군하지 않을 때에는 '야영'을 한다. 유랑 노동은 갖가지 건축공사, 배수공사, 기와 제조, 석회 제조, 철도 건설 등에 사용된다. 그들은 전염병의 유격대로, 그들이 진을 치는 장소 부근에 천연두 · 티푸스 · 콜레라 · 성홍열 등을 가져온다.[129] 철도 부설처럼 투자액이 큰 사업에서는 대개 사업가가 직접 자신의 군대에 목조숙소 같은 것을 제공해주는데, 그것은 위생설비

127) 같은 글, 114쪽.
128) 같은 글, 50쪽.
129) 『공중위생 제7차 보고서』, 런던, 1865, 18쪽.

같은 것이 전혀 갖추어지지 않은 급조된 부락으로, 여기에는 지방관청의 단속이 미치지 않는다. 이런 숙소는 청부업자에게 매우 큰 이익을 가져다 주는데, 왜냐하면 그는 노동자들을 산업병사로는 물론 세입자로도 이중으로 착취할 수 있기 때문이다. 각 목조숙소는 동굴 같은 방이 1개나 2개 또는 3개로 되어 있으며, 거기에 세든 막벌이꾼들은 어떤 방을 사용하느냐에 따라 매주 2실링, 3실링 또는 4실링을 지불해야만 한다.[130] 한 가지 예만 들어보기로 하자. 사이먼 박사의 보고에 따르면 1864년 9월 세븐오크스 교구의 위생감독위원회(Nuisance Removal Committee) 위원장이 발송한 다음과 같은 고발장이 내무장관 조지 그레이 경에게 접수되었다.

M694

약 12개월 전만 해도 이 교구에서는 천연두라고는 전혀 몰랐다. 그런데 그 얼마 전에 루이셤부터 턴브리지까지 철도공사가 시작되었다. 주요 공사가 이 도시의 인접지에서 이루어진데다 총공사 본부도 이 도시에 설치되었다. 따라서 많은 사람들이 이곳에서 일하게 되었다. 오두막집으로는 그들을 모두 수용할 수가 없어서 청부업자 제이는 철로변 인접지역 곳곳에 노동자 주거용의 가건물을 설치했다. 이 가건물에는 환기장치도 배수구도 없었을 뿐만 아니라 사람들로 초만원을 이루었다. 왜냐하면 모든 세입자들은 자기 가족이 아무리 많든 상관 없이 그리고 모든 가건물의 방이 2개밖에 없는데도 다른 하숙인을 받아야 했기 때문이다. 우리가 입수한 의사의 보고서에 따르면, 이 불쌍한 사람들은 밤에는 창문 바로 아래 있는 더러운 시궁창과 변소에서 올라오는 독기 때문에 완전히 질식할 것 같은 고통을 참지 않으면 안 되었다. 마침내 우연히 이 가건물을 방문했던 한 의사에 의하여 우리 위원회에 고소장이 제출되었다. 그는 통렬하기 그지없는 언사로 주거환경에 대해 말하였으며, 만일 조금이라도 위생수단이 강구되지 않으면 중대한 결과가 초래될 것이라는 우려를 표명했다. 약 1년 전 제이는 만약 전

130) 같은 글, 165쪽.

염병이 발생하면 즉시 자기 종업원들을 격리시킬 집을 세우겠다고 약속했다. 그는 올해 7월 말에 그 약속을 거듭 확인했지만, 그뒤 몇 차례나 천연두가 발생하여 2명의 사망자까지 나왔는데도 그 약속을 실행하기 위한 아무런 조치도 취하지 않았다. 9월 9일 의사 켈슨은 같은 가건물에서 다시 천연두가 발생했다고 보고하면서 그 상태가 심각하다고 써보냈다. 귀하에게(장관에게) 참고로 덧붙여야 할 말이 하나 더 있다. 우리 교구에는 이른바 페스트하우스라는 격리가옥이 하나 있어서 전염병에 걸린 교구민은 거기에서 간호를 받는다. 이 집은 몇 개월 전부터 환자로 계속 넘쳐나고 있다. 심지어 5명의 아이들이 천연두와 열병으로 죽어버린 가정도 있다. 금년 4월 1일부터 9월 1일까지 5개월 동안 천연두로 인한 사망은 10건 남짓이었는데, 그 중 4건은 역병의 소굴인 위에 언급한 그 가건물에서 나왔다. 환자가 발생한 가정은 가능한 한 그 사실을 숨기려 하기 때문에 발병자 수를 정확하게 파악하기는 불가능하다.[131]

탄광과 그밖의 광산 노동자는 영국의 프롤레타리아트 중에서 가장 높은 임금을 받는 부류에 속한다. 그들이 어떠한 대가를 치르며 임금을 받는지에 대해서는 앞에서 서술한 바 있다.[132] 여기서는 그들의 주거사정을 잠시 살펴보기로 하자. 일반적으로 광산 채굴업자는 자신이 그 광산의 소유주이든 임차인이든 상관 없이 자신들의 노동자들이 거주할 몇 개의 오두막집을 세운다. 노동자들은 오두막집과 연료용 석탄을 '무상'으로 지급받는다. 즉 이것들은 임금 가운데 현물로 지급되는 부분이다. 이러한 방 M695

131) 같은 글, 18쪽의 주. 채플-앙-르-프리스 교구 연합의 구빈관은 호적장관†128에게 이렇게 보고하고 있다. "도브홀에는 석회암으로 이루어진 언덕에 몇 개의 동굴이 만들어져 있다. 이 동굴들은 토목공사나 그밖의 철도공사에 종사하는 노동자들의 주거지로 사용되고 있다. 동굴은 비좁고 습하며 배수구나 변소도 없다. 굴뚝 구실을 하는 천장의 작은 구멍만 있을 뿐, 그밖에는 전혀 환기시설이 없다. 천연두가 만연하여 (동굴 속에 사는 사람들 가운데) 벌써 여러 명이 사망하였다"(같은 글, 주 2).

132) 460쪽 이하에서 서술한 상세한 내용은 주로 탄광노동자들에 관한 것이다. 금속광산의 한층 더 나쁜 상태에 대해서는 1864년 칙령위원회의 양심적인 보고를 참조할 것.

법으로 숙소를 제공받지 않은 노동자는 그 대신 연 4파운드스털링의 돈을 받는다. 광산지구는 광부들과 그 주위에 모여드는 수공업자 · 소매상인 등으로 구성된 많은 인구를 급속히 끌어모은다. 인구밀도가 높은 곳이면 어디나 그런 것처럼 여기서도 지대는 높다. 따라서 채광업자는 자신의 노동자와 그 가족을 밀어넣는 데 필요한 만큼의 오두막집을 갱구 가까이에 있는 되도록 좁은 부지에 지으려고 한다. 근처에 새로운 갱이 개설된다든지 낡은 갱이 다시 개발된다든지 하면 그곳은 더욱 붐비게 된다. 오두막집을 짓는 데 고려되는 점은 단 하나뿐이다. 즉 절대 불가피한 것 이외의 현금 지출에 대한 자본가의 '절제'가 그것이다. 줄리언 헌터 박사는 다음과 같이 말하고 있다.

> 노섬벌랜드와 더럼 광산에 매여 있는 갱부와 그밖의 노동자 가옥들은, 몬머스셔의 비슷한 교구들을 제외하면 대체로 잉글랜드에서 대규모로 볼 수 있는 이런 종류의 것 중에서 가장 열악하고 값비싼 것이다. 그것이 얼마나 열악한지는 한 방에 얼마나 많은 사람이 거주하고 그 많은 집이 세워진 부지가 얼마나 좁은 곳인지를 통해 알 수 있으며, 또한 물은 부족하고 변소가 아예 없을 뿐만 아니라 집 위에 집을 덧세운다든가 또는 그것을 몇 층으로(따라서 몇 개의 오막살이가 위아래로 갱목처럼 층층이 쌓이도록) 쪼개는 방법이 흔히 사용되고 있다는 점 등을 통해서도 잘 알 수 있다. …… 사업가들은 전체 부락을 마치 단지 야영을 위한 곳으로만 간주하고 사람이 거기에 정착해서 살기 위한 곳으로는 간주하지 않고 있다.[133]

스티븐스 박사는 다음과 같이 말하고 있다.

> 훈령에 따라 나는 더럼 교구 연합의 광산부락 대부분을 돌아보았다.

133) 『공중위생 제7차 보고서』, 런던, 1865, 180 · 182쪽.

…… 약간의 예외를 제외하고 모든 부락이 주민들의 건강을 보장하기 위한 어떤 수단도 강구하고 있지 않다. …… 모든 갱부는 광산의 임차인(Lessee) 이나 소유주에게 12개월 계약으로 묶여(bound) 있다(여기에서 'bound'라 는 말은 'bondage'라는 말처럼 농노제시대에서 유래한 것이다). 그들이 불만을 갖거나 조금이라도 감독(viewer)을 성가시게 하면, 감독은 감독명부에 있는 그들의 이름에 표시나 메모를 해두었다가 해마다 있는 계약갱신 때 해고시켜버린다. …… 현물임금제도(Trucksystem) 가운데 어떤 부분도 인구밀도가 높은 이 지방에서 행해지는 것보다 나쁠 수는 없다고 생각된다. 노동자는 전염병의 위험으로 둘러싸인 집을 자기 임금의 일부로 받도록 강요당한다. 노동자는 속수무책이다. 그는 어느 면으로 보나 농노와 마찬가지이다. 그의 소유주 이외의 다른 어떤 사람이 그를 구원할 수 있을지는 의심스럽다. 게다가 이 소유주가 우선적으로 고려하는 것은 자신의 대차대조표이기 때문에 그 결과는 대개 뻔하다. 노동자는 물도 이 소유주에게서 공급받는다. 물이 좋든 나쁘든, 공급되든 중단되든, 그는 항상 그 대가를 지불하거나 또는 임금에서 공제를 당하게 된다.[134]

M696

'여론'이나 위생감독과 충돌할 경우에도 자본은 자신이 노동자의 노동과 가정생활에 강요한 조건들 — 한편으로는 위험하고 또다른 한편으로는 굴욕적이기도 한 것들로, 이익이 더 많이 남도록 노동자들을 착취하기 위해 필요한 — 을 '정당화'하는 데 아무런 거리낌도 없다. 공장의 위험한 기계에 대한 보호설비나 광산의 환기시설·안전시설 등에 대해 '절제'를 할 때도 자본은 역시 그런 태도를 취하며, 여기에서 다루고 있는 광산노동자의 주거문제에서도 마찬가지 태도를 취한다. 추밀원 의료관 사이먼 박사는 그의 공식보고서에서 다음과 같이 서술하고 있다.

134) 같은 글, 515 · 517쪽.

열악한 가옥설비를 변명하는 핑곗거리는 광산이 보통 임차방식에 의해 채굴된다는 점, 그리고 이 사업을 위해 모여드는 노동자나 소매상인들에게 광산 임차인이 좋은 가옥설비를 공급하려고 힘쓰기에는 임차 계약기간(탄광의 경우 대개 21년)이 그리 길지 않다는 점, 또 만약 임차인 자신이 그러한 의도를 갖고 있다 할지라도 지주가 그것을 꺼린다는 점 등이다. 즉 땅 밑에 있는 재산의 채굴자를 거주시키기 위해 지상에 제대로 거주할 만한 부락을 세우려는 월권에 대해서 지주는 당장 과도한 추가지대를 요구하려 한다는 것이다. 따라서 직접적으로 금지된 것은 아니지만 사실상 금지하는 효과를 갖는 이 가격(지대－옮긴이)은 집을 지으려는 그밖의 다른 사람들을 위협한다는 것이다. …… 나는 이런 변명이 얼마만한 가치가 있는지 더 이상 자세히 알아볼 생각이 없으며, 또 제대로 된 주거지를 위한 추가지출이 결국은 누구〔즉 지주 또는 광산 임차인 또는 노동자, 아니면 대중 전체〕의 부담이 될 것인지에 대해서도 더 이상 알아볼 생각도 없다. …… 단지 (헌터 박사와 스티븐스 박사 등이 작성한) 첨부된 보고서가 분명히 알려주고 있는 그런 부끄러운 사실들에 대해서는 무엇인가 반드시 구제책을 강구하지 않으면 안 되겠다는 생각이다. …… 토지소유권은 공공연하게 대규모의 부정을 저지르기 위해 이용되고 있다. 지주는 먼저 광산 소유주의 자격을 이용하여 산업노동자 부락을 자신의 소유지로 끌어들이고, 그런 다음에는 다시 지표면 소유주의 자격을 이용하여 자신이 모집한 노동자들이 생활에 불가결한 적합한 주거지를 찾아낼 수 없게 만든다. 광산 임차인(자본가적 채광업자)에게는 이런 사업의 분할에 반대할 금전적인 이유가 전혀 없다. 왜냐하면 그는 다음 사실을 잘 알고 있기 때문이다. 즉 지표면 소유주의 요구가 과도할지라도 그 결과는 자신의 부담이 되지 않으며, 그것을 부담하는 노동자들은 자신의 위생권을 알 만큼 충분히 교육받지 못했으며, 아무리 더러운 주거와 불결한 식수가 제공되더라도 그것이 파업의 원인이 되지는 않는다는 것이다.[135]

M697

ㄹ. 공황이 노동자계급의 최고임금층에게 끼치는 영향

농업노동자로 넘어가기 전에 하나의 실례를 통해, 공황이 노동자계급의 최고임금층〔즉 노동귀족〕에게 어떤 영향을 끼치는지를 살펴보고자 한다. 매번 산업순환에 종지부를 찍는 대공황 가운데 하나가 1857년 발생하였다는 것을 상기해보자. 그 다음 주기는 1866년에 끝났다. 공장지대에서는 대량의 자본을 종래의 투하영역에서 화폐시장의 대중심지로 몰아낸 면화기근에 의하여 공황이 벌써 수그러들었기 때문에 이때의 공황은 주로 금융적인 성격을 띠었다. 1866년 5월에 일어난 이 공황은 런던의 한 대은행의 파산을 신호로, 무수한 금융적 투기회사들을 잇달아 도산시켰다. 파국으로 치달은 런던의 대규모 사업부문 가운데 하나는 철선(鐵船) 건조업이었다. 대규모 조선소들은 호경기 동안 무제한적인 과잉생산을 했을 뿐만 아니라 더구나 신용의 샘이 계속해서 풍부하게 솟아나리라는 기대 아래 거액의 주문들을 수주하였다. 그런데 이제 여기에 대해 가공할 반작용이 일어난 것이며, 이 반작용은 런던의 다른 산업들에서도[136] 1867년 3 M698 월 말 현재까지 계속해서 이어지고 있다. 노동자들의 상태를 알아보기 위해 1867년 초 곤경의 중심지를 둘러본 『모닝 스타』지 통신원의 상세한 보도에서 한 구절을 인용해보도록 하자.

런던 동부의 포플러 · 밀월 · 그리니치 · 뎁트퍼드 · 라임하우스 · 캐닝타

135) 같은 글, 16쪽.

136) "런던 빈민의 대량 기아! …… 이 며칠 사이에 런던의 여기저기 벽에 커다란 포스터가 붙었는데, 거기에는 다음과 같은 눈길을 끄는 문구가 씌어 있었다. '살찐 소, 굶주린 인간! 살찐 소들은 그 유리궁전을 나와 호사스러운 저택에 사는 부호를 살찌우고, 굶주린 인간은 그들의 비참하고 초라한 집에서 썩어 죽어간다.' 이런 불길한 문구를 쓴 포스터는 끊임없이 나붙었다. 일련의 포스터가 떼어지거나 덧붙여지면 곧바로 새로운 포스터가 같은 장소나 그만큼 눈에 띄는 다른 장소에 다시 나타난다. …… 이것은 프랑스 인민대중에게 1789년의 사건을 준비시켰던 징후들을 생각나게 한다. …… 영국의 노동자가 처자와 함께 추위와 굶주림으로 죽어가고 있는 이 순간에, 영국 노동자의 산물인 수백만의 영국 화폐가 러시아나 스페인 또는 이탈리아 아니면 그밖의 다른 외국 기업에 투자되고 있다"(『레이놀즈 뉴스페이퍼』, 1867년 1월 20일).

운 등의 지구에는 적어도 1만 5,000명의 노동자와 그 가족들이 극도의 궁핍 상태에 있고, 그 중 3,000명 이상이 숙련기계공이었다. 그들의 저축은 6~8개월 동안의 실업 때문에 모두 바닥이 났다. …… (포플러의) 구빈원 입구까지 가는 길은 매우 힘이 들었다. 왜냐하면 구빈원은 굶주린 군중에 의해 포위되었기 때문이다. 군중은 빵 배급표를 기다리고 있었지만 아직 배급시간이 되지 않았던 것이다. 구내는 커다란 사각형을 이루었고, 사면에는 달개지붕이 늘어뜨려져 있었다. 쌓인 눈이 뜰 한가운데의 포석을 두텁게 덮고 있었다. 이곳에는 양치기 울타리처럼 버드나무 가지로 둘러싼 몇 개의 좁은 터가 있었는데, 그것은 날씨 좋을 때 사람들이 노동하는 장소였다. 내가 방문한 날은 아무도 거기에 앉아 있을 수 없을 정도로 눈이 많이 쌓여 있었다. 그런데도 사람들은 달개지붕 밑에서 포석을 깨뜨리는 작업을 하고 있었다. 사람들은 각자 두꺼운 포석에 걸터앉아 얼음에 덮인 화강암을 무거운 해머로 두들겨 5부셸 정도의 크기로 깨뜨려내고 있었다. 그것을 마치면 그들은 하루 일을 끝내고 3펜스(은화 2그로센, 6페니히)와 빵 배급표 한 장을 받는다. 구내의 다른 쪽에는 허술한 목조건물이 하나 서 있었다. 문을 열어보니 사람들로 가득 차 있었고, 그들은 몸을 따뜻하게 하기 위해 서로 어깨를 비벼대고 있었다. 그들은 선박용 밧줄을 만들면서, 그들 중 누가 가장 적게 먹으면서 가장 오래 일할 수 있는지를 놓고 입씨름을 하고 있었다. 왜냐하면 오래 버틸 수 있는 것이 명예의 관건이 되기 때문이었다. 이 하나의 구빈원에서만 7,000명이 구제받고 있었는데, 그 중 수백 명은 6~8개월 전만 해도 이 나라의 숙련노동자 가운데 최고임금을 받던 사람들이었다. 저축이 바닥난 이후에도 아직 저당잡힐 것이 남아 있는 한, 교구에 의존하기를 꺼리는 사람들이 그토록 많지 않았다면, 그들의 수는 2배나 되었을 것이다. …… 구빈원을 뒤로하고 나는 거리를 걸어보았는데 집들은 대부분 포플러에서 흔히 볼 수 있는 단층집이었다. 내 안내인은 실업자 구제위원회의 일원이었다. 우리가 제일 먼저 발을 들여 놓은 곳은 실직한 지 27주가 지난 어느 철공(鐵工)의 집이었다. 주인은 온 가족과 함께 뒷방에 앉아 있었다. 그 방에는 아직 가구가 완전히 비워진 상태는 아니었고 불기운도 남아 있었다. 혹독하게 추운 날이었기 때문에 어린애들의 맨발이 동상에 걸리지 않도록 불이 필요했던 것이다. 화로 건너편의 큰 광주리 위에는 그의 아내와 아이들이 구빈원에서 빵 배급표를 받기 위해 꼬는 한 뭉치의 삼이 놓여 있었다. 주인은 하루에 빵 배급표 1장과 3펜스를 받기 위해 앞서 말한 구내에서 일을 하고 있었다. 그는 쓴웃음을 지으면서 몹시 배가 고파 점심을 먹으려고 이제 막 집에 돌아왔다고 말했다. 그런데 그의 점심은 돼지기름을 바른 빵 몇 조각과 우유가 들어가지 않은 한 잔의 차였다. …… 그 다음에 우리가 들른 집에서는 중년의 부인이 문을 열어주었는데, 그녀는 한마디 말도 없이 우리를 후미진 작은 방으로 데려갔다. 거기에는 그녀의 온 가족이 사그러드는 불을 바라보면서 말없이 앉아 있었다. 두 번 다시 보고 싶지 않을 만큼의 황량함과 절망감이 이 사람들과 그들의 좁은 방을 가득 채우고 있었다. 그녀는 아이들을 가리키며 말했다. "아이들의 벌이가 없어진 지 26주나 지났기 때문에, 벌이가 없을 때를 대비하여 저와 남편이 형편이 나았던 시절에 모아놓았던 돈도 완전히 없어져버렸어요. 자! 보세요"라고 격하게 울부짖으면서 입출금이 꼬박꼬박 기입된 은행 통장을 내보였다. 우리는 그 보잘것없는 재산이 최초로 5실링의 예금부터 시작하여 점점 늘어나 20파운드스털링이 되고, 그때부터 또 없어지기 시작하여 몇 파운드스털링에서 몇 실링에 이르고, 마침내 최후의 기입에 의해 통장이 종잇조각과 다름없는 무가치한 물건이 되어버린 것을 볼 수 있었다. 이 가족은 하루에 한 번씩 구빈원에서 보잘것없는 식사를 받고 있었다. …… 우리가 다음에 찾아간 곳은 조선소에서 일한 적이 있는 아일랜드인의 부인이 사는 집이었다. 그녀는 영양실조로 병에 걸려 옷을 입은 채로 매트리스 위에 누워 있었는데 달랑 포대기 한 조각을 덮고 있었다. 왜냐하면 침구가 모두 전당포에 잡혀 있기 때문이었다. 불쌍한 어린이들이 그녀를 돌보고 있었지만 오히려 아이들 쪽이 어머니의 보살핌을 받을 필요가 있을 것 같아 보였다. 19주 동안의 강제된 휴식이 그들을 이렇게 쇠약하게 만든 것이었다. 그리

M699

고 그 여자는 괴로운 지난날을 이야기하면서 미래에 대한 모든 희망이 사라진 듯이 한숨을 내쉬고 있었다. ……그 집을 나오자 한 젊은이가 우리를 뒤쫓아와 자기 집에 한번 가보는 것이 어떻겠느냐고 말했다. 젊은 아내, 사랑스러운 두 아이들, 한 묶음의 전당표 그리고 완전히 텅 빈 방, 그것이 그가 보여줄 수 있는 모든 것이었다.

1866년 공황의 여파에 대해서는 토리당계의 한 신문에서 발췌한 것이 있다. 잊어서는 안 될 것은, 여기서 다루고 있는 런던 동부는 앞서 언급한 철선 건조업의 소재지일 뿐만 아니라, 늘 최저한도 이하의 임금을 받는 이른바 '가내노동'의 소재지이기도 하다는 점이다.

어제는 수도의 한 구석에서 놀라운 광경이 전개되었다. 검은 조기를 든 이스트엔드의 수천 명 실업자들은 대중시위를 벌이지는 않았지만 그 인파는 충분히 위압적이었다. 이 사람들이 얼마나 고통스러운지를 생각해보자. 그들은 굶어 죽어가고 있다. 이것은 단순명료한 무서운 사실이다. 그들은 4만 명이나 된다. …… 우리의 눈앞에서, 이 훌륭한 수도의 한 지역에서, 세계에서 유례없는 막대한 부의 축적 바로 옆에서, 절망적으로 굶주리고 있는 4만 명의 사람들이 있는 것이다! 이런 사람들과 똑같은 처지의 사람들이 수천 명씩 이제 다른 지역들에도 나타나고 있다. 계속해서 기아상태에 놓여 있는 그들의 고통에 찬 울부짖음이 우리의 귀에 들려온다. 그들은 하늘을 향해 절규하며, 고통에 가득 찬 그들의 거주지에서 우리를 향해 일거리도 찾을 수 없고 걸식을 하려 해도 할 수 없다고 말하고 있다. 지방의 구빈세 납부의무자들은 교구가 요구하는 구빈세 부담이 너무 무거워 그들 자신이 피구휼빈민이 되기 직전에 있다.(『스탠더드』〔*Standard*〕, 1867년 4월 5일)

M700

벨기에에서는 '노동의 자유'〔또는 같은 말이지만 '자본의 자유'〕가 노동조합의 전횡이나 공장법의 침해를 받지 않는다고 해서 벨기에를 노동자의 낙원이라고 묘사하는 것이 영국 자본가 사이에 유행하고 있으니만큼, 여기에서 벨기에 노동자들의 '행복'에 대해 잠시 짚고 넘어가도록 하자. 벨기에의 감옥과 자선시설의 총감독이자 벨기에 중앙통계위원회 위원이었던 뒤크페티오〔지금은 작고하였다〕만큼 이 행복의 비밀을 잘 아는 사람은 분명 없을 것이다. 그의 저서 『벨기에 노동자계급의 가계예산』(*Budgets Économique des Classes Ouvrières en Belgique*, 브뤼셀, 1855년)을 살펴보도록 하자. 거기에서는 벨기에의 한 표준적인 노동자 가구의 1년간 수지가 매우 정확한 자료에 의해 계산되어 있고, 또 그 영양상태가 병사와 수병 그리고 죄수와 비교되어 있다. 이 가구는 "아버지와 어머니 그리고 4명의 아이들로 이루어져 있다." 이 6명 중 4명은 1년 내내 일자리를 얻을 수 있다. 여기에서 전제되어 있는 것은 "가족 중에 병자나 노동불능자가 없고" 또 "약간의 교회성금 외에는 종교적 · 도덕적 · 지적인 목적의 지출"이 없으며 "저축금고와 양로금고에 적립"이나 "사치와 그밖의 불필요한 지출"도 없다는 것이다. 그러나 아버지와 장남은 담배를 즐기고, 또 일요일에는 술집에도 갈 수 있도록 그들에게 매주 86상팀이 주어진다고 전제되고 있다.

> 여러 산업부문의 노동자가 받는 임금을 모두 비교 · 대조해보면 …… 하루 임금의 최고평균은 남자가 1프랑 56상팀, 여자가 89상팀, 소년이 56상팀, 소녀가 55상팀이다. 이에 따라 계산하면 이 가족의 수입은 연간 최고 1,068프랑이 될 것이다. …… 전형적인 것으로 가정된 이 가계에서 우리는 모든 가능한 수입을 합산했다. 그러나 어머니가 얼마의 임금을 번다고 하면 그녀는 가사에 소홀해질 것이다. 누가 집안과 어린아이를 돌볼 것인가? 누가 요리와 세탁과 바느질을 할 것인가? 노동자 가구는 날마다 이런 딜레마에 부딪치고 있다.

이에 따르면 한 가구의 예산은 다음과 같다.

아버지	일당 1.56프랑으로 300노동일	468프랑
어머니	일당 0.89프랑으로 300노동일	267프랑
소년	일당 0.56프랑으로 300노동일	168프랑
소녀	일당 0.55프랑으로 300노동일	165프랑
합계		1,068프랑

M701 만일 노동자가 수병 · 병사 · 죄수 등과 동일한 영양을 섭취한다면 한 가구의 연간 지출액과 부족액은 다음과 같이 된다.

수병과 같은 영양을 취할 때	지출액 1,828프랑	부족액 760프랑
병사와 같은 영양을 취할 때	지출액 1,473프랑	부족액 405프랑
죄수와 같은 영양을 취할 때	지출액 1,112프랑	부족액 44프랑

수병과 병사는커녕 죄수만큼의 영양을 취할 수 있는 노동자 가정도 거의 없다는 것을 알 수 있다. 1849~74년에 벨기에에서 죄수 1명의 하루 평균비용은 63상팀이었는데, 이것은 노동자의 하루 생계비와 비교하면 13상팀의 차이가 난다. 죄수에 대한 관리비와 감시비는 죄수가 집세를 내지 않으므로 이와 상쇄된다. …… 그러나 다수의〔대다수라고 말해도 좋을 정도의〕 노동자들이 그보다도 훨씬 검소하게 살아가고 있는 것은 어찌된 일일까? 그것은 단지 그들이 임시변통으로 살아가고 있기 때문에만 가능한 일인데, 그 비결은 노동자만이 알고 있다. 즉 그들은 매일 먹는 음식물을 절약하고, 밀가루빵 대신 호밀빵을 먹고 육류는 거의 또는 전혀 먹지 않으며, 버터와 양념도 거의 사용하지 않는다. 가족은 한두 개의 방에서 비좁게 살고 있고 거기서 여자아이나 남자아이나 함께〔때로는 한 이부자리 속에서〕 자게 함으로써 의류도 세탁도 청소용구도 절약하며, 일요일의 즐거움도 체념하고, 요컨대 극도의 궁핍을 참아내고 있는 것이다. 일단 이 마지막 한계에 도달하고 나면 생활수단의 가격이 조금이라도 오르거나 잠시라도 일을 못 하거나 병이라도 걸리게 되면, 노동자의 빈곤은 더욱 악화되어 결국에는 완전

히 파멸하고 만다. 빚은 늘어나고 외상도 사절당하며 옷가지나 없어서는 안 될 가구마저 전당포로 가고 만다. 이리하여 마침내 한 가족이 빈민명부에 이름을 올려달라고 청원하게 된다.[137)]

'자본가의 낙원'에서는 필수생활수단의 가격이 조금만 변동하더라도 사망자 수나 범죄 건수에 변화가 생긴다(『협회의 선언: 플랑드르인이여 나아가자!』, 브뤼셀, 1860년, 12쪽)! 벨기에 전국에는 93만 가구가 있고, 공식통계에 따르면 그 중 9만의 가구가 부자들(선거권자)인데, 그 인구는 45만 명이다. 39만의 가구는 도시와 농촌의 하층 중간계급으로, 그 대부분이 계속 프롤레타리아트로 전락하고 있으며, 인구는 195만 명이다. 마지막으로 45만의 노동자 가구는 인구 225만 명으로, 그 전형적인 가정은 뒤크페티오가 묘사한 행복을 누리고 있다. 45만의 노동자 가구 가운데 20만 가구 이상이 빈민명부에 올라 있다.

ㅁ. 영국의 농업 프롤레타리아트

자본주의적 생산과 축적의 적대적인 성격은 영국 농업(목축업 포함)의 진보와 영국 농업노동자의 퇴락을 통해서 가장 야만적인 형태로 나타난다. 이 농업노동자의 현재 상태로 넘어가기 전에 먼저 그 과거를 잠시 살펴보도록 하자. 영국에서 근대적인 농업은 18세기 중엽부터 시작된다. 그렇지만 변화된 생산양식의 기초로 출발하는 토지소유관계의 변혁은 그보다 훨씬 전에 시작되었다. M702

얄팍한 사상가이긴 하지만 정확한 관찰자이기도 했던 아서 영(Arthur Young)의 1771년 농업노동자에 대한 보고서를 보면, 당시의 농촌노동자는 "풍요롭게 살면서 부를 축적할 수 있었던"[138)] 14세기 말의 그들 선조에

137) 뒤크페티오, 『벨기에 노동자계급의 가계예산』, 151쪽, 154~156쪽.

138) 제임스 로저스(James E. Th. Rogers, 옥스퍼드 대학 경제학 교수), 『영국의 농업과 물가의 역사』, 옥스퍼드, 1866, 제1권, 690쪽. 이 역작은 지금까지 2권까지만 출판되었는데, 여기에는

견주어 몹시 비참한 생활을 하고 있었다. 더구나 '도시나 농촌 모두에서 영국 노동자의 황금시대'였던 15세기와는 더더욱 비교가 되지 않는다. 그러나 사실 그렇게 멀리까지 거슬러 올라갈 필요는 없다. 매우 내용이 풍부한 1771년의 어떤 글에는 다음과 같이 씌어 있다.

> 대(大)차지농업가는 거의 신사(Gentleman: 영국의 귀족과 자유농〔yeoman〕의 중간계급. 시골 하급귀족에 가까운 개념으로 이해할 수 있다—옮긴이) 수준까지 올라갔지만, 가난한 농업노동자들은 더 내려갈 곳도 없는 거의 밑바닥수준으로 핍박당하고 있다. …… 그들의 불행한 상태는 그들의 오늘의 상태와 40년 전의 상태를 비교해보면 명확해질 것이다. …… 지주와 차지농업가들이 손을 맞잡고 노동자를 억압하고 있다.139)

다음에는 1737년부터 1777년 사이에 농촌에서의 실질임금이 거의 $\frac{1}{4}$, 즉 25% 하락한 내용이 자세하게 얘기되고 있다. 같은 시기에 리처드 프라이스 박사는 다음과 같이 말하고 있다.

> 근대의 정치는 국민 가운데 상층계급에 훨씬 유리하다. 그 결과 조만간 이 왕국 전체가 신사와 거지, 귀족과 노예만으로 이루어지게 될 것이다.140)

M703 그럼에도 1770~80년 영국 농업노동자의 상태는 음식물과 주거상태 그리고 자긍심이나 오락 등의 측면에서 다시는 도달할 수 없는 이상적인 수

아직 1259~1400년의 시기만 포함되어 있다. 제2권은 통계자료만 담고 있다. 그것은 이 시대에 관해서 우리가 가지고 있는 자료 가운데 최초의 신뢰할 수 있는 '물가의 역사'이다.

139) 『최근 구빈세 인상의 이유, 또는 노동가격과 식량가격의 비교 고찰』, 런던, 1777, 5 · 11쪽.

140) 리처드 프라이스(Richard Price) 박사, 『퇴직급여에 관한 고찰』, 제6판, 모건(W. Morgan) 엮음, 런던, 1803, 제2권, 158~159쪽. 프라이스는 159쪽에서 다음과 같이 말하고 있다. "일용노동자의 노동에 대한 명목가격은 현재 1514년의 약 4배이며, 기껏해야 5배를 넘지 않는다. 그러나 곡물가격은 7배, 육류와 의류 가격은 약 15배 올랐다. 따라서 노동가격은 생활비의 팽창을 도저히 따라갈 수가 없고, 지금은 생활비에 대한 그 비율이 예전의 절반도 안 되는 것 같다."

준이다. 1770~71년의 그의 평균임금을 소맥의 양으로 나타내면 90파인트였지만, 이든 시대(1797년)에는 65파인트밖에 되지 않았고 1808년에는 겨우 60파인트에 머물렀다.[141)]

반(反)자코뱅 전쟁기간 동안 토지귀족, 차지농업가, 공장주, 상인, 은행가, 주식투기가, 군수품 공급업자 등은 상당한 부를 축적했는데, 그 전쟁이 끝날 무렵의 농업노동자의 상태에 대해서는 앞에서 이미 서술하였다. 한편으로는 은행권의 가치하락 때문에, 또다른 한편으로는 그와 무관한 1차 생활수단의 가격등귀 때문에 명목임금은 상승하였다. 그러나 실질임금의 변화는 자잘한 세부항목에 의존하지 않고도 매우 간단한 방법으로 확인할 수 있다. 구빈법과 그 시행방식은 1795년과 1814년 모두 똑같았다. 이 법률이 농촌에서 어떻게 시행되었는지를 상기해보면 그것은 노동자가 생명을 이어나가는 데 필요한 명목액만큼을 교구가 시혜물의 형태로 명목임금을 보조해주는 방식으로 이루어졌다. 차지농업가가 지불한 임금과 교구가 보조해준 임금 부족액의 비율은 우리에게 두 가지 사실을 보여준다. 첫째는 최저한도 이하로의 임금하락이고, 둘째로는 농업노동자가 임노동자와 피구휼민으로 구성되어 있는 비율〔또는 농업노동자가 그 교구의 농노로 전화하고 있던 정도〕이다. 다른 모든 주를 대표할 만한 평균적인 주를 하나 선택해보자. 1795년 노샘프턴셔의 평균주급은 7실링 6펜스였고, 6인 가족의 연간 총지출은 36파운드스털링 12실링 5펜스, 총수입은 29파운드스털링 18실링, 교구가 보조해준 부족액은 6파운드스털링 14실링 5펜스였다. 같은 주에서 1814년의 주급은 12실링 2펜스, 5인 가족의 연간 총지출은 54파운드스털링 18실링 4펜스, 총수입은 36파운드스털링 2실링, 교구가 보조해준 부족액은 18파운드스털링 6실링 4펜스였다.[142)] 즉 1795년에는 부족액이 임금의 $\frac{1}{4}$ 이하였는데, 1814년에는 그 절

141) 바턴, 앞의 책, 26쪽. 18세기 말에 대해서는 이든, 앞의 책을 참조하라.

142) 패리, 앞의 책, 80쪽.

반을 넘은 것이다. 이런 조건에서는 이든 시대에 아직 농촌노동자의 오두막집에서 볼 수 있었던 조그마한 안락도 1814년에는 완전히 사라져버렸을 것이 분명하다.[143] 이때부터 차지농업가가 사육하는 모든 동물 가운데 M704 말하는 도구(instrumentum vocale)인 노동자가 가장 심하게 혹사당하고 가장 질이 나쁜 것을 먹으며 가장 많이 학대받는 존재가 되고 말았다.

이 같은 사태는 한동안 지속되어서, 마침내 다음과 같은 사태로까지 발전하였다.

> 1830년의 스윙 봉기†155는 곡식더미에 불을 지름으로써 잉글랜드의 공업지역과 마찬가지로 농업지역에서도 빈곤과 암울한 불만의 반항적 불길이 격렬하게 타오르고 있음을 우리(즉 지배계급)에게 보여주었다.[144]

당시 새들러는 하원에서 농업노동자를 '백인 노예'(white slaves)라고 불렀고, 어떤 주교는 이 호칭을 상원에서 다시 사용했다. 당대의 가장 저명한 경제학자 웨이크필드(E.G. Wakefield)는 다음과 같이 말하고 있다.

> 잉글랜드 남부의 농업노동자는 노예도 아니고 자유인도 아니다. 그는 피구휼민이다.[145]

곡물법이 폐지되기 직전의 시대는 농업노동자의 상태에 새로운 빛을 던져주었다. 한편으로 부르주아 선동가들의 관심사는 그 보호법이 실질적인 곡물생산자를 거의 보호하지 못했다는 사실을 증명하는 것이었다. 다른 한편 산업부르주아지는 토지귀족 측에서 쏟아지는 공장상태에 대한 비난과, 부패하고 무정하며 고상한 이 무위도식자들이 보여준 공장노동

143) 같은 책, 213쪽.
144) 렝, 앞의 책, 62쪽.
145) 웨이크필드, 앞의 책, 제1권, 47쪽.

자의 고통에 대한 허울 좋은 동정, 그리고 공장입법을 위한 그들의 '외교적 열의'에 대해 끓어오르는 분노를 퍼부어댔다. 두 도둑의 사이가 틀어지면 잃어버린 물건이 돌아오게 마련이라는 영국의 옛 속담이 있다. 그래서 어느 쪽이 노동자를 가장 파렴치하게 착취하는가 하는 문제에 대해서 지배계급의 두 분파가 벌인 시끄러운 격론은 사실상 양쪽 모두에서 진리의 산파가 되었다. 샤프츠버리 백작, 즉 애슐리 경은 귀족의 반공장 박애주의 진영의 선봉이었다. 그래서 그는 1844년부터 1845년에 걸쳐 농업노동자의 상태에 대한 『모닝 크로니클』(*Morning Chronicle*)지의 폭로 기사 속에서 화제의 인물이 되었다. 당시 가장 유력한 자유당 기관지였던 이 신문은 농촌지방에 특파원을 보냈는데, 그 특파원들은 일반적인 기록과 통계만으로는 만족하지 않고, 조사한 노동자 가족과 그 지주의 이름을 공표하였다. 다음 (858쪽의—옮긴이) 표[146]는 블랜퍼드·윔번·풀 부근의 세 촌락에서 지불된 임금을 보여준다. 이 마을들은 뱅크스와 샤프츠버리 백작의 소 M705 유지이다. 이 '저(低)교회파'(low church)[†156]의 교황〔즉 영국 경건파의 우두머리〕도 뱅크스와 마찬가지로 노동자들의 비참한 임금 가운데 상당 부분을 집세 명목으로 착복하고 있었다는 사실은 특기할 만하다.

곡물법의 폐지는 영국 농업에 엄청난 충격을 주었다. 엄청나게 큰 규모의 배수시설,[147] 새로운 축사 내 사육과 사료 작물의 인공재배 시스템, 기계적인 시비(施肥)장치의 도입, 점토지의 새로운 처리법, 광물성 비료 사용의 증대, 증기기관과 각종 새로운 작업기계의 사용, 더욱 집약적인 경작 같은 것들이 이 시대의 특징을 이루었다. 왕립농업협회 회장 퓨지는 새로 M706 도입된 기계에 의하여 (상대적으로) 경영비용이 거의 반감되었다고 주장하고 있다. 또다른 한편 실질적인 토지 수확이 급속히 증가되었다. 단위 에이커당 자본투자액의 증가, 이에 따른 차지(借地)의 급속한 집중이 이들

146) 『런던 이코노미스트』, 1845년 3월 29일, 290쪽.

147) 물론 이 목적을 위해 토지귀족은 의회를 통해 국고에서 매우 낮은 이자로 자금을 빌렸는데, 차지농업가는 토지귀족에게 그 이자의 2배를 보상해야만 했다.

아동 수	가족원 수	성인 주급	아동 주급	가구 전체 주(週) 수입	주(週) 집세	집세를 제외한 주수입	1인당 주급
				제1촌락			
		sh	sh. d.	sh. d.	sh. d.	sh. d.	sh. d
2	4	8	- -	8 -	2 -	6 -	1 6
3	5	8	- -	8 -	1 6	6 6	1 3($\frac{1}{2}$)
2	4	8	- -	8 -	1 -	7 -	1 9
2	4	8	- -	8 -	1 -	7 -	1 9
6	8	7	1 6	10 6	2 -	8 6	1 $\frac{3}{4}$
3	5	7	2 -	7 -	1 4	5 8	1 1($\frac{1}{2}$)
				제2촌락			
		sh	sh. d.	sh. d.	sh. d.	sh. d.	sh. d
6	8	7	1 6	10 -	1 6	8 6	1 $\frac{3}{4}$
6	8	7	1 6	7 -	1 3($\frac{1}{2}$)	5 8($\frac{1}{2}$)	- 8($\frac{1}{2}$)
8	10	7	- -	7 -	1 3($\frac{1}{2}$)	5 8($\frac{1}{2}$)	- 7
4	6	7	- -	7 -	1 6($\frac{1}{2}$)	5 5($\frac{1}{2}$)	- 11
3	5	7	- -	7 -	1 6($\frac{1}{2}$)	5 5($\frac{1}{2}$)	1 1
				제3촌락			
		sh	sh. d.	sh. d.	sh. d.	sh. d.	sh. d
4	6	7	- -	7 -	1 -	6 -	1 -
3	5	7	2 -	11 6	- 10	10 8	2 1($\frac{1}{2}$)
0	2	5	2 6	5 -	1 -	4 -	2 -

새로운 방법을 위한 토대가 되었다.[148] 동시에 경작면적은 1846년부터

148) 중간규모 차지농업가의 감소는 특히 인구조사에서 '차지농업가의 아들 · 손자 · 형제 · 생질 · 딸 · 손녀 · 자매 · 질녀'라는 항목〔즉 차지농업가가 사용하는 자신의 가족 구성원 항목〕을 보면 쉽게 알 수 있다. 이들 항목은 1851년 21만 6,851명이었지만 1861년에는 17만 6,151명으로 줄어들었다. 1851년부터 1871년까지 잉글랜드에서 20에이커 미만의 차지농장은 900개 이상이 줄어들었으며, 50~70에이커 규모의 차지농장은 8,253개에서 6,370개로 감소하였다. 그 밖에 다른 100에이커 미만의 차지농장도 이와 비슷하게 감소하였다. 반면 같은 20년 동안에 대

1856년까지 46만 4,119에이커나 확장되었다. 게다가 동부 여러 주에서는 광대한 토지들이 토끼 사육장이나 영세한 목장에서 비옥한 경지로 탈바꿈하기도 하였다. 이와 함께 농업 종사자의 총수가 줄어들었다는 것은 널리 알려진 사실이다. 남녀노소의 구분 없이 총 경작자 수는 1851년 124만 1,269명에서 1861년에는 116만 3,217명으로 감소하였다.[149] 따라서 영국의 호적장관†128이 "1801년 이후 차지농업가와 농업노동자의 증가는 농업생산물의 증가와 전혀 균형이 맞지 않는다"[150]고 말한 것은 맞는 말이다. 이 불균형이 최근에는 훨씬 더 심해졌다고 할 수 있다. 즉 최근 들어 농촌노동자 인구의 실질적인 감소와 함께 경지면적의 확장, 더욱 집약적인 경작, 토지와 토지 경작에 투하된 자본의 전례 없는 축적, 영국 농업사상 유례없는 토지생산물의 증가, 토지소유주의 지대 수입 증가, 자본가적 차지농업가의 부의 팽창 같은 현상이 더욱 두드러지게 나타나고 있다. 이것을 도시 판매시장의 부단하고 급속한 확장, 자유무역의 지배 등의 현상과 함께 고려해보면, 농업노동자는 숱한 우여곡절 끝에(post tot discrimina rerum) 결국은 인위적인 조작의 법칙에 따라(secundum artem) 행복에 도취할 수밖에 없는 상태에 놓여 있었다.

그러나 로저스(Rogers) 교수가 도달한 결론에 따르면, 오늘날의 영국 농업노동자는 14세기 후반과 15세기의 그들의 선조는 물론이고 1770~80년대의 그들 선조보다도 상태가 더욱 악화되었고, 그 결과 '그는 다시 농노가 되었으며', 더구나 음식물이나 주거상태가 더 나빠진 농노가 되었다는 것이다.[151] 줄리언 헌터 박사는 농업노동자의 주거상태에 관한 그의 획 M707

규모 차지농장의 수는 증가하였다. 300~500에이커의 농장은 7,771개에서 8,410개로, 500에이커 이상의 농장은 2,755개에서 3,914개로, 1,000에이커 이상의 농장은 492개에서 582개로 증가하였다.

149) 목동의 수는 1만 2,517명에서 2만 5,559명으로 증가하였다.

150) 『1861년의 잉글랜드 · 웨일스의 국세조사』, 36쪽.

151) 로저스, 앞의 책, 693쪽. "The peasant has again become a serf" (같은 책, 10쪽). 로저스는 자유주의학파에 속하는 인물로, 코브던과 브라이트의 개인적인 친구였다. 따라서 그는 결코 과거의 찬미자†157는 아니었다.

기적인 보고서에서 다음과 같이 말한다.

하인드(hind: 농노제시대에서 유래한 농업노동자의 이름)의 생활비는 겨우 목숨을 부지할 수 있는 최저수준으로 고정되어 있다. …… 그의 임금과 숙소는 그의 노동에 의해 생기는 이윤을 근거로 계산되지 않는다. 그는 차지농업가의 계산에서 제로이다.[152)]

…… 그의 생계수단은 늘 고정량으로 간주된다.[153)]

그의 소득을 더 삭감하더라도 그는 가진 것이 없으니 걱정도 없다(nihil habeo nihil curo)고 말할 수 있다. 자신이 살아가는 데 어쩔 수 없이 필요한 것 외에는 아무것도 가진 것이 없기 때문에 그는 미래에 대해서 아무런 걱정도 하지 않는다. 그는 차지농업가의 계산이 시작되는 영점(零點)에 도달해 있다. 무엇이 어떻게 되건 그의 행·불행에는 아무런 관계가 없는 것이다.[154)]

1863년에는 유형 · 징역형에 처해진 죄인의 영양과 노역상태에 관한 공식조사가 있었다. 그 결과는 두툼한 청서 두 권에 수록되었는데, 거기에는 다음과 같이 씌어 있다.

잉글랜드 감옥 죄수의 식생활과 이 나라 구빈원의 피구휼빈민 그리고 자유로운 농업노동자의 식생활을 주의 깊게 비교해보면, 전자가 후자의 두 부류보다 훨씬 더 잘 먹고 있다는 것이 분명하게 드러난다.[155)]

M708

---

152) 『공중위생 제7차 보고서』, 런던, 1865년, 242쪽. "The cost of the hind is fixed at the lowest possible amount on which he can live …… the supplies of wages or shelter are not caculated on the profit to be derived from him. He is a zero in farming calculations." 따라서 노동자의 벌이가 늘어났다는 이야기를 듣게 되면 집주인이 곧장 집세를 올린다거나, '노동자의 부인이 일거리를 찾았다고 해서'(같은 글) 차지농업가가 노동자의 임금을 인하하는 것은 조금도 이상한 일이 아니다.

153) 같은 글, 135쪽.

154) 같은 글, 134쪽.

징역형에 처해진 사람의 노동량은 보통의 농업노동자가 수행하는 노동량의 약 절반에 불과하다.[156]

에든버러 감옥의 교도관 존 스미스의 몇 가지 특징적인 증언을 들어보도록 하자.

제5056호 — "잉글랜드 감옥의 식생활은 보통의 노동자 식생활보다 훨씬 좋다." 제5075호 — "스코틀랜드의 농업노동자가 고기라고는 거의 먹지 못한다는 것은 사실이다." 제3047호 — "범죄자에게 보통의 농업노동자보다 훨씬 좋은 음식물을 주어야 할 이유를 알고 있는가? — 모른다." 제3048호 — "죄수의 식사를 자유로운 농업노동자의 식사와 비슷하게 만들기 위해서 더 이상의 실험을 하는 것이 적절하다고 생각하는가?"[157]

농업노동자는 다음과 같이 말할지도 모른다. "나는 열심히 일하는데 충분히 먹을 수 없다. 감옥에 있을 때는 이렇게 심하게 일하지 않았어도 음식물이 충분했다. 그러므로 나는 밖에 있는 것보다 감옥에 있는 편이 더 낫다.[158]

이 보고서의 제1권에 첨부된 표들을 바탕으로 다음과 같은 비교표를 작성할 수 있다.

국민들 가운데 영양이 좋지 않은 부류의 영양상태에 대한 1863년 의료조사위원회의 일반적 결론은 앞서 얘기한 바 있다. 독자들은 농업노동자 가구 대부분의 식생활이 '기아병을 막기 위한' 최저한도 이하였음을 기억할 것이다. 콘월 · 데번 · 서머싯 · 윌츠 · 스태퍼드 · 옥스퍼드 · 벅스 · M709

155) 『유형과 징역형에 대한 …… 위원회 보고서』, 제50호, 런던, 1863, 42쪽.
156) 같은 글, 77쪽, 『수석재판관의 비망록』.
157) 같은 글, 제2권, 증언.
158) 같은 글, 제1권, 부록 280쪽.

일주간의 영양량[158a)]

	질소 성분 (온스)	무질소 성분 (온스)	광물성 성분 (온스)	합계 (온스)
포틀랜드 감옥의 죄수	28.95	150.06	4.68	183.69
해군 수병	29.63	152.91	4.52	187.06
육군 사병	25.55	114.49	3.94	143.98
마차 제조 노동자	24.53	162.06	4.23	190.82
식자공	21.24	100.83	3.12	125.19
농업노동자	17.73	118.06	3.29	139.08

허츠 등 순수 농업지역들은 모두 그러하다.

스미스 박사는 다음과 같이 말하고 있다.

> 농업노동자 자신이 섭취하는 영양은 평균량 이상이다. 그 이유는 그가 가족 전체의 음식물 가운데 노동에 필수불가결한 부분을 다른 가족보다 많이 섭취하며, 더 가난한 지방에서는 한 가족에 필요한 육류와 지방 가운데 거의 모두를 그가 섭취하기 때문이다. 거의 모든 주에서 아내와 한창 성장할 나이의 아이들에게 돌아가는 영양량 가운데 특히 부족한 부분이 질소 성분이었다.[159)]

차지농업가와 함께 사는 하인은 충분한 영양을 취한다. 그들의 수는 1851년 28만 8,277명이던 것이 1861년 20만 4,962명으로 감소했다.

스미스 박사는 이렇게 말한다.

> 여자의 옥외노동은 여러 가지 단점이 수반되긴 하지만, 현재 상태에서는 가계에 아주 큰 이익이 된다. 왜냐하면 그것은 신발과 옷가지, 집세 지불,

158a) 같은 글, 274~275쪽.

159) 『공중위생 제6차 보고서: 1863년』, 238 · 249 · 261 · 262쪽.

그리고 더 나은 식사 등을 제공해주기 때문이다.[160]

이 조사에서 주목할 만한 결과 가운데 하나는 잉글랜드의 농업노동자가 영국의 다른 지방들에 비해 훨씬 열악한 음식물을 섭취하고 있다는 것이고, 그것은 다음 표에서 드러나고 있다.

평균적 농업노동자의 주간 탄소 및 질소 소비량[161]

	탄소(그레인)	질소(그레인)
잉글랜드	40,673	1,594
웨일스	48,354	2,031
스코틀랜드	48,980	2,348
아일랜드	43,366	2,434

160) 같은 글, 262쪽.

161) 같은 글, 17쪽. 잉글랜드 농업노동자는 아일랜드 농업노동자에 비하여 우유는 겨우 $\frac{1}{4}$, 빵은 절반밖에 먹지 못한다. 후자의 영양상태가 더 낫다는 사실은 이미 금세기 초 영(A. Young)이 자신의 『아일랜드 여행기』에서 서술한 바 있다. 그 원인은 단순히 가난한 아일랜드 차지농업가가 부유한 잉글랜 차지농업가보다 훨씬 인도주의적이라는 데에 있다. 본문에 표시된 웨일스의 수치는 그 남서부 지방에는 해당되지 않는다. "결핵 · 선병(腺病) 등으로 인한 사망률의 증가가 주민들의 육체적 상태의 악화와 함께 심화되고 있으며, 이 악화의 원인이 빈곤이라는 점에 대해서 그 지역의 모든 의사는 의견 일치를 보이고 있다. 이곳에서 농업노동자의 하루 생활비는 5펜스로 추정되지만, 많은 지방에서 (그 자신도 빈곤한) 차지농업가는 이보다 적게 지불하고 있다. 마호가니처럼 단단하게 건조되어 소화시키기 어려운 소금에 절인 한 조각의 고기나 비계가 보릿가루와 부추로 끓인 묽은 수프와 귀리죽의 양념으로 사용되는데, 이것이 바로 농업노동자가 날마다 먹는 점심이다. …… 기후가 사납고 습한 이 지방의 농업노동자들에게 산업의 진보가 가져다준 결과는 값싼 면제품이 집에서 생산한 튼튼한 면포를 몰아내고, '이름뿐인' 차가 좀더 진한 음료를 몰아낸 것으로 나타났다. …… 오랜 시간 비바람을 맞아 온몸이 젖은 채 자기 오두막집으로 돌아온 농부는 토탄불이나 연탄불 — 진흙과 석탄가루로 만들어져서 탄산가스와 유황가스를 잔뜩 뿜어내는 — 에 몸을 쬔다. 오두막집의 벽은 진흙과 돌로 되어 있고, 바닥은 오두막집을 짓기 전부터 있던 벌거숭이 땅바닥 그대로이며, 지붕은 성글고 축축한 짚더미로 되어 있다. 빈틈은 모두 보온을 위해 메워져 있는 집에서, 심한 악취가 나는 가운데 진흙바닥에 앉아 단 한 벌뿐인 옷을 입은 채로 말리기도 하면서, 그는 처자식과 함께 저녁을 먹는다. 이런 오두막집에서 밤 한때를 보내야만 했던 조산부들은 자기 발이 진흙바닥에 빠져 빼내기 힘들었다든가 조금이라도 숨을 쉬기 위해 벽에 작은 구멍을 뚫는 가벼운 노동을 해야만 하였다고 묘사하고 있다. 영양실조에 걸린 농민들이 밤마다 건강에 해로운 갖가지 악영

M710 사이먼 박사는 그의 공식 위생보고서에서 다음과 같이 말하고 있다.

헌터 박사의 보고서 어디를 펼쳐보더라도 우리나라 농업노동자의 주거 상태는 양적으로 불충분하고 질적으로 비참하다는 증거가 드러난다. 그리고 농업노동자의 상태는 이 점에서 오래 전부터 악화일로에 있다. 오늘날 그들은 지난 몇백 년 동안의 그 어느 때보다도 집을 구하기가 훨씬 어려워졌고, 설사 구하는 경우에도 전보다 훨씬 질이 떨어지는 상태에 놓여 있다. 특히 최근 20~30년 동안에 이 해악은 급격히 증대해왔으며, 이제 농업노동자들의 주택 사정은 심히 개탄할 만한 수준에 이르고 있다. 농부의 노동 덕분에 부자가 된 사람들이 일종의 동정심 어린 관대함을 그들에게 베풀지 않는 한, 이 점에서 그들은 완전히 속수무책이다. 그가 경작하는 지역에서 그가 집을 찾을 수 있을지 없을지, 또 그 집이 인간에게 적합한 것일지 돼지에게 적합한 것일지, 그리고 그 집에 빈곤의 중압감을 훨씬 덜어줄 수 있는 조그만 마당이 있을지 없을지—이 모든 것은 그에게 적당한 집세를 지불할 용의나 능력이 있는지 없는지에 달린 것이 아니라 다른 사람들이 '자신

향에 시달린다는 사실은 여러 계층의 사람들이 수없이 증언하고 있으며, 또 그 결과 사람들이 쇠약해져서 선병에 걸렸다는 증거도 적지 않다. …… 카마던셔와 카디건셔의 교구 관리가 올린 보고서들은 이런 상황을 잘 보여 주고 있다. 게다가 더욱 끔찍한 역병인 백치증(白痴症)도 만연하고 있다. 기후는 어떤가? 1년 중 8~9개월은 세찬 남서풍이 전 지역을 강타하며, 이에 뒤따른 호우는 주로 구릉의 서쪽면을 휩쓸어버린다. 둘러싸인 장소 이외에는 수목이 거의 없으며 바람막이가 없는 곳은 흔적도 없이 날아가버린다. 오두막집은 대개 산기슭 아래나 골짜기 또는 바위틈에 지어졌고, 목초지에서는 매우 작은 양이나 토종 소만이 살아남을 수 있다. …… 젊은 사람들은 글래모건과 몬머스의 동부 광산지역으로 이주해버리고 있다. …… 카마던셔는 광산 주민들의 양성소이자 그 병원이기도 하다. …… 인구 수는 제자리를 맴돌 뿐이다. 예를 들어 카디건셔의 인구는 다음과 같다.

	1851년	1861년
남	45,155	44,446
여	52,459	52,955
계	97,614	97,401

(『공중위생 제7차 보고서: 1864년』, 런던, 1865, 498~502쪽 곳곳에 있는 헌터 박사의 보고)

의 재산을 마음대로 처분할 권리'를 어떻게 행사하려고 생각하는지에 달려 있다. 차지농장이 아무리 크더라고 거기에 일정 수의 노동자 주택이 있어야 한다는 법률은 없고, 게다가 제대로 된 주택이 있어야 한다는 법률은 더더욱 없다. 또한 법률은 토지에 대한 아무리 작은 권리도 노동자를 위해 마련해두지 않고 있다. 그 토지에 비나 햇빛과 마찬가지로 그의 노동도 필요한데도 말이다. …… 악명 높은 또 한 가지 요인이 노동자의 불리함을 가중시키고 있다. …… 즉 주거지와 구빈세 부담에 관한 조항들이 있는 구빈법의 영향이 바로 그것이다.[162] 이 영향 때문에 각 교구는 자기 교구에 거주하는 농업노동자의 수를 최소화하려는 금전적 이해를 갖는다. 왜냐하면 불행하게도 농업노동은 고통스럽게 노동하는 노동자와 그 가족에게 확실하고 항구적인 자립을 보장하는 것이 아니라, 단지 완급의 차이가 있을 뿐 대개는 피구휼상태로 향하는 우회로에 불과하고, 더구나 이 피구휼 상태는 병에 걸리든가 일시적으로 실업자가 되거나 하면 즉시 교구의 구휼에 의존해야만 할 만큼 항상 절박한 것이기 때문에, 한 교구에 정착하는 농업인구는 그 수가 얼마가 되든 분명 그 교구의 구빈세를 그만큼 증가시킬 것이기 때문이다. …… 대지주[163]는 자기 땅에 노동자들의 숙소를 짓지 않으려고 결심하기만 하면 그만큼 빈민에 대한 자기 책임의 절반을 면하게 된다. 영국의 헌법과 법률이 '자기 소유물을 마음대로 처리하고자 하는' 대지주에게, 토지 경작자들을 외국인처럼 취급하여 그들을 자신의 영지에서 몰아낼 수 있게 하는 이런 종류의 무제한적 토지소유권을 어느 정도까지 인정할 것인지는 여기서 내가 논의할 문제가 아니다. …… 이러한 퇴거의 권리는 단지 이론의 문제가 아니다. 그것은 실제로 대규모에 걸쳐 행사되고 있는

M711

162) 1865년 이 법률은 약간 개선되었다. 그러나 이런 서투른 개선으로는 아무 도움이 되지 못한다는 것이 결국 경험적으로 밝혀질 것이다.

163) 다음에 이어지는 서술을 이해하기 위해서 알아둘 것이 있다. 폐쇄촌락(close villages)이라는 것은 1~2명의 대지주가 부락 전체의 토지를 소유하고 있는 촌락을 말한다. 개방촌락(open villages)이란 여러 소지주가 토지를 나누어 소유하고 있는 촌락이다. 집장사들이 오두막집과 임시숙소를 세울 수 있는 곳은 후자 쪽이다.

권리이다. 그것은 농업노동자의 주거상태를 지배하는 여러 요인 가운데 하나이다. …… 그 폐해가 얼마나 큰지는 최근의 인구조사를 통해서도 알 수 있는데, 그것에 따르면 가옥에 대한 해당 지역의 수요 증가에도 불구하고 최근 10년 동안 잉글랜드의 821개 지구에서는 가옥 철거가 진행되어, (자신이 일하고 있는 교구에서) 거주하지 못하게 된 사람들은 차치하더라도, 1861년에는 1851년에 비해 5($\frac{1}{3}$)% 증가된 인구가 4($\frac{1}{2}$)% 감소된 주거지로 밀려들어갔다. …… 헌터 박사의 말에 따르면 인구의 감소과정이 끝나자 허수아비 촌락(show-village)이 생겨났는데, 그곳에서는 오두막집이 몇 채로만 줄어들고 거기에 거주할 수 있도록 허락받은 사람은 양치기나 정원사 또는 사냥터 관리인처럼 그 신분에 따라 좋은 대우를 받고 있는 상시 고용된 피용자들뿐이었다.[164] 그러나 토지는 경작되어야 한다. 그래서 경작에 종사하는 노동자는 지주에게서 집을 빌려 사는 사람들이 아니고 3마일쯤 떨어진 개방촌락에서 오는 사람들이다. 폐쇄촌락들에서 그들의 오두막집이 파괴되고 나자 이들 개방촌락의 많은 조그만 집의 주인들이 그 사람들을 받아들였던 것이다. 사태가 이런 결과로 치닫는 곳에서는 오두막집 대부분의 그 비참한 모습만 보더라도 그들의 저주받은 운명을 쉽게 알 수 있다. 이런 오두막집들은 정도는 다르지만 당연히 점점 퇴락해간다. 어떻든 지붕이 붙어 있는 한 노동자는 집세를 내야만 그 집에서 살 수 있고, 비록 그 집세가 제대로 된 집의 집세만큼이나 비쌀지라도 그것을 빌릴 수만 있다면 몹시 기꺼워하는 노동자들을 쉽게 볼 수 있다. 돈 한 푼 없이 집을 빌어 사는 사람이라도 할 수 있는 일을 제외하고는 어떤 수리나 개량도 이

164) 이런 허수아비 촌락은 겉보기에는 매우 말쑥하지만, 예카테리나 2세가 크리미아로 여행할 때 보았던 촌락들만큼이나 비현실적이다. 최근에는 양치기마저도 자주 이 허수아비 촌락에서 추방당하곤 한다. 예를 들면 하버러 시장 근처에 있는 약 500에이커 규모의 한 목양장에서는 단 한 사람의 노동자만이 필요하다. 이 광활한 벌판〔즉 레스터와 노샘프턴의 아름다운 목초지〕을 가로질러 오래 걸어야 하는 수고를 덜기 위해 양치기는 농장 안에 있는 오두막집을 얻는 것이 상례였다. 그러나 지금은 $\frac{1}{13}$실링의 집세를 받아 멀리 떨어진 개방촌락에서 거처할 곳을 마련하지 않으면 안 된다.

루어지지 않는다. 마침내 도저히 사람이 살 수 없는 상태로 퇴락하고 나면 또 한 채의 오두막집이 헐려질 뿐이고 그만큼 장래의 구빈세가 줄어들 뿐이다. 이리하여 대지주들이 자기가 지배하는 토지의 인구를 감소시켜 구빈세를 면하게 되는 동안, 근처에 있는 마을과 개방촌락은 거기에서 쫓겨난 노동자들을 받아들이게 된다. 이때 '근처'라는 말은 사실 노동자가 매일 일하는 차지농장에서 3, 4마일씩이나 떨어져 있는 곳을 가리킨다. 그래서 그의 하루 일과에는 하루의 빵값을 벌기 위해 날마다 6마일이나 8마일씩 걷는 것이 마치 대수롭지 않은 일이라도 되는 것처럼 추가된다. 그의 처자식이 하는 농업노동도 모두 똑같은 사정에 놓여 있다. 더구나 거리가 멀다는 사실이 노동자에게 끼치는 해악은 이것만이 아니다. 개방촌락에서는 부동산 투기꾼들이 작은 땅을 매입하여 거기에 최대한 값싸고 누추한 집을 가능한 한 빽빽하게 세운다. 그리고 이 비참한 주택에—넓고 빈 땅에 접해 있으면서도 가장 열악한 도시주택의 최악의 특징을 모두 갖추고 있는—잉글랜드의 농업노동자가 쪼그리고 앉아 있는 것이다.[165)] …… 다른 한편 자기가 경작하는 토지에 살고 있는 노동자들도 그들의 생산적 근로생활에 M713

165) "노동자들의 집(물론 언제나 사람들로 가득 찬 개방촌락에 있는)은 보통 집장사들이 자기 땅이라고 말하는 구역의 가장자리를 등지고 나란히 세워진다. 따라서 그들 집에는 정면을 제외하고는 햇빛과 공기가 들어올 틈이 없다"(헌터 박사의 보고서, 같은 글, 135쪽). "촌락의 술집 주인이나 잡화점 주인이 집주인을 겸하는 경우가 매우 많다. 이런 경우 농업노동자는 이들을 차지농업가 다음의 두 번째 주인으로 여기게 된다. 동시에 이들 노동자는 이 두 번째 집주인의 구매자도 되어야 한다. 주당 10실링을 받아 그 가운데 연간 4파운드스털링의 집세를 빼고 남은 것으로 그는 약간의 차 · 설탕 · 보릿가루 · 비누 · 양초 · 맥주 등을 잡화점에서 부르는 가격으로 사야만 한다"(같은 글, 132쪽). 이들 개방촌락은 사실 잉글랜드 농업 프롤레타리아트의 '유배지'이다. 오두막집은 대부분 그저 잠만 자는 곳에 불과하고 거기에는 인근의 온갖 부랑자들이 모두 출입한다. 불결하기 짝이 없는 상태에서도 경탄하리만치 건전하고 순결한 품성을 지켜왔던 농부와 그의 가족들은 이곳에서 완전히 악마의 손아귀에 넘어가버린다. 물론 상류 샤일록들 사이에서는 집장사나 소지주 또는 개방촌락에 대해 바리새인들처럼 눈살을 찌푸리는 것이 당시의 유행이었다. 그들의 '폐쇄촌락과 허수아비 촌락'은 '개방촌락'의 탄생지이고, 또 '개방촌락' 없이는 존재할 수도 없다는 것을 그들은 매우 잘 알고 있다. "개방촌락의 소지주들이 없으면, 농업노동자들은 대부분 자신들이 일하는 농장의 나무 아래서 잠을 자야만 할 것이다"(같은 글, 135쪽). '개방'촌락과 '폐쇄'촌락이라는 제도는 잉글랜드 중부의 모든 주와 동부 전역에 걸쳐 있다.

적합한 주거를 찾는다는 것은 상상도 할 수 없는 일이다. 아무리 좋은 농장에서도 노동자의 오두막집은 대체로 비참하기 그지없다. 지주 중에는 자기가 부리고 있는 노동자와 그 가족에게는 가축우리만으로도 충분하다고 생각하면서, 그럼에도 집세는 되도록 많이 받으려고 하는 것을 전혀 부끄러워하지 않는 자들이 많다.[166] 침실만 있을 뿐 난로도 변소도 없고 창문도 없으며, 도랑 이외에는 급수시설도 없고 뜰도 없는 쓰러져가는 오두막집일지라도, 노동자는 이런 부당함에 대해 어찌해볼 도리가 없다. 위생감독법은 완전히 사문화되어버렸다. 이 법의 시행은 사실상 이런 동굴 같은 집을 임대하는 바로 그 집주인들에게 일임되어버렸다. …… 우리는 예외적으로 빛나는 몇몇 광경에 현혹되어 영국 문명의 오점을 이루는 몇 가지 사실의 압도적인 중요성을 잊어서는 안 된다. 얼른 보기에도 명백한 현재 주거상태의 참상에도 불구하고 당국의 관찰자들이 하나같이, 주택의 일반적인 열악함도 주택의 단순한 수적 부족에 비하면 아직 훨씬 가벼운 해악이라는 결론에 도달하는 것은 참으로 개탄스러운 일이다. 지난 몇 해 동안 농업노동자 주택의 과도한 밀집은 위생을 중시하는 사람들뿐만 아니라 깔끔한 도덕적 생활을 중시하는 사람들 모두에게도 깊은 우려의 대상이 되었다. 왜냐하면 농촌지역의 전염병 창궐에 대한 보고서들이, 일단 발생한 전염병의 확산을 막으려는 모든 시도를 완전히 좌절시키고 만 하나의 원인으로서 마치 약속이라도 한 듯 똑같은 말투로 주택의 지나친 밀집을 거듭 비난하고

M714

166) "집주인(차지농업가나 지주)들은 주당 10실링으로 고용한 남자의 노동을 통해 직·간접으로 치부하면서도, 이 가난뱅이에게서 집세로 연간 4~5파운드스털링을 뜯어낸다. 이 정도의 집은 공개시장에서 기껏해야 20파운드스털링밖에 안 나가는 것이지만 그것이 인위적인 가격을 유지하는 까닭은 '내 집에 있든가 아니면 당장 나가서 내 노동증명 없이 네 멋대로 다른 곳에서 입에 풀칠할 곳을 찾아보라'고 말하는 집주인의 횡포 때문이다. …… 만일 어떤 남자가 몇 푼이라도 더 벌겠다고 철도공이 되든가 채석장에 나간다 해도 거기에도 역시 똑같은 횡포가 이들을 기다리고 있어서 '이 싼 임금으로 내 밑에서 일하든가, 아니면 일주일 전에 미리 알리고 나가라. 돼지라도 한 마리 있으면 갖고 나가고 뜰에서 자란 감자라도 있다면 캐어가라'고 말한다. 그러나 나가지 않는 편이 나아서 그대로 남을 경우에는 지주(또는 차지농업가)는 자신에 대한 봉사에서 도피하려 한 벌로 집세를 올리는 경우가 많다"(헌터 박사, 『공중위생 제2차 보고서: 1864년』, 132쪽).

있기 때문이다. 또 전원생활이 건강에 끼치는 좋은 영향이 많은데도 전염병의 만연을 그렇게 촉진하는 밀집상태가 비전염병의 발생도 조장한다는 것은 벌써 반복적으로 지적된 바 있다. 그리고 그런 과밀상태를 비난해온 사람들은 그밖의 해악에 대해서도 침묵하지 않았다. 원래 보건문제만 다루었던 그들은 거의 부득이하게 문제의 다른 여러 면에도 관여하지 않을 수 없었다. 좁은 침실에 기혼 · 미혼의 성인 남녀가 한데 섞여 있는 일이 얼마나 많은지를 보여줌으로써 그 보고서들은 그런 상황에서는 수치심과 예의가 모조리 사라지고 모든 도덕도 거의 예외 없이 무너지고 만다는 점을 확신시켜주고 있다.[167] 나의 최근 보고서 부록에는 그 한 예가 수록되어 있다. 그 보고서 부록에서 오드(Ord) 박사는 버킹엄셔의 윙에서 발생한 열병에 관한 보고에서, 어떤 청년이 열병에 걸려 윈그레이브에서 그곳으로 이송되어왔다고 서술하고 있다. 병이 난 처음 며칠 동안 그는 9명의 다른 사람과 함께 한 방에서 잤다고 한다. 그러자 2주일 만에 몇 명이 발병하더니 몇 주 지나지 않아 9명 가운데 5명이 열병에 걸렸으며, 그 중 1명은 죽어버렸다! 그 무렵 전염병이 유행하던 윙을 개인적으로 방문했던 세인트 조지 병원의 하비 박사도 같은 취지의 보고를 해왔다. "열병에 걸린 한 젊은 여자가 아버지, 어머니, 자신의 사생아, 두 명의 남자형제, 두 명의 자매와 그에 딸린 사생아 1명씩과 함께 모두 10명이 밤에는 한 방에서 잤다. 불과 몇 주 전만 해도 그 방에서는 13명의 어린이가 함께 잤다."[168]

M715

167) "신혼부부는 침실을 같이 쓰는 다 큰 형제자매들에게 유익한 영향을 주지 못한다. 실례를 들어 말하기는 안됐지만, 근친상간을 범한 여자 쪽의 운명은 격심한 고통을 겪고 때로는 죽음에 이르기조차 한다는 사실을 입증해줄 수 있는 자료는 충분하다"(같은 글, 137쪽). 여러 해 동안 런던의 가장 불량한 지구에서 형사로 근무한 적이 있는 어느 농촌 경관은 자기 촌락의 처녀들에 대해 다음과 같이 말한다. "어릴 때부터 그녀들의 불량한 품행과 뻔뻔스러움은 내가 런던에서 가장 불량한 지구에서 근무할 때도 겪어본 적이 없을 정도이다. …… 그녀들은 돼지처럼 살고 있고, 다 자란 아들 · 딸들이 아버지와 어머니와 함께 한 방에서 자는 일이 흔하다"(『아동노동 조사위원회 제6차 보고서』, 런던, 1867, 부록 77쪽, 제155번).

168) 『공중위생 제7차 보고서: 1864년』, 9~14쪽의 곳곳.

헌터 박사는 순수한 농업지역뿐 아니라 잉글랜드의 모든 주에서 농업노동자의 오두막집 5,375호를 조사했다. 이 5,375호 가운데 2,195호에는 침실(흔히 거실 겸용)이 하나밖에 없었고, 2,930호에는 2개만 있었으며, 250호에만 2개 이상의 침실이 있었다.

조사된 12개 주에 관해서 간단히 요점을 살펴보기로 하자.

(1) 베드퍼드셔

레슬링워스: 침실은 길이 12피트, 너비 약 10피트인데, 이보다 작은 것도 많다. 작은 단층집은 널빤지로 구분하여 2개의 침실로 나눈 것이 보통이고 높이 5피트 6인치의 부엌에 침대를 하나 둔 곳도 많다. 집세는 3파운드스털링, 세입자는 자신의 변소를 직접 만들어야 하며 집주인은 구덩이를 제공할 뿐이다. 한 사람이 변소를 만들면 이웃사람 모두가 이를 함께 이용한다. 리처드슨 가족의 집이 가장 훌륭한 것이었다. 그 석회벽은 여인들이 무릎을 구부려 절할 때의 부인복 모습처럼 불룩해 있었다. 박공의 한쪽 끝은 오목하고 다른 한쪽 끝은 볼록했는데, 볼록한 쪽에는 불행히도 코끼리의 코처럼 구부러진, 점토와 나무로 만든 굴뚝이 서 있었다. 그리고 거기에는 굴뚝이 넘어지는 것을 막기 위해 하나의 긴 막대기가 받쳐져 있었다. 출입문과 창문은 마름모꼴로 찌그러져 있었다. 우리가 방문한 17채의 집 가운데 침실이 하나 이상 있는 집은 4채뿐이었으며, 이 4채도 사람으로 가득 차 있었다. 침실이 하나밖에 없는 오두막집에 어른 3명과 아이 3명 또는 6명의 아이를 거느린 부부 등이 살고 있었다.

던턴: 4~5파운드스털링에 이르는 높은 집세, 성인 남자의 주급은 10실링. 그들은 가족의 밀짚 세공을 통해 집세를 지불하려 한다. 집세가 올라갈수록 그것을 지불하기 위해 일해야 하는 사람의 수는 많아진다. 침실 하나에 4명의 아이를 거느리고 사는 어른 6명이 지불하는 집세는 3파운드스털링 10실링이다. 던턴에서 가장 값싼 집의 크기는 외벽의 길이가 15피트, 너비가 10피트이고 집세는 3파운드스털링이다. 우리가 조사한 14채 가운

데 침실이 2개 있는 집은 1채뿐이었다. 마을 변두리의 어떤 집에서는 집의 외벽 앞에다 대소변을 보고 있었다. 이 집의 출입문은 아래쪽 9인치가 완 M716 전히 썩어 없어졌는데, 밤이 되어 문을 닫을 때는 교묘하게 벽돌을 포개놓고 거적 같은 것을 걸쳐놓는다. 창문의 반은 유리나 창살 할 것 없이 모두 깨져 있었다. 여기에 가구도 없이 어른 3명과 아이 5명이 뒤섞여 붐비고 있었다. 그렇지만 던턴은 비글스웨이드 교구 연합 가운데 다른 교구보다 상태가 그다지 나쁘지 않은 편에 속한다.

(2) 버크셔

빈엄: 1864년 6월 한 부부와 4명의 아이가 한 코트(Cot: 단층 오두막집)에 살고 있었다. 딸 하나가 직장에서 성홍열에 걸려 돌아왔는데 그 아이는 죽었다. 다른 한 아이도 병에 걸려 죽었다. 헌터 박사가 왕진을 왔을 때는 어머니와 아이 하나가 티푸스에 걸려 있었다. 아버지와 남은 아이 하나는 집 밖에서 잤는데, 여기에서는 격리를 확실하게 하기가 어렵다는 것을 알 수 있었다. 왜냐하면 지극히 혼란스러운 이 빈촌의 시장에는 열병에 감염된 집의 옷가지들이 세탁을 기다리며 쌓여 있었기 때문이다. — H씨의 집세는 주당 1실링이고 부부와 아이 6명에 침실이 하나였다. 집세가 8펜스(주당)인 어떤 집은 길이가 14피트 6인치, 폭이 7피트, 부엌은 높이 6피트로 침실에는 창문도 난로도 없고 복도 쪽 외에는 출입구도 없었으며 뜰도 없었다. 여기에는 최근까지 한 남자가 과년한 딸 2명과 장성한 아들 하나를 데리고 살고 있었다. 아버지와 아들은 침대에서, 딸들은 복도에서 잤다. 그 가족이 여기에 사는 동안 두 딸은 모두 임신하였는데, 1명은 구빈원에서 분만을 하고 집으로 돌아왔다.

(3) 버킹엄셔

여기에서는 30채의 오두막집 — 1,000에이커의 토지에 지어져 있다 — 에 약 130~140명이 살고 있었다. 브래든엄 교구는 넓이 1,000에이커로

1851년 현재 36채의 집에 남자 84명, 여자 54명이 거주하고 있었다. 1861년에는 남녀간 불균형이 완화되어 남자 98명, 여자 87명으로 되었다. 10년 사이에 남자 14명, 여자 33명이 증가한 것이다. 그 동안 오두막집은 1채가 오히려 줄어들었다.

윈슬로: 대부분이 보기 좋은 모양으로 새로 지어졌다. 몹시 허술한 오두막집이라도 주당 1실링~1실링 3펜스에 임대되고 있는 것으로 보아 집의 수요는 꽤 있는 듯하다.

워터이튼: 여기에서는 인구가 증가하자 지주들이 기존 가옥의 약 20%를 헐어버렸다. 일자리까지 4마일이나 걸어가야 되는 한 가난한 노동자에게 왜 더 가까운 곳에서 오두막집을 구하지 못했는가 하고 묻자 그는 이렇게 대꾸했다. "구할 수가 없었소. 집주인들이 나처럼 대가족을 거느린 사람이 입주하는 것을 매우 꺼리기 때문이라오."

M717

윈슬로 근처의 팅커스엔드: 어른 4명과 아이 5명이 사는 집의 침실은 길이 11피트, 너비 9피트, 높이는 가장 높은 곳이 6피트 5인치였다. 또 다른 어떤 집의 침실은 길이 11피트 7인치, 너비 9피트, 높이 5피트 10인치였고 여기에 6명이 살고 있었다. 이들 가족 각자가 차지하는 공간은 노 젓는 노예 한 사람에게 필요한 공간보다도 좁았다. 침실이 하나 이상인 집은 없었고, 뒷문도 없었으며 식수 사정도 매우 열악했다. 집세는 주당 1실링 4펜스~2실링이었다. 조사된 집 16채 가운데 주당 10실링의 벌이를 하는 사람은 단 한 명밖에 없었다. 여기서 말한 집들의 경우 밤에 자면서 한 사람이 누릴 수 있는 공기의 양은 4평방피트의 상자 속에 들어가 있는 경우와 같다. 물론 낡은 오두막집에는 그 틈새 때문에 약간의 자연적 환기장치가 있긴 하다.

(4) 케임브리지셔

갬블링게이는 여러 명의 지주가 소유하고 있다. 그곳에는 세상에서 가장 형편없는 오두막집들이 있다. 이 지역에서는 밀짚 세공이 많이 이루어진다. 죽음과 같은 무기력, 불결함에 뒤덮인 절망적 체념이 갬블링게이에 만연해 있다. 그 중심부는 아무렇게나 방치되어 있으며 집들이 군데군데 썩어서 허물어진 남북의 양쪽 변두리는 보는 것만으로도 고통스럽다. 부재지주는 이 가난한 둥지에서 마음껏 고혈을 짜낸다. 집세는 엄청나게 비싸다. 1인용 침실에 8~9명이 한꺼번에 들어가 있다. 조그만 침실 하나에 어른 6명에 아이 1명이 있는 경우와, 마찬가지로 어른 6명에 아이 2명이 있는 경우가 있었다.

(5) 에식스

이 주 대부분의 교구에서는 인구와 오두막집이 함께 감소하고 있다. 그러나 22개 남짓한 교구에서는, 가옥이 헐려나갔는데도 인구의 증가를 막지 못했고, 또한 '도시로의 이주'라는 이름 아래 도처에서 이루어지고 있는 추방도 불러일으키지 못했다. 넓이가 3,443에이커인 핀그링호 교구에서는 가옥 수가 1851년의 145채에서 1861년에는 겨우 110채로 감소했지만 주민들은 떠나가려 하지 않았고, 이런 취급을 받으면서도 오히려 그 수가 증가하였다. 램든크레이스에서는 1851년 252명이 61채의 집에 거주하고 있었는데, 1861년에는 262명이 49채의 집에 뒤엉켜 살고 있었다. 베이질던에서는 1851년 1,827에이커의 땅에 157명이 35채의 집에서 살고 있었지만, 10년 뒤에는 180명이 27채의 집에서 살고 있었다. 핀그링호 · 사우스팜브리지 · 위드퍼드 · 베이질던 · 램든크레이스 등과 같은 교구에서는 1851년 8,449에이커의 땅에 1,392명이 316채의 집에서 살고 있었지만, 1861년에는 같은 넓이의 땅에 1,473명이 249채의 집에서 살고 있었다. M718

(6) 히어포드셔

이 조그만 주는 잉글랜드의 어느 주보다도 '추방이라는 망령'에 몹시 시달리고 있었다. 매들리에서는 보통 침실이 2개 있는 괜찮은 오두막집은 대부분 차지농업가의 소유이다. 그들은 이런 종류의 오두막집을 쉽사리 1

년에 3~4파운드스털링으로 임대해준다. 그러면서도 그들은 주당 9실링의 임금만을 지불하고 있다!

(7) 헌팅던셔

하트퍼드에서는 1851년에 87채의 집이 있었는데 그뒤 얼마 안 되어 이 조그만 1,720에이커의 교구에서 19채의 오두막집이 헐렸다. 거주자는 1831년 452명, 1851년 382명, 1861년 341명이었다. 침실 하나뿐인 오두막집 14채를 조사해보았다. 한 집에서는 한 쌍의 부부, 다 장성한 아들 3명과 딸 1명, 아이들 4명 등 모두 10명이 살고, 다른 어떤 집에서는 어른 3명과 6명의 아이들이 살고 있었다. 8명이 자는 어떤 방의 크기는 길이 12피트 10인치, 너비 12피트 2인치, 높이 6피트 9인치였다. 평균 용적은 튀어나온 부분을 포함하여 1인당 약 130평방피트였다. 14개의 침실에 어른 34명과 아이 33명이 있었다. 이들 오두막집에서는 뜰이라고는 찾아보기 어려웠지만 거주자들은 대부분 조그만 땅뙈기를 1루드(rood: 1루드= $\frac{1}{4}$ 에이커)당 10~12실링을 주고 빌릴 수 있었다. 이 분할차지(分割借地)는 집에서 멀리 떨어져 있었고 집에는 변소가 없었기 때문에 일가족은 자신의 차지까지 가서 용변을 보든가, 또는 더러운 얘기이지만, 여기에서 실제로 행해지고 있듯이 장롱 서랍에 배설물을 넣어두어야 한다. 서랍이 가득 차면 그것을 빼내어 필요한 곳에 버리게 된다. 일본에서도 생활조건의 순환은 이보다 청결하게 행해지고 있다.

(8) 링컨셔

랭토프트: 이곳 라이트의 집에는 1명의 남자가 그의 아내와 어머니, 그리고 5명의 아이들과 함께 살고 있다. 이 집에서는 앞쪽으로 부엌과 설거지대가 있으며 부엌 위에 침실이 있다. 부엌과 침실은 길이 12피트 2인치, 너비 9피트 5인치, 집 전체의 대지는 길이 21피트 3인치, 너비 9피트 5인치이다. 침실은 다락방이다. 벽은 원추형 모양의 지붕에서 만나고 앞쪽으

로 들창이 하나 있다. 그는 왜 여기서 살고 있을까? 뜰이 있기 때문인가? 뜰은 매우 좁다. 집세 때문인가? 집세는 비싸서 주당 1실링 3펜스나 된다. 일터가 가까워서인가? 아니다. 6마일이나 떨어져 있으므로 매일 왕복 12마일이나 걸어야 한다. 그가 그곳에 살고 있는 까닭은 그것이 셋집이기 때문이고, 또한 장소가 어디든, 집세가 얼마이든, 집의 상태가 어떻든 그는 M719 독채의 오두막집을 갖고 싶었기 때문이다. 다음 표는 모두 12개의 침실이 있고 어른 38명과 아이 36명이 살고 있는 랭토프트의 집 12채에 관한 통계이다.

랭토프트의 12개 가옥

가옥 번호	침실 수	어른	아이	총 거주 인원수	가옥 번호	침실 수	어른	아이	총 거주 인원수
1	1	3	5	8	7	1	3	3	6
2	1	4	3	7	8	1	3	2	5
3	1	4	4	8	9	1	2	0	2
4	1	5	4	9	10	1	2	3	5
5	1	2	2	4	11	1	3	3	6
6	1	5	3	8	12	1	2	4	6

(9) 켄트

케닝턴: 디프테리아가 발생하여 교구 의사가 하층빈민의 상태에 관해 직무상의 조사를 수행한 1859년에는 가장 지독한 과밀상태에 있었다. 교구 의사는 많은 노동이 필요한 이 촌락에서 오두막집 여러 채가 헐린 반면 새 오두막집은 하나도 세워지지 않았다는 것을 알았다. 어떤 지구에서는 새장(birdcage)이라고 불리는 집이 4채 있었고, 각 집에는 다음과 같은 크기의 방이 4개 있었다.

부 엌 ·············· 9피트 5인치 × 8피트 11인치× 6피트 6인치
설거지대 ·············· 8피트 6인치 × 4피트 6인치× 6피트 6인치

침　　실 …………… 8피트 5인치 × 5피트 10인치 × 6피트 3인치
침　　실 …………… 8피트 3인치 × 8피트 4인치 × 6피트 3인치

(10) **노샘프턴셔**

브릭스워스·피츠퍼드·플로어: 겨울 동안 이들 마을에서는 20~30명이나 되는 남자들이 일이 없어 길거리에서 빈둥거리고 있다. 차지농업가는 곡물밭이나 채소밭을 언제나 남김없이 모두 경작하는 것이 아니고, 지주는 자신의 토지를 한데 모아 2~3개로 합치는 것이 좋다는 사실을 알고 있었다. 그 때문에 일이 없어졌다. 도랑 저쪽에서는 밭이 일손을 구하고 있고, 이쪽에서는 기만당한 노동자들이 아쉬운 눈빛으로 그 밭을 쳐다보고 있었던 것이다. 여름에는 열병에 들린 것처럼 열심히 일하고 겨울에는 굶다시피 하기 때문에 그들이 자신들만의 은어로 "the parson and gentlefolks seem frit to death at them"[168a]이라고 말하는 것도 전혀 이상한 일이 아니다.

M720 플로어에서는 극히 좁은 침실에 4~6명의 아이를 거느린 부부가 살거나, 어른 3명과 아이 5명이 함께 있거나, 부부가 할아버지와 성홍열에 걸린 6명의 아이와 함께 살고 있는 등의 사례가 발견되었다. 침실이 2개 있는 집에는 각각 어른 8명과 9명의 두 가족이 살고 있었다.

(11) **윌트셔**

스트래턴: 둘러본 31채 가운데 8채에는 침실이 하나밖에 없었다.

같은 교구의 펜힐: 어른 4명과 아이 4명이 주당 1실링 3펜스에 세든 오두막집은 벽 외에는 거친 돌로 된 마루부터 썩은 지붕에 이르기까지 어느 하나 변변한 것이 없었다.

168a) "성직자와 신사 녀석들이 작당하여 우리를 죽도록 부려먹는다."

(12) 워세스터셔

여기에서는 집을 그리 많이 헐지 않았다. 1851~61년에 집 1채당 사람 수는 4.2명에서 4.6명으로 늘어났다.

배드시: 여기에는 조그만 뜰이 딸린 오두막집이 많다. 일부 차지농업가는 오두막집이 "빈민을 불러모으기 때문에 여기서는 큰 골칫거리이다"라고 말한다. 어떤 신사의 다음과 같은 말을 들어보자.

> 빈민들의 상태는 그런다고 해서 조금도 나아지지 않는다. 500채 정도의 오두막집을 세워도 그것은 금방 가득 차게 된다. 사실 세우면 세울수록 더욱더 수요가 늘어날 뿐이다.

그에 따르면 집은 거주자를 불러모으고 거주자는 자연법칙적으로도 '주택'을 압박한다는 것인데, 이 말에 대하여 헌터 박사는 다음과 같이 말한다.

> 그런데 어쨌든 이들 빈민은 어디에선가 오고 있는데, 배드시에는 교회의 시혜와 같은 특별한 유인이 전혀 없는 것으로 미루어보아 더 불편한 지역에서 쫓겨나 여기로 밀려오는 것이 틀림없다. 어느 누구든 만일 자신이 일하는 장소 근처에서 오두막집과 한 뙈기의 토지를 구할 수만 있다면, 반드시 배드시보다는 그곳을 선택할 것이다. 이 배드시에서 그는 손바닥만한 땅에 대해 차지농업가보다 2배나 되는 임대료를 지불하고 있기 때문이다.

도시로의 부단한 이주는 차지의 집중, 경지의 목초지화, 기계의 도입 등으로 말미암은 농촌에서의 부단한 '인구과잉', 그리고 오두막집의 파괴를 통한 농촌인구의 부단한 추방 등과 함께 진행된다. 한 지역의 인구가 줄어들수록 그 지역의 '상대적 과잉인구'는 점점 늘어나고 고용수단에 대한 이 과잉인구의 압력, 거주수단을 넘어서는 농촌 주민의 절대적 과잉이 점점 심화하고, 따라서 농촌에서는 국지적 과잉인구와 극히 비위생적인 인구 포화상태가 점점 심해지는 것이다. 산재한 소촌락과 농촌 소도시에 M721 서의 인구밀도 증가는 농촌지역에서 이루어지는 폭력적인 인간추방과 맞물려 있다. 농업노동자 수의 감소와 그들의 생산량 증대에도 불구하고, 농업노동자의 끊임없는 '과잉화'는 그들의 극심한 빈곤의 원인이 된다. 이렇게 만들어진 극심한 빈곤은 다시 그들을 추방시키는 하나의 동기가 되고, 동시에 그들의 주택난의 주요한 원인이 되며, 이러한 주택난은 이제 최후의 저항력마저 무력하게 만들어서, 그들을 지주[169)]나 차지농업가의 사실상의 노예로 만들어버리고, 그 결과 그들에게는 최저수준의 임금이 자연법칙으로 고착화되어버린다. 다른 한편 농촌은 그 만성적인 '상대적 과잉인구'에도 불구하고 동시에 인구부족을 함께 겪는다. 이 현상은 도시, 광산, 철도 공사 등으로의 인구 유출이 급격히 진행되는 지역에서 국지적으로 나타날 뿐만 아니라, 봄이나 여름은 물론 추수기에도, 손이 아주 많이 가고 집약적인 영국 농업이 일시적으로 일손을 필요로 하는 여러 시기에는 어디서나 볼 수 있는 것이다. 농업노동자는 경작을 위한 평상시의 수요에 대해서는 언제나 과잉상태이고, 예외적이거나 일시적인 수요에 대 M722 해서는 언제나 과소상태인 것이다.[170)] 그 때문에 공문서에서도 같은 시간

169) "농업노동자의 천부적인 일은 그의 지위에 대해서도 위엄을 부여해준다. 그는 노예가 아닌 평화의 병사로서, 지주—마치 국가가 병사들에게 요구하는 것과 비슷한 의무노동의 권리를 요구하는—가 제공하는 기혼남자의 거주지에 자기 몫의 한 자리를 제공받는다. 그는 병사와 마찬가지로 자기 노동에 대해서 시장가격을 받지 못한다. 그는 병사처럼 자신의 일과 자기 동네밖에 모르는 어리고 무지한 상태에 사로잡혀 있다. 조혼이나 여러 거주관계법의 실시가 그에게 끼치는 영향은 징병과 군법이 병사에게 끼치는 영향과 같다"(헌터 박사, 앞의 글, 132쪽). 때때로 예외적으로 마음이 여린 지주의 경우 그는 자신이 만들어낸 황량함에 슬픔을 느끼기도 한다. 호캄의 저택이 완공된 데 대하여 축하를 받으면서 레스터 백작은 다음과 같이 말했다. "자기 영지에 혼자 산다는 것은 우울한 일이다. 주위를 둘러보아도 내 저택 말고는 한 채의 집도 없다. 나는 큰 성에 사는 거인처럼 이웃사람들을 몽땅 먹어치워버렸다."

170) 최근 수십 년 이래 프랑스에서도 자본주의적 생산이 농업을 잠식하여 농촌의 '과잉'인구를 도시로 몰아냄으로써 이와 비슷한 변화가 일어나고 있다. 여기서도 '과잉인구'의 진원지에서는 주택이나 그밖의 사정이 악화되어 있음을 알 수 있다. 분할지제도(Parzellensystem)가 만들어낸 독특한 '농촌 프롤레타리아'(Prolétariat foncier)에 관해서는 무엇보다도 앞에서 인용한

같은 장소에서 노동부족과 노동과잉이라는 모순된 얘기들이 기록된 것을 볼 수 있다. 일시적이거나 국지적인 노동부족은 결코 임금의 인상을 가져오는 것이 아니라 여자나 아이에게 밭일을 강제하고 또한 노동연령의 끊임없는 저하를 가져온다. 부녀자와 아동에 대한 착취가 더 광범위해지면, 그것은 바로 남성 농업노동자의 과잉화와 그 임금을 억제하는 새로운 수단이 된다. 잉글랜드 동부에서는 이 악순환의 훌륭한 성과 — 이른바 작업단(作業團)제도(gang-system) — 가 빈번히 성행하고 있는데, 그것에 대해 여기에서 간단히 언급해보기로 한다.[171]

작업단제도는 링컨셔 · 헌팅던셔 · 케임브리지셔 · 노퍽 · 서퍽 · 노팅엄셔 등에서는 거의 지배적으로 성행하고 있고, 인접한 노샘프턴 · 베드퍼드 · 러틀랜드 등지에서는 산발적으로 행해지고 있다. 여기에서는 링컨셔를 예로 들어보기로 보자. 이 주의 대부분은 예전에는 습지였던 새 간척지이거나, 또는 앞에서 말한 동부의 다른 여러 주처럼 최근에 바다를 막아 간척한 토지이다. 증기기관은 배수작업에서 기적을 연출했다. 예전의 습지나 모래땅이 지금은 풍요로운 곡물과 최고의 지대를 낳고 있다. 액스홈섬이나 트렌트 하천 연안의 다른 교구에서와 같은 인공적으로 조성된 충적지도 이와 마찬가지이다. 새로운 차지농장이 세워졌지만 새 오두막집이 들어서기는커녕 낡은 오두막집까지 헐렸는데, 노동 공급은 구릉을 끼고 꼬불꼬불 나 있는 시골길을 따라 몇 마일이나 떨어진 개방촌락에서 이루어졌다. 이전에 이들 촌락은 겨울 동안 계속되는 노동력 범람에서 주민들이 유일하게 피난처로 삼던 곳이었다. 400~1,000에이커에 이르는 차지

콜랭의 저서와 카를 마르크스의 『루이 보나파르트의 브뤼메르 18일』(제2판, 함부르크, 1869, 88쪽 이하)을 보라. 1846년 프랑스의 도시인구는 24.42%이고 농촌인구는 75.58%였는데, 1861년에는 도시인구가 28.86%이고 농촌인구는 71.14%였다. 최근 5년 사이에 농촌인구의 비율 감소는 더욱 현저해졌다. 이미 1846년에 피에르 뒤퐁(Pierre Dupont)은 그의 『노동자들』에서 다음과 같이 노래하고 있다. "입을 것은 해지고 사는 곳은 움막,/다락방 아래 먼지 속에서/우리는 살아간다./올빼미와 도둑, 어둠의 패거리를 벗 삼아."

171) 1867년 3월 말에 발간된 '아동노동 조사위원회' 제6차 최종 보고서는 농업부문의 작업단제도만을 다루고 있다.

농장에 살고 있는 노동자(여기에서는 이들을 '상주노동자'라고 한다)는 말을 부리는 지속적 중노동인 농업노동에만 사용된다. 100에이커(1에이 M723 커=40.49아르 또는 1,584프로이센 모르겐)마다 평균 1채의 오두막이 있을까 말까 하다. 예를 들면 한 늪지대의 차지농업가는 조사위원회에서 다음과 같이 증언하고 있다.

> 내 차지농장의 넓이는 320에이커로 모두 곡물경작지이다. 그곳에는 오두막집이 없다. 지금 내 농장에는 1명의 노동자가 살고 있고, 4명의 마부는 인근에 살고 있다. 많은 일손이 필요한 가벼운 작업은 작업단에 의해서 이루어진다.[172]

토지는 괭이질, 김매기, 약간의 비료 주기, 돌 골라내기 등과 같은 많은 가벼운 밭일을 필요로 한다. 그것은 작업단, 즉 개방촌락에 거주하는 노동자 패거리에 의해서 수행된다.

작업단은 10명에서 40~50명의 인원, 즉 부녀자와 소년·소녀(13~18세)—그렇지만 소년의 경우 대개 13세는 제외된다—그리고 남녀 아동(6~13세)으로 구성된다. 맨 위에는 단장(gang-master)이 있는데, 그는 주로 보통의 농업노동자로 대개는 이른바 불량한 무뢰한이면서 빈둥거리는 술꾼이지만, 어느 정도의 기업가 정신과 수완을 갖고 있다. 그가 작업단을 모집하는데, 작업단은 차지농업가가 아니라 그의 지휘 아래 일하게 된다. 그는 대개 차지농업가와 도급계약을 체결한다. 그리고 그의 수입은 평균적인 보통 농업노동자의 수입보다 그리 높지는 않은데,[173] 그 수입은 거의 전적으로 더 짧은 시간 동안 더 많은 양의 노동을 자신의 작업단에서 뽑아내는 솜씨에 달려 있다. 차지농업가들의 얘기에 따르면 여자들은 남자의 감독 아래에서만 일을 제대로 하는데, 부녀자나 아동은 일단 일을 시작하

172) 『아동노동 조사위원회 제6차 보고서: 증언』, 37쪽, 제173번, Fenland=Marschland.
173) 그러나 500에이커의 차지농업가가 되거나 꽤 많은 집의 소유자가 된 단장들도 있다.

면—이미 푸리에도 알고 있었듯이—아주 격렬하게 생명력을 지출하는 데 비해 성인 남성노동자는 매우 교활하여 되도록이면 생명력의 지출을 절약한다. 단장은 농장에서 농장으로 이동하면서 자신의 작업단을 이끌고 1년에 6~8개월 동안 일을 한다. 그래서 노동자 가족의 처지에서 보면 매우 부정기적으로만 아동을 고용하는 개별 차지농업가와의 거래보다는 작업단장과의 거래가 훨씬 유리하고도 안정된 것으로 간주된다. 이런 이유 때문에 개방촌락에서 그의 영향력은 매우 탄탄하여, 아동들은 대개 그의 중개를 통하지 않고는 일을 할 수 없을 정도이다. 몇몇 아동을 작업단에서 빼내어 개별적으로 빌려주는 일은 그의 부업이 되어 있다.

이 제도의 '어두운 면'은 아동이나 소년 · 소녀들의 과도노동과 5~6마일 또는 7마일이나 떨어진 농장을 날마다 왕복해야 하는 지독한 행군, 그리고 '작업단'의 풍기문란에서 찾을 수 있다. 몇몇 지방에서는 '몰이꾼'이라고 불리는 단장이 긴 몽둥이를 갖고 있기도 하지만, 그것을 실제로 사용하는 일은 거의 없기 때문에 학대에 관한 호소는 예외적인 경우에 해당한다. 그는 한 사람의 민주적인 황제 또는 일종의 '하멜른의 쥐잡이'이다. 따라서 그는 자신의 신하들 사이에서 인기를 유지할 필요가 있고, 자신의 보호 밑에서 꽃피는 집시 생활을 통해 그들을 자신에게 묶어두어야 한다. 거친 방종이나 떠들썩한 소동, 외설스럽기 짝이 없는 파렴치한 행위는 작업단에 날개를 달아준다. 대개의 경우 단장은 선술집에서 계산을 끝내면 건장한 여자들에게 좌우를 보필하게 하여 비틀거리면서 행렬의 선두에 서서 집으로 돌아오고, 그뒤로는 아동과 소년 · 소녀들이 서로 희롱하거나 외설적인 노래를 부르면서 떠들썩하게 따라간다. 돌아오는 길에는 푸리에가 말하는 '난교'(亂交)†158가 매일같이 이루어진다. 13세나 14세의 여자아이가 동년배 소년의 아이를 임신하는 일도 자주 있다. 작업단의 인원을 공급하는 개방촌락은 소돔과 고모라가 되고[174] 영국의 다른 지방들

M724

174) "러드퍼드의 경우 작업단 때문에 몸을 망친 처녀들이 절반이나 되었다(같은 글, 부록 6쪽, 제32번).

보다 2배나 많은 사생아를 낸다. 이런 학교에서 보고 들은 여자아이들이 부인이 되어 어떤 품행을 보이는지는 앞에서도 이미 얘기한 바 있다. 그녀들의 아이는 아편 중독으로 죽지 않는 한 태어나는 순간 벌써 작업단의 신병이 된다.

여기에서 서술한 바와 같은 전형적인 형태의 작업단은 공공작업단·일반작업단 또는 이동작업단이라고 불린다. 그밖에 사립작업단이라는 것도 있는데, 이것은 일반작업단과 똑같은 방식으로 구성되지만 사람 수가 적고, 또 단장이 아니라 차지농업가에게 고용된 늙은 농장고용인—그 일 외에는 달리 쓸모가 없는—의 지휘를 받아 일한다. 이 작업단에서는 집시풍은 보이지 않지만, 어떤 증언을 들어보더라도 아동들이 받는 임금이나 처우는 더욱 열악하다.

작업단제도는 최근 계속 확대되고 있는데[175] 그것이 단장을 위해서 존재하는 것이 아닌 것은 분명하다. 그것은 대규모 차지농업가[176]나 대지주[177]의 치부를 위해서 존재한다. 차지농업가에게는, 자기 휘하에 정상수준보다 훨씬 적은 작업인원만을 두고서도 늘 초과작업을 위한 별도의 일손을 준비할 수 있고 또 최소한의 화폐로 최대한의 노동을 짜내어[178] 성인 남성노동자를 '과잉상태'로 만들 수 있는 방법으로 이보다 더 교묘한 제

M725

175) "이 제도는 최근에 무척 증가하였다. 얼마 전에야 비로소 그것을 도입한 지방도 몇 군데 있지만, 오랫동안 그것이 이루어진 지방들에서는 수도 더 많고 나이도 더 어린 아동들이 작업단에 들어가 있다"(같은 글, 79쪽, 제 174번).

176) "소규모 차지농업가는 작업단의 일손을 사용하지 않는다." "그것이 사용되는 곳은 영세한 토지가 아니라 1에이커에 2파운드스털링에서 2파운드스털링 10실링의 지대를 낳는 토지이다" (같은 글, 17·14쪽).

177) 지대에 맛을 들인 이들 지주 가운데 한 사람은 조사위원회에 대해 분노를 터뜨리며 다음과 같이 말하고 있다. "비난의 목소리가 높은 것은 오로지 이 제도의 이름 때문이다. '작업단' 같은 말을 쓰지 말고 '농업소년근로자조협회'라는 이름을 쓰면 모든 문제가 해결될 것이다."

178) "작업단 노동은 다른 노동보다 저렴하다. 바로 이 점이 작업단을 사용하는 이유이다"라고 한때 단장이었던 어떤 사람은 말한다(같은 글, 17쪽, 제14번). 한 차지농업가는 "작업단제도는 그것이 가장 싸게 먹힌다는 점에서 차지농업가에게 결정적인 의미가 있는데, 그에 못지않게 아동들에게는 그것이 그들을 가장 못쓰게 만든다는 점에서 결정적이기도 하다"라고 말한다(같은 글, 16쪽, 제3번).

도가 없다. 한편에서는 많든 적든 농업노동자가 실업상태에 있는데도 다른 한편에서는 남성노동력의 부족과 도시로의 이주 때문에 작업단제도가 '필연적'이라고 얘기되는 까닭이 지금까지의 설명을 통해서 이해될 수 있을 것이다.[179] 링컨셔 등지의 잡초 없는 밭과 인간 잡초는 자본주의적 생산의 극과 극인 것이다.[180]

179) "오늘날 작업단에 속한 아동들이 하고 있는 작업의 대부분이 예전에는 성인 남녀에 의해서 수행되었던 것은 의심할 여지가 없다. 부녀자나 아동들이 사용되는 곳에서는 이제 이전보다 더 많은 남성들이 실업상태에 놓이게 된다(같은 글, 43쪽, 제202번). 그런데도 그 중에는 다음과 같이 말하는 사람도 있다. "많은 농업지역, 특히 곡물 생산지에서는 다른 지역으로의 이주나 철도를 통한 먼 대도시로의 이동의 용이함 때문에 노동력 문제가 매우 절실하므로, 나는 (여기에서 '나'란 어떤 대지주의 집사를 가리킨다) 아동들의 노역이 절대로 필요하다고 생각한다"(같은 글, 80쪽, 제180번). 즉 다른 문명세계에서와는 달리 잉글랜드의 농업지역에서는 노동력 문제가 곧 지주와 차지농업가의 문제를 뜻하는데, 이는 어떻게 하면 농업인구의 유출이 끊임없이 증가하더라도 농촌에서 충분한 '상대적 과잉인구'를 영속시키고 그럼으로써 농업노동자의 '임금을 계속해서 최소화'할 수 있는가 하는 문제이다.

180) 앞에서 내가 인용한 『공중위생 보고서』에서는 아동 사망률을 취급하면서 작업단제도도 다루고 있는데, 이 보고서는 신문에 보도되지 않았고 따라서 영국 대중에게 아직 알려져 있지 않다. 반면 '아동노동 조사위원회'의 최근 보고서는 '센세이셔널한' 좋은 신문기사를 제공했다. 한편으로 자유주의 신문은 다음과 같이 다그치고 있다. "링컨셔에 우글거리는 고상한 신사숙녀나 국교회 목사들〔즉 자신들의 전도사들을 남양 미개인들의 풍속을 개선시키기 위해 지구 반대쪽 끝까지 파견하고 있는 장본인들〕은 도대체 어떻게 해서 이런 제도를 자신들의 소유지에서 번연히 허용하고 있는가?" 반면에 더욱 고상한 어떤 신문은 시선을 오로지 자신의 아동들을 이런 노예상태로 팔아넘길 수 있는 농업노동자들의 지독한 타락상에만 초점을 맞추었다! '이 고상한 사람들' 때문에 농부들이 당하게 된 저주스러운 상황에서라면 설사 농부들이 자기 아이들을 잡아먹었다고 해도 그리 놀라운 일은 아닐 것이다. 진정 놀라운 일은 오히려 이들 농부들이 거의 언제나 양순한 품성을 잃지 않았다는 점이다. 공식보고서는 작업단이 있는 지역에서도 부모들은 작업단제도를 혐오했다는 사실을 얘기해준다. "우리가 모은 많은 증거를 통해서 알 수 있듯이, 아이의 부모들은 그들이 자주 받는 유혹이나 압박에 저항할 수 있게 해주는 강제법이라도 있으면 대개의 경우 그것에 감사할 것이다. 때로는 교구의 관리들이, 때로는 고용주가 부모 자신을 해고하겠다는 협박을 가하기 때문에 부모들은 어쩔 수 없이 아이들을 학교 대신 일터로 보내게 된다. …… 시간과 힘의 낭비, 극도로 해로운 피로가 농부나 그 가족들에게 주는 고통, 부모가 자기 아이의 도덕적 파멸을 오두막집의 과밀상태나 작업단제도의 추잡한 영향 탓으로 돌리는 여러 사태, 무릇 이런 일들이 노동 빈민의 가슴속에 어떤 감정을 일으킬 것인가는 잘 알 수 있는 일이므로 여기서 더 이상 자세히 언급할 필요가 없을 것이다. 그들의 책임으로 돌릴 수 없을 뿐만 아니라 그들이 힘이 없어서 어쩔 수 없이 감수해야 했던 여러 사정 — 그들에게 그만한 힘이 있었다면 결코 동의할 리가 없었을 — 때문에 많은 육체적 · 정신적 고통이 그들에게 가해지고 있다는 것, 이 점을 그들은 의식하고 있다"(『아동노동 조사위원회 제6차 보고서』, 별책 20쪽, 제82번과 별책 23쪽, 제96번).

M726 ㅂ. 아일랜드

이 절의 마지막으로 우리는 잠시 아일랜드로 눈을 돌려보자. 먼저 여기에서 문제가 되는 사실부터 파악해보기로 하자.

아일랜드의 인구는 1841년 822만 2,664명으로 증가했는데, 1851년에는 662만 3,985명으로 감소하고, 1861년에는 585만 309명이 되며, 1866년에는 550만명이 되어서 거의 1801년 수준으로까지 감소하였다. 이 감소는 흉년이 든 1846년부터 시작된 것으로, 아일랜드는 20년도 채 못 되어 그 인구의 $\frac{5}{16}$ 이상을 잃어버린 것이다.[181] 그리하여 이주민 수는 1851년 5월부터 1865년 7월까지 159만 1,487명을 헤아리고, 1861~65년의 최근 5년간 이주민은 50만을 넘었다. 주거가옥 수는 1851~61년에 5만 2,990채가 감소하였다. 1851~61년에 15~30에이커의 차지농장 수는 6만 1,000개 증가하였고, 30에이커 이상은 10만 9,000개 증가했지만 차지농장 총수는 12만 개 감소하였다. 따라서 이 감소는 오로지 15에이커 미만 차지농장이 폐쇄되고 그것들이 집중된 결과이다.

〈표 A〉 가축 수 (+는 증가, −는 감소)

	말		소		양		돼지	
	총수	증감	총수	증감	총수	증감	총수	증감
1860년	619,811		3,606,374		3,542,080		1,271,072	
1861년	614,232	(-)5,579	3,471,688	(-)134,686	3,556,050	(+)13,970	1,102,042	(-)169,030
1862년	602,894	(-)11,338	3,254,890	(-)216,798	3,456,132	(-)99,918	1,154,324	(+)52,282
1863년	579,978	(-)22,916	3,144,231	(-)110,659	3,308,204	(-)147,928	1,067,458	(-)86,866
1864년	562,158	(-)17,820	3,262,294	(+)118,063	3,366,941	(+)58,737	1,058,480	(-) 8,978
1865년	547,867	(-)14,291	3,493,414	(+)231,120	3,688,742	(+)321,801	1,299,893	(+)241,413

181) 아일랜드의 인구는 1801년 531만 9,867명, 1811년 608만 4,996명, 1821년 686만 9,544명, 1831년 782만 8,347명, 1841년 822만 2,664명이었다.

182) 조금 더 거슬러 올라가면 상황은 더 나빠진다. 즉 양은 1865년 368만 8,742마리였는데 1856년에는 369만 4,294마리였고, 돼지는 1865년 129만 9,893마리였는데 1858년에는 140만 9,883마리였다.

물론 인구감소에는 대체로 생산물량의 감소가 뒤따랐다. 우리의 목적 M727 을 위해서는 1861~65년의 5년 동안을 고찰하는 것만으로 충분한데, 이 5년 동안 50만 명 이상이 다른 곳으로 이주하여 인구의 절대수는 33만 명 이상 감소하였다(〈표 A〉를 보라).

이 표에서 다음의 결과가 나온다.

말	절대적 감소	71,944
소	절대적 감소	112,960
양	절대적 증가	146,662
돼지	절대적 증가	28,821[182]

다음에 가축이나 인간에게 생활수단을 공급하는 농경부문으로 눈을 돌려보자. 다음 표에는 매년의 증감상태가 전년도와 비교하여 계산되어 있다. 곡류에는 밀 · 귀리 · 보리 · 쌀보리 · 강낭콩과 완두콩이 포함되어 있고 채소에는 감자 · 순무 · 근대 · 사탕무 · 양배추 · 당근 · 방풍나물 · 살칼퀴 등이 포함되어 있다.

〈표 B〉 경지와 초지(또는 목장)로 이용되는 토지면적의 증감(단위: 에이커) M728

연도	곡류	채소류	목초와 클로버	아마	전체 농지와 목축지
1861	(-) 15,701	(-) 36,974	(-) 47,969	(+) 19,271	(-) 81,373
1862	(-) 72,734	(-) 74,785	(+) 6,623	(+) 2,055	(-)138,841
1863	(-)144,719	(-) 19,358	(+) 7,724	(+) 63,922	(-) 92,431
1864	(-)122,437	(-) 2,317	(+) 47,486	(+) 87,761	(+) 10,493
1865	(-) 72,450	(+) 25,421	(+) 68,970	(-) 50,159	(-) 28,218
1861~65	(-)428,041	(-)108,013	(+) 82,834	(+)122,850	(-)339,370

1865년에는 '목초지' 항목에 12만 7,470에이커가 더해졌는데, 그것은 주로 '이용되고 있지 않은 황무지와 소택지(토탄지)' 항목에서 10만 1,543에이커의 감소가 있었기 때문이다. 1865년 곡물생산은 1864년에 비

해 24만 6,667쿼터 감소했는데, 그 중 밀이 4만 8,999쿼터, 귀리가 16만 6,605쿼터, 보리가 2만 9,892쿼터 등을 차지하였다. 1865년 감자 생산은 경작면적이 증가했는데도 44만 6,398톤 감소하였다(〈표 C〉를 보라).

M729

〈표 C〉 경작면적, 1에이커당 생산량, 총생산량의 증감

1864년과 1865년 비교[183)]

생산물	경작면적(에이커)			1에이커당 생산량		
	1864년	1865년	1865년의 증감	1864년	1865년	1865년의 증감
밀	276,483	266,989	(-)9,494	13.3(첸트너)	13.0(첸트너)	(-)0.3(첸트너)
귀리	1,814,886	1,745,228	(-)69,658	12.1	12.3	(+)0.2
보리	172,700	177,102	(+)4,402	15.9	14.9	(-)1.0
맥주보리 }	8,894	10,091	(+)1,197	16.4	14.8	(-)1.6
호밀 }				8.5	10.4	(+)1.9
감자	1,039,724	1,066,260	(+)26,536	4.1(톤)	3.6(톤)	(-)0.5(톤)
순무	337,355	334,212	(-)3,143	10.3	9.9	(-)0.4
근대	14,073	14,389	(+)316	10.5	13.3	(+)2.8
양배추	31,821	33,622	(+)1,801	9.3	10.4	(+)1.1
아마	301,693	251,433	(-) 50,260	34.2*	25.2*	(-)9.0*
건초	1,609,569	1,678,493	(+)68,924	1.6	1.8	(+)0.2

* 단위: 스톤(=14파운드)

	총생산량		
	1864년	1865년	1865년의 증감
밀	875,782(쿼터)	826,783(쿼터)	(-)48,999(쿼터)
귀리	7,826,332	7,659,727	(-)166,605
보리	761,909	732,017	(-)29,892
맥주보리	15,160	13,989	(-)1,171
호밀	12,680	18,364	(+)5,684
감자	4,312,388(톤)	3,865,990(톤)	(-)446,398(톤)
순무	3,467,559	3,301,683	(-)165,976
근대	147,284	191,937	(+)44,653
양배추	297,375	350,252	(+)52,877
아마	64,506	39,561	(-)24,945
건초	2,607,153	3,068,707	(+)461,554

이상에서 우리는 아일랜드의 인구와 토지 생산의 변동을 살펴보았으므로, 다음에는 아일랜드의 대지주 · 대차지농업가 · 산업자본가의 지갑 속에서 일어난 변동으로 옮겨가보자. 그것은 소득세의 증감에 반영되어 있다. 다음의 〈표 D〉를 이해할 때 유의할 점은 D항(차지농업가 이윤 이외의 이윤)에는 이른바 '전문직'의 이윤, 즉 변호사나 의사 등의 소득도 포함되어 있고, 별도로 표시하지 않은 C와 E항에는 관리나 장교 또는 무임소 관리, 국채 소유자 등의 소득이 포함되어 있다는 점이다.

〈표 D〉 과세소득액(단위: 파운드스털링)[184]

	지대(A)	차지농업가의 이윤(B)	산업자본가 등의 이윤(D)	(A)에서 (E)까지의 총액
1860년	12,893,829	2,765,387	4,891,652	22,962,885
1861년	13,003,554	2,773,644	4,836,203	22,998,394
1862년	13,398,938	2,937,899	4,858,800	23,597,574
1863년	13,494,091	2,938,823	4,846,497	23,658,631
1864년	13,470,700	2,930,874	4,546,147	23,236,298
1865년	13,801,616	2,946,072	4,850,199	23,930,340

D항의 경우 1853~64년의 연평균 소득증가율은 겨우 0.93%였는데 같은 기간에 영국 전체의 평균은 4.58%였다. 다음의 〈표 E〉는 1864년과 1865년의 이윤의 분배상태(차지농업가의 이윤은 제외)를 표시하고 있다. M730

183) 〈표 C〉의 수치는 『아일랜드 농업통계 개요』(더블린, 1860년 이후 각 연도)와 『아일랜드 농업통계, 평균추정생산량』(더블린, 1867)의 자료에서 취합한 것이다. 주지하는 바와 같이 이 공식 통계는 해마다 의회에 제출된다. 제2판의 보유: 공식 통계는 1872년의 경우 134,915에이커의 경작면적 감소 — 1871년 대비 — 를 보이고 있다. 순무 · 근대 등의 채소류 경작은 '증가'하였다. 반면 밀은 16,000에이커, 귀리는 14,000에이커, 보리와 호밀은 4,000에이커, 감자는 66,632에이커, 아마는 34,667에이커, 초지 · 클로버 · 살갈퀴 · 순무는 30,000에이커나 그 경작면적이 '감소'하였다. 밀 재배지는 최근 5년 사이에 다음과 같은 규모로 감소하고 있다. 1868년: 285,000에이커, 1869년: 280,000에이커, 1870년: 259,000에이커, 1871년: 244,000에이커, 1872년: 228,000에이커, 1872년에는 어림잡아 말 2,600마리, 소 80,000마리, 양 68,600마리의 증가와 돼지 236,000마리의 감소가 있었다.

184) 『내국수입 조사위원회 제10차 보고서』, 런던, 1866.

〈표 E〉 아일랜드 지역 D항의 이윤소득(60파운드스털링 이상)[185]

	1864년		1865년	
	파운드스털링	소득자 수	파운드스털링	소득자 수
연간 이윤소득 합계	4,368,610	17,467	4,669,979	18,081
연간 이윤소득 60~100파운드스털링 (영세규모 소득자—옮긴이)	238,726	5,015	222,575	4,703
연간 이윤소득 100파운드스털링 이상 (중간규모 소득자—옮긴이)	1,979,066	11,321	2,028,571	12,184
기타(연간 이윤소득 고소득자—옮긴이)	2,150,818	1,131	2,418,833	1,194
연간 이윤소득 고소득자의 구성	1,073,906	1,010	1,097,927	1,044
	1,076,912	121	1,320,906	150
	430,535	95	584,458	122
	646,377	26	736,448	28
	262,819	3	274,528	3

(연간 이윤소득 고소득자의 소득 총액과 소득자 수의 구성 · 합계가 서로 일치하지 않는다. 특히 이 표의 수치는 영어본과도 일치하지 않는다—옮긴이)

발전된 자본주의 생산국이자 공업국이기도 한 잉글랜드에서는 만일 아일랜드에서와 같은 인구유출이 있었다면 치명적이었을 것이다. 그러나 아일랜드는 오늘날 다만 넓은 도랑으로 구획지어진 잉글랜드의 일개 농업지대에 불과할 뿐만 아니라, 잉글랜드에 곡물, 양모, 가축 그리고 산업과 군대의 신병을 공급하고 있는 지역이기도 하다.

인구의 감소로 많은 토지가 경작되지 못했기 때문에 토지생산물은 매우 감소되었으며[186] 또 목축면적의 확장에도 불구하고 몇몇 목축부문에

185) 이 표에서는 D항의 연간 총소득액이 앞의 표와 다른데, 그것은 법률상 허용된 약간의 공제액 때문이다.

186) 1에이커당이라는 상대적인 의미로도 생산물이 감소하고 있다면, 그 경우 잊어서는 안 되는 것은 잉글랜드는 1세기 반 동안 아일랜드의 토양을 간접적으로 수출만 해왔으며 아일랜드의 경작자들에게 토지성분을 보충할 수단조차 제공하지 않았다는 사실이다.

서는 절대적 감소가 일어났고, 그밖의 목축부문에서는 끊임없는 퇴보에 의해 상쇄되어버린 — 따라서 거의 언급할 가치조차 없는 — 진보만이 이루어졌다. 그럼에도 주민 수가 감소함에 따라 지대와 차지농업이윤 — 후자는 전자만큼 꾸준히 증대하지 못했지만 — 은 계속 증대했다. 그 이유는 간단하게 알 수 있다. 한편으로는 차지농장의 합병과 경지의 목초지화에 따라 총생산물 가운데 잉여생산물의 비중이 점점 더 커졌다. 잉여생산물을 포함하고 있는 총생산물이 감소했는데도 잉여생산물은 증가한 것이다. 그리고 또다른 한편 최근 20년 이래, 특히 최근 10년 이래 잉글랜드에서 육류와 양모 등의 시장가격이 계속 상승했기 때문에 이 잉여생산물의 화폐가치는 그 양보다 훨씬 더 급속히 상승하였던 것이다. M731

타인의 노동과 합쳐서 가치증식을 이루는 것이 아니라 생산자 자신을 위해 취업과 생계 수단으로 사용되는 분산된 생산수단이 자본이 아닌 것은 생산자 자신이 소비하는 생산물이 상품이 아닌 것과 마찬가지이다. 인구의 감소에 따라 농업에 사용되는 생산수단의 양이 감소했는데도 농업에 사용된 자본의 양이 증가한 것은, 이전에는 분산되어 있던 생산수단 가운데 일부가 자본으로 전화했기 때문이다.

농업을 제외한 공업이나 상업에 투하된 아일랜드의 총자본은 최근 20년 동안 끊임없이 커다란 파동을 그리면서 서서히 축적되었다. 반면 개별 자본들의 집적은 점점 더 급속하게 진행되었다. 결국 총자본은 절대적으로는 비록 조금밖에 증대하지 않았다 해도 상대적으로는〔즉 인구의 감소에 비한다면〕 크게 팽창한 셈이다.

그러므로 여기에서 우리 눈앞에 대규모로 전개되는 과정은, 정통파 경제학이 자신의 도그마 — 즉 빈곤은 절대적 인구과잉에서 비롯된 것이고 따라서 균형은 인구의 감소에 의해서 회복된다는 주장 — 를 입증하는 데 더 이상 바랄 나위가 없는 훌륭한 증거가 된다. 이것은 맬서스파가 그토록 찬미했던 14세기 중엽의 페스트[†81]와는 별개의 또 하나의 중요한 실험인 것이다. 한 가지만 더 지적해두기로 하자. 19세기의 생산관계와 그에 따른 인구관계에 14세기의 척도를 갖다 댄다는 것은 그 자체만으로도 훈장 냄새가 나는 소박한 일이었는데, 거기에다 이 소박성은 다음 사실 또한 간과해버렸다. 즉 페스트가 만연하고 그와 함께 인구가 격감했을 때, 해협 이편의 잉글랜드에서는 농촌 주민의 해방과 치부(致富)가 나타났지만 해협 저편의 프랑스에서는 이전보다 더 지독한 예속과 빈곤이 나타났다는 사실이다.[186a)]

1846년의 아일랜드 기근 때문에 100만 명 이상의 사람이 죽었는데, 그들은 모두 가난뱅이들이었다. 그러나 이 기근에도 불구하고 이 나라의 부는 조금도 손상을 받지 않았다. 인구유출은 그뒤 20년 동안 계속되어 지금도 여전히 심화하고 있지만, 30년전쟁의 경우처럼 인간과 함께 그 생산수단마저 감소시킨 것은 아니었다. 아일랜드는 빈민을 그 빈곤의 무대에서 수천 마일 떨어진 지방으로 내쫓아버리는 방법〔완전히 새로운 천재적인 방법〕을 발명했다. 미국으로 건너간 이주민은 본국에 아직 남아 있는 사람들의 여비로 해마다 얼마간의 금액을 집으로 송금한다. 올해 이주한 집단이 내년에 다른 집단을 불러들인다. 그리하여 아일랜드의 경우 이민은 부담이 되기는커녕 그 수출업 가운데 매우 수익성 좋은 부문의 하나가 되고 있다. 결국 이민은 하나의 체계적인 과정이며, 이 과정은 결코 일시적으로만 인구의 공백상태를 가져오는 것이 아니라 해마다 자연증가에 따라 보충되는 것보다 더 많은 인간을 퍼내게 되고, 그 때문에 절대적 인구수준은 해마다 저하하게 된다.[186b)]

M732

국내에 남은 사람들, 즉 과잉인구에서 해방된 아일랜드의 노동자들에게 그 결과는 어떻게 나타났을까? 상대적 과잉인구는 오늘날에도 1846년

186a) 아일랜드는 '인구 원리'의 성지로 간주되고 있기 때문에 새들러(Th. Sadler)는 인구에 관한 저작을 발표하기에 앞서 자신의 유명한 저서 『아일랜드, 그 재앙과 구제책』(제2판, 런던, 1829)을 먼저 저술하였다. 이 책에서 그는 각 지방과 각 주의 통계를 비교함으로써 이곳에서는 맬서스가 말하듯이 인구에 비례해서가 아니라 거꾸로 인구에 반비례해서 빈곤이 확대되고 있음을 입증하고 있다.

186b) 1851년부터 1874년까지 국외 이주자 총수는 232만 5,922명에 달한다.

이전과 다름없는 규모라는 것, 임금은 여전히 낮아서 노동에 대한 압력이 증대했다는 것, 농촌의 곤궁이 다시 새로운 위기를 불러일으키려 하고 있다는 것, 이런 것들이 바로 그 결과였다. 그 원인은 간단하다. 농업부문의 혁명이 이민과 동시에 진행되었기 때문이다. 상대적 과잉인구의 생산이 인구의 절대적 감소보다 빨리 진행된 것이다. 〈표 B〉를 얼핏 보아도 알 수 있듯이, 아일랜드에서는 잉글랜드에서보다도 경지의 목초지화가 더욱 급격히 이루어졌음이 틀림없다. 잉글랜드에서는 목축과 함께 채소 재배가 증가하고 있는데, 아일랜드에서는 오히려 감소하고 있다. 종래의 경지 대부분이 휴경지나 영구적인 초지로 변해버리는 동시에 이전에는 이용되지 않았던 황무지나 토탄지의 상당 부분이 목초지의 확장에 사용되고 있다. 중소 차지농업가—나는 100에이커 미만을 경작하는 사람은 모두 이 부류에 넣는다—는 오늘날에도 여전히 전체 차지농업가의 약 $\frac{1}{10}$을 차지하고 있다.[186c] 그들은 이전과는 전혀 달리, 갈수록 심해지는 자본주의적 농업 경영의 경쟁에 따른 압박에 밀려 계속해서 임노동자계급으로 전락하고 있다. 아일랜드의 유일한 대공업인 아마포 제조업에서는 성인 남성 노동자를 필요로 하는 일이 별로 없으며, 1861~66년의 면화가격 등귀 이후 그 규모는 팽창했지만 대체로 인구 가운데 비교적 적은 부분만이 고용되어 있다. 다른 모든 대공업의 경우와 마찬가지로 아마포 제조업은 자신 M733 이 흡수하는 인원이 절대적으로 증가할 때조차도 자기 업종 내에서 계속되는 변동으로 말미암아 끊임없이 상대적 과잉인구를 창출한다. 농촌 주민의 곤궁은 대규모 셔츠 공장 같은 공장들의 기초를 이루는데, 이들 공장의 노동자군(Arbeiterarmee)은 대부분 농촌에 산재해 있다. 우리는 앞서 얘기한 바와 같은 과소지불과 과도노동을 '인구과잉화'의 수단으로 삼는 가내공업체제를 여기에서 다시 보게 된다. 마지막으로 인구감소는 자본

186c) 제2판의 주: 머피(Murphy)의 『산업 · 정치 · 사회의 측면에서 본 아일랜드』(1870)에 나온 표에 따르면, 100에이커 미만의 차지(借地)가 토지의 94.6%, 100에이커 이상의 차지는 5.4%를 구성하고 있다.

주의적 생산이 발달한 나라에서만큼 파괴적인 결과는 수반하지 않더라도 국내시장에 대한 부단한 반작용을 초래한다. 이민으로 말미암아 생겨난 공백은 지방의 노동수요를 축소시킬 뿐 아니라 소상인이나 수공업자·소자영업자의 수입도 전반적으로 감소시킨다. 그리하여 〈표 E〉에서 보는 바와 같이 60~100파운드스털링에 이르는 소득의 감소가 발생한다.

아일랜드의 농촌 일용노동자 상태에 대한 명확한 서술은 아일랜드 구빈법 감독관의 보고서(1870년)에서 찾아볼 수 있다.[186d] 총검과 계엄상태 — 명시적이거나 묵시적이거나 — 에 의해서 간신히 지탱하고 있는 정부 관리들 모두는 그들의 잉글랜드 동료들이 경멸해 마지않는 갖가지 용어문제를 고려해야만 한다. 그럼에도 그들은 자신들의 정부가 환상에 빠지도록 허용하지는 않는다. 그들의 말에 따르면, 아직도 매우 낮은 농촌의 임금률은 지난 20년 동안 50~60% 올라서, 현재는 주당 평균 6~9실링에 이르고 있다. 그러나 외견상의 이런 임금인상 이면에는 임금의 실질적인 하락이 은폐되어 있다. 왜냐하면 이 임금의 인상폭이 그 동안의 생활필수품 가격의 상승에 결코 미치지 못하기 때문이다. 그 증거로 아일랜드의 한 구빈원 공식통계에서 발췌한 다음 표를 보면 된다.

1인당 주 평균 생활비

연도	식비	의복	계
1848.9.29~1849.9.29	1실링 3($\frac{1}{4}$)펜스	3펜스	1실링 6($\frac{1}{4}$)펜스
1868.9.29~1869.9.29	2실링 7($\frac{1}{4}$)펜스	6펜스	3실링 1($\frac{1}{4}$)펜스

즉 생활필수품의 가격은 20년 전과 비교해 약 2배가 되었고 의복비의 가격도 꼭 2배가 되었던 것이다.

M734 이 불균형은 차치하더라도 화폐로 표시된 임금률만 단순히 비교하는

186d) 『아일랜드 농업노동자의 임금에 관한 구빈법 감독관 보고서』(더블린, 1870년): 『농업노동자(아일랜드) 보고서』(1861년 3월 8일)도 참조하라.

것으로는 결코 제대로 된 결과를 얻을 수 없다. 왜냐하면 기근 이전에는 농촌 임금 대부분이 현물로 지불되었고 화폐로는 극히 적은 부분밖에 지불되지 않았지만 지금은 대개 모두가 화폐로 지불되기 때문이다. 따라서 실질임금의 변동과 무관하게 화폐임금률은 오를 수밖에 없었다.

> 기근 이전에는 농업 일용노동자는 적으나마 토지를 갖고 있어서 그곳에 감자를 심거나 돼지나 닭을 쳤다. 오늘날 그는 자신의 모든 생활수단을 사야만 할 뿐 아니라, 돼지나 닭·달걀의 판매를 통해서 얻던 수입도 잃어버린 것이다.[187)]

실제로 이전에는 농업노동자가 소차지농의 일부를 이루고 있어서 대개는 대규모·중규모 차지농장의 후위를 형성하면서 이들 농장에서 일거리를 얻었다. 1846년의 파국 이후 비로소 그들은 순수한 임노동자계급—즉 단지 화폐관계를 통해서만 자신의 고용주와 결합되는 특수한 계급—의 일부로 편입되기 시작했다.

1846년 그들의 주택상태에 대해서는 앞에서 얘기한 바 있다. 그뒤로 사정은 더욱 악화되었다. 농업 일용노동자의 일부분은 날로 줄어들고 있기는 하지만, 그들은 여전히 차지농업가의 토지에 자리한 오두막집에 밀집해서 살고 있다. 그 오두막집의 참상은 잉글랜드의 농촌지방에서 널리 볼 수 있는 최악의 상태보다 훨씬 심하다. 그리고 이런 상태는 울스터의 몇몇 지구를 제외하고는 전반적인 현상이다. 남부에서는 코크·리머릭·킬케니 등의 여러 주, 동부에서는 위클로·웩스퍼드 등, 중부에서는 킹스앤드퀸스 카운티, 더블린 등, 북부에서는 다운·앤트림·타이런 등, 서부에서는 슬리고·로스코먼·메이요·골웨이 등이 그러하다. 한 감독관은 이렇게 내뱉고 있다. "그것은 기독교와 이 나라의 문명에 대한 치욕이다."[187a1)]

187) 『아일랜드 농업노동자의 임금에 관한 구빈법 감독관 보고서』, 29·1쪽.
187a1) 같은 글, 12쪽.

아득한 옛날부터 일용노동자들의 움막에 딸려 있던 한 조각의 토지마저 그들의 움막을 조금 더 개선하기 위해서 체계적으로 몰수되어버렸다.

대지주나 그 관리인한테 이렇게 잔혹한 취급을 받고 있다는 것을 의식하게 되면서 이들 농업 일용노동자들은 자신들을 아무 권리도 없는 사람으로 취급하는 사람들을 향해 그에 상응하는 감정, 즉 대립과 증오의 감정을 불태우게 되었다.[187a2)]

농업혁명의 제1막은 경작지에 있던 오두막집을 대규모로, 마치 명령으로 하달된 신호에 따르듯이, 일거에 철거해버린 것이었다. 그리하여 많은 노동자들은 도시와 촌락에서 피난처를 구할 수밖에 없었다. 거기에서 그들은 다락방, 움막, 지하실 그리고 최악의 지역 한 귀퉁이에 쓰레기처럼 내던져졌다. 민족적 편견에 사로잡혀 있는 잉글랜드인들까지도 가정에 대한 보기 드문 애착과 낙천적인 쾌활함을 지녔을 뿐만 아니라 가정생활을 청결하게 유지하는 특성을 지니고 있다고 표현하던 수천의 아일랜드인 가정이 이리하여 갑자기 악덕의 온실로 이식된 것이다. 이제 남자들은 인근의 차지농업가 밑에서 일자리를 찾지 않으면 안 되었으며, 겨우 일용으로, 즉 가장 불안정한 임금형태로 고용되었다. 게다가

M735

이제 그들은 농장까지 먼 길을 왕복해야만 하고 도중에 비에 젖은 생쥐꼴이 되거나 여러 가지 험한 일을 겪게 됨으로써, 결국 몸이 허약해지거나 병이 들고 나아가서는 곤궁에 빠질 때도 많아졌다.[187b)]

"도시는 농촌지역에서 과잉의 노동자로 간주되는 사람들을 해마다 받아들이지 않으면 안 되었다."[187c)] 그런데도 "도시와 촌락에서는 노동자

187a2) 같은 글, 12쪽.
187b) 같은 글, 25쪽.

가 과잉상태인 데 반해, 농촌에서는 전반적으로 노동자가 부족하다는 사실!"[187d]을 사람들은 이상하게 여겼다. 그러나 실제로 이런 일손부족이 느껴지는 것은 오직 "봄·가을의 농번기" 때뿐으로 "그밖의 계절에는 많은 일손이 놀고 있으며"[187e] "수확이 끝나면, 10월부터 봄까지 그들에게는 거의 일거리가 없고"[187f] 또 일거리가 있는 계절에도 "며칠씩 노는 일이 잦으며 모든 일거리가 중단되기도 하였다."[187g]

농업혁명의 결과—즉 경지의 목초지화나 기계의 사용, 극심한 노동절약 등—는 자신의 지대를 외국에서 탕진하지 않고 고맙게도 아일랜드의 자기 영지에 살고 있는 모범 지주들에 의해서 더욱 격화된다. 수요·공급의 법칙이 깨지지 않게 하기 위하여 이들 지주는

> 이제 자신들에게 필요한 노동을 거의 전부 자신들의 소차지인에게서 얻게 되는데, 이들 소차지인은 일반적으로 보통 일용노동자보다 더 낮은 임금으로 자신의 대지주를 위해서 뼈 빠지게 일할 수밖에 없으며, 또한 이로 말미암아 중요한 파종기나 수확기에 자신의 밭을 방치함으로써 발생하는 불편이나 손해에 대해서도 아무런 배려를 받지 못하게 된다.[187h]

M736

이처럼 구빈법 감독관의 보고서에는 취업의 불안정과 불규칙성, 노동중단의 빈발과 장기적 지속 등과 같은 상대적 과잉인구의 모든 징후가 아일랜드 농업 프롤레타리아계급의 고충으로 나타나고 있다. 잉글랜드 농업 프롤레타리아계급에서도 이와 비슷한 현상을 찾아볼 수 있다. 그러나 양자의 차이는, 공업국인 잉글랜드에서는 산업예비군이 농촌에서 충원되

187c) 같은 글, 27쪽.
187d) 같은 글, 26쪽.
187e) 같은 글, 1쪽.
187f) 같은 글, 32쪽.
187g) 같은 글, 25쪽.
187h) 같은 글, 30쪽.

는 데 반해 농업국인 아일랜드에서는 농업예비군이 쫓겨난 농업노동자의 피난처인 도시에서 충원된다는 점에 있다. 잉글랜드에서는 농업부문의 과잉인구가 공장노동자로 전화한다. 그런데 아일랜드에서는 도시로 쫓겨난 사람들이 도시의 임금에 압박을 가하면서도 여전히 농업노동자이기도 하기 때문에 일거리를 찾아 끊임없이 농촌으로 되돌아갈 수밖에 없다.

당국의 보고자들은 농업 일용노동자의 물적 상태를 다음과 같이 요약하고 있다.

> 그들이 극도로 검소하게 생활하는데도 그들의 임금은 겨우 그들과 그 가족의 식비와 주거비밖에 안 된다. 의복을 마련하기 위해 그들은 그 이상의 수입이 필요하다. …… 그들의 주거환경과 그밖의 여러 결핍상태 때문에 이 계급은 티푸스와 폐병에 걸릴 우려가 극히 높다.[187i)]

이 때문에 보고자들의 한결같은 증언이 얘기해주듯이, 암울한 불만이 이 계급 전체에 깊이 스며들어 있으며, 이 계급이 과거를 그리워하고 현재를 증오하며 미래에 대해 절망하고 "선동가들의 나쁜 영향에 좌우되어" 아메리카로 이주해야겠다는 단 하나의 고정관념만을 품고 있다는 것은 전혀 놀라운 일이 아니다. 이것이 바로 인구감소라는 위대한 맬서스의 만병통치약에 의해서 게으름뱅이의 천국으로 변해버린 푸른 에린(grüne Erin: 아일랜드의 옛 이름—옮긴이)의 모습이다!

아일랜드 공장노동자들이 얼마나 행복한 생활을 하고 있는지를 보여주는 사례로는 다음의 한 가지만으로도 충분하다.

잉글랜드의 공장감독관 로버트 베이커는 다음과 같이 말하고 있다.

> 최근 아일랜드 북부를 시찰하다가 나는 매우 궁핍한 여건 속에서도 자기

187i) 같은 글, 21·13쪽.

아이들을 교육시키기 위해 한 숙련노동자가 감당하고 있는 노고를 보고 매우 놀랐다. 그의 이야기를 여기에 그대로 옮겨보겠다. 그가 숙련공이라는 사실은 그가 맨체스터 시장을 겨냥한 물품의 생산에 고용되어 있다는 점으로 미루어 알 수 있다. 존슨이라는 이름의 그는 다음과 같이 말한다. "나는 포타공(佈打工, beetler)으로, 월요일부터 금요일까지 아침 6시에서 밤 11시까지 일한다. 토요일에는 저녁 6시에 일을 끝내며, 3시간은 식사와 휴식을 위해 사용한다. 나에게는 아이가 5명 있다. 이 일로 나는 매주 10실링 6펜스를 받는데, 아내도 일을 하여 주 5실링을 번다. 큰딸은 12세로 가사를 돌보고 있다. 그 아이는 우리 집 요리사이며 유일한 심부름꾼이기도 하다. 그 아이는 동생들이 학교 갈 준비를 해준다. 아내는 나와 함께 일어나 같이 일터로 나간다. 우리 집 옆을 지나가는 한 소녀가 아침 5시 30분쯤에 나를 깨워준다. 우리는 일터로 가기 전에는 아무것도 먹지 않는다. 12세 아이가 어린아이들을 하루 종일 돌본다. 우리는 8시에 아침을 먹으러 집에 돌아온다. 차는 일주일에 한 번만 마신다. 평소에는 죽을 먹지만 그것은 형편에 따라 귀리죽일 때도 있고 옥수수죽일 때도 있다. 겨울에는 옥수수 가루에 약간의 설탕과 물을 섞어서 먹는다. 여름에는 조그마한 빈터에 심어놓은 감자를 먹는데, 그것이 떨어지면 다시 죽을 먹는다. 일요일이든 평일이든 이런 상태는 1년 내내 변하지 않는다. 하루 일이 끝난 밤에는 언제나 파김치가 된다. 어쩌다 고기 구경을 할 때도 있지만 이는 매우 드문 일이다. 3명의 아이들이 학교에 다니고 있는데 매주 1인당 1페니씩 들어간다. 집세는 주당 9펜스이고 토탄과 연료비로 2주에 적어도 1실링 6펜스가 든다.[188)] M737

이것이 바로 아일랜드의 임금이고 아일랜드의 생활이다!

사실 아일랜드의 빈곤은 오늘날 다시 잉글랜드의 문제가 되고 있다. 1866년 말과 1867년 초 아일랜드 대지주의 한 사람인 더퍼린 경은 『타임

188) 『공장감독관 보고서: 1866년 10월 31일』, 96쪽.

스』지에서 이에 대한 해결책을 제시하였다. “그 훌륭한 양반의 인간다움이란!” †159

우리가 〈표 E〉에서 보았듯이, 1864년에는 436만 8,610파운드스털링의 총이윤 가운데 3명의 이식가(利殖家)가 26만 2,819파운드스털링을 취득했는데, ‘금욕’의 거장인 바로 이 세 사람이 1865년에는 466만 9,979파운드스털링의 총이윤 중에서 27만 4,528파운드스털링을 취득했다. 1864년 26명의 이식가가 64만 6,377파운드스털링을 취득하던 것이 1865년에는 28명의 이식가가 73만 6,448파운드스털링을 취득하게 되었고, 1864년 121명의 이식가가 107만 6,912파운드스털링을 취득하던 것이 1865년에는 150명의 이식가가 132만 906파운드스털링을 취득하게 되었다. 1864년 1,131명의 이식가가 215만 818파운드스털링〔즉 연간 총이윤의 거의 절반〕을 취득하던 것이 1865년에는 1,194명의 이식가가 241만 8,833파운드스털링〔즉 연간 총이윤의 절반 이상〕을 취득하게 되었다. 그런데 갈수록 수가 줄어드는 잉글랜드 · 스코틀랜드 · 아일랜드의 극소수 대지주가 전국의 연간 총지대 수입 가운데 삼켜버리는 몫은 너무도 막대한 액수에 달하기 때문에, 현명한 잉글랜드 정부는 지대의 분배에 관해서는 이윤의 분배와 같은 그런 통계자료를 제시하지 않는 것이 적절하다고 생각한다. 더퍼린 경은 이 거대지주 가운데 한 사람이다. 지대와 이윤이 ‘과다’할 수 있다든가, 그리고 그런 지대와 이윤의 과다가 인민의 빈곤 과다와 어떤 관련이 있다고 생각하는 것은 물론 ‘불명예스럽고’ ‘불건전한’ 사고방식이다. 그는 확실한 사실에 입각한다. 그 사실이란 아일랜드의 주민 수가 감소함에 따라 아일랜드의 지대액은 늘어간다는 것이고, 인구감소는 지주에게 ‘바람직하고’ 따라서 토지나 인민—그 토지의 부속물일 뿐인—에게도 바람직하다는 것이다. 그리하여 그는 아일랜드가 여전히 인구과잉이며 이민의 흐름은 아직도 몹시 완만하게 진행되고 있다고 단언한다. 완전한 행복을 누리려면 아일랜드는 적어도 30~40만 명의 노동자를 더 방출해야 한다고 그는 말한다. 시인 취향까지 보이는 이 양반을, 환자가 호전되지

M738

않으면 계속해서 피를 뽑아내 마침내 혈액과 함께 병을 없애버리는 상그라도(Sangrado)파 의사들과 혼동해서는 안 된다. 더퍼린 경은 약 200만 명이라고는 말하지 않고 단지 30~40만 명의 새로운 사혈(瀉血)을 요구하고 있지만, 실제로는 200만 명 정도의 방출이 없으면 에린의 천년왕국은 건설될 수 없는 것이다. 그 증거는 쉽게 알 수 있다.

1864년 아일랜드 차지농장의 수와 면적

	농장의 크기(에이커)			
	1 미만	1~5	5~15	15~30
수	48,653	82,037	176, 368	136, 578
에이커	25,394	288,916	1,836,310	3,051,343
	30~50	50~100	100 이상	총면적
수	71,961	54,247	31,927	
에이커	2,906,274	3,983,880	8,227,807	20,319,924[188a)]

집중은 1851년부터 1861년까지 주로 처음 3개 부류, 즉 1에이커 미만부터 15에이커 미만까지의 차지농장을 없애버렸다. 이 3개 부류가 가장 먼저 사라져버린 것은 분명하다. 그 결과 30만 7,058명의 '과잉' 차지농이 생겨났는데, 가족 구성원을 평균 4명으로 낮게 잡아서 계산해보면 그 인원 수는 122만 8,232명이 된다. 극단적인 가정이기는 하지만 그 가운데 $\frac{1}{4}$을 농업혁명이 완료된 뒤에 다시 흡수될 수 있는 사람으로 본다면, 92만 1,174명이 이주해야 하는 사람으로 남는다. 15~100에이커에 해당하는 제4 · 제5 · 제6의 부류는 이미 잉글랜드에서 판명된 바와 같이 자본주의적 곡물 재배를 위해서는 너무 작고, 목양을 위해서는 거의 0에 가까운 크기이다. 그래서 이전과 똑같은 가정을 한다면 78만 8,358명(원문에는 788,761명이라고 잘못 계산되어 있다—옮긴이)이 이주해야 한다. 따라서 합계는 170만 9,532명이 된다. 먹다 보면 식욕이 나게 마련이므로 내친김에 지

M739

188a) 총면적에는 '토탄지와 황무지'도 포함되어 있다.

대장부를 살펴보면 다음의 사실이 드러난다. 즉 인구 350만의 아일랜드는 여전히 궁핍하고 또한 이 궁핍은 인구과잉 때문이므로, 잉글랜드의 목양장이자 방목장이라는 아일랜드의 진실한 사명을 다하기 위해서는 인구감소가 더욱 진척되어야만 한다.[188b]

M740 호사다마라고, 이 세상의 모든 좋은 일이 그런 것처럼 이처럼 유익한 방법에도 그 폐해가 있다. 아일랜드의 지대축적과 더불어 아메리카에서 아일랜드인의 축적이 진행된 것이다. 양과 소에 의해 쫓겨난 아일랜드인은 대양의 저편에서 페니어(Fenier) 회원[†160]으로 다시 나타난다. 그리고 노쇠한 바다의 여왕에 항거하여 신생의 거대한 공화국이 점점 더 위협적인 존재로 떠오르게 된다.

> 가혹한 운명이 로마인을 괴롭히고
> 동포 살육의 죄악이 행해지도다.[†161]

188b) 농업혁명을 강행하여 아일랜드 인구를 대지주들의 기분에 맞을 정도까지 줄이기 위해서 각 지주들과 잉글랜드 법률이 기근과 그것이 빚어내는 상황을 어떻게 계획적으로 이용하였는지에 대해서 나는 이 책의 제3부 토지 소유에 관한 편에서 상술할 것이다. 그리고 거기에서는 또한 소(小)차지농업가와 농업노동자 간의 관계에 대해서도 다시 언급할 것이다. 시니어는 특히 자신의 유저 『아일랜드에 관한 일지, 편지와 에세이』(전2권, 런던, 1868, 제2권, 282쪽)에서 다음과 같이 말하고 있다. "우리에게는 우리나라의 구빈법이 있고, 그것은 지주에게 승리를 주기 위한 하나의 중요한 도구인데, 더욱 강력한 또 하나의 도구는 바로 이민이라고 G박사는 적절하게 지적하였다. 아일랜드에 대해 우호적인 사람은 누구나 (대지주와 켈트족 소차지농업가 사이의) 싸움이 오래 계속되기를 — 더구나 그것이 차지농업가의 승리로 끝나기를 — 바라지 않는다. …… 그것(이 싸움)이 일찍 끝나면 끝날수록〔즉 아일랜드가 가능한 한 일찌감치 목양국가로는 비교적 적은 인구를 가진 목양국가가 될수록〕 그것은 모든 계급에게 이로울 것이다." 1815년의 잉글랜드 곡물법은 영국으로의 자유로운 곡물수출 독점권을 아일랜드에게 보장해주었다. 그리하여 이 곡물법은 인위적으로 곡물 재배를 조장하였다. 이 독점권은 1846년 곡물법이 폐지되자 곧 없어졌다. 다른 사정은 모두 차치하고 이 사건 하나만으로도 아일랜드 경지의 목초지화와 차지농장의 집중 그리고 소농의 구축은 일대 비약을 이룰 수 있었다. 아일랜드의 토지는 1815년부터 1846년까지는 비옥하다는 찬사를 받으면서 밀 재배를 위해 하늘이 내려준 토지라고 큰 소리로 얘기되곤 하였는데, 그 이후부터는 갑자기 잉글랜드의 농학자나 경제학자 그리고 정치가들에 의해 사료작물의 생산 이외에는 아무런 쓸모가 없는 땅으로 발견된 것이다! 레옹스 드 라베르뉴(Léonce de Lavergne)는 해협의 저편에서 서둘러 이 주장을 되풀이하였다. 이런 유치한 짓거리는 라베르뉴 같은 '솔직한' 사람들에게나 어울리는 일이다.

제24장

이른바 본원적 축적

제1절 본원적 축적의 비밀

우리는 지금까지 어떻게 해서 화폐가 자본으로 전화하고 자본을 통해서 잉여가치가 만들어지며, 또 잉여가치에서 더 많은 자본이 만들어지는지를 살펴보았다. 그런데 자본의 축적은 잉여가치를 전제로 하고 잉여가치는 자본주의적 생산을 전제로 하며, 또 자본주의적 생산은 대량의 자본과 노동력이 상품생산자들의 수중에 있다는 것을 전제로 한다. 따라서 이 운동과정 전체는 하나의 악순환을 이루면서 회전하는 것처럼 보이는데, 우리가 이 악순환에서 벗어나려면 자본주의적 축적에 선행하는 '본원적'(ursprüngliche) 축적(애덤 스미스가 말하는 '선행적 축적'〔previous accumulation〕), 즉 자본주의적 생산양식의 결과가 아니라 그 출발점으로서의 축적을 상정할 수밖에 없다. M741

이 본원적 축적이 경제학에서 수행하는 역할은 신학에서의 원죄의 역할과 거의 같은 것이다. 아담이 사과를 베어 먹었기 때문에 인류에게 죄가 내린 것이다. 즉 과거의 이야기를 통해 이 죄의 기원이 설명된다. 아주 옛날에 한편에는 부지런하고 현명하며 무엇보다도 검약한 뛰어난 사람들이 있었고, 다른 한편에는 게으름뱅이들로 자신의 모든 것 또는 그 이상의 것을 써버리는 쓰레기 같은 인간들이 있었다. 신학의 원죄설은 우리에게 어째서 인간은 이마에 땀을 흘려야만 먹을 수 있게끔 저주받았는지를 설명해주지만, 경제학의 원죄설은 그렇게 일을 할 필요가 조금도 없는 사람들이 어떻게 하여 존재하는지를 밝혀준다. 하여튼 전자의 사람들은 부를 축적하고 후자의 사람들은 결국 팔 것이라고는 자신의 몸뚱이 외에 아무것도 없는 빈털터리가 되었다.

그리하여 이 같은 원죄에서 아무리 일을 해도 여전히 자신의 몸뚱이 외에는 아무것도 팔 것이 없는 대중의 빈곤과 극소수 사람들의 부가 비롯되었으며, 이 극소수의 사람들은 아주 오래전부터 이미 노동하기를 그만두었는데도 그의 부는 계속 증대해온 것이다. 바로 티에르 같은 사람이 소유권을 옹호하기 위하여, 한때는 그렇게 슬기로웠던 프랑스인들에게 이렇게 유치한 어린애 장난 같은 이야기를 매우 진지하게 들려주었다. 그러나 일단 소유권 문제가 대두되면, 이 어린애 교과서의 시각이 모든 연령과 모든 지적 수준의 사람들에게 똑같이 적용되는 유일한 정설이라고 고수하는 일이 신성한 의무가 된다. 널리 알려져 있듯이 현실의 역사에서는 정복과 압제 · 살인강도〔한마디로 말해 폭력〕이 중요한 역할을 수행한다. 그러나 이 온건한 경제학에서는 처음부터 목가적인 곡조가 넘치고 있다. 즉 처음부터 정의와 '노동'만이 유일한 치부수단이었다. 물론 그때마다 '금년'만은 예외였다는 단서가 붙었다. 그러나 실제로 수행된 본원적 축적의 여러 방법은 적어도 결코 목가적이지는 않았다.

M742

생산수단과 생활수단이 처음부터 자본이 아니었던 것과 마찬가지로 화폐와 상품도 처음부터 자본이었던 것은 아니다. 이것들은 자본으로의 전화를 필요로 한다. 그러나 이 전화 자체는 일정한 조건 아래에서만 이루어질 수 있는데, 그 조건이란 다음과 같이 요약된다. 먼저 매우 다른 두 부류의 상품소유자가 서로 마주 보고 접촉해야만 한다. 그 한쪽은 화폐와 생산수단·생활수단의 소유자로, 그들에게는 다른 사람의 노동력을 구입하여 자신이 점유하고 있는 가치액을 증식하는 일이야말로 진정 필요한 일이다. 다른 한쪽은 자유로운 노동자〔즉 자신의 노동력을 파는 자〕로, 노동을 파는 자이다. 자유로운 노동자라는 것은 두 가지 의미에서 자유롭다는 뜻이다. 즉 노예와 농노 따위처럼 그들 자신이 직접 생산수단의 일부가 아니라는 점에서 자유롭다는 의미이며, 또 자영농민의 경우처럼 그들이 생산수단을 소유하고 있는 것도 아니라는 점에서, 즉 생산수단에서 분리되어 있다는 점에서 자유롭다는 의미이다. 상품시장의 이러한 양극화와 함께 자본주의적 생산의 기본적인 조건들이 갖추어진다. 자본관계는 노동의 실현조건의 소유와 노동자 사이의 분리를 전제로 한다. 자본주의적 생산이 일단 자신의 발로 서게 되면 그것은 이러한 분리를 유지시킬 뿐만 아니라 이를 지속적으로 확대재생산하게 된다. 따라서 자본관계를 만들어내는 과정은 노동자를 자기 노동조건의 소유에서 분리시키는 과정〔즉 한편으로는 사회적 생활수단과 생산수단을 자본으로 전화시키고, 다른 한편으로는 직접적 생산자를 임노동자로 전화시키는 과정〕 바로 그것이다. 따라서 이른바 본원적 축적이란 바로 생산자와 생산수단의 역사적 분리과정이다. 그것이 "본원적"인 것으로 나타나는 까닭은 그것이 자본 그리고 자본에 맞는 생산양식의 전사(前史)를 이루고 있기 때문이다.

자본주의 사회의 경제적 구조는 봉건사회의 경제적 구조에서 생겨났다. 후자의 해체가 전자의 요소들을 해방시켰던 것이다. M743

다른 사람의 토지에 얽매인 농노나 예농이기를 그만둠으로써, 직접적 생산자인 노동자는 비로소 자신의 인격을 자유롭게 처분할 수 있게 되었다. 시장만 발견되면 어디라도 자신의 상품을 가져가는 노동력의 자유로운 판매자가 되기 위해서 그들은 또한 동직조합의 지배와 그 도제 규칙 그리고 그밖에 장애가 되는 노동 규정들에서도 해방되어야만 했다. 생산자를 임노동자로 전화시키는 역사적 운동은 한편에서는 생산자가 농노적 예속과 동직조합적 강제에서 해방되어가는 것으로 나타난다. 그리고 부르주아 역사가들의 눈에는 오로지 이런 측면만이 존재한다. 그러나 다른 한편에서는 이 새롭게 해방된 사람들이 모든 생산수단과 또 낡은 봉건적 제도에서 생존의 보장을 위해 부여받았던 모든 권리를 박탈당한 뒤에야 비로소 자기 자신의 판매자가 되는 과정이 존재한다. 그리고 그들에 대한 이러한 수탈의 역사는 피로 얼룩지고 불길에 타오르는 문자로 인류의 연대기에 기록되어 있다.

산업자본가들〔이 새로운 주권자들〕 입장에서는 동직조합의 수공업 장인뿐만 아니라 부의 원천을 장악하고 있는 봉건영주들도 몰아내지 않으면 안 되었다. 이런 측면에서 본다면 그들의 발흥은 봉건세력과 그 전횡적 특권에 대해 싸워 얻은 성과이고, 또 동직조합 및 생산의 자유로운 발전과 인간에 의한 인간의 자유로운 착취에 동직조합이 가했던 구속에 대해 싸워 얻은 성과로 나타난다. 그러나 산업의 기사들이 칼을 찬 기사들을 몰아내는 일은 자신들이 손끝도 대지 않았던 갖가지 사건을 이용함으로써만 성취될 수 있었다. 그들은 일찍이 로마에서 해방된 주민들이 자기 후견인(patronus)의 주인이 되기 위해 썼던 방법과 같은 비열한 수단을 통해서 벼락부자가 되었던 것이다.

임노동자와 자본가를 만들어내는 과정의 출발점은 노동자의 예속상태였다. 그것의 진행은 이 예속의 형태변화, 즉 봉건적 착취의 자본주의적 착취로의 전화로 이루어졌다. 이 전화의 발자취를 이해하는 데에는 그렇게 멀리 거슬러 올라갈 필요가 없다. 자본주의적 생산의 첫 맹아는 벌써 14~15세기에 지중해 연안의 몇몇 도시에서 산발적으로 나타났지만, 자본주의 시대가 본격적으로 시작된 것은 16세기 이후의 일이다. 자본주의 시대가 출현한 곳은 이미 오래전에 농노제가 완전히 폐지되고 중세의 정점이었던 자치도시의 존재도 이미 오래전에 빛을 잃어가던 곳이었다.

M744 역사적으로 보아 본원적 축적의 역사에서 획기적인 사건—이미 스스로 형성되어가고 있던 자본가계급에게 지렛대 구실을 하게 되는 모든 변혁 중에서도 특히 획기적인 사건—은 대량의 인간이 갑자기 폭력적으로

자신의 생존수단에서 분리되어 보호받을 길 없는 프롤레타리아로서 노동시장에 내던져진 그 사건이다. 농촌의 생산자〔즉 농민〕로부터의 토지수탈은 이 전체 과정의 기초를 이루고 있다. 이 수탈의 역사는 나라마다 다른 모습을 보이며, 이 역사가 거쳐가는 각 단계의 순서와 역사적인 시기도 나라마다 차이가 있다. 그것이 전형적인 형태를 띠고 나타나는 곳은 영국뿐이고, 따라서 우리는 영국을 사례로 보고자 한다.[189]

제2절 농촌 주민으로부터의 토지 수탈

영국의 농노제(Leibeigenschaft)는 14세기 말경에 사실상 없어졌다. 그 당시뿐만 아니라 15세기에는 더더욱 주민 가운데 대다수[190]가 자유로운 자영농민들 — 비록 그들의 소유권이 봉건적인 간판에 의해 늘 은폐되어 있긴 했지만 — 이었다. 비교적 큰 영주 소유지에서는, 이전에 농노신분이었던 토지관리인(bailiff, Vogt)이 자유로운 차지농업가에 의해 쫓겨났다. M745

189) 자본주의적 생산이 가장 일찍부터 발달한 이탈리아에서는 농노관계(Leibeigenschaftsverhältnisse)도 가장 먼저 해체되기 시작하였다. 여기에서 농노는 토지에 대한 어떠한 시효권도 아직 확보하지 않은 상태에서 해방되었다. 따라서 그들의 해방은 곧장 그들을 보호받을 길 없는 프롤레타리아로 전화시켰다. 더구나 프롤레타리아는 대개 로마 시대부터 계속 존재해온 도시에 벌써 새로운 주인이 준비되어 있음을 발견하였다. 15세기 말 이후 세계시장 혁명†162이 북이탈리아의 상업패권을 붕괴시켰을 때, 하나의 반대방향으로의 운동이 일어났다. 즉 도시 노동자들이 대규모로 농촌으로 쫓겨가 거기에서 원예적인 방식으로 경영되던 소규모 경작에 미증유의 융성을 불러일으켰다.

190) "당시 자신의 밭을 자기 손으로 경작하여 어느 정도 유복한 생활을 누리는 소토지 소유자들은 …… 국민들 가운데 지금보다 훨씬 중요한 부분을 차지하고 있었다. …… 가족을 포함하여 총인구의 $\frac{1}{7}$ 이상을 차지하고 있던 16만 명이나 되는 토지소유자들은 자신들의 조그만 자유보유지(자유보유지〔Freehold〕란 완전히 자유로운 소유지를 말한다)를 경작하여 생활하고 있었다. 이들 소토지 소유자의 평균소득은 60~70파운드스털링으로 추정된다. 자신의 소유지를 경작하는 사람의 수는 다른 사람의 땅을 경작하는 차지농업가 수보다 많은 것으로 계산되었다"(매콜리, 『제임스 2세 이후의 영국사』, 제10판, 런던, 1854, 제1권, 333~334쪽). 1670년대까지도 아직 잉글랜드 민중의 $\frac{4}{5}$는 농민이었다(같은 책, 413쪽). 내가 매콜리를 인용하는 까닭은 그가 체계적인 역사 변조자로서, 이런 종류의 사실들을 가능한 한 '잘라내버렸기' 때문이다.

농업부문의 임노동자는, 일부는 여가를 이용하여 대토지 소유자의 땅에서 일하는 농민들로 구성되고, 다른 일부는 상대적으로나 절대적으로나 그다지 수가 많지 않은 순수한 임노동자계급으로 구성되었다. 그러나 후자도 실질적으로는 자영농을 겸하고 있었다. 왜냐하면 그들은 자신들이 받던 임금 외에도 4에이커 이상의 경지와 오두막집을 제공받고 있었기 때문이다. 게다가 그들은 본래의 농민과 똑같이 공유지 이용권(Nutznießung)을 부여받았는데, 그 공유지에서 그들은 가축을 방목하고 땔감으로 사용할 나무와 석탄 등을 공급받았다.[191] 유럽의 모든 나라들에서 봉건적 생산의 중요한 특징은 최대한 많은 가신(家臣)들에게 토지를 분할하는 데 있다. 군주의 경우와 마찬가지로 봉건영주의 권력도 그의 토지 크기가 아니라 가신의 수에 달려 있었고, 또 그의 가신 수는 자영농민의 수에 달려 있었다.[192] 따라서 노르만인의 정복이 있은 뒤 영국의 토지가 거대한 남작령들로 분할되었음에도 불구하고 — 그 중에는 옛날 앵글로색슨의 귀족영지 900개를 합친 것만큼 큰 것도 있었다 — 이들 토지는 여전히 소농민들의 경영지로 뒤덮여 있었고, 영주 직영의 대농장은 곳곳에 드문드문 있을 뿐이었다. 이 같은 상황은 그와 동시에 나타난 도시의 번영과 함께 15세기의 특징을 이루면서 대법관 포테스큐(Fortescue)가 자신의 『영국법의 찬미』(*Laudibus Legum Angliae*)에서 웅변적으로 묘사했던 바로 그 인민의 부를 허락했던 것이지만, 그러나 그것은 자본의 부를 허락하지는 않았다.

191) 우리가 잊어서는 안 될 것은 농노조차도 자신의 집에 딸린 조그만 토지의 소유자 — 비록 공납 의무를 지는 소유자이긴 하지만 — 였을 뿐만 아니라, 공유지의 공동소유자이기도 했다는 사실이다. "농민은 거기에서(슐레지엔) 농노이다. 그럼에도 이들 농노는 공유지를 가지고 있다. 슐레지엔 사람들에게는 아직 공유지를 분할하라고 할 수 없었지만, 노이마르크에서는 거의 대부분의 마을에서 이런 분할이 성공적으로 이루어졌다"(미라보, 『프로이센 왕국에 대하여』, 런던, 1788, 제2권, 125~126쪽).

192) 일본은 토지소유의 순수한 봉건적 조직체계와 잘 발달된 소농 경영을 갖추고 있어서 대개 부르주아적 편견에 사로잡힌 우리의 모든 역사서보다도 훨씬 충실한 중세 유럽의 모습을 보여주고 있다. 중세를 희생시켜 '자유주의적'으로 되는 것은 너무나 쉬운 일이다.

자본주의적 생산양식의 기초를 만들어낸 변혁의 서막은 1470년경부터 1500년대 초의 수십 년 동안에 일어났다. 제임스 스튜어트(James Stewart) M746 경이 제대로 지적했듯이 "곳곳에서 쓸모없이 집과 뜰을 가득 메우고 있던" †163 봉건가신단이 해체됨으로써 보호받을 길 없는 대량의 프롤레타리아가 노동시장으로 내몰렸다. 그 자신 부르주아적 발전의 산물인 왕권이 절대적인 권력을 추구하면서 이 가신단의 해체를 강압적으로 촉진했다고는 하지만, 그것이 결코 그 해체의 유일한 원인은 아니었다. 오히려 강대한 봉건영주가 왕권과 의회에 매우 완강하게 대항하면서, 토지에 대해 자신과 똑같은 봉건적 권리를 갖고 있던 농민을 그 토지에서 폭력적으로 내쫓고 농민의 공유지를 강탈함으로써 비교할 수 없을 만큼 많은 프롤레타리아트를 만들어냈다. 그 직접적인 원동력이 되었던 것은 영국의 경우 특히 플랑드르 양모 매뉴팩처의 성장과 그에 따른 양모 가격의 등귀였다. 옛 봉건귀족은 대규모 봉건전쟁으로 몰락해버렸고, 새로운 귀족이 화폐가 권력 중의 권력이 된 새로운 시대의 주인공이 되었다. 따라서 경지의 목초지화가 새로운 귀족의 슬로건이 되었다. 해리슨(Harrison)은 그의 『잉글랜드 풍경: 홀린즈헤드 연대기 서설』(*Description of England: Prefixed to Holinshed's Chronicles*)에서 소농민에 대한 수탈이 나라를 어떻게 황폐화시키고 있는지를 묘사하고 있다.

> 우리의 대강탈자들이 무엇을 꺼리겠는가!(What care our great incroachers!)

농민의 주거와 노동자의 오두막집은 강제로 헐리든가 아니면 썩도록 내버려졌다.

해리슨은 다음과 같이 말하고 있다.

> 어떤 귀족영지든 그것의 옛 재산목록을 지금의 상태와 비교해보면 수없

이 많은 가옥과 소농 경영이 사라져버렸고, 이 나라가 극소수의 사람만을 부양하고 있으며, 몇몇 새로운 도시가 발흥하긴 했으나 다른 많은 도시는 쇠퇴해버렸다는 것을 금방 알게 된다. …… 목양지로 만들기 위한 파괴가 자행되어 이제는 겨우 영주의 집만 남아 있는 촌락과 도시의 경우도 여기에서 빼놓을 수 없다.

이 옛날 연대기에 나타난 비탄조의 표현에 과장된 점이 없진 않지만, 그것은 생산관계에서 일어난 혁명이 당시 사람들에게 주었던 인상을 정확하게 묘사하고 있다. 대법관 포테스큐의 저서와 토머스 모어(Thomas More)의 저서를 비교해보면 15세기와 16세기 사이의 간극을 확연하게 볼 수 있게 된다. 손튼(Thornton)이 정확히 말한 바와 같이, 영국의 노동자계급은 어떤 과도기도 거치지 않고 황금의 시대에서 철의 시대로 단번에 퇴락하였던 것이다.

이 같은 변혁 앞에서 의회는 당황하였다. 의회는 아직 '국민의 부'(Wealth of the Nation)〔즉 자본형성과 민중에 대한 가차 없는 착취와 빈곤화〕가 모든 국책 가운데 최우선적인 것으로 간주되는 문명수준에까지는 이르지 않고 있었다. 베이컨은 『헨리 7세사』에서 이렇게 말하고 있다. M747

그 해(1489년)에는 경지가 소수의 목동으로 쉽게 관리할 수 있는 목초지(목양지 등)로 변하는 데 대한 청원이 크게 늘어났다. 그리고 시한부 계약이나 종신 계약 또는 1년 계약의 차지농장(요먼〔Yeoman〕 가운데 대다수는 이런 방법으로 생활하고 있었다)이 영주 직영지로 전환되었다. 이것이 인민을 몰락시키고, 나아가 그 결과 도시, 교회, 십일조 세금(Zehnten)의 쇠퇴를 함께 초래하였다. …… 당시의 왕과 의회는 경탄할 만큼 현명하게 이런 폐해에 대응하였다. …… 그들은 이같이 농업인구를 감소시키는 공유지 횡탈(depopulating inclosures)과 그에 뒤이은 목장 경영(depopulating pasture)을 저지하는 방책을 취하였다.

1489년 헨리 7세가 내린 한 조례의 제19장에서는 최저 20에이커의 토지가 딸려 있는 모든 농민가옥의 파괴를 금지하였다. 헨리 8세 25년의 한 조례에서는 위의 법률이 갱신되었다. 거기에는 이렇게 적혀 있다.

> 많은 차지농장과 수많은 가축〔특히 양〕이 소수의 손에 집중되었으며, 그로 인해 지대는 급격히 오르고 경작은 엄청나게 쇠퇴하였으며, 교회와 집이 철거되어 놀랄 만큼 많은 인민이 자신은 물론 가족도 부양할 수 없게 되었다.

그 때문에 이 법률은 황폐한 농장을 재건하라고 명령하고 경작지와 목양지 사이의 비율 등을 규정하였다. 1533년의 한 조례는 2만 4,000마리나 되는 양을 소유한 자가 많다는 사실을 개탄하고 그 수를 2,000마리로 제한하도록 규정하고 있다.[193] 인민의 호소는 물론 헨리 7세 이후 150년간 계속된 입법—소규모 차지농업가와 농민에 대한 수탈을 막는—도 모두 효력이 없었다. 이것들이 성공할 수 없었던 비밀을 베이컨은 무심코 우리에게 누설하고 있다.

『수필집, 생활과 도덕에 관하여』(*Essay, civil and moral*) 제29절에서 그는 이렇게 말하고 있다.

> 헨리 7세의 조례는 일정한 표준 규격의 농업 경영과 농가를 만들어낸 것으로서 심오하고 경탄할 만한 것이었다. 즉 그것은 농업 경영과 농가에 대해 일정 비율의 토지를 갖게 함으로써, 농가가 충분한 부를 갖게 함으로써

193) 토머스 모어(Thomas More)는 『유토피아』에서 "양이 인간을 잡아먹는" 기묘한 나라에 관하여 이야기하고 있다(『유토피아』, 로빈슨 옮김, 아버 엮음, 런던, 1869, 41쪽).

예속상태에 빠지지 않게 하고, 또 그가 피용자로서가 아니라 소유자로서 쟁기를 손에 쥘 수 있도록 하려는 것이었다.[193a)]

M748 그런데 자본주의 체제가 요구하였던 것은 이와 반대로 민중의 예속상태, 민중의 피용자로의 전화, 그리고 민중의 노동수단을 자본으로 전화시키는 것이었다. 이 과도기 동안 의회는 농촌 임노동자의 오두막집에 딸려 있는 4에이커의 토지를 유지시키고자 노력하였으며, 또 그들이 자신의 오두막집에 피용자를 두지 못하도록 금지하였다. 1627년 찰스 1세 치하에서 폰트밀의 로저 크로커는 4에이커의 토지가 고정 부속지로 딸려 있지 않은 오두막집을 폰트밀의 영지 안에 지었다는 이유로 처벌받았다. 1638년 찰스 1세 치하에서 옛 법률〔즉 4에이커 토지에 관한 법률〕을 강제로 실시하기 위하여 왕립위원회가 임명되었다. 크롬웰(Cromwell)도 런던 주변 4마일 이내의 땅에 4에이커 이상의 토지가 딸리지 않은 집은 짓지 못하도록 금지하였다. 18세기 전반에 이르러서도 농촌 노동자의 오두막집에 1~2에이커의 부속지가 없는 경우에는 고발이 이루어졌다. 오늘날에는 오두막집에 작은 정원이 딸려 있거나 오두막집에서 멀리 떨어진 몇 루테

193a) 베이컨은 자유롭고 유복한 농민층과 우수한 보병을 서로 연관시키고 있다. "유능한 사람들에게 궁핍에서 벗어날 만한 규모의 차지농장을 보유하게 하고, 또 왕국의 토지 가운데 상당한 부분을 요먼 계층 또는 중간계층〔즉 귀족과 오두막집 농부 그리고 농가머슴의 중간 지위에 있는 사람들〕의 소유로 고착화시키는 것은 왕국의 위세와 위용을 유지하는 데 매우 중요한 일이었다. …… 왜냐하면 군대의 주력이 보병에 있다는 사실은 권위있는 군사전문가들 사이에서 일반적인 견해이기 때문이다. 그런데 우수한 보병을 만들기 위해서는 노예상태나 빈곤한 여건에서 자란 사람들이 아니라 자유롭고 어느 정도 부유하게 자란 사람들이 필요하다. 따라서 만약 어떤 나라가 귀족과 신사만을 지나치게 중시하고 농민이나 경작자는 이들의 노동자나 농가머슴 또는 기껏해야 오두막집 농부〔즉 집이 있는 거지〕로밖에 살 수 없게 만든다면, 군주는 우수한 기병은 가질 수 있을지 모르나 우수한 보병은 결코 가질 수 없을 것이다. …… 이것은 프랑스나 이탈리아를 위시한 여러 나라에서 볼 수 있었던 일로, 거기에서는 실제로 모든 사람이 귀족 아니면 가난한 농민층이었다. …… 그 때문에 이들 나라에서는 스위스 등지의 사람들로 구성된 용병을 자기 나라의 보병으로 사용할 수밖에 없었으며, 따라서 이들 나라에서는 인민대중은 많아도 병사가 별로 없게 되었다"(『헨리 7세 치세사, 케넷의 「잉글랜드」, 1719년판의 축어복사판』, 런던, 1870, 308쪽).

(Rute)의 토지를 임차할 수 있기만 해도 그는 행운아이다.

헌터 박사는 다음과 같이 말하고 있다.

> 지주와 차지농업가는 이 점에서 서로 연대한다. 만약 몇 에이커의 땅이라도 오두막집에 딸려 있다면, 그것이 노동자를 독립시키게 될 것이기 때문이다.[194)]

민중에 대한 폭력적 수탈과정은 16세기에 들어서자 종교개혁과 그 결과인 대규모의 교회령 약탈로 말미암아 새롭고 놀라운 추진력을 얻었다. 종교개혁 시대에 가톨릭 교회는 영국 토지의 대부분을 차지하고 있던 봉건적 소유주였다. 수도원 등에 대한 억압으로 말미암아 이 교회령의 주민들은 프롤레타리아트로 내몰렸다. 교회령 그 자체는 대부분 국왕의 탐욕스러운 신하들에게 주어지거나 아니면 헐값에 투기적인 차지농업가 또는 도시 부르주아들에게 팔렸으며, 이들은 이전의 세습 소작인들을 대거 몰아내고 소작인들의 농장을 하나로 합쳤다. 법률에 따라 교회의 십일조 가운데 빈곤한 농민들에게 보장되었던 소유권은 예고도 없이 몰수되었다.[195)] "도처에 빈민이다(Pauper ubiqubique jacet)."[†164] 엘리자베스 여왕은 잉글랜드를 순시한 뒤에 이렇게 절규하였다. 그녀의 재위 43년, 마침내 구빈세의 시행을 통해서 빈민의 존재는 공식적으로 인정되지 않을 수 없었다. M749

> 이 법률의 입안자들은 그 입법 이유를 표명하기가 부끄러워, 관례를 완

194) 헌터 박사, 『공중위생 제7차 보고서: 1864년』, 134쪽. "(과거의 법률들에 의해) 할당된 토지의 양은 이제 노동자들에게는 너무 커서 그들을 소차지농업가로 만드는 데 적합한 것으로 여겨질 것이다"(조지 로버츠〔George Roberts〕, 『과거 수세기에 걸친 잉글랜드 남부 여러 주 주민들의 사회사』, 런던, 1856, 184쪽).

195) "십일조를 분배받을 수 있는 빈민의 권리는 예부터 법률적인 방침에 따라 확립되어왔다"(터켓〔Tuckett〕, 『노동인구의 과거와 현재 상태에 관한 역사』 제2권, 804~805쪽).

전혀 무시하고 전문을 달지 않은 채 그 법을 공포하였다.[196)]

이 법률은 찰스 1세 16년의 법률 제4호에 따라 항구적인 것으로 선언되었고, 1834년 사실상 새롭고 훨씬 엄격한 형태를 갖추게 되었다.[197)] 종교개혁의 이 같은 직접적인 영향이 그 법률을 그렇게 항구화시킨 것은 아니

196) 윌리엄 코빗〔William Cobbett〕, 『프로테스탄트 종교개혁사』, 제471절.

197) 프로테스탄트 '정신'은 무엇보다도 다음과 같은 사실을 토대로 그 본질을 간파할 수 있다. 잉글랜드 남부 지방에서는 몇몇 토지소유자와 부유한 차지농업가들이 머리를 맞대고 상의하여 엘리자베스 구빈법의 올바른 해석에 관한 10개 항목의 질의서를 작성한 뒤 이것을 당시의 유명한 법률가 스니지 고등변호사(뒷날 제임스 1세 치하에서 판사가 됨)에게 제출하여 소견을 물었다. "9번째 질문: 이 교구의 부유한 차지농업가 몇 사람은 이 조례의 시행에 따르는 모든 혼란을 제거할 수 있는 교묘한 방안을 세웠다. 그들은 이 교구에 감옥을 하나 만들자고 제안한다. 이 감옥에 구금되기를 원하지 않는 모든 빈민에게는 구제가 거부될 것이다. 다음에 만약 이 교구의 빈민을 빌려 쓰고 싶은 사람이 있어서 그가 우리에게서 빈민을 데려가고 싶은 최저 가격을 써서 일정한 날 우편으로 신청하면, 우리는 이것을 인근에 공시할 것이다. 이 방안을 낸 사람들이 염두에 둔 것은, 인근 여러 주에 노동을 하려 하지도 않고 그렇다고 노동하지 않고서도 생활할 수 있을 정도의 차지농장이나 선박을 수중에 넣을 수 있는 재산이나 신용도 없는 사람들이 곳곳에 살고 있다는 점이다. 그리고 이런 사람들은 교구에 대하여 바로 그런 매우 유리한 신청을 할 마음을 품고 있을 것이 분명하다는 점이다. 만약 어디에선가 빈민들이 계약자의 보호 아래에서 죽는 경우가 생기면 그 책임은 계약자 측에 있을 것이다. 왜냐하면 교구는 그 빈민에 대한 자신의 의무를 다했기 때문이다. 그렇지만 우리가 걱정하는 것은 현행 조례가 이런 종류의 사려깊은 방책을 허락하지 않을지 모른다는 점이다. 그런데 귀하가 알아주어야 할 것은 이 주를 포함하여 인근 여러 주의 다른 자영농들도 우리에게 가담하여 다음과 같은 법안〔즉 빈민의 구금과 강제노동을 허락하고, 구금을 거부하면 구제받을 권리를 주지 않는다는 법안〕을 제출하도록 자신들의 하원의원을 재촉하고 있다는 점이다. 우리는 이것이 빈민들의 구제 요구를 막을 수 있으리라고 기대하는 바이다"(블레이키〔R. Blakey〕, 『상고시대 이래 정치문헌의 역사』, 런던, 1855, 제2권, 84~85쪽). 스코틀랜드의 농노제도 폐지는 잉글랜드보다 몇 세기 늦게 이루어졌다. 1698년까지만 해도 샐툰의 플레처(Fleteher)는 스코틀랜드 의회에서 다음과 같이 말하고 있다. "스코틀랜드의 거지 수는 20만 명 이상이라고 추정된다. 원칙적 공화주의자인 내가 제안할 수 있는 유일한 구제책은 농노제의 옛 상태를 부활시키자는 것과 자신의 생활을 유지할 능력이 없는 사람은 모두 노예를 만들자는 것이다." 또 이든의 『빈민의 상태』(제1권, 제1장, 60~61쪽)에서도 이렇게 말하고 있다. "구제받아야 할 궁핍은 농민의 자유에서 비롯된 것이다. …… 공업과 상업은 우리나라 빈민의 진정한 부모이다." 저 스코틀랜드의 원칙적 공화주의자와 마찬가지로 이든도 이 점〔즉 농노제의 폐지가 아니라 바로 농민의 토지소유 폐지가 농민을 프롤레타리아로 만들고 피구휼빈민으로 만든다는 점〕을 잘못 알고 있다. — 수탈이 다른 방법으로 이루어졌던 프랑스에서는 잉글랜드의 구빈법에 대응하는 것으로 1566년의 물랭 법령과 1656년의 칙령이 있다.

었다. 교회령은 고대적 토지소유관계의 종교적 보루였다. 그것의 붕괴와 M750
함께 이 관계도 이제 더 이상 유지될 수 없게 되었다.[198]

17세기의 마지막 몇십 년까지만 해도 자영농민층인 요먼리(Yeomanry)는 아직 차지농업가계급보다 많았다. 그들은 크롬웰의 주력부대를 이루고 있었으며 — 매콜리(Macaulay)의 고백을 보아도 알 수 있듯이 — 거름 냄새 나는 주정뱅이 시골 귀족과 시골 목사님 — 시골 귀족들에게 고용되어 주인의 '애첩'을 아내로 맞아들이지 않을 수 없었던 — 에 비하면 유리한 지위에 있었다. 농촌의 임노동자조차 아직은 공유지의 공동 소유주였다. 1750년에는 요먼리가 거의 사라졌고[199] 또 18세기의 마지막 몇십 년 동안에는 농민의 공유지가 마지막 흔적도 남기지 않고 사라져버렸다. 여 M751 기에서 우리는 농업혁명의 순수한 경제적 원동력은 보지 않기로 한다. 우리는 단지 농업혁명의 폭력적 지렛대만을 문제로 삼는다.

스튜어트 왕조가 복고되자 토지소유주들은 법률의 힘을 빌려 횡탈을 완수했는데, 대륙에서는 법률적인 힘에 기대지 않고서도 곳곳에서 이 같은 횡탈이 자행되었다. 그들은 토지의 봉건적 소유를 폐기시켰다. 즉 그들은 토지를 매개로 한 국가에 대한 이행의무를 팽개치고 농민층과 그밖의 민중에 대한 과세를 통해 국가에 '보상'을 해주었으며, 또 자신들이 단지 명목상으로만 소유하고 있던 봉건적 토지들에 대해 근대적 사유권을 요구하였을 뿐만 아니라 최종적으로는 정주법(定住法)까지 강요하였다.

198) 로저스는 당시 프로테스탄트 정통파의 본산인 옥스퍼드 대학의 경제학 교수였음에도 자신의 『농업의 역사』 서문에서 종교개혁으로 말미암은 민중의 빈민화를 강조하고 있다.

199) 『식량가격의 상승에 관하여. 번베리 경에게 보낸 어느 서포크 신사의 서한』, 입스위치, 1795, 4쪽. 대차지농장의 광신적 옹호자이자 『식량의 현재 가격과 농장규모의 연관성에 대한 연구』(런던, 1773)의 저자 아버스넛(J. Arbuthnot)조차도 자기 책의 139쪽에서 다음과 같이 말하고 있다. "내가 가장 비탄해 마지않는 것은 우리의 요먼리〔사실상 이 나라의 독립을 받쳐주고 있는 한 무리의 사람들〕가 없어졌다는 점이다. 또한 그들의 땅이 오늘날 독점적 대지주의 손에 들어가 소농민에게 임대되고, 소농민들이 무슨 일이 있을 때마다 불려가는 하인들과 다름없는 조건으로 자신들의 차지권을 겨우겨우 유지하고 있는 상황을 보면 참으로 유감을 금하기 어렵다."

이 법률들이 잉글랜드 경작민들에게 끼친 영향은—상황의 차이를 고려하기만 한다면—타타르인 보리스 고두노프(Boris Godunow)의 포고가 러시아 농민층에게 끼친 영향과 똑같다고 할 수 있다.†165

'명예혁명'†166은 오렌지 공 윌리엄 3세[200]뿐만 아니라 지주와 자본가적 치부가들을 지배자의 지위에 앉혔다. 그때까지는 조심스럽게만 자행되던 국유지의 약탈을 그들은 거대한 규모로 자행함으로써 새로운 시대의 막을 올렸다. 약탈된 땅은 증여되기도 하고 헐값에 마구 팔리기도 하였으며, 어떤 때에는 직접적인 횡탈을 통해 사유지에 병합되기도 하였다.[201] 모든 것이 어떤 법률적 관례도 고려되지 않은 채로 자행되었다. 이처럼 거의 사기에 가까운 횡령으로 탈취된 국유지는 교회에서 약탈한 땅—공화혁명 시기에 없어지지 않았다면—과 함께 오늘날 영국 과두지배 귀족 영지의 기초를 이루고 있다.[202] 부르주아 자본가들은 이러한 조치를 도왔는데, 그 목적은 무엇보다도 토지를 순수한 거래대상으로 전화시키고 대규모 영농의 영역을 확대하며 농촌에서 그들에게 공급되는 보호받을 길 없는 프롤레타리아를 증가시키기 위한 것이었다. 게다가 새로운 토지귀족은 새로운 은행귀족과 이제 막 생기려는 대규모 금융업자 그리고 그 무렵 보호관세의 혜택을 받고 있던 대규모 제조업자들의 당연한

M752

200) 이 부르주아 영웅의 사적 윤리는 다음과 같은 형태로 표현되고 있다. "1695년 아일랜드의 오크니 부인은 넓은 땅을 선물로 받았는데 이는 국왕의 총애와 부인의 세력을 공공연하게 증명해주는 것이었다. …… 오크니 부인의 귀여운 봉사를 자세히 보면—그것은 더러운 입술의 봉사였다"(대영박물관에 있는 『슬론 수고집』, 제4224호. 이 수고에는 '서머즈, 핼리팩스, 옥스퍼드, 버넌 국무장관 등이 슈루즈버리 공에게 보낸 서한의 원문 속에 나타난 윌리엄 왕, 선더랜드 등의 성격과 행실'이라는 제목이 붙어 있다. 이 수고는 굉장한 진품에 속한다).

201) "일부는 매각을 통해 또 일부는 증여라는 형식을 통해 이루어진 국왕령의 불법 양도는 잉글랜드 역사에서 오욕의 한 장을 이루는 것으로 …… 국가에 대한 엄청난 사기이다"(뉴먼〔F. W. Newman〕, 『경제학 강의』, 런던, 1851, 129~130쪽). —{오늘의 영국 대토지 소유자들이 어떻게 그 토지를 소유하게 되었는지에 대해서는 에번스(N. H. Evans), 『우리나라의 옛 귀족. 노블레스 오블리주 지음』, 런던, 1879에 자세히 서술되어 있다. —엥겔스}

202) 예를 들어 베드퍼드 공의 집안에 관한 버크(E. Burke)의 팸플릿을 읽어볼 수 있는데, 이 집안의 자손이 저 '자유주의의 작은 새'인 존 러셀(John Russell) 경이다.

맹우였다. 영국의 부르주아가 자신의 이익을 위하여 실수 없이 행동하던 모습은 스웨덴의 도시 부르주아와 완전히 닮은 것이었다. 그렇지만 후자는 전자와 달리 자신의 경제적 보루인 농민층과 손을 잡고, 과두지배에서 국왕의 직할지를 폭력적으로 탈환(1604년 이후, 그리고 좀더 나중의 카를 10세와 카를 11세 치하에서)하도록 국왕을 도와주었다.

공유지(Gemeindeeigentum) — 지금까지 고찰한 국유지(Staatseigentum)와는 전혀 다른 — 는 고대 게르만 제도의 하나로 봉건제의 외피를 쓰고 존속해오던 것이었다. 이미 본 바와 같이 이 공유지에 대한 폭력적 횡탈은, 대개의 경우 경지의 목초지화를 수반하면서 15세기 말에 시작하여 16세기까지 계속되었다. 그러나 당시 이 과정은 개인적인 폭행 정도로 행해졌으며, 이에 대해서 의회는 150년 동안이나 쓸모없는 항쟁을 계속하였다. 18세기의 진보는 법률 그 자체가 이제는 인민 공유지의 강탈수단이 되었다는 점에서 — 물론 대규모 차지농업가들은 법률 외에도 별도의 자잘한 사적 수단을 사용하긴 했지만 — 뚜렷이 드러난다.[203] 이 강탈의 의회적 형태는 '공유지 인클로저 법안'(Bills for Inclosures of Commons)이라는 형태를 취했으니, 바꾸어 말하면 그것은 지주가 인민의 공유지를 사유지로 증여받기 위한 법령이자 인민 수탈의 법령이었다. 이들은 스스로 「공유지 인클로저를 위한 일반 의회법」을 요구함으로써, 공유지를 봉건영주의 자리를 이어받은 대토지 소유주의 사유지라고 설명하려 했던 자신의 교활한 변론을 스스로 뒤집고 있다. 즉 그는 공유지를 사유지로 만들기 위해서 하나의 의회적 쿠데타가 필요하다는 점을 인정하면서 동시에 다른 한편으로 수탈당한 빈민을 위한 '손해 배상'을 입법부에 요구하였던 M753

203) "차지농업가들은 오두막 농부들에게 그들 자신 외에는 다른 어떤 생물도 기르지 말도록 했는데, 그 구실은 만약 농부가 가축이나 가금을 기르면 곡식창고에서 사료를 훔치게 되리라는 것이었다. 차지농업가들은 또 오두막 농부들을 가난하게 만들어야 그들이 부지런해진다고 말한다. 그러나 분명한 것은 이런 방식으로 차지농업가들이 공유지에 대한 모든 권리를 횡탈한다는 사실이다"(『황무지 인클로저의 결과에 대한 정치적 연구』, 런던, 1785, 75쪽).

것이다.[204)]

한편에서는 자영농 요먼리를 대신하여 임의의 차지농업가〔즉 1년의 해지 예고기간을 조건으로 하는 비교적 작은 차지농업가로, 지주의 자의(恣意)에 의존하는 하나의 예속적인 무리〕가 나타났지만, 다른 한편에서는 국유지의 횡령과 병행하여 아주 조직적으로 이루어진 공유지의 약탈행위가 18세기에 자본가적 차지농장[205)] 또는 상인적 차지농장[206)]이라고 불렸던 대규모 차지농장의 팽창을 도왔으며, 또한 농민을 공업 프롤레타리아계급으로 '유리시키는' 일을 도왔다.

그렇지만 18세기에는 국가의 부와 인민의 빈곤이 동일하다는 사실을 아직 19세기만큼 제대로 파악하지 못하고 있었다. 그 때문에 당시의 경제학 문헌에서는 '공유지 인클로저'에 관한 매우 격렬한 논쟁이 발견된다. 이제 우리 주위에 널려 있는 많은 자료들 가운데 몇 개만 예로 들어보자. 그럼으로써 당시의 상태가 생생하게 그려질 것이다.

분노에 가득 찬 어느 필자는 다음과 같이 쓰고 있다.

> 하트퍼드셔 대부분의 교구에서는 평균 50~150에이커가 되는 24개 차지농장들이 병합되어 3개의 차지농장이 되었다.[207)]

> 노샘프턴셔와 링컨셔에는 공유지 인클로저가 무척 성행하고 있으며, 이런 울타리치기로 말미암아 새로 생긴 영지들은 대개 목초지로 변하고 있다. 그 결과, 이전에는 경작지가 1,500에이커에 이르던 영지에서 이제는 경

204) 이든, 앞의 책, 서문, 〔별첨 17 · 19쪽〕.

205) "Capital-farms"(『곡분 거래와 등귀에 대한 두 개의 서한, 어느 실업가 지음』, 런던, 1767, 19~20쪽).

206) "Merchant-farms"(『최근 식량가격 폭등의 원인에 대한 연구』, 런던, 1767, 111쪽의 주). 익명으로 간행된 이 훌륭한 저서는 너새니얼 포스터 목사가 쓴 것이다.

207) 토머스 라이트(Thomas Wright), 『대농장의 독점에 관하여 여론에 호소하는 글』, 1779, 2~3쪽.

작지가 50에이커도 채 되지 않는 경우가 많다. …… 이전의 주택 · 곡식창고 · 마구간 따위가 전에 사람이 살았음을 알리는 유일한 흔적이다.

100호나 되던 가구 수가 …… 고작 8~10호로 감소한 곳도 많다. …… 15~20년 전부터 비로소 인클로저를 시작한 대부분의 교구에서도 토지소유주의 수는 울타리가 쳐지기 전에 토지를 경작하고 있던 사람들의 수에 비하면 극히 적다. 4~5명의 부유한 목축업자가 최근에 울타리가 쳐진 큰 영지를 횡탈하고 있음을 보기란 그다지 드물지 않은 일로, 이들 토지는 이전에는 20~30명의 차지농업가나 그 정도 수의 비교적 소규모 소유주들 손에 있던 것이다. 이들은 모두 자신의 가족과 함께, 또 자신이 고용하고 부양했던 다른 많은 가족과 함께 자신의 토지에서 내쫓겼다.[208] M754

휴경지뿐 아니라, 공동체에 일정한 액수를 지불하고 경작하거나 아니면 공동으로 경작하던 토지까지도 인클로저라는 구실로 인근 대지주가 병합하는 경우도 많았다.

여기서는 이미 경작되고 있던 개방지의 인클로저에 관해 서술해보자. 인클로저를 옹호하는 저술가들도 인클로저로 말미암아 대규모 차지농장에 의한 독점이 증대되고 생활수단의 가격이 상승하며 인구가 감소한다는 사실을 인정하고 있다. …… 그리고 오늘날 진행되고 있는 황무지 인클로저도 빈민에게서 생존수단의 일부를 빼앗는 것은 물론 이미 지나치게 커진 차지농장을 한층 더 팽창시키는 일이 되고 있다.[209]

208) 애딩턴(Addington) 목사, 『개방지 인클로저의 찬반 양론에 대한 연구』, 런던, 1772, 37~43쪽의 곳곳.

209) 프라이스 박사, 앞의 책, 155~156쪽. 포스터 · 애딩턴 · 켄트 · 프라이스와 제임스 앤더슨의 저서들을 매컬럭이 자신의 문헌 해제 『경제학 문헌 분류목록』(런던, 1845) 속에서 늘어놓고 있는 가련한 밀고자의 궤변과 비교해보라.

프라이스(Price) 박사는 이렇게 말하고 있다.

만약 토지가 소수의 대규모 차지농업가 손에 들어가버린다면, 소규모 차지농업가(이전에 그는 이들을 '자신이 경작하는 토지의 생산물과 자신이 공유지에 방목하는 양 · 가금 · 돼지 등으로 자신과 가족을 부양하고 따라서 생존수단을 따로 구매할 필요가 거의 없는 한 무리의 소토지 소유자와 소규모 차지농업가'라고 표현하였다)는 타인을 위한 노동을 통해서 생계비를 벌어야 할 것이고 또 자신이 필요로 하는 모든 것을 시장에서 구입해야만 하는 사람으로 변해버릴 것이다. …… 그리고 아마 그는 더 많은 노동을 해야 할 것이다. 왜냐하면 더 많은 강제가 그를 그렇게 몰아갈 것이기 때문이다. …… 도시와 공장은 증가할 것이다. 왜냐하면 일자리를 구하고자 하는 사람들이 갈수록 더 많이 몰려올 것이기 때문이다. 이것이 차지농장의 집중이 필연적으로 가져오게 될 방향이고, 또 오래전부터 이 나라에서 실제로 이루어져온 일이기도 하다.[210]

그는 인클로저의 최종 결과를 이렇게 요약한다.

전반적으로 하층 인민계급의 상태는 거의 모든 면에서 악화되고 있으며, 비교적 소규모의 토지소유자와 차지농업가는 일용노동자 아니면 기껏해야 상용노동자로 전락하고 있다. 또한 그와 동시에 이런 상태로 생활을 유지하는 것도 갈수록 점점 어려워지고 있다.[211]

210) 프라이스 박사, 앞의 책, 147~148쪽.

211) 같은 책, 159~160쪽. 여기서 고대 로마의 경우를 상기해볼 수 있다. "부자들은 미분할지의 대부분을 점유하였다. 그들은 당시의 여건으로 보아 자신들의 토지를 다시 빼앗길 염려는 없다고 믿고서, 인근 빈민들의 땅을 합의를 통해 사들이거나 아니면 폭력을 사용하여 강제로 빼앗았다. 이리하여 그들은 이제 몇몇 작은 경지가 아니라 훨씬 광활한 영지를 경작하게 되었다. 그즈음 그들은 농경과 목축에 노예를 사용하고 있었는데, 이는 자유민의 경우 토지를 빼앗기면 노동을 하는 대신 군에 복무해버릴 염려가 있었기 때문이다. 노예는 병역을 면제받기 때

실제로 공유지의 횡탈과 그에 따른 농업혁명은 농업노동자들에게 급격 M755 한 영향을 끼쳤기 때문에 이든 자신의 얘기에 따르면 1765~80년 동안 이들의 임금은 최저한도를 밑돌아 공적 빈민 구제의 도움을 받아야만 겨우 살아남을 수 있을 정도가 되었다. 이든은 그들의 임금이 "절대적인 생활필수품을 가까스로 살 수 있을 정도에 그쳤다"고 말하였다.

인클로저의 옹호자로, 프라이스 박사를 반대하는 사람의 말도 잠깐 들어보자.

> 개방지에서 자신의 노동을 낭비하는 사람들이 이제 없어졌다고 해서 인구가 감소했다고 생각하는 것은 올바른 결론이 아니다. …… 소농민을 타인을 위해 노동하지 않으면 안 되는 사람으로 변화시켜 그에게 더 많은 노동을 하게 만든다면, 이야말로 국민(이렇게 변화된 사람들은 물론 여기에 포함되지 않는다)들이 희망하던 이익이다. …… 그들의 결합노동이 차지농장에서 사용된다면 생산물은 훨씬 증가할 것이다. 그러면 공장에서 사용될 잉여생산물이 형성될 것이며, 그 결과 국민적 금광(부의 원천을 상징한다—옮긴이)의 하나인 이들 공장은 생산된 곡물량에 비례하여 늘어나게 될 것이다.[212)]

문에 안심하고 번식시킬 수 있었으며, 노예들이 많은 자식을 낳기만 한다면 노예 소유주에게도 그것은 큰 이익이 되었다. 이리하여 유력자들은 모든 부를 깡그리 독차지하였고 전국에는 노예가 가득하였다. 반면 이탈리아 민중은 빈곤 · 조세 · 병역 따위에 지쳐서 갈수록 그 수가 줄어들었다. 그리고 평화시대가 찾아와도 그들은 전혀 할 일이 없는 운명이었다. 왜냐하면 부자들이 토지를 장악하고 자유민 대신 노예를 농업에 사용했기 때문이다"(아피안〔Appian〕, 『로마의 내란』, 제1부, 제7장). 여기에서 말하고 있는 상황은 리키니우스 법[†167] 이전 시대의 것이다. 로마 평민들의 몰락을 이렇게까지 가속화시켰던 병역의무는 카를 대제가 독일 자유농의 예농화와 농노화를 조장하기 위하여 사용했던 주요 수단 가운데 하나이기도 하였다.

212) 〔아버스넛 지음,〕 앞의 책, 124~129쪽. 이와 비슷하면서도 반대 경향을 띠는 다른 어떤 논문에는 이와 같이 씌어 있다. "노동자는 자신의 오두막집에서 쫓겨나 도시에서 일자리를 구해야만 했다. — 그러나 이윽고 훨씬 더 많은 잉여가 생기게 되었고, 그리하여 자본이 증가해갔다"(실리〔R. B. Seeley〕 지음, 별첨 14쪽).

M756 '신성한 소유권'에 대한 아무리 철면피한 모독도, 인격에 대한 아무리 참혹한 폭행도, 그것이 자본주의적 생산양식의 기초를 쌓는 데 필요하다면 경제학자들은 스토아학파적인 냉정함을 지닌 채 그것을 고찰하겠지만, 그 중에서도 특히 이런 냉정함을 우리에게 잘 보여주고 있는 사람은 토리당의 사상으로 물들어 있고 '박애주의자'이기도 한 이든 경이다. 1470년경부터 18세기 말경까지 이루어졌던 폭력적 인민 수탈이 수반한 수많은 도적행위와 잔학행위 그리고 인민의 고난도 모두 그에게는 다음과 같은 '유쾌한' 결론으로 이끌어졌을 뿐이다.

> 경지와 목초지 사이의 비율은 적절한 수준으로 이루어져야만 하였다. 14세기 내내 그리고 15세기 대부분을 통틀어 2~3에이커, 때로는 4에이커의 경지에 대하여 목초지는 여전히 1에이커의 비율을 유지하고 있었다. 16세기 중엽 이 비율은 경지 2에이커에 대하여 목초지 2에이커로 바뀌었고, 결국 마지막으로는 경지 1에이커에 대하여 목초지 3에이커라는 적절한 비율로 이루어졌다.

19세기가 되면서부터는 물론 경작자와 공유지의 연관에 대한 기억조차 사라져버렸다. 훨씬 뒤의 이야기는 하지 않더라도, 1810~31년에 의회는 농민에게서 351만 1,770에이커의 공유지를 빼앗아 여러 지주에게 증여했는데, 이때 눈곱만한 보상이라도 그들 농민에게 해준 것이 있었는가?

경작자에게서 토지를 빼앗은 최후의 대규모 수탈과정은 이른바 토지의 청소(Clearing of Estates: 실제로는 토지에서 인간을 쓸어내는 것)였다. 지금까지 고찰해온 모든 영국적 방법은 이 '청소'에서 그 절정을 이루었다. 앞 장에서 현재 상태를 서술하면서 이미 보았듯이, 더 이상 몰아낼 자영농민이 없는 오늘날에는 마침내 오두막집 '청소'로까지 진전하였고, 그리하여 이제 농업노동자들은 자신이 경작하는 토지 위에서조차 더 이상 자신이 거주할 공간을 발견할 수 없게 되었다. 그러나 본래적인 의미에서 '토지의 청소'가 무엇을 뜻하는지는 근대 낭만주의 문학의 약속의 땅, 스코틀랜드 고지에서 비로소 알 수 있다. 거기에서 이 과정은 그 조직적인 성격을 통해서, 또 그것이 일거에 수행된 규모의 크기(아일랜드에서 지주들은 몇 개의 마을을 동시에 청소하는 데 성공한 정도였지만, 스코틀랜드 고지에서는 독일의 한 공국 규모의 땅이 한꺼번에 청소되었다)를 통해서, 그리고 마지막으로 횡탈된 토지소유의 특수한 형태를 통해서 그 특징을 드러내고 있다.

스코틀랜드 고지의 켈트인은 씨족으로 구성되어 있고 씨족은 각자 자신들이 살고 있던 토지의 소유자였다. 마치 영국의 여왕이 온 국토의 명목상 소유주인 것과 마찬가지로 씨족의 대표자〔그 우두머리, 즉 '그레이트맨'(great man)〕는 단지 이 토지의 명목상 소유주일 뿐이었다. 영국 정부가 이 '그레이트 맨'들 사이의 내부 전쟁과 스코틀랜드 저지평원에 대한 그들의 끊임없는 침입을 저지하는 데 성공했을 때에도, 이들 씨족장들은 예부터 행해온 그들의 도적질을 결코 그만두지 않았다. 그들은 단지 그 형태만을 바꿨을 뿐이었다. 그들은 자신의 권위를 바탕으로 자신들의 명목적 소유권을 사적 소유권으로 바꾸었다. 그리고 씨족원들의 반항에 부딪치자 그들은 공공연한 폭력으로 씨족원들을 쫓아내려고 하였다. M757

> 영국의 왕이라면, 이와 똑같은 권리로써 자기 신민들을 바닷속으로 몰아넣을 수도 있었을 것이다.

라고 뉴먼(Newman) 교수는 말하고 있다.[213] 스코틀랜드에서는 최후의 왕위 참칭자 반란[†168] 이후에 이 혁명이 시작되었는데, 이 혁명에 관해서

213) "A King of England might as well claim to drive all his subjects into the sea"(뉴먼, 앞의 책, 132쪽).

는 제임스 스튜어트[214]와 제임스 앤더슨[215]의 저서를 통해서 그 초기의 양상을 추적할 수 있다. 18세기에 농촌에서 쫓겨난 게일족은 국외 이주도 금지당했다. 이는 그들을 강제로 글래스고 등지의 공업도시에 몰아넣기 위해서였다.[216] 19세기에 주로 자행되었던 방법의 실례[217]로는 서덜랜드 M758 여공작의 '청소'를 드는 것만으로도 충분할 것이다. 경제에 통달한 이 인물은 공작의 지위에 오르자마자 경제를 근본적으로 치유하겠다고 결심하고서 이전과 비슷한 과정을 거쳐 이미 주민이 1만 5,000명으로 감소한 자신의 영지 전체를 목양지로 바꾸어버렸다. 이 1만 5,000명의 주민〔약 3,000가구〕은 1814~20년에 조직적으로 내쫓겨 근절되었다. 그들의 촌락은 남김없이 헐려 소각되었고, 그들의 경지는 모두 목초지로 바뀌었다. 영

214) 스튜어트는 이렇게 말한다. "이들 토지의 지대(그는 이 지대라는 경제학적 범주를 씨족장에 대한 택스멘〔taksmen〕 †169의 공납으로 잘못 전용하고 있다)는 토지의 크기에 비하면 아주 적은 것이지만, 하나의 농지가 부양하는 사람 수에 견주어보면 스코틀랜드 고지의 땅이 가장 비옥한 주의 동일한 가치의 땅에 비해 10배 정도의 사람을 부양하고 있음을 보여준다"(앞의 책, 제1권, 제16장, 104쪽).

215) 제임스 앤더슨, 『국가적 산업정신의 진흥책에 관한 고찰』, 에든버러, 1777.

216) 강제로 수탈당한 자들은 1860년 거짓 약속에 속아 캐나다로 수출되었다. 그 중에는 산이나 인근 섬으로 도망간 자들도 있었다. 그들은 경찰의 추격을 받았지만 이들과 격투를 벌이고 도망을 갔던 것이다.

217) 애덤 스미스의 주석자인 뷰캐넌(Buchanan)은 1814년 다음과 같이 말하고 있다. "이 고지에서는 오래전부터 전래된 소유상태가 날마다 폭력적으로 변혁되고 있다. …… 지주는 세습차지농(이것도 잘못 쓰인 개념이다)을 고려하지 않고, 최고 입찰자에게 토지를 제공한다. 그리고 만약 이 사람이 개량가(improver)라면 그는 즉시 새로운 경작법을 채택한다. 예전에는 드문드문 흩어져 사는 소농민들과 함께 각 토지에는 그 생산물에 비례하는 인구가 살고 있었다. 그러나 경작법이 개량되고 지대가 증가한 새로운 제도 아래에서는 최소의 비용으로 최대의 생산물을 얻기 위하여, 이제 필요없어진 사람들을 내쫓아버렸다. …… 고향에서 내쫓긴 사람들은 공업도시 등지에서 생계를 구하게 되었다 ……"(데이비드 뷰캐넌, 『스미스의 「국부론」에 관한 고찰』 제4권, 에든버러, 1814, 144쪽). "스코틀랜드의 호족들은 잡초라도 뽑듯이 많은 농가를 수탈하고, 인도인이 보복의 일념에 불타서 야수의 동굴을 초토화시키는 것과 똑같은 방법으로 촌락과 주민을 초토화시켰다. …… 인간은 양의 모피나 고기 또는 더 값싼 것과도 교환되었다. …… 중국 북부에 침입한 몽골인들의 회의에서는 주민들을 말살하고 그들의 토지를 목초지로 바꾸자는 제안이 있었다고 한다. 이런 제안을 고지 스코틀랜드의 많은 지주들은 자기 나라에서 자기 나라 국민들에 대해 직접 실행에 옮겼다"(조지 엔서, 『각국의 인구에 관한 연구』, 런던, 1818, 215~216쪽).

국 병사들이 그것을 집행하도록 명령 받았는데, 그들은 이 과정에서 토착민과 충돌하였다. 한 노파는 오두막집을 떠나기를 거부하고는 그 불 속에 뛰어들어 타 죽었다. 이렇게 하여 이 귀부인은 까마득한 옛날부터 씨족의 땅이었던 79만 4,000에이커의 토지를 하나도 남김없이 자기 소유로 만들었다. 내쫓긴 토착민들에게 그녀는 바닷가에 있는 약 6,000에이커〔한 가구당 2에이커〕의 토지를 나누어주었다. 이 6,000에이커의 땅은 그때까지 황폐한 채로 버려져 있어서 소유주에게 아무런 수입도 올려주지 못한 땅이었다. 이 여공작은 고귀한 심정으로 몇백 년 전부터 자신의 집안을 위해 피땀을 바쳐온 씨족원들에게 이 토지를 1에이커당 평균 2실링 6펜스의 지대를 받고 빌려주었다. 그녀는 횡탈한 씨족의 땅을 모두 29개의 큰 임대목양지로 분할하고 목양지 하나에 1가구씩 — 대부분 잉글랜드 소작머슴들이었다 — 거주시켰다. 1825년 1만 5,000명의 게일족이 살던 이 땅에는 13만 1,000마리의 양이 길러지고 있었다. 토착민들 가운데 바닷가로 쫓겨난 사람들은 어업으로 생계를 유지하고자 했다. 그들은 양서류(兩棲類)가 되어 잉글랜드의 한 저술가가 말한 것처럼 절반은 육지에서 살고 절반은 물 위에서 살았지만, 양쪽을 다 합쳐도 반 사람분의 생계비밖에 벌 수 없었다.[218]

그러나 우직한 게일족은 자신들의 고지대에서 씨족의 '그레이트 맨'에 대한 낭만적인 숭배를 계속한 대가로 더욱더 혹독한 처지에 놓이지 않을 수 없었다. 그레이트 맨의 코가 물고기 냄새를 맡은 것이었다. 그들은 냄새를 통해 돈벌이가 될 수 있으리라는 것을 알아내고는 해안을 런던의 큰 M759

218) 서덜랜드의 현 공작부인이 미국 흑인노예에 대한 자신의 동정심을 피력하기 위하여 — 그렇지만 영국의 모든 '고귀한' 정신이 노예 소유주의 편을 들어 들끓던 남북전쟁 때는 그녀도 동료 귀족들처럼 신중한 태도를 취하여 아무것도 하지 않았다 — 저 『톰 아저씨의 오두막』의 저자 비처 스토 부인을 런던에서 화려하게 환영하였을 때, 나는 『뉴욕 트리뷴』지에 서덜랜드의 노예상태에 관해 썼다(그 가운데 일부를 케어리는 『노예무역』, 필라델피아, 1853, 202~203쪽에서 인용하고 있다). 내 글은 어느 스코틀랜드 신문에 전재되어 이 신문과 서덜랜드의 밀고자 사이에 격렬한 논쟁을 불러일으켰다.

어물상들에게 임대하였다. 게일족은 또다시 쫓겨났다.[219)]

그러나 결국 목양지 가운데 일부는 수렵장으로 다시 전화한다. 잘 알다시피 잉글랜드에는 원래부터의 삼림이란 없었다. 귀족들의 수렵원에 있는 사슴은 체질적으로 가축이 되어버려서 런던 시 참사회원처럼 살이 쪄 있다. 따라서 스코틀랜드는 '고귀한 정열'을 가진 사람들의 마지막 도피처였다.

1848년 서머즈(Somers)는 다음과 같이 말하였다.

> 스코틀랜드 고지의 삼림은 엄청나게 확장되었다. 가이크의 이쪽에는 글렌페시 숲이 새로 생겼고, 저쪽에는 아드버리키 숲이 새로 생겼다. 같은 방향에 근래에 만들어진 광대한 황무지 블릭 마운트가 있다. 오늘날에는 동쪽에서 서쪽까지, 즉 애버딘 부근에서 오반의 절벽까지 삼림이 계속 이어져 있고, 고지의 다른 지방에는 또 로크 아케이그, 글렌개리, 글렌모리스턴 등의 새로운 삼림들이 만들어졌다. …… 그 토지들의 목양지화는 …… 게일족을 더욱 척박한 땅으로 내몰았다. 이제 사슴이 양을 대신하기 시작하여, 게일족을 더 한층 파멸적인 빈곤으로 몰고 있다. …… 사슴 사냥터[219a)]와 인민은 공존할 수 없다. 어떻게든 한쪽이 자리를 비켜주지 않으면 안 된다. 만약 수렵장의 수와 크기가 앞으로의 사반세기 동안 지난 사반세기와 같은 속도로 증가한다면, 그들의 향토에서는 이제 한 사람의 게일족도 더 이상 볼 수 없게 될 것이다. 고지의 지주들 사이에서 진행되고 있는 이 운동은 한편으로는 유행이나 귀족적인 욕망 또는 수렵 도락 따위가 그 원인

219) 이 생선거래에 대해서는 데이비드 어커트의 '포트폴리오, 새로운 시리즈'에 흥미로운 내용이 담겨 있다. 시니어는 위에서 인용한 자신의 유고에서 '서덜랜드셔에서 취해진 이들 조치는 개벽 이래 가장 정성스러운 청소의 하나'라고 규정하고 있다(『아일랜드에 관한 일지: 편지와 에세이』, 런던, 1868, 282쪽).

219a) 스코틀랜드의 사슴수렵림(deer forest)에는 나무가 하나도 없다. 양을 몰아내고 민둥산에 사슴을 몰아넣고는 사슴수렵림이라고 이름을 붙였기 때문이다. 따라서 조림이란 어림도 없는 소리이다!

이지만, 다른 한편으로는 오로지 이윤을 목적으로 한 사슴 거래 때문이기도 하다. 실제로 조그마한 땅이라도 산지를 수렵장으로 만들면 대개의 경우 목양지와는 비교도 안 될 만큼 수익성이 높다. …… 수렵장을 찾는 도락가는 자기 주머니 사정이 허락하는 한 얼마든지 값을 지불한다. …… 이 고지에 드리워진 고뇌는 노르만 왕들의 정책이 잉글랜드에 가했던 고통에 못지않은 가혹한 것이었다. 사슴들은 갈수록 넓은 놀이터를 얻는 반면 인간들은 점점 더 좁은 울타리 안으로 몰아넣어졌다. …… 인민의 자유는 갈수록 멀어져갔다. …… 그리고 지금도 억압은 나날이 심해지고 있다. 인민을 몰아내는 일은—마치 미국이나 오스트레일리아의 원시림에서 나무와 덤불을 제거하는 일과 꼭 마찬가지로—부동의 원칙이자 농업상 필요한 일로 지주들의 손에 의해 자행되었다. 그리고 이 작업은 그 이후 묵묵히 사무적으로 계속되었다.[220]

M760

220) 로버트 서머즈, 『고지에서 온 편지, 또는 1857년의 기근』, 런던, 1848, 12~28쪽의 곳곳. 이 편지는 원래 『타임스』에 실렸었다. 영국의 경제학자들은 1847년 게일족의 기근을 물론 그들의 인구과잉 때문이라고 설명하였다. 어쨌든 그들이 스스로 자신들의 식량을 '압박하였다'는 것이다. — '토지 청소'〔독일에서는 이것을 '농민보유지 몰수'(Bauernlegen)라고 한다〕는 독일의 경우 주로 30년전쟁 이후에 이루어져서, 1790년까지도 선제후국 작센에서는 아직 농민봉기가 일어나고 있었다. 그것은 특히 동부 독일에서 성행하였다. 프로이센의 대부분 주에서는 프리드리히 2세에 이르러서야 비로소 농민의 소유권이 보장되었다. 슐레지엔을 정복한 뒤 그는 지주들로 하여금 오두막과 곡식창고를 재건하게 하고, 농민보유지에는 가축과 농기구를 제공하게 하였다. 그는 자신의 군대를 위해 병사가 필요하였고, 자신의 국고를 채우기 위해 납세 의무자가 필요하였다. 덧붙여 말하자면 프리드리히의 재정적 문란 아래, 또 전제주의 · 관료주의 · 봉건주의가 마구 뒤섞인 정부 아래 농민들이 얼마나 안락한 생활을 꾸릴 수 있었는지는 프리드리히의 찬미자 미라보의 다음 얘기를 통해서 짐작할 수 있다. "이러한 이유로 아마는 북부 독일 농민들에게 거대한 하나의 부를 제공하고 있다. …… 인류에게는 불행한 일이지만 그것은 빈곤을 방지하기 위한 수단에 불과할 뿐 결코 복지로 가는 길은 아니었다. 직접세나 부역, 그밖의 갖가지 의무노역이 독일농민을 파멸시켰는데, 특히 그들은 무엇을 사더라도 간접세를 내야만 했다. …… 그리고 그들을 완전히 파멸시킨 원인으로, 그들은 자신의 생산물을 자신이 원하는 장소에서 자기 마음대로 팔 수 없었다. 그들은 자신이 필요로 하는 것을 더 저렴한 가격의 상인에게서 살 수도 없었다. 이런 모든 이유로 말미암아 그들은 서서히 파멸해갔고, 아마 방적업이 없었다면 그들은 직접세를 제때 납부할 수도 없었을 것이다. 방적업은 그들의 아내와 노비 그리고 그들의 자녀와 자신들에게 유용한 노동을 제공함으로써 그들에게 하나의 보조자원이 되었다. 그러나 이 보조자원이 있었다고 해도 얼마나 어려운 살림이었겠는가! 여름에는 경작과 수확 작업을 마치 죄수들처럼 힘들게 수행한다. 밤 9시가 되어야 잠자리에 들고 새벽 2

시에는 작업을 끝내기 위해 벌써 일어나서 일을 시작한다. 겨울에는 좀더 긴 휴식을 취하여 체력을 회복해야만 할 필요가 있었다. 그러나 세금을 물기 위해 농산물을 팔고 나면 빵과 종자로 쓸 곡물도 모자랄 판이었다. 따라서 이 부족분을 메우기 위해서는 방적노동을 하지 않을 수 없었다. …… 그것도 아주 열심히 해야만 하였다. 그래서 농민들은 겨울 동안에도 밤 12시나 1시에 자서 새벽 5시나 6시에 일어난다. 그러지 않으면 밤 9시에 자서 새벽 2시에 일어나는데, 일요일을 제외하고는 죽을 때까지 이런 생활을 계속해야 한다. 이처럼 지나친 수면 부족과 과로로 말미암아 인간의 체력이 소모되어버림으로써, 남자건 여자건 농촌에서는 사람들이 도시에서보다 훨씬 일찍 늙어버리게 된다"(미라보, 『프로이센 왕국에 관하여』, 제3권, 212쪽 이하).

제2판의 보유: 위에서 인용한 로버트 서머즈의 저서가 출판된 지 18년 만인 1866년 3월* 레오니 레비 교수는 목양장의 수렵림화에 대하여 기술협회†106에서 일장 연설을 하였는데, 거기에서 그는 스코틀랜드 고지가 계속 황폐해지고 있다고 말한다. 특히 그는 다음과 같이 말하고 있다. "인구를 감소시켜 목양장으로 만들어버린 것은 지출을 하지 않고서도 수입을 얻기 위한 가장 좋은 방법이었다. …… 목양장 대신 사슴수렵림으로 만드는 일은 고지에서는 보편적인 일이었다. 옛날에는 사람이 양에게 자리를 내주기 위해 쫓겨났지만, 이제는 양이 야생동물에게 쫓겨난다. …… 포파셔의 달하우지 공작의 영지에서 존 오그로츠까지는 삼림이 계속 이어져 있다. (이들 삼림의) 여기저기에는 여우 · 삵괭이 · 족제비 · 담비 · 스컹크 · 산토끼 등이 서식하고 있었고, 가까이에는 집토끼 · 다람쥐 · 쥐도 살고 있었다. 스코틀랜드의 통계에서는 광대한 토지가 매우 비옥하고 넓은 목초지로 나타나지만 오늘날 그것은 경작도 개량도 할 수 없고 오로지 몇 안 되는 사람들의 수렵 · 오락 — 그것도 1년 중 아주 짧은 기간 동안만 — 을 위해 바쳐지고 있다." 1866년 6월 2일의 런던 『이코노미스트』지는 다음과 같이 적고 있다. "지난주 스코틀랜드의 한 신문은 다음과 같은 뉴스를 보도하였다. '서덜랜드셔 최고의 임대목양지 가운데 하나가 기존의 임대 계약이 만료되면서 연간 지대 1,200파운드스털링에 계약되었는데 이 목양지는 사슴수렵림으로 전환되었다.' 이는 노르만의 정복왕이 …… 새로운 삼림을 만들기 위하여 …… 36개 마을을 파괴했던 때와 같은 …… 봉건적 본능의 발로이다. 스코틀랜드에서 가장 비옥한 토지를 포함하고 있는 200만 에이커의 토지가 완전히 내버려진 채로 방치되고 있다. 글렌 틸트의 야생초는 퍼스 주에서 가장 영양분이 많은 풀의 하나로 손꼽히고 있었다. 벤 올더의 사슴수렵림은 바데노크의 넓은 지역에서 가장 훌륭한 목초지였다. 블랙마운트의 숲 가운데 일부는 스코틀랜드에서 흑면양을 키우기에 가장 좋은 목장이었다. 수렵 취미를 만족시키기 위해 황무지화한 토지가 얼마나 광대한지는 그것이 퍼스 주 전체보다도 훨씬 넓은 면적을 차지하고 있다는 사실을 통해 충분히 상상할 수 있다. 이처럼 극심한 황무지화로 말미암아 생산 근거지로서의 토지가 입은 손실은 벤 올더 삼림의 토지에서 15,000마리의 양을 기를 수 있었고 더욱이 그것이 스코틀랜드 전체 수렵장의 겨우 $\frac{1}{30}$에 지나지 않는다는 사실을 통해서 짐작할 수 있다. …… 모든 수렵지는 전혀 비생산적이어서 …… 북해의 바다 밑에 가라앉아버린 것과 마찬가지이다. 이같이 갑자기 이루어진 황폐화는 입법이라는 강제수단을 써서 막아야 할 것이다."

* 제2판부터 제4판까지에는 '4월'로 되어 있다.

로의 전화, 이것들은 모두 본원적 축적의 목가적인 방법 가운데 하나였다. M761
그것들은 자본주의적 농업을 위한 영역을 점령하고 토지를 자본에 통합시켰으며 도시공업에 필요한 보호받을 길 없는 프롤레타리아트를 만들어 내었다.

제3절 15세기 말 이후의 피수탈자에 대한 피의 입법. 임금인하를 위한 법률

봉건가신단의 해체를 통하여, 그리고 충격적이고 폭력적인 토지수탈을 통하여 내쫓긴 사람들〔즉 보호받을 길 없는 이들 프롤레타리아트〕은 너무도 급속하게 만들어져서 이제 막 성장하고 있던 매뉴팩처로는 모두 흡수될 수 없었다. 어찌 보면 자신들이 익숙해 있던 생활궤도에서 갑자기 쫓겨 M762 난 사람들로서는 곧바로 새로운 상태의 규율에 익숙해질 수도 없었다. 그들은 무리를 지어 걸식을 하거나 도적이 되기도 했으며 부랑자가 되기도 하였다. 그 일부는 성향 때문이기도 하지만, 대개는 상황에 의해 강제된 것이었다. 그리하여 15세기 말과 16세기의 전 기간 동안 서유럽 전역에 걸쳐 부랑인에 대한 피의 입법이 이루어졌다. 오늘날의 노동자계급 조상들은 자신들에게 강요된 부랑민화와 궁핍화에 대해서 또다시 벌을 받았던 것이다. 입법은 그들을 '자유의지'에 의한 범죄자로 취급하였다. 그리고 이제는 존재하지 않는 낡은 봉건적 관계 아래 그들이 노동을 계속할 것인지의 여부가 그들 자신의 의지에 달린 문제라고 생각하였다.

잉글랜드에서 이 법은 헨리 7세 치하에서 시작되었다.

헨리 8세, 1530년: 나이가 많아 노동능력이 없는 거지는 거지 면허를 받았다. 이에 반하여 건강한 부랑자는 채찍으로 때리거나 구금하였다. 그들은 짐차 뒤에 묶여 피가 날 때까지 맞고 선서를 한 뒤, 자신의 출생지나 최근 3년 동안의 거주지로 송환되어 '노동에 종사'해야 했다. 얼마나 잔

M763 혹한 아이러니인가! 헨리 8세 27년에는 이전의 법규에 새로운 조항이 추가되어 내용이 더욱 엄격해졌다. 부랑죄로 두 번 체포되면 반복해서 채찍질을 당하고 한쪽 귀를 잘리지만, 3회의 중범은 중범죄자이자 공공의 적으로 사형에 처해졌다.

에드워드 6세: 그의 재위 첫해인 1547년의 한 법령은, 노동하기를 거부하는 자는 그를 게으름뱅이로 고발한 사람의 노예로 선고하도록 규정하였다. 그리고 주인은 자신의 노예를 빵과 물 그리고 묽은 수프와 그에게 어울린다고 생각되는 고기 찌꺼기 등으로 부양해야 하는 대신 노예에게 아무리 지겨운 노동이라도 채찍과 쇠사슬을 사용해서 시킬 수 있는 권리를 갖는다. 노예가 14일 동안 계속 일을 하지 않으면 종신노예로 선고하고 이마와 등에 S자로 낙인을 찍으며, 만약 3번 도망하면 국가에 대한 반역자로 사형에 처한다. 주인은 노예를 다른 동산(動産)이나 가축과 똑같이 팔거나 상속하거나 임대할 수 있다. 노예가 무엇이든 주인을 거역하면 이 또한 처형당한다. 치안판사는 고발이 있을 경우 이런 자들을 수사해야만 한다. 부랑자가 3일 동안 빈둥거리다가 발견되면, 그는 출생지로 송환되어 뜨거운 인두로 가슴에 V자 낙인이 찍히고, 그곳에서 쇠사슬에 묶여 길거리나 다른 곳에서 노역을 하게 된다. 만약 부랑자가 출생지를 허위로 신고하면 이 지역 주민이나 단체의 종신노예가 되어 S자 낙인이 찍힌다. 어느 누구든지 부랑자에게서 그 자식을 빼앗아 남자는 24세까지, 여자는 20세까지 도제로 삼을 권리가 있다. 만약 이들이 도망친다면 그 나이가 될 때까지 장인의 노예가 되고, 장인은 그를 쇠사슬에 묶든지 채찍질을 하든지 마음대로 할 수 있다. 주인이면 누구나 자기 노예의 목이나 어깨 또는 다리에 쇠고랑을 채워 분간하기 쉽게 하며 자기 소유임을 확실히 할 수 있다.[221] 이 법령의 마지막 부분은 빈민에게 음식물을 제공하고 일자리를

221) 『산업과 상업에 관한 에세이』(1770)의 저자는 다음과 같이 말하고 있다. "에드워드 6세의 치하에서 영국인은 실제로 매우 열심히 공업을 장려하고 빈민들에게 노동을 시키려고 노력하였다. 이것은 모든 부랑인에게 낙인을 찍어야 한다는 기묘한 법령이 있었다는 사실을 통해서

찾아주려는 지역이나 개인은 그 빈민을 노동에 사용해도 좋다고 규정하고 있다. 이런 종류의 교구 노예(Pfarreisklaven)는 잉글랜드에서 19세기까지도 여전히 순회인(roundsmen)이라는 이름으로 보존되고 있었다.

엘리자베스, 1572년: 허가증이 없는 14세 이상의 거지는 그들을 사용하려는 사람이 2년 안에 나타나지 않으면 가혹한 채찍질을 당하고 왼쪽 귓바퀴에 낙인이 찍힌다. 그런 다음에도 다시 그를 사용하려는 사람이 2년 안에 나타나지 않으면〔즉 재범의 경우〕 동일한 형벌이 가해지지만, 만일 그가 18세 이상일 경우에는 사형에 처해진다. 3회 누범은 국가에 대한 반역자로 가차 없이 사형에 처해진다. 비슷한 법령으로 엘리자베스 재위 18년의 법령 제13호와 1597년의 법령이 있다.[221a] M764

알 수 있다"(같은 책, 5쪽).

221a) 토머스 모어는 자신의 『유토피아』(41~42쪽)에서 다음과 같이 말하고 있다. "이리하여 탐욕스럽고 만족할 줄 모르는 대식가〔자기 고향의 진정한 암적 존재〕가 수천 에이커의 토지를 하나로 묶어 담이나 생나무 울타리를 둘러치든가, 또는 그 소유자들을 폭력과 불법으로 괴롭혀서 어떻게든 그 토지를 팔지 않을 수 없게 강요하는 일이 벌어졌다. 이런저런 온갖 수단을 통해 기어코 이들 가난하고 우직한 애처로운 사람들〔남자, 여자, 남편, 아내, 아버지, 아들, 홀어미, 젖먹이가 딸린 불쌍한 어머니 그리고 자금력은 부족하지만 식구 수가 많은 ― 농사에는 많은 일손이 필요하므로 ― 가구 등을 모두 망라하는〕은 퇴거를 강요당했다. 그들은 살아오던 정든 집을 뒤로 하고 쉴 곳조차 마련하지 못한 채 길을 헤매고 있다. 그들의 가재도구는 ― 대단한 값어치가 나가지는 않겠지만 ― 다른 상황에서 팔았다면 얼마쯤은 값이 나갈 것들이었다. 그러나 갑자기 내쫓겼기 때문에 그들은 가재도구를 헐값에 팔지 않을 수 없었다. 그러고는 마지막 한 푼을 쓸 때까지 방랑하고 난 뒤에는 도둑질을 하여 법률상 당연히 교수형에 처해지든가 거지로 나서든가 하는 일 말고는 무엇을 할 수 있겠는가? 그리고 거지 노릇을 할 경우에는 다시 방황하면서 노동하지 않는다는 이유로 부랑인으로 감옥에 수감된다. 일하고 싶은 마음이 간절하지만 아무도 그들에게 일자리를 주지 않기 때문이다." 토머스 모어가 말하고 있는 어쩔 수 없이 도적이 된 난민 가운데 "72,000명의 크고 작은 도둑이 헨리 8세 치하에서 처형당했다"(홀린즈헤드, 『잉글랜드 연대기』 제1권, 186쪽). "엘리자베스 시대에는 부랑인들이 줄줄이 교수형에 처해졌다. 당시 해마다 300~400명이 교수대에 오르지 않은 경우는 한 해도 없었다"(스트라이프, 『엘리자베스 여왕 시대의 종교개혁 그리고 국교와 기타 영국 국교회의 갖가지 사건에 관한 연보』, 제2판, 1725, 제2권). 이 스트라이프에 따르면 서머싯셔에서는 단 1년 만에 40명이 사형당했고 35명이 낙인찍혔으며 37명이 채찍질을 당하였고 183명의 '교정될 가망이 없는 부랑자'가 석방되었다. 그런데도 그는 "이처럼 많은 피고인의 수도 치안판사의 태만과 민중의 어리석은 동정 때문에 실제 범죄의 $\frac{1}{5}$도 포함하고 있지 않다"라고 말한다. 그는 또 잉글랜드의 나머지 주들도 서머싯셔보다 나은 상태에 있었던 것은 결코 아니며, 몇몇 주는 한층 더 나쁘기도 했다고 덧붙이고 있다.

제임스 1세: 방랑하며 걸식을 하는 사람은 무뢰한이나 부랑자라는 선고를 받는다. 약식 치안재판소†170의 치안판사는 그들을 공공연히 채찍질할 수 있는 권한과 초범의 경우 6개월, 재범의 경우 2년 동안 투옥할 수 있는 권한을 부여받는다. 복역 중에는 치안판사가 적당하다고 생각하는 횟수만큼 채찍질을 받는다. …… 교정이 불가능한 위험한 부랑자는 왼쪽 어깨에 R자(rogue의 첫 글자-옮긴이)의 낙인을 찍어 강제노동을 시키고, 다시 걸식을 하다 체포되면 가차 없이 사형에 처한다. 이들 규정은 18세기 초까지 유효했지만, 앤 여왕 재위 12년의 법령 제23호에 따라 겨우 폐지되었다.

M765

이와 비슷한 법률로 프랑스 파리에서도 17세기 중엽에 부랑인 왕국(royaume des truands)이라는 것이 만들어졌다. 루이 16세 시대 초기(1777년 7월 13일의 칙령)에는 16~60세의 건장한 남자로 생계수단도 없고 직업도 없는 사람은 모두 갤리선(노예나 죄수가 노를 젓는 큰 배-옮긴이)으로 보내졌다. 이와 비슷한 법령으로는 1537년 10월 네덜란드에 대한 카를 5세의 법령, 1614년 3월 19일 네덜란드의 여러 주와 여러 도시에 내려진 최초의 포고령, 1649년 6월 25일의 연합주의 고시 등이 있다.

이리하여 폭력적으로 토지를 수탈당하고 쫓겨나 부랑자가 되었던 농민들은 기괴하고 무서운 법률로 말미암아 임노동제도에 필요한 훈련을 받도록 채찍을 맞고 낙인을 찍히고 고문을 당하였다.

한쪽에서 노동조건이 자본으로 나타나고 다른 쪽에서 자신의 노동력 외에는 팔 것이 없는 사람이 나타나는 것만으로는 아직 충분하지 못하다. 이런 사람들이 자발적으로 자신을 팔지 않으면 안 되는 것만으로도 역시 아직 충분하지 못하다. 자본주의적 생산이 진전됨에 따라 교육이나 전통 또는 관습에 의해서 이 생산양식의 요구를 자명한 자연법칙으로 인정하는 노동자계급이 발전해나간다. 일단 완성된 자본주의적 생산과정의 조직은 모든 저항을 분쇄하고, 상대적 과잉인구의 끊임없는 창출을 통해서 노동의 수요-공급 법칙을 유지하며, 그 결과 임금수준을 자본의 증식 요구에 알맞은 범위 내에서 유지하는 것은 물론 온갖 경제적 관계에 의한 보이지 않는 강제를 통해서 노동자에 대한 자본가의 지배를 확실하게 만들어준다. 경제 외적인 직접적인 강제도 여전히 사용되기는 하지만, 그러나 이는 단지 예외적인 경우에만 사용된다. 사태가 정상적으로 진행될 때, 노동자는 '생산의 자연법칙'에 맡겨놓기만 하면 된다. 즉 생산조건 그 자체에서 발생하고 또 그것에 의해 보장되며 영구화되고 있는 자본에 대한 노동자의 종속에 그대로 맡겨두면 된다. 자본주의적 생산의 역사적 맹아기에는 그렇지 않았다. 이제 막 성장하고 있던 부르주아는 임금을 '통제'하고〔즉 이윤의 증식을 보장하는 범위 내에 임금을 묶어두고〕 노동일을 연장하며, 또 노동자의 종속상태를 정상적인 수준으로 유지하기 위하여 국가권력을 필요로 했고 또 이를 직접적으로 사용하기도 했다. 이것이야말로 이른바 본원적 축적의 본질적인 계기이다. M766

14세기 후반에 등장한 임노동자계급은 당시는 물론 그 다음 세기까지도 전체 인민 가운데 극히 적은 비율만을 차지하고 있었고, 농촌의 자립적 농민 경영과 도시의 동직조합 조직으로부터 그 지위를 강력하게 보호받고 있었다. 농촌과 도시에서 고용주와 노동자는 사회적으로 비슷한 지위에 있었다. 자본에 대한 노동의 종속은 형식적인 것에 지나지 않았다. 즉 생산양식 그 자체는 아직 자본주의의 고유한 성격을 띠고 있지 않았다. 자본의 가변적 요소는 그 불변적 요소보다도 훨씬 컸다. 그 때문에 자본의 축적이 이루어짐에 따라 임노동에 대한 수요는 급속히 증대하였지만, 임노동의 공급은 완만한 속도로만 이루어졌다. 국민적 생산물 가운데 꽤 많은 부분이 당시에는 아직 노동자의 소비기금으로—이후에는 자본의 축적기금으로 전화하지만—돌아갔다.

임노동에 관한 입법은 원래 노동자를 착취하는 데 그 목적이 있었기 때문에 그것의 진전은 언제나 노동자에게 적대적인 형태를 띠고 있었는데,[222] 영국에서 그런 입법의 효시는 1349년 에드워드 3세의 노동자법(Statute of Labourers)이었다. 프랑스에서는 여기에 상응하는 것이 장

(Jean) 왕의 이름으로 포고된 1350년 칙령이었다. 잉글랜드의 입법과 프랑스의 입법은 나란히 진행되었고 내용도 같았다. 이들 노동자법 가운데 노동일의 강제적 연장에 대한 부분은 여기서 다루지 않는다. 왜냐하면 이 점은 앞(제8장 제5절)에서 다루었기 때문이다.

노동자법은 하원의 절박한 제안에 따라 제정되었다. 한 토리당원은 소박하게도 이렇게 말하고 있다.

> 예전에는 빈민들이 지나치게 높은 임금을 요구하여 산업과 부를 위협했는데, 오늘날에는 그들의 임금이 지나치게 낮아서 역시 산업과 부를 위협하고 있다. 그런데 사태는 옛날과 다른 정도에서 그치지 않으니, 아마 그 당시보다도 훨씬 더 위험할 것이다.[223)]

M767 도시와 농촌, 그리고 성과급과 일급 등에 대한 법정 임금률이 정해졌다. 농촌노동자는 1년 계약으로 고용되고, 도시노동자는 '공개시장에서' 고용되어야 한다. 법정 임금보다 많이 지불하는 고용주에게도 금고형이 내려지지만, 법정 임금보다 높은 임금을 받는 노동자에게는 그 고용주에게보다 더 무거운 처벌을 가하도록 하였다. 예를 들어 엘리자베스의 도제법 제18조와 제19조에서는, 법정 임금보다 많이 지불하는 고용주에게는 10일의 금고형을 내리지만 그것을 받는 노동자에게는 21일의 금고형을 선고하고 있다. 1360년의 한 법령은 형벌을 한층 엄하게 했으며, 더욱이 육체적 강제수단을 동원하여 법정 임금률로 노동을 착취할 권한까지도 고용주에게 부여하였다. 석공과 목수가 서로 단결하는 모든 결사 · 협약

222) 애덤 스미스는 "고용주와 그들의 노동자 사이의 불화를 의회가 조정하려고 할 때 의회의 조언자는 언제나 고용주이다"라고 말한다.[†149] 랭게는 "법의 정신은 소유이다"라고 말한다.[†148]

223) 〔바일스,〕『자유무역의 궤변: 어느 법정 변호사 지음』, 런던, 1850, 206쪽. 그는 밉살스럽게도 다음과 같이 덧붙여 말하고 있다. "우리는 늘 고용주의 편이 되어 개입할 용의가 있었다. 그런데 이제 고용주를 위해서는 아무 할 일이 없단 말인가?"

및 서약은 무효로 선언되었다. 14세기부터 단결금지법†126이 철폐된 1825년까지 노동자의 단결은 중범죄로 취급되었다. 1349년의 노동자법과 그 후속 법령들의 정신은, 국가가 임금의 상한선은 정하지만 그 하한선은 결코 정하지 않았다는 사실을 통해 분명하게 드러난다.

주지하다시피 16세기의 노동자 상태는 몹시 열악하였다. 화폐임금은 상승했지만 화폐가치의 하락과 그에 따른 상품가격의 상승을 감안하면 임금은 사실 상승한 것이 아니었다. 그런데도 '고용하려는 사람이 없는' 사람에 대해서는 귀를 자르고 낙인을 찍는 규정과 함께 임금을 낮게 묶어두려는 법률이 여전히 존속하였다. 엘리자베스 재위 5년의 도제법 제3장에 따라 치안판사에게는 각종 임금을 결정하고 또 계절이나 물가에 대응하여 이를 변경시킬 수 있는 권한이 주어졌다. 제임스 1세는 이 노동 규제를 직물공이나 방적공 그리고 다른 모든 부류의 노동자들에게 확대 적용하였으며,[224] 조지 2세는 노동자의 단결을 금지하는 법률을 모든 매뉴팩처에 확대 적용하였다.

본격적인 매뉴팩처 시대가 되면 자본주의 생산양식은 임금의 법적 규제를 실행 불가능하고 불필요한 것으로 만들 만큼 충분한 힘을 갖게 되지 M768

224) 제임스 1세 재위 2년의 법령 제6장의 한 조항을 보면 직물업자 가운데 어떤 사람들은 자신이 곧 치안판사로서 자기 공장의 임금률을 자신이 공식적으로 지시한 경우도 있었다. ―독일에서는 특히 30년전쟁 이후 임금억제를 위한 법령이 자주 제정되었다. "인구가 희박한 토지의 영주에게는 노예나 노동자의 부족이 매우 골치 아픈 문제였다. 모든 부락민에게는 독신 남녀에게 방을 임대하는 것이 금지되었다. 이런 동거인들은 모두 관공서에 신고해야만 했으며 이들 가운데 스스로 노예가 되기를 원하지 않고 다른 생계활동―농민들에게 일급을 받고 씨앗을 뿌려주거나 곡물을 매매하는 등―을 통해 살아가려는 자들은 모두 감옥에 갇혀야 했다(『슐레지엔에 관한 황제의 특권과 법령』, 제1장, 125조). 한 세기 동안 군주들의 법령 속에서는 엄격한 조건에 따르지도 않고 법정 임금에 만족하지도 않는 악질적이고 건방진 농업노동자들에 대한 격렬한 불평이 끊임없이 되풀이되었다. 각 영주들에게는 국가가 임금표에서 정한 것보다 많은 임금을 지불하는 것이 금지되었다. 그래도 30년전쟁 뒤의 근로조건은 100년 뒤의 근로조건보다 훨씬 나았다. 1652년 슐레지엔의 농업노동자는 1주일에 2번 고기를 먹을 수 있었지만, 금세기에 바로 그 슐레지엔의 농업노동자는 1년에 3번밖에 고기를 먹을 수 없게 되었다. 일급도 30년전쟁 직후에는 그 이후 세기의 일급보다 더 높았다(구스타프 프라이타크, 『독일인의 새로운 생활상』, 라이프치히, 1862, 34~35쪽).

만, 사람들은 만일의 경우를 생각하여 옛날 무기고에 저장된 무기들을 버리려 하지 않았다. 조지 2세 재위 8년의 법령은 여전히 런던과 그 인근의 재단사들에 대하여, 국상(國喪)을 입은 경우를 제외하고는 일급의 상한선을 2실링 7$\frac{1}{2}$펜스로 제한하고 있었다. 또한 조지 3세 재위 13년의 법령 제68장도 견직공의 임금규제를 치안판사의 권한에 맡기고 있었다. 1796년에 이르러서도 임금에 대한 치안판사의 명령이 비농업노동자에게도 적용되는지의 여부를 둘러싸고 상급 재판소에서 두 번의 재판이 진행되고 있었다. 1799년 스코틀랜드 광산노동자의 임금은 아직 엘리자베스 여왕 당시의 한 법령과 1661년 · 1671년에 제정된 2개의 스코틀랜드 법령에 따라 규제한다는 사실이 의회법령을 통해 확인되고 있었다. 그 사이에 상황이 얼마나 변했는지는 잉글랜드 하원에서 일어난 전대미문의 사건에 의해 드러났다. 잉글랜드 하원에서는 400년도 훨씬 더 전에 벌써 넘어서는 안 되는 임금의 상한선에 관한 여러 법률이 만들어져 있었다. 그런데 1796년 이 하원에서 휘트브레드(Whitbread)가 농업 일용노동자들을 위한 법정 최저임금을 정하자고 제안하였다. 피트(Pitt)는 이에 반대하였지만 "빈민의 상태가 참혹하다"는 점은 인정하였다. 마침내 1813년 임금 규제에 관한 법률들이 폐기되었다. 자본가가 자신들의 사적 내규를 통해 공장을 단속하게 되고, 구빈세를 통해 농업노동자의 임금이 꼭 필요한 최저한까지 보충됨으로써 이들 법률은 우스꽝스러운 형태로 변해버렸다. 고용주와 임노동자 사이의 계약이나 시한부 해고 예고 등에 관한 노동자법령* 의 규정들은 계약을 위반한 고용주에 대해서는 민사소송만 제기할 수 있도록 허락하고 계약을 위반한 노동자에 대해서는 형사소송을 제기할 수 있도록 허락하고 있는데, 이 같은 규정은 오늘날에도 멀쩡하게 통용되고 있다.

단결을 금지하는 모든 잔혹한 법률은 1825년 프롤레타리아트의 위협

---

* 제3판과 제4판에는 '노동법령'이라고 되어 있다.

적인 태도에 굴복하였다. 그러나 굴복한 것은 일부뿐이었다. 낡은 법률 가운데 몇몇 어여쁜 잔재는 1859년이 되어서야 겨우 없어졌다. 최종적으로, 1871년 6월 29일의 의회법은 노동조합을 법적으로 승인함으로써 이 계급 입법의 최후의 흔적을 없애버렸다고 선포하였다. 그러나 같은 날 만들어진 한 법령(폭력 · 협박 · 방해에 관한 개정형법〔An act to amend the criminal law relating to violence, threats, molestation〕)은 사실상 이전의 상태를 새로운 모습으로 재현한 것이었다. 파업이나 공장폐쇄(Lock out: 자신들의 공장을 동시에 폐쇄하는 공장주들의 동맹 스크라이크)가 발생할 경우 노동자가 사용할 수 있는 수단은 원래 일반법에 의해 제한되었으나, 이제 의회의 이러한 요술에 의해 그것은 특별 형법의 적용을 받게 되었고 이 형법의 해석은 치안판사와 마찬가지의 자격이 부여된 공장주 자신들에게 일임되었다. 바로 이 하원은 2년 전 글래드스턴과 함께 잘 알려진 솔직한 방법으로 노동자계급에 대한 모든 특별 형법을 폐지시키기 위한 한 법안을 상정하였었다. 그러나 그것은 2차 심의에서 묶인 채 더 이상 진전되지 않았다. 이리하여 사태가 질질 끌리는 사이에 마침내 토리당과 동맹을 맺은 '대(大)자유당'은 용기를 얻어 자신들을 지배자의 지위로 밀어준 그 프롤레타리아트에 대해 단호하게 적대적인 입장으로 돌아섰다. 이 배신만으로 만족하지 않고 '대자유당'은 다시 늘 꼬리를 흔들며 지배계급에게 봉사하는 잉글랜드의 재판관들이 낡은 '음모' 단속법을 다시 부활시켜 그것을 노동자들의 단결에 적용하는 것을 허용하였다. 요컨대 잉글랜드 의회는 민중의 압력에 굴복하여 마지못해 파업과 노동조합을 금지하는 법률을 폐지하긴 했지만, 그것은 이미 노동자에 대항하는 항구적인 자본가 조합(Trades' Union der Kapitalisten)의 지위를 바로 의회 자신이 5세기 동안이나 뻔뻔스러운 이기주의로 유지시켜온 뒤의 일이었다.

M769

혁명의 파도가 높아지자, 프랑스의 부르주아는 노동자가 겨우 획득한 단결권을 곧바로 다시 그들에게서 빼앗았다. 1791년 6월 14일의 포고를 통해 부르주아는 모든 노동자 단결을 "자유와 인권선언에 대한 침해"로 규정하고 500리브르의 벌금을 부과하고 1년 동안 공민권을 박탈하도록 하였다.[225] 이 법령은 경찰권을 사용하여 자본과 노동 간의 싸움이 자본에 유리한 범위 내에서만 이루어지게 만들려는 것이었는데, 그것은 몇 차례의 혁명과 왕조의 교체를 거치면서도 계속하여 존속하였다. 공포정치[†171] 시기에도 이 법령은 온전하게 살아남았다. 최근에 와서야 그것은 겨우 형법에서 삭제되었다. 이 부르주아적 쿠데타가 내세운 구실은 이 법령의 성격을 그대로 보여주고 있다. 보고자 르 샤플리에(Le Chapelier)는 다음과 같이 말한다.

M770

> 임금이 현재보다 높아짐으로써 임금을 받는 사람이 필수생활수단의 결핍에서 비롯되는 절대적 종속〔거의 노예적 종속에 가까운〕에서 벗어나는 것이 바람직한 일이긴 하지만, 노동자가 자신의 이해에 관하여 협정을 맺고 공동행동을 함으로써 '거의 노예상태에 가까운 자신들의 절대적 종속'을 완화시키는 것은 허용되어서는 안 된다. 왜냐하면 그런 행동은 그들이 '과거 자신들의 장인〔즉 오늘날의 기업가〕들의 자유'(노동자를 노예상태로 유지시키는 자유!)를 침해하는 결과가 되기 때문이고, 또 예전의 동직조합 장인들의 전제에 대항하는 단결은 — 이 무슨 억측인가! — 프랑스 헌법에 의해 폐지된 동직조합을 재건하는 것이 되기 때문이다![226]

225) 이 법률의 제1조는 다음과 같이 말한다. "이 같은 신분과 직업을 가진 시민의 모든 종류의 단결을 폐지하는 것은 프랑스 헌법의 기초 가운데 하나이기 때문에 어떠한 구실, 어떠한 형식으로도 이를 부활시킬 수 없다." 제4조는 또 다음과 같이 말한다. "동일한 직업 · 업종 · 수공업에 속하는 시민들이 공동으로 자신들에게 부과된 노동의 수행을 아예 거부하거나, 또는 일정한 가격 아래에서만 수행할 목적으로 함께 모여 협의하고 공동으로 이를 협정으로 맺는다면, 이 같은 협의와 협정은 …… 헌법의 위반이자 자유와 인권선언에 대한 침해로 선고받아야 한다. 즉 이전의 노동자법과 똑같이 국사범으로 선고되어야 한다는 것이다"(『프랑스 혁명 의회사』, 파리, 1791, 제3권, 523쪽).

226) 뷔셰와 루, 『의회사』 제10권, 193~195쪽의 곳곳.

제4절 자본주의적 차지농업가의 생성

우리는 지금까지 보호받을 길 없는 프롤레타리아의 폭력적 창출, 그들을 임노동자로 전화시킨 피나는 훈련, 노동의 착취뿐 아니라 자본축적도 경찰력을 이용하여 증진시킨 군주와 국가의 비열한 행위 등에 대하여 살펴보았는데, 그렇다면 이제 자본가는 도대체 어디에서 비롯되었는가 하는 의문이 떠오른다. 왜냐하면 농촌 주민들에 대한 수탈이 직접적으로 만들어내는 것은 대토지 소유자뿐이기 때문이다. 차지농업가의 발생에 관해서 우리는 그저 더듬거리듯 모색할 수 있을 뿐이다. 왜냐하면 차지농업가의 발생은 몇 세기에 걸쳐 완만하게 진행된 것이기 때문이다. 농노는 물론 자유로운 소토지 소유자도 매우 다양한 소유관계에 놓여 있었으며, 따라서 그들은 매우 다양한 경제적 조건 아래 해방되었다.

M771

영국에서 차지농업가의 최초 형태는 자신이 곧 농노였던 베일리프(Bailiff: 영주의 토지 관리인—옮긴이)이다. 그의 지위는 고대 로마의 빌리쿠스(Villicus)와 비슷하지만 세력범위는 그보다 좁았다. 14세기 후반에 들어서자 베일리프는 지주에게서 종자와 가축 · 농기구를 제공받는 차지농업가로 바뀌었다. 이 차지농업가의 상태는 농민의 상태와 크게 다르지 않았다. 다만 농민보다는 좀더 많은 임노동을 착취하였다. 그는 곧 메터예이(Metayer)〔즉 분익소작농〕로 발전한다. 농업자본 가운데 일부는 그가 제공하고 나머지 부분은 지주가 제공한다. 양자는 계약에 따라 약정된 비율로 총생산물을 분배한다. 영국에서는 이 형태가 곧바로 사라지고 본래적인 의미의 차지농업가 형태가 다시 그뒤를 잇는다. 본래적인 의미의 차지농업가란 임노동자를 사용해 자신의 자본을 증식시키고 잉여생산물 가운데 일부를 화폐 또는 현물로 지주에게 지대로 지불하는 형태를 말한다.

독립자영농과 임노동 그리고 자영 농업노예 등이 자신의 노동을 바탕으로 부를 쌓아가고 있던 15세기 동안에는 차지농업가의 형편과 생산규모도 여전히 중간 정도였다. 1470년경에 시작된 농업혁명은 16세기의 거의 전 기간을 통하여(마지막 10여 년은 제외하고) 지속되었다. 이 혁명은 농민을 궁핍화시킨 것과 같은 속도로 차지농업가를 부유하게 만들었다.[227] 공유지의 목초지를 횡탈함으로써 차지농업가는 큰돈을 들이지 않고도 가축 수를 크게 늘릴 수 있게 되었으며, 동시에 이 가축을 통해 토지 경작에 필요한 풍부한 비료를 공급받게 되었다.

16세기에는 결정적으로 중요한 또 하나의 계기가 부가되었다. 그 시기에는 차지 계약기간이 장기간이어서 99년이나 되는 경우도 적지 않았다. 귀금속의 가치 저하와 이에 따른 화폐가치의 지속적인 하락은 차지농업가들에게 황금 열매를 가져다주었다. 앞에서 언급한 상황들은 차치하더라도, 이 화폐가치의 하락은 무엇보다도 임금의 하락을 가져왔으며, 임금의 하락 부분 가운데 일부는 차지농업가의 이윤으로 들어갔다. 곡물·양모·육류 등 모든 농업생산물의 가격이 계속적으로 등귀함에 따라 차지농업가는 가만히 앉아서 화폐자본을 팽창시킬 수 있었다. 한편 그가 지불해야 하는 지대는 이전의 화폐가치로 계약되어 있었다.[228] 이리하여 그는

M772

227) 해리슨은 자신의 『잉글랜드 풍경』에서 다음과 같이 말하고 있다. "옛날에는 4파운드스털링의 지대를 지불하기도 어렵던 차지농업가가 이제는 40~50파운드스털링, 심지어는 100파운드스털링씩을 지불하면서도 차지계약이 만료될 때 6~7년치의 지대를 적립하지 못하면 벌이가 시원찮았다고 생각할 정도이다."

228) 16세기에 일어난 화폐가치의 폭락이 사회 각 계급에 끼친 영향에 관해서는 『오늘날 우리나라 각계각층 사람들이 갖고 있는 어떤 종류의 일반적 불평에 관한 간단한 검토: W. S. 젠틀맨 지음』(런던, 1581)을 참조하라. 이 책은 그 대화체 서술형태 때문에 오랫동안 셰익스피어의 저술로 잘못 알려져왔으며, 1751년까지도 셰익스피어의 이름으로 신판이 간행되었다. 이 책의 저자는 윌리엄 스태퍼드이다. 이 책의 어느 한 대목에서 기사는 다음과 같은 억지를 부리고 있다. 기사 — "나의 이웃인 농부, 잡화상, 동장인(銅匠人) 그리고 그밖의 수공업자들이여, 여러분은 충분히 자신들을 스스로 구제할 수 있습니다. 왜냐하면 모든 물가가 이전보다 올라가면 여러분은 자신이 파는 상품과 노동의 가격도 그만큼 올려 받을 수 있기 때문입니다. 그렇지만 우리에게는 사야 할 물건가격과 균형을 맞추어서 가격을 인상시킬 만한 팔 물건이 아무것도 없습니다." 다른 대목에서 기사는 박사를 찾아간다. "다음에 내가 묻는 사람들이 어떤 사람들일지 당신의 생각을 듣고 싶습니다. 우선 첫째로 그 동안 조금도 손해를 보지 않은 사람들은 누구라고 생각하십니까?" 박사 — "장사로 살아가는 사람들이라네. 그들은 비싸게 사더라도 나

임노동자와 지주를 동시에 희생시키면서 부를 쌓아올렸다. 이렇게 볼 때 16세기 말 영국의 상황에서 부유한 '차지농업 자본가'(Kapitalpächter)라는 계급이 생겼다는 사실은 결코 놀라운 일이 아니었다.229)

중에 그만큼 비싸게 팔아먹기 때문이지." 기사 — "그 다음으로 득을 본 사람들은 누구입니까?" 박사 — "이전과 똑같은 지대를 지불하면서 차지농장을 경영하는(즉 경작하는) 사람들이지. 왜냐하면 그들은 옛날과 같은 가격을 지불하면서도 새로운 가격으로 팔거든. 다시 말해서 빌린 땅에 대해서는 조금만 지불하면서도 그 땅에서 나오는 것들은 모두 비싸게 팔기 때문이지……." 기사 — "그렇다면 이익보다 손해를 더 많이 보는 사람들은 어떤 사람들입니까?" 박사 — "귀족, 신사, 고정된 지대나 봉급으로 생활하는 사람, 자신의 토지를 직접 경작하지 않는 사람, 매매에 종사하지 않는 사람 등이 모두 그런 사람들이지."

229) 프랑스에서는 중세 초기 봉건영주에 대한 공납을 징수·관리하던 마름(regisseur)이 얼마 후 사업가(homme d'affaire)로 변신하여 강압과 사기를 통해 자본가로 성장하였다. 영주가 직접 이 마름의 역할을 수행하던 경우도 종종 있었다. 예를 들면, "이 계산서는 브장송 기사성주인 자크 드 토렌이 1359년 12월 25일부터 1360년 12월 28일까지 자기 손에 들어온 지대에 관하여, 부르고뉴의 공작과 백작들을 위해 회계를 맡고 있는 디종의 영주에게 주는 것이다"(알렉시 몽테유, 『각종 역사책의 초고 자료에 관한 고찰』 제1권, 234~235쪽). 이미 여기에서도 사회생활의 모든 영역에서 사자(獅子)의 몫(Löwenanteil: 가장 큰 부분—옮긴이)을 중개인이 거두어 가는 현상이 나타나고 있다. 예를 들면 경제계에서는 금융업자, 거래소의 투기업자, 도매상인 그리고 소매상인이 사업의 노른자위를 빨아먹는다. 민사소송에서는 변호사가 재판 당사자들을 우려먹고 정치에서는 의원이 유권자보다 높은 지위를 차지하며 대신이 군주보다도 오히려 더 많은 실권을 행사한다. 종교에서 신은 신과 인간을 '매개하는 자'(예수 그리스도—옮긴이)에 의하여 뒷전으로 밀려나고 '매개하는 자'는 다시 목사 — 목사는 선한 목자(예수 그리스도—옮긴이)와 그의 양 사이에 없어서는 안 될 중개자이다 — 에 의해 밀려난다. 영국에서와 마찬가지로 프랑스에서도 대규모 봉건영지가 무수히 많은 소농지로 분할되었는데, 그 과정은 농민들에게 말할 수 없이 불리한 조건 아래 진행되었다. 14세기에는 차지농(즉 fermes 또는 terriers)이 나타났는데 그 수는 끊임없이 증가하여 10만을 훨씬 넘어섰다. 그들은 생산물의 $\frac{1}{12}$~$\frac{1}{5}$을 지대로서 화폐나 현물로 납부하였다. 테리에르는 토지의 가치와 크기에 따라 봉토(fiefs) 또는 부속봉토(arrière-fiefs) 등으로 불렸는데 대부분 몇 아르팡(arpent: 1아르팡은 약 1에이커—옮긴이)의 넓이에 지나지 않았다. 이들 테리에르는 모두 그 주민에 대해 어느 정도의 재판권을 갖고 있었다. 재판권에는 4개 등급이 있었다. 이런 온갖 소(小)전제군주 밑에서 농민들이 겪어야했던 억압은, 몽테유가 말해주듯이, 오늘날 4,000여 군데만으로도 충분한 재판소(치안재판소를 포함해서)가 당시에는 6만여 군데나 있었다는 사실을 통해 충분히 짐작할 수 있다.

제5절 공업에 대한 농업혁명의 반작용. 산업자본을 위한 국내시장의 형성

M773

이미 보았듯이 끊임없이 반복해서 충격적으로 이루어진 농촌 인민에 대한 수탈과 토지로부터의 축출은 완전히 동직조합적 관계 외부에 존재하는 프롤레타리아 무리를 반복적으로 도시 공업에 공급했는데, 이런 전반적인 호조건은 늙은 애덤 앤더슨(Adam Anderson. 제임스 앤더슨과 혼동하지 말 것)으로 하여금 자신의 상업사 저술에서 신의 섭리가 직접적으로 개입한 것이라고 믿게 만들었다. 우리는 다시 한 번 이들 본원적 축적의 요소에 관하여 잠깐 언급해야만 하겠다. 독립 자영농민의 감소는 조프루아 생틸레르(Geoffroy Saint-Hilaire)가 설명한 우주만물의 법칙 — 하나의 밀도가 높아지는 것은 다른 하나의 밀도가 낮아진 결과이다 — 처럼[230] 단지 공업 프롤레타리아트의 증가만 가져온 것이 아니었다. 경작자 수가 감소했는데도 토지는 이전과 같거나 오히려 더 많은 양의 생산물을 산출하고 있었다. 이것은 토지소유관계의 혁명이 경작방법의 개량과 협업의 대규모화, 생산수단의 집적 등을 동반했기 때문이며, 또한 농촌 임노동자의 노동강도가 높아졌을 뿐만 아니라[231] 그들이 자신을 위해 노동할 수 있는 생산영역도 갈수록 축소되었기 때문이다. 이리하여 농민 대중 일부분이 유리되면서 그들의 과거 식량도 함께 유리된다. 이 식량은 이제 가변자본의 소재적인 요소로 전화한다. 축출된 농민은 이 식량의 가치를 자기의 새로운 주인인 산업자본가에게서 임금이라는 형태로 구입해야만 했다. M774 국내에서 생산되는 공업원료 농산물의 경우에도 생활수단의 경우와 마찬가지 상황이었다. 그것은 불변자본의 한 요소로 전화하였다.

230) 『자연철학의 종합적 · 역사적 · 생리학적 개념』(파리, 1838)에서.

231) 제임스 스튜어트가 강조하는 점.[†172]

예를 들어, 프리드리히 2세 시대에 열심히 아마〔비록 비단은 아니지만〕를 짜던 베스트팔렌의 농민 가운데 일부가 폭력적인 수탈로 토지에서 축출되고 나머지 일부는 대규모 차지농업가의 일용노동자로 전락했다고 상정해보자. 또한 동시에 커다란 아마 방적공장과 직물공장이 생겨 '유리된 사람들'이 그곳에서 임노동을 수행한다고 상정해보자. 아마의 겉모습은 이전과 조금도 다르지 않다. 그 섬유는 한 올의 조직도 변한 것이 없지만 거기에는 이제 하나의 새로운 사회적 영혼이 들어가 있다. 그것은 이제 매뉴팩처 경영자의 불변자본의 일부가 된다. 이전에 아마는 농민의 손으로 직접 재배되었으며 가족과 함께 소량으로 길쌈을 하는 수많은 소생산자들 사이에 분산되어 있었지만, 지금은 자신을 위해 타인으로 하여금 방적이나 직조를 하게 하는 한 사람의 자본가 수중에 집적되어 있다. 아마 방적공장에서 지출되는 특별한 노동은 이전에는 수많은 농민 가족의 특별 수입이나 세금 — 프리드리히 2세 시대에는 프로이센 왕을 위한 — 으로 실현되던 것이었다. 이제 그것은 몇몇 극소수 자본가의 이윤으로 실현되고 있다. 방추와 직기는 이전에는 농촌에 널리 분산되어 있었지만 지금은 노동자나 원료와 마찬가지로 몇 안 되는 대규모 작업장에 모여 있다. 그리고 이전에 방적공과 방직공을 위한 독립적 생존수단이던 방추 · 직기 · 원료 등은 이제 모두 이들 노동자들에게 명령을 내리고[232] 그들에게서 불불노동을 착취해가기 위한 수단으로 전화하였다. 대규모 매뉴팩처를 보든 대규모 차지농장을 보든, 이것들이 수많은 소규모 생산장소들을 합친 것이며 또 다수의 소규모 독립생산자들에 대한 수탈을 통해 만들어진 것이라는 사실을 쉽게 알아차리기는 어렵다. 그렇지만 편견 없는 눈으로 관찰해보면 진실을 정확하게 알아차릴 수 있다. 혁명의 사자(獅子) 미라보(Mirabeau)의 시대에도 대규모 매뉴팩처는 합병 매뉴팩처

232) 자본가는 이렇게 말한다. "내가 너희들에게 명령하는 노동에 대한 보수로서〔즉 너희들 수중에 있는 것을 얼마간 나에게 넘겨준다는 조건으로〕 너희들이 나에게 봉사하는 명예를 가질 수 있도록 허락하노라"(장 자크 루소, 『경제론』〔제네바, 1760, 70쪽〕).

(manufactures réunies)〔즉 합병작업장〕라고 불렸는데, 이는 우리가 합병경작지(zusammengeschlagnen Äckern)라고 부르는 것과 똑같은 호칭방식이다.

미라보는 다음과 같이 말하고 있다.

> 사람들이 볼 수 있는 것은 수백 명의 사람들이 한 사람의 감독 아래 노동하고 있는—흔히 우리가 합병 매뉴팩처라고 부르는—대규모 매뉴팩처뿐이다. 반면 훨씬 더 많은 노동자들이 분산되어 각자 자기 재량껏 노동하는 작업장은 거의 찾아보기 어렵다. 그것들은 완전히 뒷전으로 밀려났다. 이것은 매우 잘못된 것이다. 왜냐하면 그런 작업장들만이 실질적으로 대중의 부를 이루는 핵심요소이기 때문이다. …… 합병공장(fabrique réunies)은 한두 명의 기업가에게는 굉장한 부를 가져다줄 것이다. 그러나 노동자는 임금—다소의 액수 차이는 있겠지만—을 받는 일용노동자에 지나지 않으며, 기업가의 행복과는 아무 상관이 없다. 이에 반해 분산공장(fabrique séparée)에서는 어느 누구도 부자가 되지는 않지만, 대부분의 노동자들은 행복한 상태에 있다. …… 근면하고 검약한 노동자의 수는 증가할 것이다. 왜냐하면 그들은, 현명한 생활방식〔또는 생업활동〕이란 자신들의 처지를 근본적으로 개선하는 데 있으며, 약간의 임금인상—그것은 결코 미래를 위해 중요한 것이 될 수 없고 기껏해야 하루살이 생활을 조금 개선시키는 것일 뿐이다—을 획득하는 데 있지 않다고 생각할 것이기 때문이다. 대개의 경우 소규모 농업과 결합되어 있는 분산적·개인적 매뉴팩처는 자유로운 매뉴팩처이다.[233]

M775

233) 미라보, 『프로이센 왕국에 대하여』 제3권, 20~109쪽의 곳곳. 미라보는 분산작업장을 '합병'작업장보다 더 경제적이며 생산적이라고 생각하면서 후자를 정부의 비호 아래 존재하는 단지 인공적인 온실 속의 식물이라고 보았는데, 그가 왜 그렇게 보았는지는 당시 유럽 대륙의 매뉴팩처 대부분이 처해 있던 상태를 보면 알 수 있다.

농민대중의 일부를 수탈·축출하는 것은 노동자뿐 아니라 그들의 생활수단과 노동재료까지도 산업자본을 위해 유리시키는 것이면서, 동시에 국내시장을 창출하는 것이기도 하다.

실제로 소농을 임노동자로 전화시키고 그들의 생활수단과 노동수단을 자본의 물적 요소로 전화시킨 일련의 사태는 동시에 자본을 위한 국내시장을 창출해주었다. 과거에 농가는 생활수단과 원료를 생산·가공하고 그 대부분을 자신이 소비하였다. 이제 이들 원료와 생활수단은 상품이 된다. 대규모 차지농업가는 그 판매자이며, 그는 매뉴팩처에서 자신의 시장을 발견한다. 실·아마포·조제모직물(粗製毛織物) 등처럼 옛날에는 그 원료를 어느 농가에서든 쉽게 얻을 수 있었고 각 농가에서 자가 소비를 위해 잣거나 짰던 물품들이, 지금은 매뉴팩처 제품이 되어 바야흐로 농촌 지역이 오히려 이들 제품의 판매시장이 되었다. 지금까지는 자신의 재량껏 노동하던 수많은 소생산자들에 의존해온 다수의 분산된 고객이 이제는 집중된 하나의 커다란 시장—산업자본에서 조달을 받는—으로 바뀌었다.[234] 이리하여 과거의 자영농민에 대한 수탈과 그들의 생산수단으로부터의 분리와 더불어 농촌 부업의 파괴, 매뉴팩처와 농업의 분리과정이 진행된다. 그리고 오로지 농촌 가내공업의 파괴를 통해서만 자본주의적 생산양식이 필요로 하는 한 나라의 넓고 튼튼한 국내시장이 만들어진다. M776

그렇지만 본래적인 의미의 매뉴팩처 시대에는 어떠한 근본적인 변화도 일어나지 않았다. 사람들이 기억하고 있듯이 이 시대에는 매뉴팩처가 국민적 생산을 극히 부분적으로만 정복하고 있었고, 늘 도시 수공업과 가내적·농촌적 부업을 광범위한 배경으로 하여 그것들의 뒷받침을 받고 있

234) 다른 일을 하는 틈틈이 자신의 근면함을 바탕으로 노동자가 해마다 자기 가족의 옷가지를 마련하는 20파운드 가량의 양모—이것은 별로 남의 눈에 띄지 않는다. 그러나 이 양모가 시장에 나가서 공장으로 넘어가고, 거기에서 다시 중매인과 상인의 손을 거치게 되면, 이 양모의 가치를 20배로 부풀리는 커다란 상업적 조작과 명목자본이 나타나게 될 것이다. …… 이처럼 노동자계급은 비참한 공장인구와 기생적인 상인계급 그리고 허구적인 상업·화폐·금융제도를 유지하기 위해 착취당하게 된다(데이비드 어커트, 『상용어』, 120쪽).

었다. 만약 매뉴팩처가 특정 사업부문 안에 일정한 형태로 존재하는 이러한 부업들을 어떤 한 곳에서 파괴한다면, 그것은 다른 곳에서 다시 바로 그 부업을 불러일으켰을 것이다. 왜냐하면 이 시대는 원료의 가공을 위해 아직 어느 정도까지는 이들 부업을 필요로 하고 있었기 때문이다. 따라서 이들 부업은 새로운 부류의 소농민을 만들어내고 있었는데, 이들 농민은 토지 경작을 부업으로 하면서 생산물을 매뉴팩처에 팔기 — 직접 팔거나 상인의 손을 통해서 간접적으로 팔거나 — 위한 공업적 노동을 본업으로 한다. 이 점은 영국사 연구자를 가장 혼란스럽게 하는 현상의 한 요인 — 비록 주된 요인은 아닐지라도 — 이 되고 있다. 이들 연구자는 1470년대 이후 농촌에서 자본주의적 경영의 증가와 농민층의 점증적인 파멸에 대한 끊임없는 — 단 몇 차례의 짧은 기간을 제외하고는 — 고발을 발견하게 된다.

다른 한편 또 이 농민층은 수적으로 감소하고 그 형태가 점점 악화된 모습이긴 하지만[235] 끊임없이 되풀이하여 이 연구자의 시야에 나타난다. 그 주된 원인은 영국의 산업이 시대의 변천에 따라 곡물을 위주로 하기도 하고 목축을 위주로 하기도 하며, 또 그 변천에 따라 영농규모도 변동하기 때문이다. 대공업이 기계 사용을 통해 자본주의적 농업에 불변자본의 기초를 제공하고, 엄청난 수의 농민대중을 철저하게 수탈하는 것은 물론 가내적 · 농촌적 공업〔즉 방적업과 직물업〕의 뿌리를 흔들어놓음으로써 비로소, 가내적 · 농촌적 공업과 농업은 완전히 분리된다.[236] 대공업은 이

M777

235) 이 점에서 크롬웰 시대는 예외적이다. 공화국이 존립하고 있던 동안에는 영국 민중의 모든 계층이 튜더 왕조 아래 그들이 처해 있던 영락상태에서 벗어나 있었다.

236) 터켓은 대규모 양모공업이 기계의 사용과 더불어 본래적인 매뉴팩처에서 농촌 공업과 가내공업의 파괴를 통해 탄생했음을 알고 있다(터켓, 『노동인구의 과거와 현재 상태에 관한 역사』 제1권, 139~144쪽). "쟁기와 멍에는 신이 발명한 것이고 영웅들이 사용했던 것이다. 직기와 방추 그리고 방차는 그만큼 고귀한 혈통을 갖지 못했단 말인가? 너희들은 방차와 쟁기뿐만 아니라 방추와 멍에도 분리시키고, 그리하여 공장과 구빈원, 신용과 공황 그리고 농민과 상인이라는 두 개의 적대적인 국민을 갖게 될 것이다"(데이비드 어커트, 앞의 책, 122쪽). 그렇지만 캐리가 나타나서 퍼붓는 비난, 즉 영국이 다른 나라를 모두 단순 농업국으로 만들어버리고 그

과정을 통해 비로소 산업자본에 국내시장 전체를 정복하여 바쳤다.[237)]

제6절 산업자본가의 생성

산업[238)]자본가의 생성은 차지농업가의 생성과정처럼 점진적인 방식으로 진행된 것이 아니었다. 의심할 나위도 없이, 많은 소규모 동직조합 장인들과 더 많은 수의 소규모 독립수공업자들 그리고 일부 임노동자들까지도 소자본가가 되어, 이들이 임노동에 대한 착취를 점점 확대시켜가면서 그에 따른 축적을 통하여 문자 그대로의 자본가가 되었다. 중세 도시의 유년기에 도망친 농노 가운데 누가 주인이 되고 누가 하인이 되는지는 대개 누가 더 일찍 도망해왔는가에 따라 결정되었는데, 자본주의적 생산의 유년기에도 이와 비슷한 경우가 흔히 발견된다. 그러나 이런 방식의 느림보 걸음으로는 도저히 15세기 말 지리상의 대발견이 만들어낸 새로운 세계시장의 상업적 요구들에 대응할 수 없었다. 중세는 두 가지 서로 다른 형태의 자본을 남겨놓았는데, 그것은 매우 다양한 경제적 사회구성체 가 M778

들의 공장주가 되려 한다는 비난이 부당한 것은 분명 아닐 것이다. 그는 터키가 이런 식으로 멸망당했다고 주장하였다. 왜냐하면 "영국은 토지를 소유하여 이를 경작하는 자가 쟁기와 직기 그리고 망치와 써레와의 자연적인 결합을 통해 자신을 강화하는 것을 결코 용인하지 않았기" 때문이라는 것이다(『노예무역』, 125쪽). 캐리에 따르면 터키에서 영국의 이익을 위해 자유무역을 선전한 어커트 자신도 터키를 멸망시킨 주모자의 한 사람이다. 가장 재미있는 것은 대러시아의 충복이기도 한 캐리가 보호무역제도로 말미암아 촉진된 이 분리과정을 보호무역제도를 통해 저지하려 한 점이다.

237) 밀, 로저스, 골드윈 스미스, 포셋 등과 같은 영국의 박애주의 경제학자와 존 브라이트 일파 같은 자유주의 공장주들은, 신이 카인에게 동생 아벨이 어디 있는지를 묻듯이(구약 「창세기」 제4장—옮긴이) 영국의 토지귀족들에게 묻는다: 수천의 자유로운 우리 토지보유자들은 어디로 가버렸는가? 그리고 도대체 그대들은 어디에서 왔는가? 그들은 저 자유로운 토지보유자의 파멸에서 나왔다. 왜 그대들은 계속해서 '독립 직물공과 방적공 그리고 수공업자들은 어디로 가버렸는가'라고 묻지 않는가?

238) 여기서 말하는 산업은 '농업'에 대립되는 말이다. '범주적'인 의미에서는 차지농업가도 공장주와 마찬가지로 산업자본가이다.

운데에서 자라나 자본주의적 생산양식 시대 이전에 이미 자본 일반 (Kapital quand même)으로 인정받은 두 가지 형태, 즉 고리대자본 (Wucherkapital)과 상인자본(Kaufmannskapital)이다.

> 오늘날 사회의 모든 부는 일차적으로 자본가 수중에 먼저 들어간다. …… 그는 토지소유자에게 지대를, 노동자에게 임금을, 조세 또는 십일조 징수자에게 그 요구액을 지불한다. 그리고 노동의 연간 생산물 가운데 비교적 큰 부분〔사실 가장 큰 부분〕이자 갈수록 커지는 부분을 자기 몫으로 남겨둔다. 이제 자본가는 전체 사회적 부 가운데 첫 번째 소유자로 간주될 수 있다. 그렇다고 해서 법률이 그에게 이 소유권을 부여해준 것은 아니다. …… 소유에서 발생한 이런 변화는 자본에 대한 이자의 획득을 통해 일어났다. …… 그리고 온 유럽의 입법자들이 고리대 금지법을 통해 이것을 저지하려 했다는 사실은 상당히 주목할 가치가 있다. …… 한 나라의 모든 부에 대해 현재 자본가가 갖고 있는 권리는 소유권에서 하나의 완전한 혁명이지만, 도대체 그것은 어떤 법률 또는 어떤 일련의 법률에 기초하여 발생한 것인가?[239]

이 저자는 그 혁명이 법률에 의해 이루어진 것이 아니라고 스스로 답해야 했을 것이다.

고리대와 상업을 통해 형성된 화폐자본은 농촌에서는 봉건제도 때문에, 도시에서는 동직조합제도 때문에 산업자본으로 전화하지 못하고 있었다.[240] 이와 같은 제약은 봉건가신단이 해체되고 농민대중이 수탈당하

239) 『자연적 소유권과 인위적 소유권의 비교』, 런던, 1832, 98~99쪽. 이 책의 익명의 저자는 토머스 호지스킨이다.

240) 1794년까지도 아직 리즈의 소규모 직물업자들은 상인들이 공장주가 되는 것을 금지하는 법률을 청원하기 위해 의회에 대표자를 보내고 있었다(에이킨 박사, 『맨체스터 주변 30~40마일 지방에 관한 기술』).

여 그 일부가 축출되는 것과 동시에 사라졌다. 새로운 매뉴팩처는 수출 항구에 건설되거나 아니면 오래된 도시와 그 도시의 동직조합제도 지배권 밖에 위치한 몇몇 농촌지역에 세워졌다. 그 때문에 영국에서는 이들 새로운 공업의 배양지에 대한 자치도시들(corporate towns)의 격렬한 투쟁이 일어나기도 했다.

아메리카 대륙에서 금·은 산지의 발견, 원주민의 압살과 노예화 그리고 광산노역, 동인도제도의 정복과 약탈의 시작, 아프리카 흑인사냥의 상업화 등은 자본주의적 생산시대의 새벽을 알리는 주요한 특징들이다. 이러한 목가적인 과정이 본원적 축적의 주요 계기를 이루었다. 뒤이어 온 지구를 무대로 한 유럽 여러 나라의 상업전쟁이 시작되었다. 그것은 네덜란드가 스페인에서 분리되면서 시작되었고, 영국의 반(反)자코뱅 전쟁으로 엄청나게 확대되었으며, 중국에 대한 아편전쟁 등으로 지금도 계속되고 있다. M779

이제 본원적 축적의 여러 계기는 정도의 차이는 있지만 시간적인 순서를 이루면서 각각 스페인·포르투갈·네덜란드·프랑스·영국 사이에서 고루 나타났다. 17세기 말 영국에서는 이런 계기들이 식민제도, 국채제도, 근대 조세제도, 보호무역제도 등을 통해 체계적으로 통합되었다. 이런 방법 가운데 일부는 잔혹하기 그지없는 폭력을 통해 진행되었는데, 예를 들면 식민제도가 바로 그러했다. 그러나 이런 방법들은 모두 봉건적 생산양식이 자본주의적 생산양식으로 전화하는 과정을 촉진하고, 그 과도기를 단축시키기 위하여 국가권력〔즉 사회의 집중되고 조직화된 폭력〕을 이용하였다. 폭력은 새로운 한 사회를 잉태하고 있는 모든 낡은 사회에서 그 산파 역할을 한다. 폭력은 그 자체가 하나의 경제적 힘이다.

기독교 식민제도에 관해서, 기독교 연구를 전공한 호윗(W. Howitt)은 이렇게 말하고 있다.

이른바 기독교 인종이 세계 곳곳에서 예속시킬 수 있었던 모든 민족에 대하여 자행해온 만행과 무자비한 잔학행위는 세계 역사상 어느 시대에서도, 또 어떤 야만적이고 무지하며 몰인정하고 파렴치한 인종에서도 그 유례를 찾아볼 수 없는 것들이다.[241)]

네덜란드의 식민지 경영의 역사는 — 네덜란드는 17세기의 전형적인 M780 자본주의 국가였다 — 유례없는 배신과 매수, 암살과 비열함으로 얼룩져 있다.[242)] 그것을 가장 잘 보여주는 것이 바로 자바에서 부려먹을 노예를 얻기 위해 네덜란드가 셀레베스에서 행한 인간도둑질 제도였다. 이를 위해 인간 사냥꾼들이 훈련을 받았다. 도적과 통역자 · 판매자가 이 거래의 주역들이었으며, 토착 왕족은 그 중요한 판매자였다. 약탈적으로 납치되어온 소년은 노예선에 실어 보낼 수 있을 만큼 자랄 때까지 셀레베스의 비밀감옥에 몰래 가두어졌다. 한 공식 보고서에는 이렇게 적혀 있었다.

예를 들어 마카사르라는 이 도시는 비밀감옥으로 가득 차 있는데, 그 중에서도 특히 소름끼치는 감옥은 각 가정에서 강제로 끌려와 족쇄에 묶인 채 탐욕과 포악의 희생이 된 가엾은 사람들이 갇혀 있는 감옥이다.

멜라카를 차지하기 위해 네덜란드 사람들은 포르투갈 총독을 매수하였다. 1641년 총독은 네덜란드인이 시내로 들어올 수 있도록 허락하였다. 그들은 곧장 총독의 저택으로 달려가 그를 살해했는데, 총독을 매수하는 데 들어간 비용 2만 1,875파운드스털링을 지불하지 않기 위해서였다. 그들이 지나가는 곳마다 곧 황폐화되고 인구가 줄어들었다. 자바의 한 지방

241) 윌리엄 호윗, 『식민과 기독교: 유럽인들이 식민지 원주민을 다룬 방법에 대한 역사』, 런던, 1838, 9쪽. 노예를 다루는 방법에 대한 내용은 샤를 콩트, 『입법론』(제3판, 브뤼셀, 1837)에 좋은 자료가 모아져 있다. 부르주아가 세계를 자신의 모습에 맞추어 제멋대로 빚어낼 경우 자신과 노동자를 어떻게 변모시키게 되는지를 알려면 이런 것들을 자세히 연구하지 않으면 안 된다.

242) 전(前) 자바 부총독 토머스 스탬퍼드 래플스, 『자바의 역사』, 런던, 1817, 제2권, 별첨 190~191쪽.

인 바뉴왕기는 1750년 8만 이상의 인구를 헤아렸는데, 1811년에는 겨우 8,000명의 인구만 남았다. 달콤한 장사(doux commerce)란 이런 것이었다.

널리 알려져 있듯이 영국의 동인도회사†47는 동인도제도에서 정치적인 지배권 말고도 차(茶)무역과 중국 무역 그리고 유럽과의 화물 수송에서의 배타적인 독점권을 부여받고 있었다. 그러나 인도의 연안 항해와 섬들 사이의 항해 그리고 인도 내륙지방의 상업은 회사의 고위 직원들이 독점하고 있었는데, 그 중에서도 소금 · 아편 · 후추와 그밖의 몇몇 상품에 대한 독점권은 결코 고갈되지 않는 부의 광산이었다. 직원들은 스스로 가격을 정하여 불행한 인도인을 마음대로 농락했다. 총독도 이 사적인 거래에 개입하였다. 그의 총애를 받는 사람들은 연금술사보다 훨씬 더 용이하게 무(無)에서 황금을 만들어낼 수 있을 만한 조건으로 계약을 맺을 수 있었다. 이렇게 하여 거대한 재산이 버섯처럼 하루 사이에 돋아나고, 본원적 축적은 1실링의 투자도 없이 진행되었다. 워렌 헤이스팅스의 재판사건은 이런 사례들로 가득 차 있다. 다음 이야기는 그 가운데 하나이다. 설리번이라는 어떤 남자에게 아편 계약이 할당되었는데, 그때 그는 공무로 아편지대에서 멀리 떨어진 인도의 어느 지역을 여행 중이었다. 설리반은 그 계약을 빈이라는 사람에게 4만 파운드스털링에 팔았다. 같은 날 빈은 다시 이 계약을 6만 파운드스털링에 팔았다. 그리고 그 계약의 마지막 구매자 겸 이행자가 된 사나이가 명백하게 밝히듯이, 그는 그뒤에 이 계약에서 막대한 이익을 얻어냈다. 의회에 제출된 표를 보면, 이 회사와 이 회사 직원들이 1757년부터 1766년까지 인도인에게서 빼앗은 액수는 600만 파운드스털링에 이르렀다고 한다! 1769~70년에 영국인들은 쌀을 모조리 매점하여 터무니없는 가격이 아니면 팔지 않는 방식으로 폭리를 취함으로써 기근을 일으키기도 하였다.[243]

M781

243) 1866년 오리사 주에서만 100만 명 이상의 인도인들이 굶어 죽었다. 그런데도 인도 식민지 정부는 이 굶어 죽어가는 사람들에게 판매할 식량가격으로 국고를 살찌울 생각을 하였다.

원주민에 대한 대우가 가장 광폭했던 곳은 말할 나위도 없이 서인도제도처럼 수출무역만을 목적으로 한 플랜테이션 식민지, 그리고 멕시코나 동인도제도처럼 풍부한 부와 많은 인구를 갖고 있으면서 살인강도들의 손에 맡겨진 나라들이었다. 그러나 본래의 식민지에서도 본원적 축적이 지니는 기독교적 성격은 나타나지 않을 수 없었다. 근엄한 프로테스탄트의 대표자 뉴잉글랜드의 청교도들은 1703년 자신들의 주 의회 결의에 따라 인디언의 머리가죽 1장 또는 인디언 포로 1명에 40파운드스털링, 1720년에는 머리가죽 1장에 100파운드스털링을 포상금으로 내걸었다. 또 1744년 매사추세츠 만의 한 종족을 반도(叛徒)로 선포한 뒤로는 다음과 같이 포상금을 내걸었다. 12세가 넘는 남자의 머리가죽에는 신화폐 100파운드스털링, 남자 포로에는 105파운드스털링, 여자 포로와 아이 포로에는 50파운드스털링, 여자와 아이의 머리가죽에는 50파운드스털링! 이 식민제도는 그때부터 수십 년 뒤, 그 사이에 본국에 반기를 든 경건한 필그림 파더스(pilgrim fathers: 1620년 북아메리카 식민지시대 뉴잉글랜드 최초의 영구 식민지가 된 매사추세츠 주 플리머스에 정착한 사람들—옮긴이)의 후손들에게 앙갚음을 하였다. 이들은 영국인에게 매수당한 토착민들의 도끼에 맞아 살해당했다. 영국 의회는 살인 개와 머리가죽 벗기기에 대해 "신과 자연에서 부여받은 수단"이라고 선언하였다.

식민제도는 마치 온실재배와 같은 방식으로 상업과 항해를 육성시켰다. '독점회사'(루터가 붙인 명칭: M328의 주 206 참고—옮긴이)는 자본집적의 강력한 지렛대였다. 식민지는 성장하는 매뉴팩처에 판매시장을 보장해주고 시장독점을 통한 자본축적의 증대를 보장해주었다. 유럽 밖의 지역에서 약탈과 노예화, 강도 살인 등을 통해 노획된 재물과 보화는 곧바로 본국으로 유입되어 그곳에서 자본으로 전화하였다. 최초로 식민제도를 완전하게 발전시킨 네덜란드는 1648년에 벌써 그 상업의 절정기를 맞고 있었다.

네덜란드는 "동인도 무역과 유럽의 남서부 · 북동부를 잇는 교통을 거의 독점적으로 장악하고 있었다. 네덜란드의 어업과 해운 · 매뉴팩처는 다른 어느 나라보다도 앞서 있었다. 아마도 이 공화국의 자본은 다른 유럽 나라들의 자본을 모두 합친 것보다도 더 많았을 것이다.[†173]

M782

귈리히(Gülich)가 여기서 빠뜨리고 있는 것은 바로 네덜란드의 민중이 1648년에 이미 다른 모든 유럽 나라의 민중보다 훨씬 더 가혹한 과로와 빈곤 그리고 잔혹한 억압을 겪고 있었다는 사실이다.

오늘날 산업부문의 패권은 상업적 패권을 수반한다. 그러나 이와는 달리 본격적인 매뉴팩처 시대에는 상업적 패권이 산업적 우위를 가져다주는 것이었다. 당시 식민제도가 중요한 역할을 담당하고 있었던 까닭은 바로 이 때문이었다. 식민제도는 '이국의 신'(fremde Gott)으로, 이 신은 유럽 고대의 여러 신과 나란히 제단 위에 서 있었지만, 어느 아름다운 날 다른 모든 신을 남김없이 일격에 내쫓아버렸다. 그것은 이윤의 증식을 인류의 궁극적인 유일의 목적이라고 선언하였다.

우리가 이미 중세의 제노바와 베네치아에서 그 기원을 발견하게 되는 공적 신용제도〔즉 국채제도〕는 매뉴팩처 시대에 온 유럽으로 보급되었다. 식민제도는 그에 따른 해상무역 · 상업전쟁과 더불어 국채제도의 온실 역할을 하였다. 따라서 이 제도는 네덜란드에서 처음으로 확립되었다. 국채, 즉 국가 — 전제국가이든 입헌국가이든 공화국이든 — 에 의한 부의 양도는 자본주의 시대의 특징을 이룬다. 이른바 국부(國富)라는 것 가운데 실질적으로 근대적 국민의 총소유에 포함시킬 수 있는 유일한 부분 — 그것이 바로 그들의 국채이다.[243a)] 그 때문에 한 나라의 부채가 커질수록 그 나라 국민의 부도 더욱 커진다는 근대적 학설은 전적으로 일관성이 있다.

243a) 윌리엄 코빗에 따르면, 영국에서는 모든 공공시설이 '왕립'이라고 불리지만 그 설립비용은 국민의 채무(national debt)이다.

공적 신용은 자본의 사도신경이 된다. 그리고 국채제도의 성립과 더불어 국채에 대한 불신은 성령에 대한 결코 용서받을 수 없는 죄와 마찬가지로 간주된다.

공채는 본원적 축적의 가장 튼튼한 지렛대 가운데 하나이다. 그것은 마치 마법의 지팡이처럼 불임의 화폐에 생식력을 부여하며, 그것을 자본으로 전화시킨다. 더욱이 이 화폐에는 산업 투자나 고리대 투자에까지도 반드시 따라다니는 수고와 위험이 없다. 국채 소유권자들은 실제로는 아무것도 주지 않는 셈이다. 왜냐하면 그들이 정부에 대여한 금액은 쉽사리 양도될 수 있는 공채증서로 전화하고, 이 증서는 그것과 똑같은 액수의 현금 M783 과 마찬가지로 그들의 수중에서 기능을 계속하기 때문이다. 그러나 이렇게 형성된 유한(有閑) 금리생활계급, 그리고 정부와 국민 사이에서 중개자 역할을 하는 금융업자들의 급조된 부는 별개로 하더라도 — 또 마찬가지로 국채의 상당 부분을 하늘에서 떨어진 자본처럼 이용하는 징세 청부인과 상인 그리고 민간 공장주들의 급조된 부는 별개로 하더라도 — 국채는 주식회사와 갖가지 양도성 유가증권의 거래와 주식 매매〔간단히 말해 증권 투자〕 그리고 근대적 은행 지배를 발흥시켰다.

국립이라는 견장을 단 대은행은 그 출발부터 사적 투기업자들의 회사에 지나지 않았으며, 그들은 정부와 어깨를 나란히 하며 주어진 특권 덕분에 정부에 화폐를 대부할 수 있었다. 따라서 국채 축적의 척도로서 이들 대은행 주식의 계속적인 등귀보다 더 확실한 것은 없는데, 이와 같은 은행의 완전한 발달은 잉글랜드 은행의 창립(1694년)에서 시작된다.

잉글랜드 은행은 창립과 함께 정부에 대하여 자신의 화폐를 8%의 이자율로 대부하기 시작하였다. 그와 동시에 이 은행은 바로 그 자신의 자본을 화폐로 주조하여 은행권 형태로 일반 대중에게 대부할 수 있는 권한을 의회에서 부여받았다. 잉글랜드 은행은 이 은행권을 가지고 어음을 할인하고 상품을 담보로 대부해줄 뿐만 아니라 귀금속도 매입할 수 있었다. 머지않아 이 은행이 스스로 발행한 신용화폐는 주화로 통용되었으며, 잉글랜드 은행은 이 주화로 국가에 대부를 해주고 국가를 대신하여 공채의 이자를 지불하였다. 이 은행은 한 손으로는 주면서 다른 한 손으로는 더 많은 것을 되돌려받는 데에서 그치지 않았다. 그것은 또 받아들이면서도 여전히 그가 준 최후의 한 푼에 이르기까지 국민의 영원한 채권자였다. 그것은 점차 국내의 축장금속을 위해 없어서는 안 될 저장소가 되었으며, 모든 상업신용의 중심이 되었다. 영국에서는 마녀에 대한 화형이 사라질 무렵부터 은행권 위조범을 교수형에 처하기 시작했다. 이들 은행귀족과 금융업자, 금리생활자, 중개인, 주식 거래자, 증권 투기자 등과 같은 패거리들의 갑작스러운 등장이 당시 사람들에게 어떤 영향을 주었는지는 당시의 여러 저서〔예를 들면 볼링브로크(Bolingbroke)의 저서 등〕에서 잘 밝혀지고 있다.[243b)]

국채와 함께 국제적인 신용제도도 생겨났는데, 거기에는 종종 여러 나라에서 진행된 본원적 축적의 한 원천이 숨겨져 있다. 예를 들면 베니스의 약탈제도가 보인 갖가지 비열행위는 쇠퇴해가는 베니스에서 거액의 화폐를 빌렸던 네덜란드가 거두어들인 자본적 부의 한 숨겨진 기초를 이루고 있다. 이와 마찬가지의 관계가 네덜란드와 영국 사이에도 있었다. 네덜란드의 매뉴팩처는 18세기 초에 이미 완전히 추월당했으며, 네덜란드는 지배적인 상공업국으로서의 지위를 상실하였다. 때문에 1707~76년에 네덜란드가 주력했던 사업의 하나는 거대한 자본의 대출, 특히 강대한 경쟁자였던 영국에 대한 대출이었다. 오늘날의 미국과 영국의 관계도 마찬가지이다. 오늘날 미국에서 출생증명서도 없이 나타나는 다수의 자본은 겨우 어제 영국에서 막 자본화한 어린이의 피이다. M784

국채는 해마다 이자 등의 지불을 감당해야만 하는 국고 수입에 의지하고 있기 때문에 근대적 조세제도는 국채제도의 필연적 보완책이었다. 국

243b) "오늘날 타타르인이 유럽을 침입해왔다면 우리의 금융업자라는 사람들이 어떤 사람들인지를 그들에게 이해시키리란 아주 어려운 일일 것이다"(몽테스키외, 『법의 정신』 제4권, 런던판, 1769, 33쪽).

채 덕분에 정부는 납세자들이 곧바로 눈치채지 못하게 하면서 임시비를 지출할 수 있게 되었다. 그러나 그 결과 결국은 증세(增稅)가 필요해졌다. 한편, 잇달아 체결된 부채의 누적으로 말미암아 야기된 증세는 정부로 하여금 새로운 임시지출을 해야 할 때 언제나 새로운 차입을 하지 않을 수 없게 만들었다. 따라서 필수생활수단에 대한 과세(따라서 그것의 가격등귀)를 회전축으로 하는 근대적 재정은 그 자체 속에 자동적인 누진의 맹아를 잉태하고 있는 것이다.

과중한 과세는 우발적인 사태가 아니라 오히려 원칙이다. 그렇기 때문에 이 제도를 처음으로 채택한 네덜란드에서는 위대한 애국자 비트(Witt)가 자신의 잠언에서 이 제도를 가리켜 임노동자를 순종·검약·근면케 하고, …… 그들에게 노동의 하중을 과도하게 짊어지우기 위한 가장 훌륭한 제도라고 칭찬하였던 것이다. 그러나 여기에서 우리의 논의와 관계가 있는 것은 이 제도가 임노동자의 상태에 끼친 파괴적인 영향보다도 오히려 이 제도를 바탕으로 진행되는 농민과 수공업자〔요컨대 모든 소규모 중간계급의 구성원〕에 대한 폭력적 수탈이다. 이 점에 관해서는 부르주아 경제학자들 사이에도 이견이 없다. 이 제도의 수탈적 효과는 보호무역제도의 도움을 얻어 한층 더 강화되며, 보호무역제도는 이 조세제도에 없어서는 안 될 구성 부분의 하나가 되었다.

부의 자본화와 민중의 수탈에서 공채와 그에 따른 재정제도가 담당하는 중요한 역할 때문에 코벳·더블데이(Doubleday) 등 많은 학자들은 근대 국민들의 빈곤의 근본원인을 이 제도에서 찾는 오류를 범하기도 하였다.

보호무역제도는 공장주를 창출하고 독립노동자를 수탈하며, 나아가 국민의 생산수단과 생활수단을 자본화하고 낡은 생산양식의 근대적 생산양식으로의 이행을 강압적으로 단축시키기 위한 인위적인 수단이었다. 유럽 여러 나라는 앞을 다투어 이 제도의 특허를 차지하려고 했는데, 이 제도는 일단—간접적으로는 보호관세에 의해, 직접적으로는 수출 장려금

M785

을 통해 — 이윤 증식가를 위한 봉사를 수행하게 되자 곧 단지 그 목적만으로 자국민의 고혈을 짜내는 데에 그치지 않았다. 속령에서 모든 산업이 폭력적으로 뿌리를 뽑혀버린 것이었다. 예를 들어 아일랜드의 양모 매뉴팩처가 잉글랜드에 의해 뿌리를 뽑혀버린 것이 바로 그런 경우이다. 유럽대륙에서는 콜베르(Colbert)의 선례에 따라 이 과정이 훨씬 단순화되었다. 이 나라에서 산업가의 본원적 자본은 그 일부가 국고에서 직접 나온 것이었다.

미라보는 이렇게 부르짖는다.

> 7년전쟁 이전에 작센의 공업이 번영한 원인을 왜 그렇게 멀리서 구하려 하는가? 그것은 1억 8,000만의 국채이다.[244]

식민제도 · 국채 · 중과세(重課稅) · 보호무역 · 상업전쟁 등 본래적인 매뉴팩처 시대의 이런 맹아들은 대공업의 유년기에 거대하게 성장하였다. 대공업의 탄생은 헤롯 왕의 대규모 아동약탈과 같은 방식을 통해서 축복을 받는다. 마치 왕국 함대처럼 공장도 강제모집의 방법으로 신병을 보충한다. 이든 경은 1470년대부터 자신이 살던 시대〔즉 18세기 말〕까지 행해진 농민대중에 대한 토지수탈의 잔혹성에 대해서는 그렇게도 냉담하면서도, 또 자본주의적 농업을 확립시키고 '경작지와 목초지 사이의 올바른 비율을 확립'하기 위해 '필요'했던 이 과정을 그토록 자아도취적으로 경축하면서도, 매뉴팩처 경영을 공장제 경영으로 전화시키고 자본과 노동력 사이의 알맞은 비율을 확립하기 위한 아동약탈과 아동노예제의 필요성에 대해서는 전혀 다른 경제학적 견해를 보였다. 그는 이렇게 말한다.

244) "Pourquoi aller chercher si loin la cause de l'eclat manufacturier de la Saxe avant la guerre? Cent quatre-vingt millions de dettes failes par les souverains!" (미라보, 『프로이센 왕국에 대하여』 제6권, 101쪽).

경영의 성과를 위해 오두막집과 구빈원에서 빈곤한 아이들을 데려와 몇 개 조로 나누어 교대시키면서 거의 온 밤을 혹사시키고 또 그 휴식시간조차 박탈할 수밖에 없는 매뉴팩처, 더구나 연령과 성향이 서로 다른 남녀를 한데 모아둠으로써 방탕과 타락을 전염병처럼 만연시킬 수밖에 없는 매뉴팩처 — 이와 같은 매뉴팩처가 국가와 개인의 전체 후생을 증진시킬 수 있을까 하는 문제는 아마 대중도 고려해볼 가치가 있을 것이다.[245]

필든(Fielden)도 다음과 같이 쓰고 있다.

수차를 돌릴 수 있도록 강가에 인접해 있는 더비셔와 노팅엄셔 그리고 특히 랭커셔의 대공장들에서는 최근에 발명된 기계가 사용되기 시작하였다. 도시에서 멀리 떨어진 이들 지역에는 갑자기 수천 명의 일손이 필요하게 되었다. 특히 당시까지 비교적 인구가 적었으며 출산력이 낮았던 랭커셔에서는 이제 무엇보다도 많은 인구가 필요하게 되었다. 작고 민활한 손가락이 무엇보다도 필요했다. 그리하여 금방 런던과 버밍엄 그리고 그밖의 여러 교구 구빈원에서 도제(!)를 데려오는 관습이 생겨났다. 이리하여 7세부터 13~14세까지의 의지할 곳 없는 수천 명의 아동들이 북부로 보내졌다. 도제들에게 옷과 음식을 제공하고 공장 근처에 있는 '도제 합숙소'에서 잠을 자게 하는 것은 고용주(곧 아동 도적)들의 관습이었다. 그 아동들의 노동을 감시하기 위해 감독이 배치되었다. 소년들을 극도로 혹사시키는 것은 이들 노예감독들에게도 이익이 되었다. 왜냐하면 감독들의 급료는 소년들에게서 짜낸 고혈에 다름 아닌 생산물량에 비례하여 주어졌기 때문이다. 따라서 그들의 잔혹성은 자연스런 결과였다. …… 대부분의 공장지대, 특히 랭커셔에서는 공장주의 손에 맡겨진 이들 죄 없고 의지할 데 없는 소년들에게 잔인한 채찍질이 가해졌다. 그들은 과도한 노동으로 죽도록 혹사

M786

245) 이든, 『빈민의 상태』 제2권, 제1장, 421쪽.

당했다. 그들은 가장 교활한 잔혹함으로 매맞고 쇠사슬에 묶이고 또 고문을 받았다. 그들은 대개의 경우 피골이 상접하도록 굶주리면서 채찍으로 노동을 강요당했다. …… 이들 가운데 몇몇은 견디다 못해 자살을 결행하기도 하였다. …… 더비셔와 노팅엄셔 그리고 랭커셔 등, 공중의 눈에서 격리된 이 아름답고 낭만적인 골짜기는 고문과 때로는 살인이 난무하는 끔찍하고 살벌한 땅이 되어버렸다. …… 공장주들의 이윤은 엄청난 것이었다. 그러나 그것은 오히려 그들의 이리 같은 탐욕을 더욱 부채질할 뿐이었다. 그들은 '야간작업'이라는 관습을 만들어냈다. 즉 한 조의 노동자들을 주간작업에 투입시키고, 이들이 완전히 지친 뒤에는 야간작업을 위한 다른 한 조가 투입된다. 주간조는 야간조가 이제 막 떠난 침대로 기어들고, 아침에는 거꾸로 주간조가 막 떠난 침대에 야간조가 들어간다. 그래서 랭커셔에서는 침상이 결코 식지 않는다는 말이 전해 내려온다.[246]

매뉴팩처 시대 동안 자본주의적 생산의 발전과 함께 유럽의 여론은 수치심과 양심의 마지막 찌꺼기까지 모두 내동댕이쳐버렸다. 국민들은 파렴치하게도 자본축적의 수단인 온갖 비행을 자랑하였다. 그 실례로 우직 M787

246) 존 필든, 『공장제도의 저주』, 5~6쪽. 공장제도의 초기 타락성에 관해서는 에이킨 박사, 앞의 책, 1795, 219쪽과 기즈번, 『인간의 의무에 관한 연구』, 1795, 제2권을 참조하라. — 증기기관은 공장을 시골의 폭포 근처에서 도시 한가운데로 이동시켰기 때문에, 이른바 '금욕을 즐기는' 이식가(利殖家)들은 이제 구빈원에서 무리하게 노예를 공급받지 않아도, 손닿을 수 있는 곳에서 아동이라는 재료를 발견했다. 1815년 필('입심 좋은 장관'의 아버지)이 아동보호법안을 제출했을 때, 호너(지금〔地金〕위원회의 주역이자 리카도의 절친한 친구)는 하원에서 다음과 같이 진술하였다. "한 파산자의 가재도구와 함께 한 떼거리의 공장아동들 — 이런 표현을 사용해도 좋다면 — 이 재산의 일부로 공공연하게 광고되고 경매에 붙여진다는 것은 잘 알려져 있는 사실입니다. 2년 전(1813년) 끔찍한 사건이 왕립재판소에 제소되었습니다. 그것은 사내아이들 몇 명에 관한 건이었습니다. 런던의 한 교구가 그들을 어떤 공장주에게 송출하였는데, 이 공장주는 이들을 다시 다른 공장주에게 팔아넘겼습니다. 이들은 결국 몇몇 자비심 많은 사람들에 의해 절대적인 기아상태에서 발견되었던 것입니다. 또 하나의 더욱 끔찍한 사건이 의회 조사위원회의 일원인 제 귀에까지 들어왔습니다. 별로 오래전의 일도 아닙니다. 런던의 한 교구와 랭커셔의 어떤 공장주 사이에서 체결된 계약서에는 이 공장주가 건강한 아동 20명당 백치 1명을 함께 사들여야 한다고 명시되어 있었습니다."

한 인간 앤더슨의 소박한 『상업사』를 한번 읽어보도록 하자. 영국은 원래 아프리카와 영국령 서인도제도 사이에서만 흑인무역을 경영하다가, 위트레흐트에서의 아시엔토 협약[†174]을 통해 아프리카와 스페인령 아메리카 사이에서도 흑인무역을 할 수 있는 특권을 스페인인들에게서 강탈했는데, 이 책은 이것을 영국 국책의 승리로 크게 선전하고 있다. 영국은 1743년까지 해마다 4,800명의 흑인을 스페인령 아메리카에 공급할 권리를 손에 넣었다. 이것은 동시에 영국의 밀무역에 그것을 위장할 수 있는 공인된 가면을 제공해주었다. 리버풀은 노예무역을 바탕으로 크게 성장하였다. 노예무역은 본원적 축적을 위한 리버풀의 방법이었다. 그리고 노예무역의 핀다로스로서 리버풀이 떨친 '명성'은 오늘날까지도 이어지고 있다. 이 노예무역은 — 이에 대해서는 앞에서 인용한 1795년 에이킨 박사의 저서를 참조하라 — "상업적 기업정신을 불태우게 하고 뛰어난 선원을 육성하며 막대한 화폐를 가져다주었던 것이다." 리버풀의 노예무역에 사용된 선박의 수는 1730년 15척, 1751년 53척, 1760년 74척, 1770년 96척, 1792년 132척이었다.

면직공업은 영국에 아동노예제를 가져왔을 뿐만 아니라, 미국에는 원래 약간 가부장적이었던 노예경제를 상업적 착취제도로 전환시키기 위한 동기를 제공하였다. 일반적으로 유럽에서는 은폐된 형태를 띠고 있는 임노동자들의 노예제가 신세계에서는 문자 그대로의 노예제를 그 디딤돌로 삼아야만 하였다.[247)]

자본주의적 생산양식의 '영구적 자연법칙'을 해방시키고 노동자를 그 M788 모든 노동조건에서 분리시키는 과정을 완성시키며, 또한 한쪽 극에서는 사회적 생산수단과 생활수단을 자본으로 전화시키는 한편 다른 한쪽 극에서는 민중을 근대사의 훌륭한 작품인 임노동자〔즉 자유로운 '노동빈

247) 1790년 서인도제도의 영국령에서는 자유민 1명당 노예 10명, 프랑스령에서는 1명당 14명, 네덜란드령에서는 1명당 23명이었다(헨리 브루엄, 『유럽 열강의 식민정책 연구』, 에든버러, 1803, 제2권, 74쪽).

민'(arbeitende Arme)〕로 전화시키기 위해서는[248)] 이러한 수고가 필요했던 것이다.[†175] 오지에(Augier)가 말하듯 화폐가 뺨에 자연의 핏자국을 묻히고 이 세상에 태어난다면,[249)] 자본은 머리끝에서 발끝까지의 모든 털구멍에서 피와 오물을 흘리면서 태어난다.[250)]

248) "노동빈민(labouring poor)이라는 표현은 임노동자계급이 주목받기 시작한 뒤부터 영국의 법률에 등장한다. 이 '노동빈민'은 한편으로는 '게으른 빈민'(idle poor)〔즉 거지 등〕에 대립된 용어이고, 다른 한편으로는 털 뽑힌 닭 신세를 겨우 모면한 정도의 자기 노동수단을 소유한 노동자에 대한 용어이다. 이 용어는 법률의 영역에서 경제학의 영역으로 이전되었으며 컬페퍼 · 차일드 등부터 애덤 스미스, 이든에 이르기까지 여러 사람에 의해 사용되었다. 이제 우리는 '노동빈민'이라는 표현을 '지긋지긋한 정치적 유행어'라고 얘기한 '지긋지긋한 정치적 말재주꾼' 에드먼드 버크의 깊은 신앙심을 한번 평가해보기로 하자. 이 아부꾼은 일찍이 미국 독립전쟁 초기에는 북아메리카 식민지에 고용되어 영국의 과두정부에 맞서는 자유주의자 역할을 맡았던 적이 있고 또한 그와 꼭 마찬가지 방식으로 영국 과두정부에 고용되어 프랑스 혁명에 맞서는 낭만주의자 역할을 수행한 적도 있었지만, 어디까지나 평범한 부르주아일 뿐이었다. "상업의 법칙은 자연법칙이며 따라서 신의 법칙이다"(버크, 『식량난에 관한 의견과 상세한 논의』, 31~32쪽). 그가 신과 자연의 법칙을 충실히 지켜 언제나 자신을 최상의 시장에 팔았다는 것은 조금도 놀라운 일이 아니다. 터커 목사의 저서에서는—터커는 목사로서 토리당원이었지만 그밖의 점에서는 성실한 인물이며 유능한 경제학자였다—자유주의자였던 시절 그의 성격이 잘 드러나 있다. 부끄러움을 모르는 이런 변절이 횡행하고 '상업의 법칙'이 극히 경건하게 섬겨지고 있는 오늘날, 다만 재능에 차이가 있을 뿐 버크와 다를 바 없는 그의 후계자들에게는 몇 번이라도 거듭하여 낙인을 찍어두는 것이 우리의 의무이다.

249) 마리 오지에, 『공공신용에 대하여』〔파리, 1842, 265쪽〕.

250) 『쿼털리 리뷰』지의 기자가 말한 바에 따르면, "자본은 소란과 논란을 피해다니며 수줍음을 많이 탄다. 이것은 상당히 진실에 가깝긴 하지만 완전히 옳은 것은 아니다. 자연이 공허한 것을 두려워하듯이 자본은 이윤이 없는 것〔또는 이윤이 너무 적은 것〕을 두려워한다. 적당한 이윤이 있으면 자본은 용감해진다. 10%의 이윤이 보장된다면 자본은 어디에서나 사용된다. 20%가 보장된다면 자본은 활발해진다. 50%가 보장된다면 적극적으로 나서게 되며 모험도 마다하지 않는다. 100%가 보장된다면 사람이 정한 모든 법률을 짓밟으며, 300%쯤 되면 자본은 어떠한 범죄도—설령 그로 인해 단두대에서 설 위험이 있다 해도—피하려 하지 않을 것이다. 소란과 논란이 이윤을 가져오는 것이라면 자본은 소란과 논란을 부추길 것이다. 밀무역과 노예무역이 그 증거이다." 더닝, 『노동조합과 파업』, 35~36쪽.

제7절 자본주의적 축적의 역사적 경향

M789 자본의 본원적 축적〔즉 자본의 역사적 발생〕은 어떤 결과를 가져오는가? 만일 그것이 노예나 농노에서 임노동자로의 직접적인 전화〔즉 단순한 형태변화〕가 아니라면 그것은 단지 직접적 생산자의 수탈〔즉 자신의 노동에 기초한 사적 소유의 해체〕을 의미할 뿐이다.

사회적 · 집단적 소유의 대립물로서의 사적 소유는 오직 노동수단과 노동의 온갖 외적 조건이 개인의 소유물인 경우에만 존립한다. 그러나 이 개인이 노동자인가 비노동자인가에 따라 사적 소유의 성격도 달라진다. 언뜻 보기에 사적 소유의 무한히 다양한 색조는 다만 그것의 양극단 사이에 놓인 갖가지 중간상태들을 반영할 뿐이다.

노동자가 자신의 생산수단을 소유하는 것은 소경영의 기초이며, 소경영은 사회적 생산과 노동자 자신의 자유로운 개성의 발전을 위해 반드시 필요한 조건이다. 물론 이 같은 생산양식은 노예제나 농노제, 그밖의 예속적인 관계들 내부에도 존재한다. 그러나 그것이 번창하면서 모든 활력을 다 발휘하고 전형적인 형태를 취하게 되는 것은 노동자가 자신이 다루는 노동조건의 자유로운 소유주일 때〔즉 농민은 자신이 경작할 땅의, 수공업자는 그가 숙련된 손으로 다룰 용구의 자유로운 소유주일 때〕뿐이다.

이 생산양식은 토지와 그밖의 다른 생산수단의 분산을 그 전제로 한다. 그것은 생산수단의 집적은 물론 동일한 생산과정 내에서의 분업과 협업을 배제하며, 또한 자연에 대한 사회적 지배와 규제 그리고 사회적 생산력의 자유로운 발전까지도 모두 배제한다. 그것은 생산 및 사회의 협소한 자연발생적 테두리 안에서만 조화를 이룰 뿐이다. 이 생산양식을 영속화하려는 것은 — 페쾨르(Pecqueur)가 정확하게 지적하듯이 — 마치 "보편적 범용(凡庸)을 명령하는" †176 것과 같다.

어느 정도의 수준에 이르면 이 생산양식은 자신을 파괴할 물적 수단을 창출해낸다. 이 순간부터 사회의 태내(胎內)에서는 이 생산양식을 질곡으로 느끼는 힘과 열정이 움직이기 시작한다. 그리하여 이 생산양식은 소멸하지 않을 수 없으며, 또 실제로 소멸한다. 그것의 소멸, 다시 말해 개인적으로 분산되어 있던 생산수단이 사회적으로 집적된 생산수단으로 전화하고, 따라서 다수에 의한 소규모 소유가 소수에 의한 대규모 소유로 전화하여 결국 대다수 민중에게서 토지와 생활수단과 노동용구가 수탈되는 이 무섭고 고통스러운 민중수탈, 바로 그것이 자본의 전사(前史)를 이루게 된다. 거기에는 일련의 폭력적 방법이 포함되어 있으며, 우리는 그 중에서 획기적인 것만을 간추려 자본의 본원적 축적의 방법으로 훑어보았다. 직접적 생산자에 대한 수탈은 가장 무자비한 야만적인 행위로, 극히 파렴치하고 더러우며 비열하고도 가증스러운 욕망의 충동에 따라 진행된 것이다. 자신의 노동을 통해 획득한〔즉 각기 독립적으로 노동하는 개인과 그 노동조건의 결합에 기초한〕 사적 소유는 사실상 다른 사람의 노동이면서도 형식적으로는 자유로운 노동의 착취에 기초한 자본주의적 사적 소유에 의해 구축되었다.[251)]

M790

이 전화과정이 낡은 사회를 근본적이고 광범위하게 분해하고 노동자는 프롤레타리아로, 그리고 노동자들의 노동조건은 자본으로 전화함으로써 자본주의적 생산양식이 드디어 자신의 발로 서게 되면, 바로 그때부터 노동의 사회화, 토지와 기타 생산수단의 사회적〔즉 공동적으로 사용되는〕 생산수단으로의 전화, 따라서 사적 소유자에 대한 수탈 등은 더욱더 심화되면서 하나의 새로운 형태를 띠게 된다. 이제부터 수탈되는 것은 자영 노동자가 아니라 많은 노동자를 착취하고 있는 자본가들 자신이 된다.

이 수탈은 자본주의적 생산 자체의 내재적 법칙들의 작용을 통해, 또 여러 자본의 집중을 통해 진행된다. 하나의 자본가는 언제나 다른 많은 자

251) "우리는 완전히 새로운 사회상태 아래 있다. …… 우리는 모든 종류의 소유를 모든 종류의 노동에서 분리하려 하고 있다(시스몽디, 『신경제학 원리』, 제2판, 제2권, 434쪽).

본가들을 타도한다. 이 집중〔즉 다수 자본가에 대한 소수 자본가의 수탈〕과 함께 갈수록 대규모화하는 노동과정의 협업적 형태, 과학의 의식적 · 기술적 응용, 토지의 계획적 이용, 노동수단의 공동 사용, 결합적 · 사회적 노동을 생산수단으로 사용함에 따른 모든 생산수단의 절약, 세계 각 국민의 세계시장 네트워크 속으로의 편입 등등으로 말미암아 자본주의 체제의 국제적인 성격이 발전하게 된다. 이 전화과정에서 생기는 모든 이익을 가로채 독점하는 대자본가의 수가 끊임없이 감소해감에 따라 빈곤 · 억압 · 예속 · 타락 그리고 착취의 정도는 오히려 증대된다. 그러나 끊임없이 팽창하는, 그리고 자본주의적 생산과정 자체의 메커니즘을 통해 훈련되고 결합되며 조직되는 노동자계급의 저항도 증대해간다. 그런데 자본독점(Kapitalmonopol)은 자신과 함께〔또 자신 아래에서〕 개화한 이 생산양식의 질곡으로 작용하게 된다. 생산수단의 집중이나 노동의 사회화는 마침내 자본주의적 외피와는 조화될 수 없는 시점에 이르게 되는 것이다. 이 시점에서 외피는 폭파된다. 자본주의적 사적 소유의 조종이 울린다. 이제는 수탈자가 수탈당하게 된다(Die Expropriateurs werden expropriiert).

M791

자본주의적 생산양식에서 생겨난 자본주의적 취득양식〔즉 자본주의적 사적 소유〕은 자신의 노동에 기초한 개인적인 사적 소유에 대한 제1의 부정이다. 그러나 자본주의적 생산은 자연과정의 필연성에 따라 그 자신의 부정을 낳는다. 즉 부정의 부정(Negation der Negation)인 것이다. 이 부정은 사적 소유를 다시 만들어내는 것이 아니라 자본주의 시대의 획득물〔즉 협업과 토지 공유 및 노동 자체에 의해 생산되는 생산수단의 공유〕을 기초로 하는 개인적 소유(individuelle Eigentum)를 만들어낸다.

개인의 자기 노동에 기초한 분산적인 사적 소유에서 자본주의적인 사적 소유로의 전화는 물론 사실상 이미 사회적 생산 경영에 기초를 두고 있는 자본주의적 소유에서 사회적 소유로의 전화에 비하면 비교도 되지 않으리 만큼 지리하고도 가혹하며 어려운 과정이다. 전자에서는 소수의 횡

탈자에 의한 민중의 수탈이 문제였지만, 후자에서는 소수의 횡탈자에 대한 민중의 수탈이 문제이다.[252)]

252) "부르주아 계급이 아무런 의지도, 저항도 없이 묵묵히 수행하는 산업의 진보는 경쟁에 의한 노동자들의 고립화 대신 단결을 통한 그들의 혁명적 단합을 가져온다. 그러므로 대공업의 발전은 부르주아 계급의 토대 — 그가 생산을 수행하여 그 생산물을 취득하는 — 그 자체를 그의 발밑에서 뽑아내버린다. 부르주아 계급은 무엇보다도 자신의 무덤을 파는 사람을 생산한다. 부르주아 계급의 몰락과 프롤레타리아트의 승리는 모두 피할 수 없는 일이다. …… 오늘날 부르주아 계급과 대립하고 있는 모든 계급 가운데 오직 프롤레타리아트만이 참다운 혁명적 계급이다. 나머지 계급들은 대공업의 발전에 따라 퇴락하고 소멸해가지만 프롤레타리아트는 대공업 자신의 고유한 산물이다. 중간신분(즉 소공업가와 소상인, 수공업자와 농민)들은 모두 중간신분으로서의 자신의 존재를 몰락에서 지키기 위해 부르주아 계급과 싸운다. …… 그들은 반동적이다. 왜냐하면 그들은 역사의 수레바퀴를 거꾸로 돌리려고 하기 때문이다"(마르크스 · 엥겔스, 『공산주의자 선언』, 런던, 1848, 9쪽과 11쪽).

제25장
근대 식민이론[253)]

M792 경제학은 원리에서 매우 다른 두 가지 사적 소유를 혼동하고 있다. 하나는 생산자 자신의 노동에 기초한 것이고 다른 하나는 타인의 노동에 대한 착취에 기초한 것이다. 후자는 전자의 정반대일 뿐만 아니라 오로지 전자의 무덤 위에서만 성장한다는 사실을 경제학은 잊고 있다.

경제학의 고향인 서유럽에서는 본원적 축적과정이 벌써 어느 정도 완료되었다. 여기에서는 자본주의적 지배가 국가 전체의 생산을 이미 직접 자신에게 종속시키고 있거나, 또는 여건이 아직 마련되지 않은 곳에서는 이 체제와 나란히 존속하고는 있지만 차츰 쇠퇴해가는〔즉 시대에 뒤떨어진 생산양식에 매달려 있는〕 사회계층을 적어도 간접적으로 지배하고 있다. 경제학자는—온갖 사실이 자신의 이데올로기를 드세게 비난하면 할수록—이러한 완성된 자본의 세계를 전(前)자본주의 세계의 법률관념이나 소유관념으로 치장하는 데 점점 더 기를 쓰고 몰두하게 된다.

253) 여기서 다루는 것은 진정한 식민지〔즉 자유로운 이주자에 의해 식민된 처녀지〕이다. 미국은 경제적으로 말하면 여전히 유럽의 식민지국가이다. 그밖에 노예제도의 폐지로 말미암아 사회적인 관계가 완전히 변해버린 구(舊) 플랜테이션 지역들도 역시 여기에 속한다.

식민지에서는 사정이 다르다. 식민지에서는 자본주의적 지배가 가는 곳마다 장애물—자신의 노동조건 소유주로서 자신의 노동을 통해 자본가가 아닌 바로 자신을 살찌우는 생산자—에 부딪히게 된다. 여기에서는 대립적인 이 두 가지 경제체제의 모순이 양자의 투쟁을 통해서 실제로 나타나고 있다. 자본가가 본국의 권력을 그 배경으로 삼을 경우, 그는 자신의 노동에 기초한 생산양식과 점유양식(Aneignungsweise)을 폭력적으로 일소하려고 한다. 본국에서는 자본의 하수인인 경제학자가 자본주의적 생산양식을 이론적으로 그 대립물과 동일하다고 설명하는 바로 그 이해관계가, 식민지에서는 경제학자로 하여금 '사실을 모두 털어놓고' 두 생산양식의 대립을 소리높여 선언하도록 몰아세운다. 이를 위해 경제학자는 노동의 사회적 생산력의 발전, 협업, 분업, 기계의 대규모 사용 등이 노동자들의 수탈과 그에 따른 노동자들의 생산수단의 자본으로의 전화 없이는 불가능하다는 것을 지적한다. 이른바 국부라는 것을 위하여 그는 대중의 빈곤을 창출하는 인위적인 수단을 모색하는 것이다. 그의 허울 좋은 변호론이 식민지에서는 썩은 불쏘시개처럼 조금씩 부스러져간다. M793

웨이크필드(E. G. Wakefield)의 위대한 공적은 식민지에 대하여 어떤 새로운 사실을 발견했다는 점이 아니라[254] 식민지에서 본국의 자본주의적 관계에 대한 진실을 발견했다는 점에 있다. 초창기의 보호무역제도[255]가 본국에서 자본가의 형성에 한몫을 한 것과 마찬가지로, 한때는 영국에서 법률로써 시행하려고까지 했던 웨이크필드의 식민이론은 식민지에서 임노동자를 형성하는 데 한몫을 했다. 웨이크필드는 이것을 '체계적 식민'(systematic colonization)이라고 일컫는다.

254) 식민지 그 자체의 본질에 대한 웨이크필드의 보잘것없는 규명은 중농주의자인 미라보(아버지)에 의해, 그리고 그보다 훨씬 이전에 영국 경제학자들에 의해 벌써 완전하게 밝혀진 것들이다.

255) 보호무역제도는 그뒤 국제경쟁 전쟁에서 일시적인 필요수단이 된다. 그러나 그 동기가 어떻든 결과는 같다.

웨이크필드가 식민지에서 제일 먼저 발견한 것은, 어떤 사람이 아무리 화폐 · 생활수단 · 기계 그리고 그밖의 생산수단들을 소유하고 있다 해도 만일 그 보완물인 임노동자〔즉 스스로의 의사에 따라 자신을 팔 수밖에 없는 다른 사람〕가 없다면 그는 아직 자본가라고 할 수 없다는 사실이다. 그는 자본이 물적 존재가 아니라 물적 존재에 의해 매개되는 사람과 사람 사이의 사회적 관계라는 점을 발견하였다.[256] 그는 필(Peel)이 5만 파운드 스털링에 이르는 생활수단과 생산수단을 영국에서 오스트레일리아의 스완 강으로 가져가버렸다고 개탄하고 있다. 필은 매우 용의주도하여 그밖에도 남자와 여자 · 어린아이를 합쳐서 3,000명의 노동자들을 데리고 갔다. 그러나 일단 목적지에 도착하자, "필에게는 자신의 잠자리를 마련해 주고 강에서 물을 길어다 줄 하인이 한 사람도 없었다."[257] 필은 모든 것을 용의주도하게 준비했으나, 불행하게도 영국의 생산관계를 스완 강으로 수출하는 것만은 잊어버렸던 것이다!

M794

앞으로 서술할 웨이크필드의 발견에 대한 이해를 돕기 위해 미리 말해둘 것이 두 가지 있다. 주지하는 바와 같이 생산수단과 생활수단은 그것이 직접적 생산자의 소유물인 한 결코 자본이 아니다. 그것은 오직 노동자의 착취수단이자 지배수단으로 사용될 때만 자본이 된다. 그러나 생산수단과 생활수단의 이러한 자본주의적 영혼은 경제학자의 머릿속에서는 그것들의 소재적 실체와 깊이 결합되어 있기 때문에, 그는 어떤 여건에서도 — 심지어 그것이 자본의 대립물인 경우에도 — 이것들에게 자본이라는 이름을 붙여주고 있다. 웨이크필드도 마찬가지이다. 게다가 한술 더 떠서, 생산수단이 다수의 상호 독립적인 자영노동자들의 개인적인 소유

256) "흑인은 흑인이다. 일정한 관계를 통해서 그는 비로소 노예가 된다. 방적기계는 방적을 위한 기계이다. 일정한 관계를 통해서만 그것은 자본이 된다. 이 관계에서 분리되면 그것은 결코 자본이 아니다. 이는 마치 금이 그 자체로는 화폐가 아니며, 설탕이 곧 설탕가격이 아닌 것과 마찬가지이다. …… 자본은 하나의 사회적 생산관계이며 동시에 하나의 역사적 생산관계이다"(마르크스, 『임노동과 자본』, 『신라인 신문』, 1849년 4월 7일, 제266호).

257) 웨이크필드, 『영국과 미국』 제2권, 33쪽.

물로 분산되는 것을 그는 자본의 평등한 분할이라고 한다. 이런 점에서 경제학자는 봉건적 법학자와 똑같다. 봉건적 법학자는 순수한 화폐관계에도 봉건적인 법적 칭호를 붙였던 것이다.

웨이크필드는 다음과 같이 말하고 있다.

> 만일 자본이 사회의 모든 구성원에게 평등하게 분배된다면, 아무도 자기 손으로 사용할 수 있는 것보다 더 많은 자본을 축적하는 일에 관심을 쏟지 않을 것이다. 이것은 토지소유에 대한 열망이 임노동자계급의 존재를 방해하는 새로운 미국 식민지에서 어느 정도 그대로 나타나고 있다.[258)]

따라서 노동자가 자신을 위해 축적할 수 있는 한, 그리고 그가 자신의 생산수단 소유자로 머물러 있는 한, 자본주의적 축적과 자본주의적 생산양식은 있을 수 없다. 왜냐하면 이를 위해 없어서는 안 될 임노동자계급이 결여되어 있기 때문이다. 그러면 과거 유럽에서는 노동자로부터의 노동조건의 수탈〔즉 자본과 임노동〕이 어떻게 생겨났는가? 그것은 전적으로 독특한 종류의 사회계약을 통해서 이루어졌다.

> 인류는 …… 자본의 축적을 촉진하기 위한 간단한 방법을 채택했는데 (이것은 물론 아담 시대 이래로 인류라는 존재의 유일한 궁극적 목적으로 그의 머리에서 떠나지 않던 것이었다) 그 방법은 자본의 소유자와 노동의 소유자로 인류가 분리되는 것이었다. …… 이 분리는 자유의지에 따른 합의와 결합의 결과였다.[259)]

M795

한마디로 말해서 '자본축적'의 영광을 위해 인류는 자기 스스로를 수

258) 같은 책, 제1권, 17쪽.
259) 같은 책, 18쪽.

탈하였던 것이다. 그리하여 사람들은 이 자기체념적 광신의 본능이 특히 식민지에서 — 사회계약을 몽상의 나라에서 현실의 나라로 옮길 수 있는 인간과 환경은 오직 식민지에만 존재하기 때문에 — 틀림없이 마음껏 활개칠 수 있으리라고 생각하였다. 그렇다면 도대체 왜 자연발생적 식민과 그 반대인 '체계적 식민'을 굳이 구분하는 것일까? 그러나, 그러나,

> 미 연방의 북부 여러 주에서는 임노동자 부류에 속하는 인구가 $\frac{1}{10}$이나 될는지도 의문이다. …… 영국에서는 …… 민중의 대부분이 임노동자로 이루어져 있다.[260]

실제로 자본의 영광을 위한 노동 인류의 자기수탈 충동 따위는 존재하지 않기 때문에 식민지 부의 유일한 원천은 — 웨이크필드에 의하더라도 — 바로 노예제도이다. 그가 관심을 기울이고 있는 것은 노예가 아니라 자유인이기 때문에 그가 말하는 체계적 식민은 그저 임시변통일 뿐이다.

> 산토도밍고로 온 최초의 스페인계 이주자들은 스페인으로부터 한 사람의 노동자도 얻지 못했다. 그러나 노동자 없이는(즉 노예제도 없이는) 자본은 파멸하든가 아니면 적어도 각자가 자기 노동력을 이용할 수 있을 만큼의 작은 규모로 축소될 것이다. 이것은 영국인의 손으로 건설된 최후의 식민지에서 실제로 일어났던 일인데, 이곳에서는 임노동자가 없어서 종자와 가축 · 작업도구로 이루어진 대규모 자본은 몰락해버렸고, 자기가 몸소 이용할 수 있는 것보다 훨씬 많은 자본을 소유한 이주자는 아무도 없었다.[261]

이미 본 바와 같이 민중으로부터의 토지수탈은 자본주의적 생산양식의

260) 같은 책, 42~44쪽.
261) 같은 책, 제2권, 5쪽.

기초를 이루고 있다. 이와는 반대로 자유로운 식민지의 본질은 광대한 토지가 아직 대중 소유로 되어 있고, 따라서 이주자는 누구든지 그 일부분을 자신의 사유지로 만들어 개인적 생산수단으로 전화시킬 수 있으며, 나중에 오는 이주자도 먼저 온 이주자와 똑같은 방식을 취하는 것을 방해하지 않는다는 점에 있다.[262] 이것이 바로 식민지 번영의 비밀이면서 동시에 식민지의 악성종양—자본의 이주에 대한 식민지의 저항—의 비밀이기도 하다. M796

> 땅값이 매우 싸고 모든 사람이 자유로우며 원하는 사람은 누구나 한 조각의 토지를 자기 힘으로 얻을 수 있는 곳에서는, 노동의 가격이 매우 비쌀 뿐만 아니라—노동자가 자기 생산물 중에서 취하는 몫으로 보아—어떤 가격을 치르더라도 결합노동을 구하기가 어렵다.[263]

식민지에서는 노동조건과 그것의 뿌리인 토지로부터의 노동자의 분리가 아직 이루어지지 않았거나 아니면 그저 산발적으로만 또는 매우 제한적인 범위에서만 이루어졌기 때문에 농업과 공업의 분리나 농촌 가내공업의 절멸도 아직 눈에 띄지 않는다. 그렇다면 자본을 위한 국내시장은 도대체 어디에서 생기는 것일까?

> 대경영을 위해 자본과 노동을 결합하는 노예 사용자와 노예를 제외하면 미국 인구 가운데 전적으로 농업에만 종사하는 인구는 없다. 스스로 토지를 경작하는 자유로운 미국인들은 그와 동시에 많은 다른 일에도 종사한다. 그들이 사용하는 가구와 도구의 일부는 보통 그들 자신의 손으로 만든 것들이다. 그들 스스로 직접 집을 짓는 경우도 많으며, 또 자기 자신의 노

262) "토지가 식민의 요소가 되기 위해서는 미경작지라야 할 뿐만 아니라 사유지로 전화할 수 있는 공유지라야만 한다"(같은 책, 제2권, 125쪽).

263) 같은 책, 제1권, 247쪽.

동생산물을 멀리 떨어진 시장에까지 직접 운반해간다. 그들은 스스로 실을 뽑아 직물을 짜며, 자기에게 필요한 비누와 양초 · 구두 · 의복을 스스로 만든다. 미국에서 토지 경작은 흔히 대장장이나 제분업자 또는 소매상인들의 부업으로 경영된다.[264]

이처럼 별별 사람들이 다 있는 곳에 자본가를 위한 '금욕의 토양'이 어디에 남아 있겠는가?

자본주의적 생산의 큰 장점은 그것이 끊임없이 임노동자를 임노동자로서 재생산할 뿐만 아니라 자본의 축적에 비례하여 임노동자의 상대적 과잉인구를 늘 생산해낸다는 점에 있다. 그럼으로써 노동의 수요와 공급의 법칙이 올바른 궤도 위에서 유지되고, 임금의 변동은 자본주의적 착취에 적합한 한계 내에서만 이루어지고, 그리하여 마침내 자본가에 대한 노동자의 필수불가결한 사회적 종속―본국의 경제학자가 구매자와 판매자〔즉 상품으로서의 자본의 소유자와 상품으로서의 노동의 소유자라는 서 M797 로 대등한 독립적 상품소유자들〕 사이의 자유로운 계약관계라고 교묘하게 변조시킨 하나의 절대적 종속관계―이 보장된다. 그러나 식민지에서는 이 같은 아름다운 망상이 깨어진다. 그곳에서는 많은 노동자가 성인으로 이주해오기 때문에, 절대적 인구는 본국보다 훨씬 급속도로 증가하지만 그럼에도 노동시장은 언제나 공급부족이다. 노동의 수요 · 공급 법칙은 산산이 부서져버린다. 한편에서는 착취를 갈망하고 금욕을 요구하는 자본이 구(舊)세계에서 끊임없이 투입된다. 다른 한편에서는 임노동자의 임노동자로서의 규칙적인 재생산이 매우 번거로운〔부분적으로는 극복할 수 없는〕 장애에 부딪치기도 한다. 특히 자본축적 속도에 비해 더 과도하게 이루어지는 임노동자의 생산 같은 것은 여기에서 전혀 나타나지 않는다! 여기에서는 오늘의 임노동자가 내일 독립 자영농민이나 수공업자가

264) 같은 책, 제1권, 21~22쪽.

된다. 그는 노동시장에서 사라지지만, 그러나 구빈원으로 가는 것은 아니다. 자본을 위해서가 아니라 자신을 위해서 노동하고 자본가 나리가 아니라 자기 스스로를 살찌우는, 이 같은 임노동자에서 독립생산자로의 끊임없는 전화는 그 자체가 다시 노동시장의 상태에 매우 해로운 반작용을 한다. 임노동자에 대한 착취도가 괘씸할 정도로 낮은 상태에 머물러 있을 뿐만 아니라, 임노동자는 나아가 금욕적인 자본가에 대한 종속관계는 물론 종속감마저도 잊어버린다. 이리하여 우리의 웨이크필드가 그렇게도 용감하게 또 그렇게도 웅변적으로, 그리고 그렇게도 감동적으로 묘사하는 온갖 폐해가 나타나게 된다.

임노동의 공급이 지속적이지 않고 규칙적이지도 않을 뿐 아니라 충분하지도 않다는 사실을 그는 한탄하고 있다. 그것은 "언제나 지나치게 적을 뿐만 아니라 불확실하기까지 하다.[265]

노동자와 자본가 사이에 분배되는 생산물이 비록 크다고 할지라도, 노동자가 너무 큰 몫을 차지하기 때문에 그는 곧 자본가가 되어버릴 정도이다. 반면 남달리 오래 산다 해도 대량의 부를 축적할 수 있는 자는 거의 없다.[266]

노동자는 자본가가 자신의 노동 가운데 최대한을 지불하지 않으려고 노력하는 것을 결코 가만히 내버려두지 않는다. 자본가가 매우 주도면밀하게 자본과 함께 자신의 임노동자마저 유럽에서 수입해온다 하더라도, 그것은 아무 소용이 없다.

그들은 곧 임노동자의 상태를 벗어난다. 머지않아 자영농민이 되든가,

265) 같은 책, 제2권, 116쪽.
266) 같은 책, 제1권, 131쪽.

아니면 임노동시장 안에서 원래 자신의 고용주였던 사람들의 경쟁상대가 되기도 한다.[267)]

M798 이 얼마나 경악스러운 일인가! 이 용감한 자본가는 자신의 귀중한 화폐로 자신의 살아 있는 경쟁상대를 유럽에서 수입한 셈이다! 이것으로 만사 끝장이다! 웨이크필드가 식민지에는 임노동자의 종속관계도 종속감정도 없다는 사실을 탄식하고 있음은 조금도 놀라운 일이 아니다. 그의 제자 메리베일(Merivale)은 다음과 같이 말하고 있다. 임금이 높기 때문에, 식민지에서는 더욱 값싸고 더욱 온순한 노동에 대한 갈망〔즉 자본가가 조건을 제시받는 것이 아니라 자본가가 조건을 제시할 수 있는 그런 계급에 대한 열렬한 갈망〕이 존재한다. …… 기존의 문명국들에서는 노동자가 비록 자유롭긴 하지만 그는 자연법칙적으로 자본가에게 종속되게 마련이었는데, 식민지에서는 이러한 종속이 인위적인 수단을 통해 창출되지 않으면 안 된다.[268)]

267) 같은 책, 제2권, 5쪽.

268) 메리베일, 『식민과 식민지에 관한 강의』 제2권, 235~314쪽의 곳곳. 온건한 자유무역론자인 속류경제학자 몰리나리조차도 다음과 같이 말하고 있다. "강제노동이 그만큼의 자유노동으로 대체되지 않은 채 노예제도가 폐지된 이런 식민지에서는 이미 본 바와 같이 우리가 일상적으로 보는 것과는 반대되는 일들이 날마다 일어나고 있다. 노동자들은 생산물 가운데 자신들이 받게 될 정당한 몫과는 비교도 안 될 정도로 높은 임금을 기업가에게 요구함으로써 산업기업가를 착취하고 있다. 농장주들은 자신의 설탕에 대하여 임금의 등귀를 감당할만큼의 충분한 가격을 얻지 못했기 때문에, 그 초과액을 처음에는 자신들의 이윤으로, 나중에는 자신들의 자본 그 자체로 메울 도리밖에 없었다. 많은 농장주들이 이렇게 해서 파멸해갔고, 또다른 사람들도 눈앞에 닥친 파멸을 피하고자 자신들의 경영을 폐쇄시켰다. …… 물론 몇 세대에 걸친 인간들의 파멸을 보기보다는 자본축적의 파멸을 보는 편이 훨씬 낫다. (몰리나리는 관대하기도 하다!) 그러나 그 어느 쪽도 파멸하지 않는다면 그것이 더욱 좋은 일이 아니겠는가?"(몰리나리, 『경제학 연구』, 51~52쪽). 이보게 몰리나리! 만일 유럽에서는 '기업가'가 노동자에 대해서, 서인도제도에서는 노동자가 기업가에 대해서 상대편의 정당한 몫을 깎을 수 있다면, 십계명은, 모세와 예언자들[†142]은, 또 수요 · 공급의 법칙은 도대체 어떻게 되는 것인가요? 그리고 실례이지만 당신의 고백에서 말하듯 유럽의 자본가가 매일 지불하지 않는다는 이 '정당한 몫'은 도대체 무엇인가요? 요컨대 자본가를 '착취할' 정도로 노동자들이 '막되어먹었다'는 저쪽 식민지에 대해서 몰리나리가 심히 못마땅해하는 점은, 다른 곳에서는 자동적으로 작용하는 수요 · 공급의 법칙을 거기에서는 경찰력을 통해 제대로 작동시키고 있다는 것이다.

그러면 식민지에서의 이 같은 폐해의 결과를 웨이크필드는 어떻게 얘기하고 있는가? 그는 생산자와 국가재산의 '야만적인 분산제도'[269]라고 말한다. 무수한 자영적 소유자들 사이에 생산수단이 분산되어 있으면 자본의 집중이 파괴될 뿐만 아니라 모든 결합노동의 기초도 파괴되어 버린다. 오랜 세월에 걸쳐 고정자본이 투하될 필요가 있는 장기적인 기업은 모두 기업활동의 어려움에 봉착한다. 유럽에서는 자본이 한순간도 머뭇거리지 않는다. 왜냐하면 노동자계급이 자본의 살아 있는 부속물로서 언제나 필요 이상으로 존재하며 또 언제나 이용할 수 있기 때문이다. 그러나 식민지에서는 어떠한가! 웨이크필드는 매우 가슴아픈 일화 하나를 이야기하고 있다. 그는 캐나다와 뉴욕 주의 몇몇 자본가들과 이야기를 나누었는데, 이들 지방에서는 설상가상으로 가끔 이주의 파도마저 잠잠해져서 '과잉' 노동자의 잔해를 침전시킨다는 것이다. 이 멜로드라마의 등장인물 가운데 한 사람은 이렇게 탄식한다. M799

> 우리의 자본은 작업을 끝낼 때까지 아주 오랜 기간을 필요로 하는 많은 작업을 대상으로 하고 있다. 그러나 도대체 우리가 우리에게 곧 등을 돌려버릴 것이 분명한 노동자들을 사용하여 이런 작업을 시작할 수 있겠는가? 만일 이들 이주자들의 노동을 분명하게 확보할 수만 있었다면, 우리는 기꺼이 그들을 비싼 가격으로 고용했을 것이다. 아니, 그들이 사라질 것이 분명하다 하더라도 만일 우리의 수요에 맞춰 새로운 공급이 주어질 것이 확실하다면 우리는 그들을 고용했을 것이다.[270]

웨이크필드는 영국의 자본주의적 농업과 그 '결합'노동을 미국의 분산적인 농민 경영과 현란하게 대비시킨 다음, 무심코 동전의 뒷면까지 보여

269) 웨이크필드, 앞의 책, 제2권, 52쪽.
270) 같은 책, 191~192쪽.

주고 있다. 그는 미국의 민중을 부유하고 독립적이며 기업정신이 풍부한 데다 비교적 교양까지 갖추고 있다고 묘사하고 있다.

> 영국의 농업노동자는 비참한 족속이며 또한 피구휼빈민들이다. …… 북미와 몇몇 새로운 식민지를 제외하면, 농촌에서 공급된 자유노동의 임금이 노동자의 최저 생계수단을 조금이라도 초과하는 나라가 도대체 어디에 있는가? …… 영국의 농경용 말은 귀중한 재산이기 때문에 그것이 영국의 농민보다 훨씬 잘 먹고 있다는 것은 당연한 일이다.[271]

그렇지만 신경 쓰지 말자. 국부라는 것은 본래 인민의 빈곤과 같은 뜻이다.

그러면 식민지의 반(反)자본주의적 악성종양은 어떻게 치료될 것인가? 모든 토지를 일거에 국민적 소유에서 사적 소유로 전화시킨다면, 그것은 M800 확실히 화근을 없애긴 하겠지만 그러나 동시에 식민지까지도 없애버릴 것이다. 일석이조, 그것이 기술이라는 것이다. 만약 정부가 처녀지에 대해 수요·공급의 법칙과는 무관하게 인위적인 가격—이주자가 토지를 사들여[272] 스스로 독립농민이 될 만한 돈을 벌 때까지는 지금보다 더욱 장시간 임노동을 하게 만드는 인위적인 가격—을 매긴다고 생각해보자. 또한 정부가 임노동자에게 비교적 제한된 가격으로 토지를 매각함으로써 얻게 되는 기금—즉 신성한 수요·공급의 법칙을 훼손시킴으로써 임금에서 착취한 화폐기금—가운데 그 증가분만큼을 유럽에서 식민지로 빈민을

271) 같은 책, 제1권, 47쪽과 264쪽.

272) "자신의 팔 외에는 아무것도 갖지 않은 사람이 일을 구하고 수입을 얻게 되는 것은 토지와 자본을 점유한 덕택이라고 그대들은 덧붙인다. …… 그러나 거꾸로 자신의 팔밖에 갖지 않은 사람이 존재한다는 것 자체는 바로 토지의 개인적 점유가 빚어낸 결과이다. …… 만일 그대들이 어떤 인간을 진공 속에 가두어둔다면, 그대들은 그에게서 공기를 빼앗는 셈이다. 그대들이 토지를 점유하는 경우도 이와 똑같다. ……말하자면 그대들은 그 어떠한 부도 없는 진공 속에 그를 가둠으로써 그가 그대들의 의지에 따르지 않으면 살아갈 수 없게 만든 것이다"(콜랭, 『경제학』 제2권, 267~271쪽의 여기저기).

수입하여 자본가 나리를 위해 그의 임노동시장을 가득 채우는 데 이용한다고 생각해보자. 이런 여건에서는 '최선의 세계에서는 만사가 최선의 상태에 있게 된다'라는 격언이 그대로 적용된다.†59 이것이 '체계적 식민'의 커다란 비밀이다.

웨이크필드는 의기양양하게 다음과 같이 외치고 있다.

> 이 계획대로 하면 노동의 공급은 지속적이고 규칙적으로 될 것이 틀림없다. 왜냐하면 첫째, 어떤 노동자도 화폐를 얻기 위하여 노동하기 전에는 토지를 손에 넣을 수 없으므로 모든 이주노동자들은 임금을 얻기 위해 결합적으로 노동함으로써, 더 많은 노동을 사용할 수 있는 자본을 자신들의 고용주에게 만들어줄 것이기 때문이다. 둘째, 임노동을 그만두고 토지소유자가 되려는 자는 어느 누구든지, 토지를 매입하는 그 행위 자체를 통해 바로 신선한 노동을 식민지로 유치하기 위한 기금을 보장하게 될 것이기 때문이다.273)

국가가 정하는 토지가격은 물론 '충분한 가격'이 아니면 안 된다. 즉 "다른 사람이 나타나 임노동시장에서 그들을 대신하기 전에는 노동자들이 독립농민이 되지 못하게 막을 수 있을 만큼" 274) 높지 않으면 안 된다. 이 '충분한 토지가격'이라는 것은 노동자가 임노동시장에서 농촌으로 은퇴하는 허가료로서 자본가에게 지불하는 몸값을 완곡하게 바꾸어 말한 것에 지나지 않는다. 노동자는 우선 첫째로 자본가 나리를 위해 더 많은 노동자를 착취할 수 있도록 '자본'을 만들어주고, 그 다음에는 노동시장에 자신의 '보충병'을 세워놓아야만 한다. 그리고 정부는 이 노동자의 비용으로, 그의 옛 주인이었던 자본가를 위해, 바다 너머로부터 이 보충병을 M801

273) 웨이크필드, 앞의 책, 제2권, 192쪽.
274) 같은 책, 45쪽.

수송해준다.

웨이크필드가 특히 식민지용으로 처방한 이 '본원적 축적'이라는 방법을 영국 정부가 다년간에 걸쳐 실시해왔다는 것은 매우 특징적인 일이다. 물론 그 방법의 실패는 필의 은행법†177 실패만큼이나 불명예스러운 일이었다. 이민의 흐름은 단지 영국의 식민지에서 미국으로 돌려졌을 뿐이었다. 그러는 동안, 증대하는 정부의 압력과 더불어 유럽에서의 자본주의적 생산의 진전은 웨이크필드의 처방을 불필요하게 만들었다. 한편에서는 해마다 미국으로 쫓겨가는 엄청나고도 끊임없는 인간의 흐름이 미국 동부에 정체된 침전물을 형성해주었다. 왜냐하면 유럽으로부터의 이민의 물결은 서부로의 이민의 물결이 쓸어가는 것보다 더 급속하게 동부의 노동시장에 인간들을 밀어넣었기 때문이다. 다른 한편으로 미국의 내전은 막대한 국채를 빚어내었고 그와 더불어 조세의 압박, 비열하기 짝이 없는 금융귀족의 출현, 철도와 광산 개발을 위한 투기회사에 대한 엄청난 공유지 증여 등, 간단히 말해 매우 급속한 자본의 집중을 가져왔다. 이리하여 이 거대한 공화국은 이제 더 이상 이주노동자에게 약속의 땅이 될 수 없게 되었다. 그곳에서는 임금인하나 임노동자의 종속이 아직은 유럽의 정상적인 수준으로까지 떨어지지는 않았지만, 자본주의적 생산은 성큼성큼 전진하고 있다. 웨이크필드 자신도 그토록 격렬히 비난하는 바이지만, 영국 정부 쪽에서 식민지의 미개발 경작지를 귀족과 자본가에게 투매한 파렴치한 일은 특히 오스트레일리아에서[275] 금을 채굴하기 위해 흡수된 인간의 물결과 영국 상품의 수입으로 인한 영세수공업자들간의 경쟁과 함께 이미 충분한 '상대적 과잉노동인구'를 창출하였다. 그리하여 거의 모든 우편선이 '오스트레일리아 노동시장의 공급 과잉'이라는 흉보를 가져

275) 독자적인 입법기능을 수행하게 되자마자 오스트레일리아는 물론 이주자들에게 유리한 법률을 제정했지만, 영국이 이미 수행했던 토지의 투매가 걸림돌로 작용하였다. "1862년의 새로운 토지법이 목표로 삼는 가장 중요한 목적은 인민의 이주를 더욱 용이하게 만드는 데 있다" (공유지 장관 더피, 『빅토리아 토지법』, 런던, 1862, 3쪽).

올 정도였다. 그리고 거기에서는 런던의 헤이마켓에서처럼 곳곳에서 매 M802
춘이 성행하게 되었다.

그러나 우리가 여기서 문제 삼는 것은 식민지의 상태가 아니다. 우리의 관심을 끄는 것은 오로지 구세계의 경제학이 신세계에서 발견하여 소리 높여 선언하고 있는 다음과 같은 비밀이다. 즉 자본주의적 생산양식과 축적양식〔따라서 자본주의적 사적 소유〕은, 자신의 노동에 기초한 사적 소유의 절멸〔즉 노동자의 수탈〕을 전제로 한다는 사실이다.

†130 프루동, 『경제적 모순의 체계 또는 빈곤의 철학』 제1권, 파리, 1846, 73쪽.

†131 1861년 남부의 11개 노예 소유주의 주(州)는 몽고메리 회의에서 아메리카 남부연맹(Confederate States of America)을 결성하였다. 반란자들은 노예제도의 유지와 이것을 아메리카 합중국 전 영토로 확장할 것을 목표로 내세웠다. 이들은 1861년 연방에 대항하여 미국 내전(남북전쟁)을 개시하였다. 이 분단국가는 남부연맹이 패하고 항복함으로써 1865년에 청산되었으며 미연방은 재건되었다.

†132 『상업의 본질에 관한 시론』의 저자는 리샤르 캉티용이다. 이 책의 영어판은 리샤르 캉티용의 친척인 필리프 캉티용이 고쳐 쓴 것이다.

†133 마르크스는 여기에서 실러의 비극 「음모와 사랑」에 나오는 시종장 칼프의 태도를 풍자하고 있다. 제3막 제2장에서 칼프는 어느 독일 영주의 궁정장이 꾸미는 음모에 가담할 것을 처음에는 거부한다. 그러자 궁정장은 그에게 음모에 가담하지 않으려면 시종장직도 그만두라고 협박한다. 깜짝 놀란 칼프는 심각하게 내뱉는다. "그런데 나 말입니까? 농담도 잘하시네요. 이봐요, 당신은 물정을 아는 사람이잖소! 그런데 내가 — 세상에! 내가 전하 곁을 떠난다면 도대체 내가 무엇을 할 수 있겠소?"

†134 독일인 노동자협회(Deutsche Arbeiterverein)는 1847년 8월 말 브뤼셀에서 마르크스와 엥겔스에 의해 창설되었다. 이는 벨기에에 사는 독일 노동자들을 정치적으로 계몽하고 과학적 공산주의 사상을 알리기 위한 것이었다. 마르크스와 엥겔스 그리고 그들의 투쟁동지들의 지도 아래 이 협회는 하나의 합법적인 중심조직으로 발전하여 벨기에의 혁명적 프롤레타리아 세력을 규합하였다. 이 협회의 우수분자들은 공산주의자 동맹 브뤼셀 지부에 가입하였다. 이 협회는 브뤼셀 민주주의 협회 창립에 큰 역할을 하였다. 프랑스의 1848년 2월 혁명 직후 벨기에 경찰이 이 민주주의 협회 회원들을 체포하고 추방하자 독일인 노동자협회는 활동을 중단하였다.

†135 시몽드 드 시스몽디, 『신경제학 원리』 제1권, 파리, 1819, 119쪽.

†136 아브라함이 이삭을 낳고 이삭은 야곱을 낳고 ……: 「마태복음」은 제1장에서 이스라엘인

의 원조인 아브라함의 후손이 서서히 불어나고, 결국 그들로부터 전 유대 민족이 생겨난 과정을 알려주고 있다.

†137 헤겔, 『법철학 기초 또는 자연법과 국가학 요강』, 베를린, 1840, 제203절, 부록.

†138 경제표: 중농주의자 케네는 그의 저서 『경제표』(1758)에서 처음으로 사회적 총자본의 재생산과 유통을 도식적으로 기술하려고 시도하였다. 마르크스가 이용한 판은 데르 편, 『중농학파』, 제1부(파리, 1846)에 실린 케네, 『경제표 분석』(1766)이다.
마르크스는 『잉여가치학설사』 제1부 제6장에서, 그리고 엥겔스의 『반(反)뒤링론』 제2편 가운데 자신이 작성한 제10장에서, 또한 『자본』 제2권 제19장에서도 경제표를 더욱 자세히 다루고 있다.

†139 슐레지엔의 반동적인 대토지 소유자 리히노프스키는 1848년 8월 31일 프랑크푸르트 국민회의에서 발언권을 얻어 폴란드의 역사적 자주권에 반대하는 의견을 표명하였다. 이때 그는 위에서 인용된 말을 여러 차례 썼고, 그때마다 참석자들은 웃음으로 대답하였다. 웃음을 자아내는 이 장면은 마르크스와 엥겔스가 살고 있던 당시의 『신라인 신문』에 묘사되어 있다.

†140 실러, 「인질」.

†141 괴테의 『파우스트』, 제1부 「문 앞에서」 가운데 단어를 바꾸어 인용.

†142 이것이 모세와 예언자들의 말이다!: 고대 기독교의 전설에 따르면 구약성서는 모세와 여러 예언자들이 썼다고 한다. 특히 다섯 권으로 이루어진 「모세서」는 유대교의 율법이 되고 있다. 마르크스는 이 표현을 여기에서 다음과 같은 뜻으로 사용하고 있다 — 그것이 가장 중요한 문제이다! 그것이 첫 번째 계율이다!

†143 세이, 『경제학 개론』(제5판) 제1권 , 파리, 1826, 130~131쪽.

†144 '규정은 부정이다'(Determinatio est negatio)라는 명제는 스피노자가 어느 무명인에게 보낸 1674년 6월 2일치 편지에서 발견된다(바루크 드 스피노자의 편지 제50신을 보라). 이 편지에서 이 명제는 '한정 또는 규정은 부정이다'라는 의미에서 사용되었다. '규정은 부정이다'라는 명제와 '모든 피규정성은 부정이다'라는 의미의 해석은 헤겔의 여러 저서에서 발견되는데, 그의 저서를 통해서 이 명제는 또한 널리 유포되었다(『엔치클로페디』, 제1부 제91절, 부록; 『논리학』 제1권 제1편 제2장 「b. 질」; 『철학사 강의』, 제1부 제1편 제1장에 관한 절을 보라).

†145 여기에서 인용된 것은 포터의 책 『경제학: 대상 · 이용 · 원리』(뉴욕, 1841)이다. 「서론」에서 밝히고 있듯이 이 책의 대부분은 본질적으로 1833년 영국에서 출판된 스크로프의 저서 『경제학 원리』의 처음 10장까지를 그대로 베낀 것이다. 포터는 거기에서 단 몇 군데만 수정했을 뿐이다.

†146 붓을 들지 않는 날이 없다: 이 말은 비록 조금일지라도 매일 화필을 드는 것을 규칙으로 삼았던 고대 그리스 화가 아페렐스에게 헌정된 것이다.

†147 페쿨리움(Peculium): 고대 로마에서 가장이 자유인(예를 들어 아들)이나 노예들에게 경영과 관리를 맡기면서 양도한 재산의 일부이다. 페쿨리움을 소유한다 해도 주인에 대한 노예의 예속상태는 현실적으로 폐기되는 것이 아니었으며, 법적으로 페쿨리움은 여전히 주인 소유였다. 예를 들어 페쿨리움을 소유한 노예는 제3자와 계약을 체결하는 것이 허용되긴 했지만, 수입 총액이 그를 노예상태에서 해방시키기에 충분한 액수를 넘어서지 않을 때만 허용되었다. 특별히 많은 수익이 예상되는 페쿨리움의 계약이나 여러 조치는 가장이 직접 수행하는 것이 보통이었다.

†148 랭게, 『민법이론 또는 사회의 기본원칙』, 제1부, 런던, 1767, 236쪽.

†149 애덤 스미스, 『국부론』, 제1편, 에든버러, 1814, 142쪽.

†150 1849년부터 1859년까지 영국은 크림전쟁(1853~56), 중국과의 전쟁(1856~58, 1859~60), 페르시아와의 전쟁(1856~57) 등 수많은 전쟁에 참가하였다. 그밖에 1849년 인도 정복이 완료되었고, 1857~59년에는 인도의 민족해방운동을 진압하기 위해 군대가 투입되었다.

†151 애덤 스미스, 『국부론』, 제1편, 제8장, 웨이크필드판, 제1권, 런던, 1835, 195쪽.

†152 제임스 스튜어트, 『경제학 원리 연구』 제1권, 더블린, 1770, 39~40쪽.

†153 프리드리히 엥겔스, 『영국 노동자계급의 상태』, 라이프치히, 1845년 참고.

†154 애덤 스미스, 『국부론』, 제1편, 에든버러, 1814, 6쪽.

†155 스윙 봉기: 탈곡기 사용을 반대하고 임금인상을 요구한 1830~33년의 영국 농업노동자 운동. 이들은 자신들의 목표를 달성하기 위하여 '스윙 대위'라는 가명을 사용해 농장주와 지주들에게 협박장을 보내고 곳간을 불태우고 탈곡기를 파괴하는 등의 활동을 하였다.

†156 저교회파(low church): 주로 부르주아 계급과 하위성직자들 사이에 널리 퍼져 있던 영국 국교의 한 분파. 이 분파는 부르주아 · 기독교적인 윤리를 선전하고 항상 경건하고 위선적인 성격을 띤 박애주의 활동에 주안점을 두었다. 샤프츠버리 백작(애슐리 경)은 이런 활동 덕분에 저교회파 안에서 중요한 영향력을 행사했으며, 그 때문에 마르크스는 그를 풍자적으로 저교회파의 '교황'이라고 불렀다.

†157 과거의 찬미자(laudator temporis acti): 호라티우스, 『시학』, 제173절.

†158 샤를 푸리에, 『산업적·조합적 신세계』, 파리, 제5편, 제36장과 제6편의 보유, 개요, 1829.

†159 "그 훌륭한 양반의 인간다움이란!" : 괴테의 『파우스트』, 「천국에서의 프롤로그」에 나오는 메피스토펠레스의 말을 상당히 바꾼 것.

†160 페니어 회원: 아일랜드의 소부르주아 혁명가들. 최초의 페니어 조직은 1857년 아일랜드와 아일랜드 이민의 집결지였던 미국에서 탄생하였다. 페니어 회원의 강령과 활동은 영국의 식민지 억압에 대항하는 아일랜드의 민중저항으로 나타났다. 페니어 회원은 그들의 국가를 위해 민족독립, 민주공화국 건설, 소작농의 자작농화 등을 요구하였다. 그들은 무장봉기를 통해 자신들의 정치강령을 관철시키려고 생각하였다. 그들의 음모활동은 성공하지 못하였다. 1860년대 말 페니어 회원들은 대규모적인 억압을 받았으며, 이 운동은 70년대에 쇠퇴하였다.

†161 "가혹한 운명은 로마인을 괴롭히고 동포 살육의 죄악을 저지른다"(Acerba faba Romanos agunt scelusque fratemae necis): 호라티우스, 『서정시』, 7.

†162 세계시장 혁명: 마르크스는 여기에서 15세기 말에 있었던 지리상 대발견의 경제적인 결과에 대해서 말하고 있다. 인도로 가는 항로의 발견, 서인도제도와 아메리카 대륙의 발견은 무역로의 폭넓은 변화를 가져왔다. 북이탈리아의 여러 상업도시(제노바 · 베니스 등)는 지배적인 지위를 상실하였다. 이에 반해 포르투갈 · 네덜란드 · 스페인 · 영국은 대서양과 접한 유리한 지리적 위치를 이용하여 세계무역에서 주역을 담당하기 시작하였다.

†163 제임스 스튜어트, 『경제학 원리』 제1권, 더블린, 1770, 52쪽.

†164 "도처에 빈민이다"(Pauper ubiqubique jacet): 오비디우스의 저서 『파스티』, 제1권 제218절.

†165 1597년 보리스 고두노프가 러시아의 실질적인 통치자였던 표트르 이바노비치의 치세 때(1584~98) 한 칙령이 반포되었는데, 이 칙령에 따라 토지소유주들의 참을 수 없는 질곡과 간계에서 도망친 농민들은 5년간의 추적 끝에 자신의 옛 주인들에게 강제로 되돌려 보내졌다.

†166 명예혁명(Glorious Revolution): 영국의 부르주아적 역사 기술에서 1688년의 쿠데타를 나타내는 관용적인 명칭. 이 쿠데타는 지주귀족과 부르주아 계급의 타협에 기초해 있던 영국의 입헌군주제를 공고히 하였다.

†167 리키니우스 법: 이 법률은 기원전 367년 고대 로마에서 제정되었으며, 사적 용도를 위한 공유지 소유의 일정한 제한과 채무자에게 유리한 일련의 조치를 규정하였다. 이를 통해서 이 법률은 대토지 소유의 계속적인 증대와 귀족의 특권을 억제하고자 했으며 평민의 정치적 · 경제적 지위를 강화하고자 하였다. 전해 내려오는 이야기에 따르면 이 법은 호민관 리키니우스 스톨로와 섹스티우스 라테라누스가 발의했다고 한다.

†168 최후의 왕위 참칭자 반란: 스튜어트 왕조 지지자들은 1745~46년 반란을 일으켜 이른바 젊은 왕위 참칭자 찰스 에드워드를 영국 왕으로 추대하고자 하였다. 동시에 이 봉기는 지주에 의한 착취와 소농민의 대량추방에 반대하는 스코틀랜드 · 잉글랜드 민중의 저항을 반영하는 것이기도 하였다. 이 반란의 실패는 결과적으로 스코틀랜드 씨족제도의 완전한 붕괴를 가져왔으며, 토지로부터 농민의 구축은 그 어느 때보다도 격렬하게 이루어졌다.

†169 택스멘(taksmen)이란 스코틀랜드 씨족제도 시절 씨족장이나 레어드(laird: '위대한 사람')에게 직속되어 있던 부하나 최고령자를 일컫는 명칭이었다. 레어드는 씨족 전체의 재산으로 남겨진 토지(tak)를 택스멘에게 분배해주었다. 레어드에게는 약간의 공물이 바쳐졌으며 이를 통해 그의 통치권은 승인되었다. 택스멘에게는 다시 개개 촌락의 우두머리였던 하위관리가 예속되어 있었고 농민층은 이 하위관리에게 예속되어 있었다. 씨족제도의 붕괴로 레어드는 지주로, 택스멘은 그들의 본질에 따라 자본주의적 차지농업가로 전화했으며, 이전의 공물은 지대로 바뀌었다. — 마르크스는 그의 논문 「선거 — 어두운 재정상태 — 서덜랜드 여공작과 노예제도」에서 씨족제도 내에서 택스멘의 역할을 서술하고 있다.

†170 약식 치안재판소(Petty Sessions): 영국 치안판사의 법정. 이 법정은 작은 사건을 간소한 절차로 처리한다.

†171 공포정치: 1793년 6월부터 1794년 6월까지의 자코뱅당 독재.

†172 제임스 스튜어트, 『경제학 원리』 제1권, 더블린.

†173 폰 귈리히, 『주요 무역국가의 상업 · 공업 · 농업의 역사』 제1권, 예나, 1830, 371쪽.

†174 아시엔토 협약: 조약의 명칭. 이 조약에 따라 스페인은 16세기부터 18세기까지 아프리카의 흑인노예를 스페인령 아메리카 영토에 공급할 수 있는 권리를 영국에 양도하였다.

†175 "그러한 수고가 필요했던 것이다"(tantae molis erat): 여기에서 마르크스는 베르길리우스의 『아이네이스』, 제1서, 제33절에 나오는 말을 인용하였다. 거기에는 다음과 같이 씌어 있다. "로마를 건설하는 데에는 그런 수고가 필요했던 것이다"(Tantae molis erat Romanam condere gentem).

†176 페케르, 『사회 · 정치 경제학의 새로운 이론』, 파리, 1842, 435쪽.

†177 필의 은행법: 1844년 영국 정부는 은행권의 금태환에 따른 난점을 극복하기 위하여 로버트 필의 발의에 따라 잉글랜드 은행의 개혁에 대한 법률을 제정하였다. 이 법은 별도의 준비금을 갖춘 완전히 독립적인 두 부서로 은행을 분리하는 것을 골자로 하였다. 즉 순수한 은행업무를 수행하는 은행부와 은행권의 발행을 담당하는 발권부가 바로 그것이었다. 이 은행권은 특수 금 준비라는 형태로 태환을 보장하는 것이어야 했으며, 이 금 준비는 언제든 처분 가능한 상태를 유지해야만 하게 되었다. 금으로 태환될 수 없는 은행권의 발행은 1,400만 파운드스털링으로 제한되었다. 그러나 유통과정에 있는 은행권의 양은 1844년의 은행법과는 달리 실제로는 준비금이 아니라 유통영역의 수요에 달려 있었다. 화폐 부족이 특히 심했던 공황기간에 영국 정부는 1844년 법을 일시 효력정지시키고 금태환이 보장되지 않는 은행권의 발행고를 증가시켰다.

| 참고문헌 |

마르크스와 엥겔스가 언급한 저서들을 포함하였다.

마르크스와 엥겔스가 인용한 저서는 확정된 경우에 한하여 두 사람이 사용했다고 생각되는 판을 제시하였다. 몇몇 경우, 특히 출전이나 문헌을 일반적으로 지시하는 경우에는 그 저서의 어느 판인지를 제시하지는 않았다. 법률이나 기록문서는 그 중에서 인용된 경우에만 제시하였다. 또한 그 출전이 조사되지 않은 것도 있다.
(각 사항 뒤의 숫자는 MEW판의 쪽수이다. 그러나 주의 경우, 쪽수는 이 책에서 약간 변동이 있을 수도 있다. — 편집자)

1. 저서와 논문

(지은이가 밝혀져 있는 것들로, 지은이 이름의 가나다순으로 제시하였다. — 편집자)

가닐 Ganihl, Charles, 『경제학 체계』(*Des systèmes d'économie politique, de la valeur comparative de leurs doctrines, et de celle qui paraît la plus favorable aux progrès de la richesse*), 제2판, 제1~2권, 파리, 1821~75. 188, 471

________, 『경제학 이론』(*La théorie de l'économie politique*) 제1~2권, 파리, 1818. 194

〔가르니에 Garnier Germain〕, 『경제학 원리 개요』(*Abrégé élémentaire des principes de l'économie politique*), 파리, 1796. 576

________ → 스미스, 『국부론』(파리, 1802)의 주.

갈리아니, 『화폐에 관하여』(*Della moneta*), 『이탈리아 경제학 고전 전집』, 근세편, 제3~4권), 밀라노, 1830~88. 104, 105, 115, 168, 173, 333, 334, 672, 673

개스켈 Gaskell, Peter, 『영국의 공업인구』(*The manufacturing population of England, its moral, social, and physical conditions, and the changes which have arisen from the use of steam machinery; with an examination of infant labour*), 런던, 1833. 459, 468

괴테 Goethe, Johann Wolfgang von, 『파우스트』(*Faust*. Der Tragödie erster Teil). 83, 208, 209, 620, 737

________, 『줄라이카에게』(*An Suleika*). 286

귈리히 Gülich, Gustav von, 『주요 무역국가의 상업 · 공업 · 농업의 역사』(*Geschichtliche Darstellung des Handels, der Gewerbe und des Ackerbaus der bedeutendsten handeltreibenden Staaten unsrer Zeit*) 제1~2권, 예나, 1830. 19, 781, 782

그레구아르 Gregoir, Henri, 『브뤼셀 형사재판소의 인쇄공』(*Les typographes devant le Tribunal correctionnel de Bruxelles*), 브뤼셀, 1865. 579, 580

〔그레그 Greg, Robert Hyde〕, 『공장문제와 10시간 노동법안』(*The factory question, considered in relation to its effects on the health and morals of those employed in factories. And the "Ten Hours Bill", in relation to its effects upon the manufactures of England, and those of foreign countries*), 런던, 1837. 308

〔그레이 Gray, John〕, 『국부의 주요 원리』(*The essential principles of the wealth of nations, illustrated, in opposition to some false doctrines of Dr. Adam Smith, and others*), 런던, 1797. 175

그로브 Grove, William Robert, 『육체적 힘의 상호관계에 대하여』(*The correlation of physical forces*), 제5판, 런던, 1867. 549

기즈번 Gisborne, Thomas, 『인간의 의무에 관한 연구』(*An enquiry into the duties of men in the higher and middle classes of society in Great Britain*), 개정2판, 제2권, 런던, 1796. 786

나바레테 Navarrete, Martin Fernandez, 『콜럼버스의 여행』(*Die Reisen des Christof Columbus 1492~1504*), 독어판(프레셀 옮김), 라이프치히〔1890〕. 145

〔노스 North, Sir Dudley〕, 『상업론』(*Discourses upon trade; principally directed to the cases of the interest, coynage, clipping, increase of money*), 런던, 1691. 134, 135, 139, 148, 412

뉴넘 Newnham, G.L., 『곡물법에 관한 양원 위원회 증언의 검토』(*A Review of the Evidence before the Committees of the two Houses of Parliament, on the Corn Laws*), 런던, 1815. 629

뉴먼, F. Newman Francis William, 『경제학 강의』(*Lectures on political economy*), 런던, 1851. 751, 752, 757

뉴먼, S. Newman, Samuel Philips, 『경제학 요강』(*Elements of political economy*), 앤도버 / 뉴욕, 1835. 174

니부어 Niebuhr, Barthold Georg, 『로마사』(*Römische Geschichte*), 개정판, 제1권, 베를린, 1853. 250

다우머 Daumer, Georg Friedrich, 『고대 기독교의 비밀』(*Die Geheimnisse des christlichen Alterthums*) 제1~2권, 함부르크, 1847. 304

다윈 Darwin, Charles, 『종의 기원』(*Über die Entstehung der Arten im Thier-und Pflanzen-Reich durch natürliche Züchtung, oder Erhaltung der vervollkommneten Rassen im Kampfe um's Dasein*), 독어판(브론 옮김), 제2판, 슈투트가르트, 1863. 361, 362, 392

단테 Dante, Alighieri, 『신곡』(*Divina Comedia*). 17, 118

더닝 Dunning, Thomas Joseph, 『노동조합과 파업』(*Trades' Unions and strikes: their philosophy and intention*), 런던, 1860. 575, 578, 788

더피 Duffy, Charles Gavan, 『빅토리아 토지법』(*Guide to the land law of Victoria*), 런던, 1862. 801

데스튀트 드 트라시 Destutt de Tracy, Antoine-Louis-Claude, 『경제학 개론』(*Traité d'économie politique*), 파리, 1823. 172

________, 『이데올로기 요론』(*Éléments d'idéologie*) 제4부와 제5부 「의지와 의지작용론」(Traité de la volonté et de ses effets), 파리, 1826. 94, 95, 172, 177, 344, 347, 677

데카르트 Descartes, René, 『방법서설』(*Discours de la méthode pour bien conduire sa *raison, et chercher la vérité dans les sciences*), 파리, 1668. 411, 412

뒤크페티오 Ducpétiaux, Édouard, 『벨기에 노동자계급의 가계예산』(*Budgets économiques des classes ouvrières en Belgique. Subsistances, salaires, population*), 브뤼셀, 1855. 700, 701

뒤퐁 Dupont, Pierre, 『노동자들의 노래』(*Le chant des ouvriers*). 722

뒤퐁 드 느무르 Dupont de Nemours, Pierre-Samuel, 「케네 박사의 일반 준칙」(Maximes du docteur Quesnay, ou résumé de ses principes d'économie sociale」, 『중농학파』(*Physiocrates*. Quesnay, Dupont de Nemours, Mercier de la Rivière, Baudeau, Le Trosne, 데르의 서문 · 주해 · 역사적 주석), 제1부, 파리, 1846. 123

드라이덴 Dryden, John, 「수탉과 여우 또는 수녀의 사제에 관한 이야기」(The cock and the fox: or, the tale of the nun's priest), 『고금 우화집』(*Fables ancient and modern*, 호메로스 · 오비디우스 지음, 드라이덴 옮김), 런던, 1713. 256, 257

드 로베르티 De Roberty, Jewgeni Walentinowitsch, 「마르크스의 『자본』 제1권」(*Marx. Das Kapital. Kritik der politischen Oekonomie*), 함부르크, 1867, 『실증주의 철학』(*La Philosophie Positive*), 파리, 제3호, 1868년 11~12월호. 25, 후주 9

드 쿠 De Cous → 헤로 알렉산드리누스, 『공기와 수력장치 교본』

드 퀸시 De Quincey, Thomas, 『경제학의 논리』(*The logic of political economy*), 에든버러 / 런던, 1844. 417

디드로 Diderot, Denis, 『1767년의 살롱』(*Der Salon von 1767*). 148

디오도로스 Diodor von Sizilien, 『역사 문고』(*Historische Bibliothek*), Julius Friedrich Wurm 옮김), 전 19권, 슈투트가르트, 1828~40. 제1 · 3권. 157, 250, 360, 389, 535, 536

디츠겐 Dietzgen, Joseph, 「카를 마르크스의 『자본. 경제학 비판』」(『주간 민주주의』〔*Demokratisches Wochenblatt*〕 1868년 8월 1 · 22 · 29일과 9월 5일』. 22

디킨스 Dickens, Charles, 『올리버 트위스트』(*Oliver Twist*). 465, 466

〔디포 Defoe, Daniel〕, 『공적 신용에 관하여』(*An essay upon publick credit*……), 제3판, 런던, 1710. 154

라마치니 Ramazzini Bernardino, 『수공업자의 질병에 대하여』(*De morbis artificum diatriba*), 무티나, 1700. 384

라보르드 Laborde, Alezandre-Louis-Joseph de, 『공동사회의 모든 이익을 위한 협동정신에 관하여』(*De l'esprit d'association dans tous les intérêts de la communauté, ou essai sur le complément du bien-être et de la richesse en France par le complément des institutions*), 파리, 1818. 555 / 556

라살레 Lassalle, Ferdinand, 『경제학에서의 율리아누스, 바스티아-슐체 폰 델리치』(*Herr Bastiat-Schulze von Delitzsch, der ökonomische Julian, oder: Capital und Arbeit*), 베를린, 1864. 11

________, 『에페소스의 불가사의 헤라클레이토스의 철학』(*Die Philosophie Herakleitos des Dunklen von Ephesos. Nach einer neuen Sammlung seiner Bruchstücke und der Zeugnisse der Alten dargestellt*) 제1권, 베를린, 1858. 120

라이트 Wright, Thomas, 『대농장의 독점에 관하여 여론에 호소하는 글』(*A short address to the public on the monopoly of large farms*), 런던, 1779. 753

라이히 Reich, Eduard, 『인류의 퇴화에 관하여』(*Über die Entartung des Menschen. Ihre Ursachen und Verhütung*), 에를랑겐, 1868. 385

란첼로티 Lancellotti, Secondo, 『현대 또는 과거에 뒤지지 않는 지혜』(*L'Hoggidi overo gl' ingegdi non inferiori a'passati*), 제2부, 베네치아, 1658. 451

래번스턴 Ravenstone, Piercy, 『국채제도와 그 영향에 관한 고찰』(*Thoughts on the funding system, and its effects*), 런던, 1824. 453, 534

래플스 Raffles, Thomas Stamford, 『자바의 역사』(*The history of Java. With a map and plates*), 전 2권, 런던, 1817. 379, 780

램지 Ramsay, George, 『부의 분배에 관한 고찰』(*An Essay on the distribution of wealth*), 에든버러, 1836. 176, 179, 335, 534, 592, 660

〔랭게 Linguet, Simon-Nocolas-Henri〕, 『민법이론』(*Théorie des loix civiles, ou principes fondamentaux de la société*) 제1~2권, 런던, 1767. 247, 304, 353, 644, 766

레뇨 Regnault, Élias, 『도나우 공국의 정치 · 사회사』(*Histoire politique et sociale des principautés Danubiennes*), 파리, 1855. 253

레비 Levi, Leone, 「식량공급의 관점에서 본 수렵림과 스코틀랜드 고지대농업」(On deer forests and Highlands agriculture in relation to the supply of food), 『기술협회지』, 런던, 1866년 3월 23일. 761

렝 Laing, Samuel, 『국민적 빈곤』(*National distress; its causes and remedies*), 런던, 1844.

212, 673, 687, 704

로 Law, Jean, 「통화와 상업에 관한 고찰」(Considérations sur le numéraire et le commerce」, 『18세기의 재정경제학자』(*Économistes financiers du XVIIIe siècle. Précédes de notices historiques sur chaque auteur, et accompagnés de commentaires et de notes explicatives*), 데르 엮음, 파리, 1843. 105

로드베르투스 Rodbertus-Jagetzow, Jahann Karl, 『리카도 지대론에 대한 반론과 신지대론의 확립』(*Sociale Briefe an von Kirchmann, Dritter Brief: Widerlegung der Ricardo'schen Lehre von der Grundrente und Begründung einer neuen Rententheorie*), 베를린, 1851. 554

________, 『편지와 사회정책론집』(*Biefe und Socialpolitische Aufsätze*)(루돌프 마이어 발행) 제1권, 베를린, 1882. 554~555

로버츠 Roberts, George, 『과거 수세기에 걸친 잉글랜드 남부지방 주민들의 사회사』(*The social history of the people of the southern counties of England in past centuries; illustrated in regard to their habits, municipal bye-laws, civil progress, etc., from the researches*), 런던, 1856. 748

로셔 Roscher, Wilhelm, 『국민경제학 원리』(*Die Grundlagen der Nationalökonomie. Ein Hand- und Lesebuch für Geschäftsmänner und Studierende*), 제3판, 슈투트가르트 / 아우구스부르크, 1858. 107, 174, 220, 221, 231, 343

로시 Rossi, Pellegrino Luigi Edoardo comte, 『경제학 강의』(*Cours d'économie politique*), 브뤼셀, 1843. 187

〔로이 Roy, Henry〕, 『교환론: 1844년 은행특별법』(*The theory of the exchanges. The bank charter act of 1844*), 런던 1864. 152, 153, 682

로저스 Rogers, James E. Thorold, 『영국의 농업과 물가의 역사』(*A history of agriculture and prices in England from the year after the Oxford Parliament〔1259〕 to the commencement of the continental war〔1793〕. Compiled entirely from original and contemporaneous records*) 제1~2권, 옥스퍼드, 1866. 702, 707, 750

로크 Locke, John, 「이자율 인하의 결과에 관한 몇 가지 고찰」(Some considerations of the consequences of the lowering of interest, and raising the value of money(1691), 『저작집』 제2권, 런던, 1777. 50, 105, 139

로하치 Rohatzsch, R.H., 『각종 신분·연령과 성별에 따른 특유의 질병』(*Die Krankheiten, welche verschiedenen Ständen, Altern und Geschlechtern eigenthümlich sind*), 전 6권, 울름, 1840. 384

루소 Rousseau, Jean-Jacques, 『경제학』(*Discours sur l'économie politique*), 신판, 제네바, 1760. 77

루아르 Rouard de Card, Pie-Marie, 『성체의 위조에 관하여』(*De la falsification des substances sacramentelles*), 파리, 1856. 264

루크레티우스 Lucretius Carus, Titus, 『만물의 본질에 대하여』(*De rerum natura*). 229

루터 Luther, Martin, 『고리대에 반대하는 설교를 할 목사들에게』(*An die Pfarrherrn wider den Wucher zu predigen. Vermahnung*), 비텐베르크, 1540. 149, 207, 619

르 트론 Le Trosne, Guillaume-Francois, 「사회적 이해에 대하여」(De l'intérêt social par rapport à la valeur, à la circulation, à l'industrie et au commerce intérieur et extérieur), 『중농학파』, 데르 엮음, 파리, 1846. 50, 54, 106, 116, 125, 130, 133, 159, 172~175, 178, 224

리드 Read George, 『제빵업의 역사』(*The history of baking*), 런던, 1848. 265, 266

리비우스 Livius, Titus, 『건국 이후의 로마사』(*Ab urbe condita*). 296

리비히 Liebig, Justus von, 『농업과 생리학에 대한 화학의 응용』(*Die Chemie in ihrer Anwendung auf Agricultur und Physiologie*), 제7판, 제1부, 브라운슈바이크, 1862. 253, 254, 529, 598

________, 『농업의 이론과 실제에 관하여』(*Über Theorie und Praxis in der Landwirthschaft*), 브라운슈바이크, 1856. 347

리처드슨 Richardson, Benjamin, 「노동과 과도노동」(Work and overwork), 『사회과학 평론』(*The Social Science Review*), 1863년 7월 18일, 런던, 1863. 270, 271

리카도 Ricardo, David, 『경제학 원리』(*On the principles of political economy, and taxation*), 제3판, 런던, 1821. 94, 95, 181, 202, 243, 409, 414, 415, 454, 455, 461, 598, 615, 616, 660

________, 『농업 보호에 대하여』(*On protection to agriculture*), 제4판, 런던, 1822. 90

________, 『지금(地金)의 높은 가격, 은행권 감가의 증거』(*The high price of bullion, a proof of the depreciation of bank notes*), 제4판, 런던, 1811. 158

마르크스 Marx, Karl, 『경제학 비판』(*Zur Kritik der Politischen Oekonomie*) 제1권, 베를린,

1859. 11, 18, 20, 25, 49, 54, 56, 90, 92, 96, 102, 104, 109, 111, 112, 115, 116, 120, 128, 137, 138, 150~152, 157, 158, 207, 562, 648, 후주 68

________(익명), 『국제노동자협회 창립선언과 잠정규약』(*Address and provisional rules of the Working Men's International Association*, established September 28, 1864, at a public meeting held at St. Martin's Hall, Long Acre, London), 런던, 1864. 42~44, 46

________, 『루이 보나파르트의 브뤼메르 18일』(*Der Achtzehnte Brumaire des Louis Bonaparte*), 제2판, 함부르크, 1869. 721

________, 「선거—재정적 위기」(Elections — Financial clouds — The Duchess of Sutherland and slavery), 『뉴욕 데일리 트리뷴』(*New-York Daily Tribune*), 1853년 2월 9일. 759

________(익명), 「임노동과 자본」(Lohnarbeit und Kapital」, 『신라인 신문』(*Neue Rheinische Zeitung*), 1849년 4월 5 · 6 · 7 · 8 · 11일, 쾰른. 604, 642, 793, 794

________, 『자본』(*Das Kapital. Kritik der politischen Oekonomie*) 제1권, 제1부, 자본의 생산과정(Der Produktionsprocess des Kapitals), 함부르크, 1867. 18, 34, 233

________, 『자본』(*Le Capital*, 프랑스어판, 루아 옮김, 저자 교열), 파리, 1872~75. 18, 33, 37, 41, 541, 후주 12

________, 『자본』 제1권, 제1부, 자본의 생산과정(러시아어판), 상트페테르부르크, 1872. 22

________, 『자본』 제1권, 제1부, 자본의 생산과정, 제2개정판, 함부르크, 1872. 32, 35, 37

________, 『자본』 제1권, 제1부, 자본의 생산과정, 제3개정판, 함부르크, 1883. 37, 41, 42, 46

________, 『자본』 제2권, 제2부, 자본의 유통과정(*Der Circulationsprocess des Kapitals*, 엥겔스 엮음), 함부르크, 1885. 39

________, 『자본』(영어판, 무어 / 에이블링 옮김, 엥겔스 엮음) 제1권, 런던, 1887. 41, 62

________, 『철학의 빈곤』(*Misère de la philosophie. Réponse à la philosophie de la misère de M. Proudhon*), 파리 / 브뤼셀, 1847. 83, 96, 378, 381, 384, 442, 559, 560, 675

________, 「『폴크스슈타트』 편집자에게」(An die Redaktion des "Volksstaat"), 『폴크스슈타트』(*Der Volksstaat*), 라이프치히, 1872년 6월 1일. 42, 43

________, 「『폴크스슈타트』 편집자에게」, 『폴크스슈타트』, 1872년 8월 7일. 44

〔마르크스 · 엥겔스 Marx, Karl / Engels, Friedrich〕, 『공산주의자 선언』(*Manifest der*

Kommunistischen Partei), 런던, 1848. 511, 791

〔________〕, 「토마스 칼라일 엮음 “현대총서”, 런던」(*Latter-Day Pamphlets*, edited by Thomas Carlyle. London), 『신라인 신문. 정치경제 평론』(마르크스 편집) 제4권, 런던 / 함부르크 / 뉴욕, 1850년 4월. 270

마우러 Maurer, Georg Ludwig von, 『독일 부역농장 · 농민농장 · 농민조직의 역사』(*Geschichte der Fronhöfe, der Bauernhöfe und der Hofverfassung in Deutschland*), 제4권, 에를랑겐, 1863. 251

________, 『마르크 · 농지 · 촌락 · 도시제도와 공권력의 역사에 대한 입문』(*Einleitung zur Geschichte der Mark-, Hof, Dorf- und Stadt-Verfassung und der öffentilichen Gewalt*), 뮌헨, 1854. 86

마이어 Mayer, Sigmund, 『빈의 사회문제』(*Die sociale Frage in Wien. Studie eines “Arbeitgebers.”: Dem Niederösterreichischen Gewerbeverein gewidmet*), 빈, 1871. 19

마이첸 Meitzen, August, 『1866년 이전의 판도에 따른 프로이센 국가의 토지관계와 농업관계』(*Der Boden und die landwirthschaftlichen Verhältnisse des Preußischen Staates nach dem Gebietsumfange vor 1866*) 제1~4권, 베를린, 1868~71. 251

마티노 Martineau, Harriet, 『경제학 해설』(*llustrations of political economy*), 전 9권, 제3권, 제7호, 『맨체스터의 파업』, 런던, 1832. 664

〔매시 Massie, Joseph〕, 『자연이자율을 지배하는 요인에 대하여』(*A essay on the governing causes of the natural rate of interest; wherein the sentiments of Sir William Petty and Mr. Locke, on that head, are considered*), 런던, 1750. 538

매컬럭 MacCulloch, John Ramsay, 『경제학 문헌 분류목록』(*The literature of political economy: a classified catalogue of select publications in the different departments of that science, with historical, critical, and biographical notices*), 런던, 1845. 158, 754

________, 『경제학 원리』(*The principles of political economy: with a sketch of the rise and progress of the science*), 제2판, 런던, 1830. 168, 465

________, 『상업 · 해운관계의 실용 · 이론 · 역사 사전』(*A dictionary, practical, theoretical, and historical, of commerce and commercial navigation*), 런던, 1847. 165

매콜리 Macaulay, Thomas Babington, 『제임스 2세 이후의 영국사』(*The history of England from the accession of James the Second*), 제10판, 제1권, 런던, 1854. 289, 290, 744

매클레런 Maclaren, James, 『통화의 역사』(*A sketch of the history of the currency: comprising a brief review of the opinions of the most eminent writers on the subject*), 런던, 1858. 112,113

매클로드 Macleod, Henry Dunning, 『은행업의 이론과 실제』(*The theory and practice of banking: with the elementary principles of currency; price; credit; and exchanges*) 제1권, 런던, 1855. 169

〔맨더빌 Mandeville, Bernard de〕, 『꿀벌 이야기』(*The fable of the bees; or, private vices, publick benefits*), 런던, 1714. 375

________, 『꿀벌 이야기), 제5판, 런던, 1728. 642, 643

맬서스 Malthus, Thomas Robert, 『경제학 원리』(*Principles of political economy considered with a view to their practical application, with considerable add. from the author's own manuscript and an original memoir*), 제2판, 런던, 1836. 227, 605, 614, 615, 622, 663

________, 『경제학의 갖가지 정의』(*Definitions in political economy, preceded by an inquiry into the rules which ought to guide political economists in the definition and use of their terms; with remarks on the deviation from these rules in their writings*), 카제노프 엮음, 런던, 1853. 593, 598, 605

________(익명), 『인구론』(*An essay on the principle of population, as it affects the future improvement of society, with remarks on the speculations of Mr. Godwin, M. Condorcet, and other writers*), 런던, 1798. 373, 644

________, 『지대의 본질과 발전과정에 대한 연구』(*An inquiry into the nature and progress of rent, and the principles by which it is regulated*), 런던, 1815. 332, 551, 581

머리 / 윌슨 Murray, Hugh / Wilson, James, 『영국령 인도에 관한 역사적 · 기술적 보고』(*Historical and descriptive account of British India, from the most remote period to the present time*), 전 3권, 제2권, 에든버러, 1832. 360

머피 Murphy, John Nicolas, 『산업 · 정치 · 사회의 측면에서 본 아일랜드』(*Ireland industrial, political, and social*), 런던, 1870. 732

먼 Mun, Thomas, 『외국무역을 통한 영국의 부』(*England's treasure by forraign trade. Or, the ballance of our forraign trade is the rule of our treasure*, 아들 존 먼이 출판), 런던, 1669. 536

메르시에 Mercier de la Rivière, Paul-Pierre, 「정치사회의 자연적 · 본질적 질서」(L'ordre naturel et essentiel des sociétés politiques」, 『중농학파』(데르 엮음), 제2부, 파리, 1846년. 123, 124, 144, 162, 165, 172, 175, 176, 205, 206

메리베일 Merivale, Herman, 『식민과 식민지에 관한 강의』(*Lectures on colonization and colonies. Delivered before the University of Oxford in 1839, 1840, and 1841*) 제1~2권, 런던, 1841~42. 662, 663, 798

모어 More, Thomas, 『유토피아』(*Utopia*. Originally printed in Latin, 1516, 영어판, 로빈슨 옮김, 아버 엮음), 런던, 1869. 746, 747, 764

모턴 Morton, John Charlmers, 『농업사전』(*A cyclopedia of agriculture, practical and scientific; in which the theory, the art, and the business of farming, are thoroughly and practically treated*), 전 2권, 글래스고/에든버러/런던, 1855. 578

________, 「농업에 사용되는 동력」(On the forces used in agriculture」, 『기술협회지』, 런던, 1859년 12월 9일. 396, 397

몰리나리 Molinari, Gustave de, 『경제학 총서』(*Études économiques*), 파리, 1846. 445, 624, 798

몸젠 Mommsen Theodor, 『로마사』(*Römische Geschichte*), 제2판, 제1~3권, 베를린, 1856~57. 182, 185

몽테스키외 Montesquieu, Charles-Louis de, 『법의 정신』(*De l'esprit des loix*), 『전집』 제2~4권, 런던, 1767~69. 105~106, 138, 644, 783

몽테유 Monteil, Amans-Alexis, 『각종 역사책의 초고 자료에 관한 고찰』(*Traité de matériaux manuscrits de divers genres d'histoire*) 제1권, 파리, 1835. 772, 773

뮐러 Müller, Adam Heinrich, 『정치학 요론』(*Die Elemente der Staatskunst. Öffentliche Vorlesungen, vor Sr. Durchlaucht dem Prinzen Bernhard von Sachsen-Weimar und einer Versammlung von Staatsmännern und Diplomaten, im Winter von 1808 auf 1809, zu Dresden, gehalten*), 제2부, 베를린, 1809. 139

미라보 Mirabeau, Gabriel-Victor-Honoré Riqueti, 『프로이센 왕국에 대하여』(*De la monarchie prussienne, sous Frédéric le Grand; avec un appendice. Contenant des recherches sur la situation acutelle des principales contrées de l'Allemagne*), 제2 · 3 ·

6권, 런던, 1788. 745, 760, 761, 774, 775, 785

〔밀, J. Mill, James〕, 『경제학 요강』(*Elements of political economy*), 런던, 1821. 169, 200, 201, 373

________, 『경제학 요론』(*Élémens d'économie politique*, 프랑스어판, 파리소 옮김), 파리, 1823. 592, 596, 598

________, 『식민지』(*Colony*), 『대영 백과전서 보유』(*Supplement to the Encyclopaedia Britannica*), 1831. 212

밀, J.S. Mill, John Stuart, 『경제학의 몇 가지 미해결 문제』(*Essays on some unsettled questions of political economy*), 런던, 1844. 138, 139, 626

________, 『경제학 원리』(*Principles of political economy with some of their applications to social philosophy*), 전 2권, 런던, 1848. 138, 391, 529, 638

________, 『경제학 원리』(*Principles of political economy with some of their applications to social philosophy*), 보급판, 런던, 1868. 539~541

________, 『논리학』(*A system of logic, ratiocinative and inductive, being a connected view of the principles of evidence, and the methods of scientific investigation*), 전 2권, 런던, 1843. 616

바번 Barbon, Nicholas, 『새 화폐의 무게를 줄이는 문제에 대한 고찰』(*A discourse concerning coining the new money lighter*), 런던, 1696. 49~52, 143, 158, 159

〔바일스 Byles, John Barnard〕, 『자유무역의 궤변』(*Sophisms of free-trade and popular political economy examined*), 제7판, 런던, 1850. 287, 288, 766

바턴 Barton, John, 『노동자계급의 상태에 영향을 끼치는 요인에 관한 고찰』(*Observations on the circumstances which influence the condition of the labouring classes of society*), 런던, 1817. 660, 703

배비지 Babbage, Charles, 『기계경제론』(*On the economy of machinery and manufactures*), 런던, 1832. 366, 369, 370, 396, 413, 427

밴더린트 Vanderlint, Jacob, 『화폐 만능론』(*Money answers all things: or, an essay to make money sufficiently plentiful amongst all ranks of people*), 런던, 1734. 137, 144, 145, 159, 290, 292, 332, 350

버크 Burke, Edmund, 『식량난에 관한 의견과 상세한 논의』(*Thoughts and details on *scarcity, originally presented to the Right Hon. William Pitt, in the month of November, 1795*), 런던, 1800. 221, 249, 342, 788

________, 『에드먼드 버크 의원이 어느 의원에게 보내는 편지』(*A letter from the Right Honourable Edmund Burke to a Noble Lord, on the attacks made upon him and his pension, in the House of Lords, by the Duke of Bedford and the Earl of Lauderdale, early in the present session of Parliament*), 런던, 1796. 752

버클리 Berkeley, George, 『질문자』(*The querist, containing several queries, proposed to the consideration of the public*), 런던, 1750. 355, 374

버틀러 Buttler, Samuel, 『휴디브라스』(*Hudibras*). 51, 후주 19

베르길리우스 Vergil, 『아이네이스』(*Aeneis*). 320, 787, 후주 99

베리 Verri, Pietro, 『경제학 고찰』(*Meditazioni sulla economia politica*), 『이탈리아 경제학 고전 전집』, 근세편, 제15권, 밀라노, 1804. 57, 58, 104, 147, 349

베이컨 Bacon, Francis, 『수필집』(*The essays or counsels civil and moral*)〔런던, 1625〕. 747

________, 『헨리 7세 치세사』(*The reign of Henry VII*, 1719년 케넷〔Kennet〕의 『잉글랜드』 발췌본), 런던, 1870. 747, 748

베인스 Baynes, John, 『면직업에 관한 두 편의 강의』(*The cotton trade. Two lectures on the above subject, delivered before the members of the Blackburn Literary, Scientific and Mechanics' Institution*), 블랙번·런던, 1857. 410

〔베일리 Bailey, Samuel〕, 『가치의 성질, 척도와 원인들에 관한 비판적 논고』(*A critical dissertation on the nature, measures, and causes of value; chiefly in reference to the writings of Mr. Ricardo and his followers*), 런던, 1825. 77, 97, 98, 557

________(익명), 『화폐와 그 가치변동』(*Money and its vicissitudes in value; as they affect national industry and pecuniary contracts: with a postscript on joint-stock banks*), 런던, 1837. 64, 637

베카리아 Beccaria, Cesare, 『사회경제 원리』(*Elementi economia pubblica*), 『이탈리아 경제학 고전 전집』, 근대편, 제11권, 밀라노, 1804. 386

베크만 Beckmann, Johann, 『발명의 역사』(*Beyträge zur Geschichte der Erfindungen*) 제1권, 라이프치히, 1786. 451

벤담 Bentham, Jérémie, 『형벌과 보상의 이론』(*Théorie des peines et des récompenses, ouvrage extrait des manuscrits de M. Jérémie Bentham*, 에티엔 뒤몽 옮김), 제3판, 제2권, 파리, 1826. 636

벨러스 Bellers, John, 『산업대학 설립 제안』(*Proposals for raising a colledge of industry of all useful trades and husbandry, with profit for the rich, a plentiful living for the poor, and good education for youth*), 런던, 1696. 152, 345, 451, 513, 642

________, 『빈민 · 제조업 · 상업 · 식민과 비행에 관한 고찰』(*Essays about the poor, manufactures, trade, plantations, and immorality*), 런던, 1699. 145, 160, 503, 504

복스호른 Boxhorn, Marcus Zuerius, 『정치제도』(*Marci Zuerii Boxhornii institutionum politicarum liber primus*), 암스테르담, 1663. 451

볼테르 Voltaire, François-Marie Arouet de, 『캉디드』(*Candide, ou l'optimisme*), 1759. 209, 800, 후주 59

부아기유베르 Boisguillebert, Pierre Le Pesant, 『프랑스 상론』(*Le détail de la France*), 『18세기의 재정경제학자』(*Economistes financiers du XVIIIe siècle*, 데르 주해), 파리, 1843. 144

________, 『부 · 화폐 그리고 조세의 본질에 대한 논고』(*Dissertation sur la nature des richesses, de l'argent et des tribute où l'on découvre la fausse idée qui règne dans le monde à l'égard de ces trois articles*), 에벤도르트. 155

부알로 Boileau, Etienne, 『직업의 책』(*Règlemens sur les arts et métiers de Paris rédigés au XIII siècle, et connus sous le nom du livre des métiers*……), 파리, 1837. 510

부알로-데프레오 Boileau-Despréaux, Nicolas, 『풍자시 제8가』(*Satire VIII*). 682

뷔셰 / 루-라베르뉴 Buchez, Philippe-Joseph-Benjamin / Roux-Lavergne, Pierre-Célestin, 『프랑스 혁명 의회사』(*Histoire parlementaire de la révolution française, ou journal des assemblées nationales, depuis 1789 jusqu'en 1815*) 제10권, 파리, 1834. 769, 770

뷰캐넌 Buchanan, David, 『스미스의 "국부론"에 관한 고찰』(*Observations on the subjects treated of in Dr. Smith's inquiry into the nature and causes of the wealth of nations*), 에든버러, 1814. 758

________ → 스미스, 『국부론』(에든버러, 1814)의 주와 보유.

________, 『영국의 조세와 상업정책 연구』(*Inquiry into the taxation and commercial policy of Great Britain; with observations on the principles of currency, and of exchangeable value*), 에든버러, 1844. 140

〔브렌타노 Brentano Lujo〕, 「카를 마르크스는 어떻게 인용하는가」(Wie Karl Marx citirt), 『콘코르디아』(*Concordia. Zeitschrift für die Arbeiterfrage*) 제10호(1872년 3월 7일). 42

________(익명), 「카를 마르크스는 어떻게 자기 변호를 하는가」(Wie Karl Marx sich vertheidigt, 『콘코르디아』 제27호(1872년 7월 4일), 제28호(1872년 7월 11일). 43

브로드허스트 Broadhurst, J., 『경제학』(*Political economy*), 런던, 1842. 69

브루엄 Brougham, Henry, 『유럽 열강의 식민정책 연구』(*An inquiry into the colonial policy of the European powers*), 전 2권, 제2권, 에든버러, 1803. 787

〔브루크너 Bruckner, John〕, 『동물계통론』(*Théorie du système animal*), 라이데, 1767. 645

블랑키 Blanqui, Jérome-Adolphe, 『1848년 프랑스 노동자계급에 관하여』(*Des classes ouvrières en France, pendant l'année 1848*) 제1~2권, 파리, 1849. 293

________, 『산업경제학 강의』(*Cours d'économie industrielle*, 블레즈 엮음), 파리, 1838~39. 357

블레이키 Blakey, Robert, 『상고시대 이래 정치문헌의 역사』(*The history of political literature from the earliest times*) 제2권, 런던, 1855. 750

블로크 Block, Maurice, 『독일의 사회주의 이론가들』(*Les théoriciens du socialisme en Allemagne. Extrait du Journal des Économistes* 〔*numéros de juillet et d'août 1872*〕), 파리, 1872. 25

비도 Bidaux, J. N., 『대규모 제조기술에 의한 공업기술과 상업의 내부에서 발생하는 독점에 관하여』(*Du monopole qui s'établit dans les arts industriels et le commerce, au moyen des grands appareils de fabrication*), 제2분책 『생산과 판매의 독점에 관하여』(*Du monopole de la fabrication et de la vente*), 파리, 1828. 339

비제 Biese, Franz, 『아리스토텔레스의 철학』(*Die Philosophie des Aristoteles, in ihrem inneren Zusammenhange, mit besonderer Berücksichtigung des philosophischen Sprachgebrauchs, aus dessen Schriften entwickelt. Die besonderen Wissenschaften*) 제2권, 베를린, 1842. 430

비처-스토 Beecher-Stowe, Harriet, 『톰 아저씨의 오두막』(*Uncle Tom's cabin*). 758

비트 Witt, Johan de, 『네덜란드와 서(西)프리슬랜드 공화국의 가장 중요한 정치적 원칙과 잠언』(*Aanwysing der heilsame politike gronden en maximen van de Republike van Holland en West-Friesland*), 라이덴, 1669. 784

새들러 Sadler, Michael Thomas, 『아일랜드, 그 재앙과 구제책』(*Ireland; its evils, and their remedies: being a refutation of the errors of the emigration committee and others, touching that country. To which is prefixed, a synopsis of an original treatise about to be published on the law of population; developing the real principle on which it is universally regulated*), 제2판, 런던, 1829. 731

_________, 『인구법칙』(*Law of population*) 제1~2권, 런던, 1830. 731

생틸레르 Geoffroy Saint-Hilaire, 〔Etienne〕, 『자연철학의 종합적 · 역사적 · 생리학적 개념』(*Notions synthétiques, historiques et physiologiques de philosophie naturelle*), 파리, 1838. 773

서머즈 Somers, Robert, 『고지에서 온 편지』(*Letters from the Highlands; or, the famine of 1847*), 런던, 1848. 759, 760

세이 Say, Jean-Baptiste, 『경제학 개론』(*Traité d'économie politique, ou simple exposition de la manière dont se forment, se distribuent et se consomment les richesses*), 제3판, 제1~2권, 파리, 1817. 168, 178, 220, 221

_________, 『경제학 개론』, 제5판, 제1권, 파리, 1826. 621

_________, 『맬서스에게 보내는 편지』(*Lettres à M. Malthus, sur différens sujets d'économie politique, notamment sur les causes de la stagnation générale du commerce*), 파리, 1820. 633, 634

섹스투스 엠피리쿠스 Sextus Empiricus, 『정설가 논박』(*Adversus mathematicos*). 387

셰르뷜리에 Cherbuliez, Antoine, 『부유냐 빈곤이냐』(*Richesse ou pauvreté. Exposition des cause et des effets de la distribution actuelle des richesses sociales*), 파리, 1841. 196, 200, 610

셰익스피어 Shakespeare, William, 『베니스의 상인』(*Der Kaufmann von Benedig*). 304, 511

_________, 『아테네의 타이몬』(*Timon von Athen*). 146

_________, 『한여름 밤의 꿈』(*Ein Sommernachtstraum*). 122

_________, 『헛된 소동』(*Viel Lärm um nichts*). 98

_________, 『헨리 4세』(*König Heinrich der Vierte*). 45, 62, 후주 18 · 22

소포클레스 Sophokles, 『안티고네』(*Antigone*). 146

손턴 Thornton, William Thomas, 『과잉인구와 그 해결책』(*Over-population and its remedy; or, an inquiry into the extent and causes of the distress prevailing among the labouring classes of the British islands, and into the means of remedying it*), 런던, 1846. 185, 285

쇼를레머 Schorlemmer, Carl, 『유기화학의 등장과 발전』(*The rise and development of organic chemistry*), 런던, 1879. 327

쇼우 Schouw, Joakim Frederik, 『토지, 식물과 인간』(*Die Erde, die Planzen und der Mensch. Naturschilderungen*, H. 차이제 옮김), 제2판, 라이프치히, 1854. 538

슈토르흐 Storch, Henri, 『경제학 강의』(*Cours d'économie politique, ou exposition des principes qui déterminent la prospérité des nations*) 제1~3권, 상트페테르부르크, 1815. 188, 196, 382, 617, 677

________, 『경제학 강의』(*Cours d'économie politique, ou exposition des principes qui déterminent la prospérité des nations*, 세이의 주해와 평주) 제1권, 파리, 1823. 371, 381

슈톨베르크 Stolberg, Christian Graf zu, 『그리스 시집』, 함부르크, 1782. 431

슐츠 Schulz, Wilhelm, 『생산의 운동』(*Die Bewegung der Production. Eine geschichtlich-statistische Abhandlung zur Grundlegung einer neuen Wissenschaft des Staats und der Gesellschaft*), 취리히 · 빈터투어, 1843. 392

스미스 Smith, Adam, 『국부론』(*An inquiry into the nature and causes of the wealth of nations*, 웨이크필드의 주해), 전 6권, 런던, 1835~39. 61, 137, 375, 383, 384, 558, 594, 621, 672

________, 『국부론』, 전 2권, 런던, 1776. 373

________, 『국부론』(프랑스어판, 가르니에 옮김) 제5권, 파리, 1802. 384, 647

________, 『국부론』(뷰캐넌판) 제1권, 에든버러, 1814. 583, 650, 684, 766

________, 『도덕감성론』(*The theory of moral sentiments*), 런던, 1759. 646

스카르벡 Skarbek, Frédéric, 『사회적 부에 관한 이론』(*Théorie des richesses sociales. Suivie d'une bibliographie de l'économie politique*), 제2판, 제1권, 파리, 1839. 346, 371~372

스크로프 Scrope, 『경제학 원리』 → 포터, 『경제학』

스태퍼드 Stafford, William, 『오늘날 우리나라 각계 인사들이 지니고 있는 불평에 대한 검토』(*A compendious or brief examination of certayne ordinary complaints, of divers of our country men in these our days*……), 런던, 1581. 771, 772

스튜어트 D. Stewart, Dugald, 『경제학 강의』(*Lectures on political economy*), 『전집』(*The collected works*), 해밀턴 엮음, 제8권, 에든버러, 1855. 339, 365, 381, 510

스튜어트 J. Steuart, James, 『경제학 원리』(*An inquiry into the principles of political economy*), 『저작집』(*The works, political, metaphisical, and chronological*……, 그의 아들 제임스 스튜어트 엮음), 전 6권, 제1권, 런던, 1805. 163

________, 『경제학 원리』, 전 2권, 제1권, 런던, 1767. 352, 373

________, 『경제학 원리』, 전 3권, 제1권, 더블린, 1770. 193, 676, 746, 757, 773

________, 『경제학 원리』, 제1권, 파리, 1789. 453

스트라이프 Strype, John, 『엘리자베스 여왕 시대의 종교개혁』(*Annals of the reformation and establishment of religion, and other various occurrences in the Church of England, during Queen Elizabeth's happy reign*), 제2판, 제2권, 런던, 1725. 764

스트레인지 Strange, William, 『건강의 일곱 가지 원천』(*The seven sources of health*), 런던, 1864. 273

스피노자 Spinoza, Baruch de, 『왕복서한집』(*Briefwechsel*). 623

________, 『윤리학』(*Ethik*). 325

시니어 Senior, Nassau William, 『경제학 개요』(*An outline of the science of political economy*), 런던, 1836. 243

________, 『경제학의 근본원리』(*Principes fondamentaux de l'économie politique, tirés de leçons édites et inédites de Mr. Senior*, 아리바베네 옮김), 파리, 1836. 623

________, 『공장법에 대한 편지집』(*Letters on the factory act, as it affects the cotton manufacture*…… *To which are appended, a letter to Mr. Senior from Leonard Horner, and minutes of a conversation between Mr. Edmund Ashworth, Mr. Thompson and Mr. Senior*), 런던, 1837. 238~243, 428

________, 『사회과학회』(*Social Science Congress*) → 『전국사회과학진흥협회』(*The National Association for the Promotion of Social Science*……)

________, 『아일랜드에 관한 일지, 편지와 에세이』(*Journals, conversations and essays relating to Ireland*), 전 2권, 제2권, 런던, 1868. 739, 759

________, 『임금률에 관한 세 가지 강의』(*Three lectures on the rate of wages, delivered before the University of Oxford, in eastern terms, 1830. With a preface on the causes and remedies of the present disturbances*), 런던, 1830. 567, 571

시스몽디 Sismondi, Jean-Charles-Léonard Sismonde de, 『경제학 연구』(*Études sur l'économie politique*) 제1권, 브뤼셀, 1837. 334, 621

________, 『상업적 부에 관하여』(*De la richesse commerciale, ou principes d'économie politique, appliqués à la législation du commerce*) 제1권, 제네바, 1803. 558, 559

________, 『신경제학 원리』(*Nouveaux principes d'économie politique, ou de la richesse dans ses rapports avec la population*) 제1~2권, 파리, 1819. 170, 187, 592, 607, 608, 611, 612, 677

________, 『신경제학 원리』, 제2판, 제1~2권, 파리, 1827. 603, 790

실러 Schiller, Friedrich von, 「음모와 사랑」(Kabale und Liebe). 601

________, 「인질」(Die Bürgschaft). 620

________, 「종의 노래」(Das Lied von der Glocke). 429

〔실리 Seeley, Robert Benton〕, 『국가의 위기』(*The perils of the nation. An appeal to the legislature, the clergy, and the higher and middle classes*), 제2판, 런던, 1843. 755

아리스토텔레스 Aristoteles, 『니코마코스 윤리학』(*Ethica Nicomachea*), 『저작집』(베커리 엮음) 제9권, 옥스퍼드, 1837. 73, 74, 후주 24

________, 『국가론』(*De Republica*), 『저작집』(베커리 엮음) 제10권, 옥스퍼드, 1837. 100, 167, 179

〔아버스넛 Arbuthnot, John〕, 『식량의 현재 가격과 농장규모 사이의 관계 연구』(*An Inquiry into the connection between the present price of provisions, and the size of farms: With remarks on population as affected thereby. To which are added, proposals for preventing future scarcity*, 어떤 농부 지음), 런던, 1773. 326, 327, 345~347, 751, 755

아테나이우스 Athenaeas, 『학자의 향연』(*Deipnosophistarum*) 제2권(슈바이크호이저 주해), 아르젠토라티, 1802. 115, 147

아피안 Appian von Alexandrien, 『로마사』(*Römische Geschichten*) 제7권(딜레니우스 옮김), 슈투트가르트, 1830. 755

애딩턴 Addington, Stephen, 『개방지 인클로저의 찬반 양론에 대한 연구』(*An Inquiry into the reasons for and against inclosing open-fields*), 제2판, 코번트리/런던, 1772. 754

애슐리 Ashley, Anthony, 『10시간 공장법안』(*Ten hour's factory bill. The speech in the House of Commons, on Friday, March 15th, 1844*), 런던, 1844. 424, 425, 435, 436

〔앤더슨 A. Anderson, Adam〕, 『상업의 기원에 대한 역사적 · 연대기적 기술』(*An historical and chronological deduction of the origin of commerce; from the earliest accounts to the present time. Containing, an history of the great commercial interests of the British Empire*, 부록 포함) 제1~2권, 런던, 1764. 773, 787

앤더슨 J. Anderson James, 『국가적 산업정신의 진흥책에 관한 고찰』(*Obsevations on the means of exciting a spirit of national industry; chiefly intended to promote the agriculture, commerce, manufactures, and fisheries of Scotland. In a series of letters to a friend. Written in the year 1775*), 에든버러, 1777. 584, 585, 757

________, 『꿀벌』(*The bee or literary weekly intelligencer*) 제3권, 에든버러, 1791. 646

어커트 Urquhart, David, 『상용어』(*Familiar words as affecting England and the English*), 런던, 1855. 115, 385, 528, 777

업다이크 Opdike, George, 『경제학 개론』(*A treatise on political economy*), 뉴욕, 1851. 178

〔에번스 Evans, N. H.〕, 『우리나라의 옛 귀족』(*Our old nobility*, 노블레스 오블리주 지음), 런던, 1879. 752

에이킨 Aikin, John, 『맨체스터 주변 30~40마일 지방에 관한 기술』(*A description of the country from thirty to forty miles round Manchester*), 런던, 1795. 620, 621, 778, 787

엔서 Ensor, George, 『각국의 인구에 관한 연구』(*An inquiry concerning the population of nations: containing a refutation of Mr. Malthus's essay on population*), 런던, 1818. 758

엥겔스 Engels, Friedrich, 「국민경제학 비판 개요」(Umrisse zu einer Kritik der National-oekonomie), 『독불연보』(아르놀트 루게/카를 마르크스 편집), 제1책과 제2책, 파리, 1844. 89, 166, 178, 663

________, 『영국 노동자계급의 상태』(*Die Lage der arbeitenden Klasse in England. Nach eigner Anschauung und authentischen Quellen*), 라이프치히, 1845. 254, 259, 269, 283, 421, 445, 447, 448, 468, 633, 683, 후주 153

________, 「영국의 10시간 노동법안」(Die englische Zehnstundenbill), 『신라인 신문』(마르크스 편집) 제4호, 런던/함부르크/뉴욕, 1850년 4월. 308, 320

영 Young, Arthur, 『아일랜드 여행기』(*A tour in Ireland: with general observations on the present state of that kingdom……*), 제2판, 전 2권, 런던, 1780. 709

________, 『정치 산술』(*Political arithmetic. Containing observations on the present state of Great Britain; and the principles of her policy in the encouragement of agriculture*), 런던, 1774. 137, 243, 244

오르테스 Ortes, Giammaria, 『국민경제학에 관하여』(*Della economia nazionale*), 『이탈리아 경제학 고전 전집』 제21권, 근세편, 밀라노, 1804. 675, 676

오비디우스 Ovid, 『파스티』(*Fasti*). 749, 후주 164

________, 『연애술』(*Artis Amatoriae*). 463, 후주 124

오언 Owen, Robert, 『공업제도의 영향에 대한 고찰』(*Observations on the effect of the manufacturing system: with hints for the improvement of those parts of it which are most injurious to health and morals*), 제2판, 런던, 1817. 425

오지에 Augier, Marie, 『공공신용에 대하여』(*Du crédit public et de son histoire depuis les temps anciens jusqu'à nos jours*), 파리, 1842. 788

오트웨이 Otway, J. H., 「주 치안판사 오트웨이의 판결」(Judgement of J.H. Otway, chairman of county sessions—Belfast, hilary sessions, 1860), 『공장감독관 보고서: 1860년 4월 30일까지의 반년간』, 런던, 1860. 294

옴스테드 Olmsted, Frederick Law, 『연안 노예주(洲) 여행기』(*A journey in the seaboard slave states, with remarks on their economy*), 뉴욕, 1856. 211

와츠 Watts, John, 『경제학자의 사실과 허구』(*The facts and fictions of political economists: being a review of the principles of the science, separating the true from the false*), 맨체스터, 1842. 574

________, 『노동조합과 파업, 기계와 협동조합』(*Trade societies and strikes: their good and evil influences on the members of Trades Unions, and on society at large. Machinery; its influences on work and wages, and cooperative societies, productive and distributive, past, present, and future*), 맨체스터, 〔1865년〕. 574, 577

왓슨 Watson, John Forbes, 〔「기술협회 발표 논문」(Paper read before the Society of Arts)〕, 『기술협회지』, 1860년 4월 17일, 런던. 413

워드 Ward, John, 『스토크어폰트렌트 시의 역사』(*The borough of Stoke-upon-Trent, in the commencement of the reign of Her Most Gracious Majesty Queen Victoria*), 런던,

1843. 282

웨스트 West, Edward, 『곡물 가격과 임금』(*Price of corn and wages of labour, with observations upon Dr. Smith's, Mr. Ricardo's, and Mr. Malthus's doctrines upon those subjects; and attempt at an exposition of the causes of the fluctuation of the price of corn during the last thirty years*), 런던, 1826. 566

〔________〕, 『토지에 대한 자본투하 고찰』(*Essay on the application of capital to land, with observations shewing the impolicy of any great restriction of the importation of corn, and that the bounty of 1688 did not lower the price of it*, 옥스퍼드 대학의 어떤 사람 지음), 런던, 1815. 566

웨이드 Wade, John, 『중간계층과 노동자계급의 역사』(*History of the middle and working classes*……), 제3판, 런던, 1835. 258, 288, 647

웨이크필드 Wakefield, Edward Gibbon, 『식민의 방법에 관한 견해』(*A view of the art of colonization, with present reference to the British Empire; in letters between a statesman and a colonist*), 런던, 1849. 345

________ → 스미스, 『국부론』(런던, 1835~39)의 주해

〔________〕, 『영국과 미국』(*England and America, a comparison of the social and political state of both nations*) 제1~2권, 런던, 1833. 284, 608, 704, 794~800

웨일랜드 Wayland, Francis, 『경제학 요강』(*The elements of political economy*), 보스턴, 1843. 178, 222

윌크스 Wilks, Mark, 『인도 남부의 역사적 개관』(*Historical sketches of the South of India, in an attempt to trace the history of Mysoor; from the Hindoo Government of that state, to the extinction of the Mohammedan Dynasty in 1799*) 제1권, 런던, 1810. 379

유베날리스 Juvenal, 『풍자시』(*Satiren*). 262

유어 Ure, Andrew, 『공장철학』(*The philosophy of manufactures: or, an exposition of the scientific, moral and commercial economy of the factory system of Great Britain*), 런던, 1835. 241, 370, 371, 389, 390, 401, 426, 441~443, 447, 455, 456, 460, 461, 576, 577, 581, 585

________, 『공장철학』(프랑스어판) 제2권, 파리, 1836. 317

이든 Eden, Frederic Morton, 『빈민의 상태』(*The state of the poor: or, an history of the labouring classes in England, from the conquest to the present period*, 부록 포함) 제

1~3권, 런던, 1797. 258, 628, 643, 644, 703, 750, 753, 785
이소크라테스 Isokrates, 『부시리스』(*Busiris*), 『이소크라테스의 논술과 편지』(베이터 교열), 파리, 1846. 388, 389

제노베시 Genovesi, Antonio, 『시민경제학 강의』(*Lezioni di economia civile*), 『이탈리아 경제학 고전 전집』, 근세편, 제7~9권, 밀라노, 1803. 168
제이콥 Jacob, William, 『귀금속의 생산과 소비에 관한 역사적 연구』(*An historical inquiry into the production and consumption of the precious metals*), 전 2권, 런던, 1831. 54
________, 『새뮤얼 휘트브레드에게 보내는 편지』(*A letter to Samuel Whitbread, being a sequel to considerations on the protection required by British agriculture*), 런던, 1815. 234
존스 Jones, Richard, 『경제학에 관한 입문적 강의』(*An introductory lecture on political economy, delivered at King's College. London, 27th February 1833. To which is added a syllabus of a course of lectures on the wages of labour*), 런던, 1833. 660
________, 『국민경제학 교본』(*Text-book of lectures on the political economy of nations*), 허트퍼드, 1852. 327, 339, 353, 594, 614, 624, 625
________, 『부의 분배에 관한 고찰』(*An essay on the distribution of wealth, and on the sources of taxation*), 런던, 1831. 348
〔지베르 Sieber〕, 『가치와 자본 등에 관한 리카도의 이론』, 키예프, 1871. 22, 25

〔차일드 Child, Josiah〕, 『상업, 특히 동인도 무역에 관한 논고』(*A discourse concerning trade, and that in particular of the East-Indies*), 런던, 1689. 105
찰머스 Chalmers, Thomas, 『경제학 개론』(*On political economy in connexion with the moral state and moral prospects of society*), 제2판, 글래스고, 1832. 168
〔체르니셰프스키 Tschernyschewski〕, 『밀의 경제학 개요』, 상트페테르부르크 1861. 21
체임벌린 Chamberlain, Joseph, 「버밍엄 위생회의 개회사」(Eröffnungsrede der sanitären Konferenz, Birmingham, 14. Januar 1875), 『맨체스터 가디언』(*The Manchester Guardian*), 1875년 1월 15일. 671

〔카우프만 Kaufmann〕, 「카를 마르크스의 정치경제학 비판 입장」, 상트페테르부르크,

1872. 25~27

〔카제노프 Cazenov, John〕, 『경제학 개론』(*Outlines of political economy; being a plain and short view of the laws relating to the production, distribution, and consumption of wealth*), 런던, 1832. 213, 337, 546, 623

________ → 맬서스, 『경제학의 갖가지 정의』의 「서문」, 주, 보유

칼라일 Carlyle, Thomas, 「미국의 소(小)일리아드」(Ilias 〔Americana〕 in nuce), 『맥밀런 매거진』(매슨 편집), 런던 / 케임브리지, 1863년 8월호. 270

캉티용, P. Cantillon, Philip, 『산업 · 상업……의 분석』(*The analysis of trade, commerce, coin, bullion, banks and foreign exchanges. Wherein the true principles of this useful knowledge are fully but briefly laid down and explained, to give a clear idea of their happy consequences to society, when well regulated. Taken chiefly from a manuscript of a very ingenious gentleman deceas'd, and adapted to the present situation of our trade and commerce*), 런던, 1759. 579, 후주 132

〔캉티용, R. Cantillon, Richard〕, 「상업 일반의 성질에 관하여」(Essai sur la natur du commerce en général, 영문으로부터 번역, 『정치학 논문집』 제3권, 암스테르담, 1756). 579, 후주 132

캠벨 Campbell, George, 『근대 인도』(*Modern India: a sketch of the system of civil government. To which is prefixed, some account of the natives and native institutions*), 런던, 1852. 379

케네 Quesnay, François, 『경제표』(*Tableau économique. Remarques sur les variations de la distribution des revenus annuels d'une nation*), 베르사유, 1758. 617

________, 『경제표 분석』(*Analyse de tableau économique*), 『중농학파』(데르 엮음), 제1부, 파리, 1846. 617

________, 『상업 및 수공업자의 노동에 관한 대화』(*Dialogues sur le commerce et sur les travaux des artisans*, 같은 책). 123, 339

케어리 Carey, Henry Charles, 『노예무역』(*The slave trade, domestic and foreign: why it exists, and how it may be extinguished*), 필라델피아, 1853. 759, 777

________, 『임금률 고찰』(*Essay on the rate of wages: with an examination of the causes of the differences in the condition of the labouring population throughout the world*), 필라델피아 / 런던, 1835. 587

케언스 Cairnes, John Elliot, 『노예의 힘』(*The slave power: its character, career and probable designs: being an attempt to explain the real issues involved in the American contest*), 런던, 1862. 210, 211, 281, 282, 352

케틀레 Quételet, Adolphe-Lambert-Jacques, 『인간과 그 능력의 발달에 대하여』(*Sur l'homme et le développement de ses facultés, ou essai de physique sociale*) 제1~2권, 파리, 1835. 342

코르봉 Corbon, Claude-Anthime, 『직업교육에 관하여』(*De l'enseignement professionnel*), 제2판, 파리, 1860. 511, 512

코벳 Corbet, Thomas, 『개인적 부의 원인과 그 양식에 대한 연구』(*An inquiry into the causes and modes of the wealth of individuals; or the principles of trade and speculation explained*), 런던, 1841. 165, 615

코빗 Cobbett, William, 『프로테스탄트 종교개혁사』(*A history of the protestant, "Reformation," in England and Ireland. Showing how that event has impoverished and degraded the main body of the people in those countries. In a series of letters, addressed to all sensible and just Englishmen*), 런던, 1824. 749

코프 Kopp, Hermann, 「화학의 발전」(Entwickelung der Chemie), 『독일 과학사. 근대편』(*Geschichte der Wissenschaften in Deutschland. Neuere Zeit*) 제10권, 제3편, 뮌헨, 1873. 327

콜랭 Colin, Jean-Guillaume-César-Alexandre-Hippolyte, 『경제학』(*L'économie politique. Source des révolutions et des utopies prétendues socialistes*) 제3권, 파리, 1857. 642, 721, 800

콜럼버스 Columbus, Christoph, 「자마이카에서 보낸 편지」(Brief aus Jamaica) → 나바레테, 『콜럼버스의 여행』

콩디야크 Condillac, Etienne-Bonnot de, 『상업과 정부』(*Le commerce et le gouvernement*), 『경제학 총서』(*Mélanges d'économie politique*, 데르와 몰리나리의 주석·주해·설명) 제1권, 파리, 1847. 173

콩트 Comte, Charles, 『입법론』(*Traité de législation ou exposition des lois générales, suivant lesquelles les peuples prospèrent, dépérissent, ou restent stationnaires*), 제3판, 브뤼셀, 1837. 779

쿠르셀-스뇌유 Courcelle-Seneuil, Jean-Gustave, 『공업·상업·농업·기업의 이론과 실

제』(*Traité théorique et pratique des entreprises industrielles, commerciales et agricoles ou manuel des affaires*), 제2판, 파리, 1857. 247, 624

퀴비에 Cuvier, George, 『지표의 변천에 관한 연구』(*Discours sur les révolutions du globe*), 파리, 1863. 537

크세노폰 Xenophon, 『큐로피디아』(*Cyropaedia*). 388

〔클레멘트 Clement, Simon〕, 『화폐 · 상업과 외환의 상호관계에 대한 일반적 논고』(*A discourse of the general notions of money, trade and exchanges, as they stand in relation each to other*), 런던, 1695. 105

〔타운센드 Townsend, Joseph〕, 『구빈법론』(*A dissertation on the poor laws. By a well-wisher to mankind*), 제2판, 런던, 1817. 676

________, 『스페인 여행기』(*Journey through Spain*), 런던, 1791. 676

터켓 Tuckett, John Debell, 『노동인구의 과거와 현재 상태에 관한 역사』(*A history of the past and present state of the labouring population, including the progress of agriculture, manufactures, and commerce*), 전 2권, 런던, 1846. 383, 749, 777

토런스 Torrens, Robert, 『곡물무역론』(*An essay on the external corn trade*), 런던, 1815. 186

________, 『부의 생산에 관한 고찰』(*An essay on the production of wealth; with an appendix, in which the principles of political economy are applied to the actual circumstances of this country*), 런던, 1821. 176, 199

________, 『임금과 단결에 관하여』(*On wages and combination*), 런던, 1834. 427

〔톰프슨 B. Thompson, Benjamin, Count of Rumford〕, 『정치 · 경제 · 철학 논집』(*Essay, political, economical, and philosophical*) 제1~3권, 런던, 1796~1802. 628

톰프슨 W. Thompson, William, 『부의 분배원리에 대한 연구』(*An inquiry into the principles of the distribution of wealth most conducive to human happiness; applied to the newly proposed system of voluntary equality of wealth*), 런던, 1824. 382, 383

투크 / 뉴마치 Tooke, Thomas / Newmarch, William, 『물가의 역사』(*A history of prices, and of the state of the circulation, during the nine years 1848~56*), 전 2권, 런던, 1857. 313

투키디데스 Thukydides, 『펠로폰네소스 전쟁사』(*Geschichte des Peloponnesischen*

Krieges). 387, 388

〔튀넨 Thünen, Johann Heinrich von〕, 『고립된 국가』(*Der isolirte Staat in Beziehung auf Landwirthschaft und Nationalökonomie*), 제2편, 제2부, 로스토크, 1863. 649

튀르고 Turgot, Anne-Robert-Jacques, de l'Aulne, 『부의 형성과 분배에 관한 고찰』(*Réflexions sur la formation et la distribution des richesses*), 『저작집』(*Oeuvres*), 신판(데르 엮음), 제1권, 파리, 1844. 194, 332, 556

티에르 Thiers, Adolphe, 『소유권에 관하여』(*De la propriété*), 파리, 1848. 466

파니니 Pagnini, Giovanni, Francesco 『물품들의 정당한 가격에 관한 고찰』(*Saggio sopra il giusto pregio delle cose, la giusta valuta della moneta e sopra il commercio dei romani*), 『이탈리아 경제학 고전 전집』, 근세편, 제2권, 밀라노, 1803. 106

파울하버 Faulhaber, Johann, 『낡은 제분기의 기계적 개량』(*Mechanische Verbesserung einer Alten Roszmühlen, welche vor diesem der Königliche Ingenieur Augustinus Ramellus an tag geben*……), 울름, 1625. 397

〔파필론 Papillon, Thomas〕, 『동인도 무역. 가장 유리한 무역』(*The East-India-trade a most profitable trade to the Kingdom. And best secured and improved in a company and a joint-stock*), 런던, 1677. 105

패리 C. Parry, Charles Henry, 『현행 곡물법의 필요성에 관한 고찰』(*The question of the necessity of the existing corn laws, considered, in their relation to the agricultural labourer, the tenantry, the landholder, and the country*), 런던, 1816. 628, 629, 703

〔패리 W. Parry, William Edward〕, 『대서양에서 태평양에 이르는 북서항로의 발견을 위한 항해일지』(*Journal of a voyage for the discovery of a north-west passage from the Atlantic to the Pacific; performed in the years 1819~20, in His Majesty's ships Hecla and Griper, under the orders of William Edward Parry*), 제2판, 런던, 1821. 110

퍼거슨 Ferguson, Adam, 『시민사회의 역사』(*An essay on the history of civil society*), 에든버러, 1767. 375, 382~384

페런드 Ferrand → 핸서드, 제170권

페리에 Ferrier, François-Louis-Auguste, 『정부에 대한 상업적 측면의 고찰』(*Du gouvernement considéré dans ses rapports avec le commerce*), 파리, 1805. 75

페케르 Pecqueur, Constantin, 『사회 · 정치 경제학의 새로운 이론』(*Théorie nouvelle d'économie sociale et politique, ou études sur l'organisation des sociétés*), 파리, 1842. 789

페티 Petty, William, 『아일랜드의 정치적 해부』(*The political anatomy of Ireland…… To which is added verbum sapienti……*), 런던, 1691. 156, 160, 288, 289, 332

________(익명), 『조세공납론』(*A treatise of taxes and contributions*), 런던, 1667. 58, 106, 107, 136, 137, 645

________, 『화폐론』(*Quantulumcunque concerning money. 1682. To the Lord Marquess of Halyfax*), 런던, 1695. 116, 160

〔포르보네 Forbonnais, François-Veron de〕, 『상업의 기초 개념』(*Éléments du commerce*), 신판, 제2권, 라이데, 1766. 105

포셋 Fawcett, Henry, 『영국 노동자의 경제적 지위』(*The economic position of the British labourer*), 케임브리지/런던, 1865. 582, 638, 639, 682

〔포스터 Forster, Nathaniel〕, 『최근 식량가격 폭등의 원인에 대한 연구』(*An enquiry into the causes of the present high price of provisions*), 런던, 1767. 290, 451, 536, 753

포슬스웨이트 Postlethwayt, Malachy, 『상공업 대사전』(*The universal dictionary of trade and commerce: with large add. and improvements, adapting the same to the present state of British affaires in America, since the last treaty of peace made in the year 1763*), 제4판, 제1권, 런던, 1774. 290, 291

________, 『영국의 상업적 이익의 해명과 개선』(*Great-Britain's commercial interest explained and improved: in a series of dissertations on the most important branches of her trade and lauded interest*), 제2판, 전2권, 런던, 1759. 290

포터 Potter, Alonzo, 『경제학』(*Political economy: its objects, uses, and principles: considered with reference to the condition of the American people*), 뉴욕, 1841. 623, 624, 후주 145

포테스큐 Fortescue, John, 『영국법 찬미』(*De laudibus legum Angliae*), 〔런던, 1537〕. 745, 746

퐁트레 Fonteret, Antoine-Louis, 『대도시 노동자의 육체적·정신적 상태—특히 리옹의 경우』(*Hygiène physique et morale de l'ouvrier dans les grandes villes en général et dans la ville de Lyon en particulier*), 파리, 1888. 384

푸리에 Fourier, Charles, 『산업적 · 조합적 신세계』(*Le nouveau monde industriel et sociétaire, ou invention du procédé d'industrie attrayante et naturelle distribuée en séries passionnées*), 파리, 1829. 724

________, 『허위의 산업과 진정한 산업』(*La fausse industrie morcelée, répugnante, mensonègre, et l'antidote, l'industrie naturelle, combinée, attrayante, véridique, donnant quadruple produit*), 파리, 1835~36. 450

풀라턴 Fullarton, John, 『통화 조절론』(*On the regulation of currencies; being an examination of the principles, on which it is proposed to restrict, within certain fixed limits, the future issues on credit of the Bank of England, and of the other banking establishments throughout the country*), 개정증보판, 제2판, 런던, 1845. 142, 155, 156, 159

프라이스 Price, Richard, 『퇴직급여에 관한 고찰』(*Observations on reversionary payments; on schemes for providing annuities for widows, and for person in old age; on the method of calculating the values of assurances on lives; and on the national debt*, 윌리언 모건 엮음), 제6판, 제2권, 런던, 1803. 702, 754, 755

프라이타그 Freytag, Gustav, 『독일인의 새로운 생활상』(*Neue Bilder aus dem Leben des deutschen Volkes*), 라이프치히, 1862. 768

프랭클린 Franklin, Benjamin, 「국부에 관해 검토되어야 할 몇 가지 견해」(Positions to be examined, concerning national wealth), 『저작집』(*The works of Benjamin Franklin*, 스파크스 엮음) 제2권, 보스턴, 1836. 178

________, 「지폐의 성질과 필요에 관한 연구」(A modest inquiry into the nature and necessity of a paper curency」(같은 책). 65

프루동 Proudhon, Pierre-Joseph, 『빈곤의 철학』(*Système des contradiction économiques, ou philosophie de la misère*) 제1권, 파리, 1846. 445, 538, 559

플라톤 Plato, 『국가론』(*De republica*), 『전집』(*Opera quae feruntur omnia*, 바이터 · 오렐리 외 엮음) 제13권, 1840. 387, 388

〔플리트우드 Fleetwood, William〕, 『물가 연표』(*Chronicon preciosum: or, an account of English money, the price of corn, and other commodities, for the last 600 years*), 런던, 1707. 288

________, 『물가연표』, 제2판, 1745. 288

피서링 Vissering, Simon, 『실무 경제학 개요』(*Handboek van praktische staathuishoudkunde*),

암스테르담, 1860~62. 526

〔핀토 Pinto, Isaac〕, 『유통과 신용에 관한 이론』(*Traité de la circulation et du crédit*), 암스테르담, 1771. 165

필든 Fielden, John, 『공장제도의 저주』(*The curse of the factory system; or, a short account of the origin of factory cruelties*), 런던, 1836. 425, 426, 435, 785, 786

하셀 Hassall, Arthur Hill, 『적발된 불량제품』(*Adulterations detected or plain instructions for the discovery of frauds in food and medicine*), 제2판, 런던, 1861. 189, 263

하이네 Heine, Heinrich, 『하인리히, 시사시』(*Heinrich, Zeitgedicht*). 319

한센 Hanssen, Georg, 『슐레스비히 · 홀슈타인의 농노제……』(*Die Aufhebung der Leibeigenschaft und die Umgestaltung der gutsherrlichbäuerlichen Verhältnisse überhaupt in den Herzogthümern Schleswig und Holstein*), 상트페테르부르크, 1861. 251

할러 Haller, Ludwig von, 『국가학의 부흥』(*Restauration der Staats-Wissenschaft oder Theorie des natürlich-geselligen Zustands; der Chimäre des künstlich-bürgerlichen entgegengesetzt*), 제1~4권, 빈터투어, 1816~20. 411

해리스 E. Harris, James. Earl of Malmesbury, 『초대 맘스버리 백작 제임스 해리스의 일기와 보고』(*Diaries and correspondence of James Harris, First Earl of Malmesbury; containing an account of his missions to the courts of Madrid, Frederick the Great, Catherine the Second, and the Hague; and his special Missions to Berlin, Brunswick, and the French Republic*, 손자 3대 백작 엮음) 제1~4권, 런던, 1844. 386, 387

해리스 J. Harris, James, 「행복에 관한 대화」(Dialogue concerning happiness), 『세 논문』(Three treatises), 개정 제3판, 런던, 1772. 387

해리슨 Harrison, William, 『잉글랜드 풍경』(*The description of England*), 『홀린즈헤드 연대기』(*The first and second volumes of chronicles*……, 홀린즈헤드 외 엮음), 런던, 1587. 746, 764, 771

햄 Hamm, Wilhelm, 『영국의 농기구와 농업기계』(*Die landwirthschaftlichen Geräthe und Maschinen Englands. Ein Handbuch der landwirthschaftlichen Mechanik und Maschinenkunde, mit einer Schilderung der britischen Agricultur*), 전면 개정 · 증보 제2판, 브라운슈바이크, 1856. 527

허턴 Hutton, Charles, 『수학교본』(*A course of mathematics*), 전 2권, 제12판, 런던, 1841~43. 392

헉슬리 Huxley, Thomas Henry, 『초급 생리학 강의』(*Lessons in elementary physiology*), 런던, 1866. 506

헤겔 Hegel, Georg Wilhelm Friedrich, 『대논리학』(*Wissenschaft der Logik*, 레오폴드 폰 헤니히 엮음), 『저작집』 제3~5권, 베를린, 1833~34. 327

________, 『법철학』(*Grundlinien der Philosophie des Rechts, oder Naturrecht und Staatswissenschaft im Grundrisse*, 에두아르트 간즈 엮음), 같은 책, 제2판, 제8권, 베를린, 1840. 59, 106, 182, 385, 614

________, 『엔치클로페디』(*Encyclopädie der philosophischen Wissenschaften im Grundrisse*), 제1부, 「논리학」, 『저작집』 제6권, 베를린, 1840. 194, 278

헤로 알렉산드리누스 Hero Alexandrinus, 『공기와 수력장치 교본』(*Buch von Lufft-und Wasser-Künsten*, 우르빈 옮김), 프랑크푸르트, 1688. 397

호너 Horner, Leonard, 「시니어에게 보내는 편지」(Letter to Mr. Senior」 → 시니어, 『공장법에 대한 편지』

________, 「현재 성행하고 있는 불법작업을 감독관이 방지할 수 있도록 하기 위한 공장법 개정안」(Suggestions for amending the factory acts to enable the inspectors to prevent illegal working, now become very prevalent」, 『공장 규제법』(*Factories regulation acts*), 1859년 8월 9일. 312

호라티우스 Horaz, 『시학』(*Ars Poetica*). 707

________, 『에포디 제7가』(*Epodi VII*). 740

________, 『풍자시』(*Satiren*). 12, 282, 385

호메로스 Homer, 『일리아드』(*Ilias*). 76

________, 『오디세이』(*Odysseia*). 387

호윗 Howitt, William, 『식민과 기독교: 유럽인들이 식민지 원주민을 다룬 방법에 대한 역사』(*Colonization and christianity: a popular history of the treatment of the natives by the Europeans in all their colonies*), 런던, 1838. 779

호지스킨 Hodgskin, Thomas, 『민중경제학』(*Popular political economy. Four lectures delivered at the London Mechanics' Institution*), 런던, 1827. 359, 373, 559

〔호지스킨〕, 『자본의 요구에 대한 노동의 방어』(*Labour defended against the claims of capital; or, the unproductiveness of capital proved. With reference to the present combinations amongst journeymen*), 런던, 1825. 376, 599

호지스킨(익명), 『자연적 소유권과 인위적 소유권의 비교』(*The natural and artificial right of property contrasted*), 런던, 1832. 778

〔혼 Horne, George〕, 『법학박사 애덤 스미스에게 주는 글』(*A letter to Adam Smith on the life, death, and philosophy of his friend David Hume. By one of the people called christians*), 제4판, 옥스퍼드, 1784. 645, 646

홀린즈헤드 Holinshed, Raphael → 해리슨, 『잉글랜드 풍경』

홉스 Hobbes, Thomas, 『리바이어던』(*Leviathan, or the matter, from, and power of a commonwealth, ecclesiastical and civil*), 『저작집』(*The English works of Thomas Hobbes*, 몰스워스〔W. Molesworth〕 엮음) 제3권, 런던, 1839. 184, 377

홉킨스 Hopkins, Thomas, 『지대에 관하여』(*On rent of land, and its influence on subsistence and population:with observations on the operating causes of the condition of the labouring classes in various countries*), 런던, 1828. 244

휴턴 Houghton, John, 『개량된 농업과 공업』(*Husbandry and trade improved: being a collection of many valuable materials relating to corn, cattle, coals, hops, wool etc.*) 제1~4권, 런던, 1727~28. 451

흄 Hume, David, 『에세이』(*Essays and treatises on several subjects*), 신판, 전 4권, 런던, 1770. 137

2. 저서와 논문

(지은이가 밝혀지지 않은 것들로, 책명의 가나다순으로 배열하였다. —편집자)

『각국의 산업』(*The industry of nations, part II. A survey of the existing state of arts, machines, and manufactures*), 런던, 1855. 364, 406

『각 나라의 경제학에 대하여』(*An essay on the political economy of nations: or, a view of the intercourse of countries, as influencing their wealth*), 런던, 1821. 215, 325, 326

『각 직업간의 단결에 관하여』(*On combinations of trades*), 신판, 런던, 1834. 582

『경쟁과 협동의 상대적인 장점에 대한 현상논문』(*A prize essay on the comparative merits*

together with some interesting reflections on the importance of our trade to America……, 『조세에 관한 고찰』의 저자 지음), 런던, 1770. 246, 247, 290~292, 390, 567, 627, 643, 666, 763

『성경』(*Die Bibel oder die ganze Heilige Schrift des alten und neuen Testaments*, 루터 옮김). 101, 287, 395, 607, 621, 798

『슬론 수고집』(*The character and behaviour of king William, Sunderland, Somers etc. as represented in original letters to the Duke of Shrewsbury, from Somers, Halifax, Oxford, secretary Vernon etc.*)〔Handschrift in der Sloane Manuscript Collection des Britischen Museums Nr. 4224〕. 751

『신용과 파산법에 관한 고찰』(*An essay on credit and the bankrupt act*), 런던, 1707. 149

『양모 수출 제한의 이유』(*Reasons for a limited exportation of wool*), 런던, 1677. 596

『영국의 상업정책론』(*Remarks on the commercial policy of Great Britain, principally as it relates to the corn trade*), 런던, 1815. 580

『영국의 지주와 차지농업가를 위한 변론』(*A defence of the land-owners and farmers of Great Britain; and an exposition of the heavy parliamentary and parochial taxation under which they labour; combined with a general view of the internal and external policy of the country: in familiar letters from an agricultural gentleman in Yorkshire to a friend in Parliament*), 런던, 1814. 580

『의학 백과사전』(*Encyclopédie des sciences médicales; ou traité général, méthodique et complet des diverses branches de l'art de guérir*), 제7부, 고전저자 편, 파리, 1841. 384

『최근 구빈세 인상의 이유』(*Reasons for the late increase of the poor-rates: or, a comparative view of the price of labour and provisions. Humbly addressed to the consideration of the Legislature*), 런던, 1777. 596, 702

『최근 맬서스가 주장하는 수요의 성질과 소비의 필요에 대한 원리 연구』(*An inquiry into those principles, respecting the nature of demand and the necessity of consumption, lately advocated by Mr. Malthus, from which it is concluded, that taxation and the maintenance of unproductive consumers can be conducive to the progress of wealth*), 런던, 1821. 177, 188, 464, 622, 634

『통화이론 논평』(*The currency theorie reviewed; in a letter to the Scottish people on the menaced interference by government with the existing system of banking in Scotland,* 영국의 어느 은행가 지음), 에든버러, 1845. 153

『형법전』(*Code pénal, ou code de délits et des peines*), 콜로뉴, 1810. 770

『황무지 인클로저의 결과와 오늘날 고기값이 오르는 원인에 대한 정치적 연구』(*A political enquiry into the consequences of enclosing waste lands, and the causes of the present high price of butchers meat,* 지방 농업가협회 의견), 〔런던,〕 1785. 752

3. 국회보고서와 그밖의 공문서

『곡류, 알곡, 곡분 ……』(*Corn, grain, and meal. Return to an order of the Honourable the House of Commons, dated 18 February 1867*). 476, 479, 후주 125

『곡물과 곡물법에 관한 보고서』(*Reports respecting grain, and the corn laws: viz: First and second reports from the Lords committees, appointed to enquire into the state of the growth, commerce, and consumption of grain, and all laws relating thereto;……*), 1814년 11월 23일. 580

『곡물법 관련 청원에 관한 특별위원회 보고서』(*Report from the select committee on petitions relating to the corn laws of this Kingdom: together with the minutes of evidence, and an appendix of accounts*), 1814년 7월 26일. 580

『공장』(*Factories,* 1856년 4월 15일. 하원 질의에 대하여 제출한 보고), 1857년 2월 4일 인쇄. 438, 458, 후주 122

________ (1861년 4월 24일), 1862년 2월 11일 인쇄. 437, 458, 498, 후주 122

________ (1867년 12월 5일), 1868년 7월 22일 인쇄. 458, 후주 122

『공장감독관 보고서』(*Reports of the inspectors of factories to Her Majesty's Principal Secretary of State for the Home Department*). 241, 254, 417, 515

『________ : 1841년 12월 31일까지의 반기 보고서』, 1842년 2월 16일. 294

『________ : 1844년 9월 30일까지의 3개월과 1844년 10월 1일부터 1845년 4월 30일까지』, 런던, 1845. 298, 299, 309, 310, 426, 433, 434, 436, 437

『________ : 1846년 10월 31일까지의 반기 보고서』, 런던, 1847. 310

『________ : 1848년 4월 30일까지의 반기 보고서』, 런던, 1848. 303, 569

『________ : 1848년 10월 31일까지의 반기 보고서』, 런던, 1849. 242, 298, 300~305, 307, 308, 315, 319, 548, 571
『________ : 1849년 4월 30일까지의 반기 보고서』, 런던, 1849. 305~308, 329, 330
『________ : 1849년 10월 31일까지의 반기 보고서』, 런던, 1850. 297, 307
『________ : 1850년 4월 30일까지의 반기 보고서』, 런던, 1850. 308, 319
『________ : 1850년 10월 31일까지의 반기 보고서』, 런던, 1851. 304
『________ : 1852년 4월 30일까지의 반기 보고서』, 런던, 1852. 309
『________ : 1853년 4월 30일까지의 반기 보고서』, 런던, 1853. 311
『________ : 1853년 10월 31일까지의 반기 보고서』, 런던, 1854. 190, 284
『________ : 1855년 4월 30일까지의 반기 보고서』, 런던, 1855. 241
『________ : 1855년 10월 31일까지의 반기 보고서』, 런던, 1856. 284, 293, 422, 450, 548
『________ : 1856년 10월 31일까지의 반기 보고서』, 런던, 1857. 255, 257, 400, 401, 438, 456, 472~474
『________ : 1857년 4월 30일까지의 반기 보고서』, 런던, 1857. 422, 423
『________ : 1857년 10월 31일까지의 반기 보고서』, 런던, 1857. 312, 424
『________ : 1858년 4월 30일까지의 반기 보고서』, 런던, 1858. 255, 256, 578, 581
『________ : 1858년 10월 31일까지의 반기 보고서』, 런던, 1859. 415, 418, 423, 438, 456
『________ : 1859년 4월 30일까지의 반기 보고서』, 런던, 1859. 575
『________ : 1859년 10월 31일까지의 반기 보고서』, 런던, 1860. 256, 298, 320
『________ : 1860년 4월 30일까지의 반기 보고서』, 런던, 1860. 257, 284, 294, 295, 312, 398, 438, 570
『________ : 1860년 10월 31일까지의 반기 보고서』, 런던, 1860. 256, 575
『________ : 1861년 4월 30일까지의 반기 보고서』, 런던, 1861. 256
『________ : 1861년 10월 31일까지의 반기 보고서』, 런던, 1862. 310, 311, 318, 440
『________ : 1862년 10월 31일까지의 반기 보고서』, 런던, 1863. 256, 312~314, 318, 421, 428, 437, 439, 441, 472, 478, 480, 503
『________ : 1863년 4월 30일까지의 반기 보고서』, 런던, 1863. 314, 315, 319, 449, 483, 569, 570
『________ : 1863년 10월 31일까지의 반기 보고서』, 런던, 1864. 256, 315, 319, 444, 450, 457, 480~482, 570, 665, 666

『________ : 1864년 4월 30일까지의 반기 보고서』, 런던, 1864. 482
『________ : 1864년 10월 31일까지의 반기 보고서』, 런던, 1865. 316, 319
『________ : 1865년 10월 31일까지의 반기 보고서』, 런던, 1866. 433, 472, 482, 484, 499~501, 506, 507, 514, 515
『________ : 1866년 10월 31일까지의 반기 보고서』, 런던, 1867. 444, 449, 450, 585, 586, 671, 736, 737
『공장규제법』(*Factories Regulation Acts*), 1859년 8월 9일. 255, 312
『공장조사위원회 제1차 보고서』(*Factories inquiry commission. First report of the central board of His Majesty's commissioners*), 1833년 6월 28일. 296, 후주 82
『공중위생 보고서』(*Public Health. Reports*). 385, 417, 421, 489
『________ 제3차 추밀원 의무관 보고서: 1860년』, 1861년 4월 15일. 259, 260
『________ 제4차 보고서: 1861년』, 1862년 4월 11일. 488, 489
『공중위생 제6차 보고서: 1863년』, 런던, 1864. 190, 285, 420, 421, 488, 489, 570, 685~687, 709, 725
『________ 제7차 보고서: 1864년』, 런던, 1865. 603, 693~697, 707, 710~721
『________ 제8차 보고서: 1865년』, 런던, 1866. 487, 688~693
『광산 특별위원회 보고서』(*Report from the select committee on mines; together with the proceedings of the committee, minutes of evidence, and appendix*), 1866년 7월 23일. 519~525
『국제 통계회의 제2차 회의 보고서: 1855년 9월 10일, 12~15일, 파리』(*Compte rendu de la deuxième session du congrès international de statistique réuni à Paris les 10, 12, 14 et 15 September 1855*), 1856. 317
『내국 수입 조사위원회 제4차 보고서』(*Fourth report of the commissioners of Her Majesty's inland revenue on the inland revenue*), 런던, 1860. 679
『________』, 런던, 1866. 678, 679, 728
「노동시간 제한과 10세 미만 아동의 공장노동 금지법. 1851년 3월 18일 통과」(An act to limit the hours of labour, and to prevent the employment of children in factories under ten years of age. Approved March 18, 1851」, 『뉴저지 주 제75주의회 법령』, 트렌턴, 1851. 287
『노동조합 등의 조직과 규약 조사위원회 제10차 보고서』(*Tenth report of the commi-*

ssioners appointed to inquire into the organization and rules of Trades Unions and other associations: together with minutes of evidence), 런던, 1868. 459, 후주 123

『농업노동자(아일랜드). 하원의 질의에 대한 보고서』(*Agricultural labourers* 〔*Ireland*〕. *Return to an order of the Honourable the House of Commons*), 1861년 3월 8일. 733

『농업통계, 아일랜드. 1860년의 농작물 경작면적과 가축 수』(*Agricultural statistics, Ireland. General abstracts showing the acreage under the several crops, and the number of live stock, in each county and province, for the year 1860. Also the emigration from Irish ports from 1st January to 1st September, 1860*), 더블린, 1860. 729

『농업통계, 아일랜드. 1866년 농작물 평균생산량』(*Agricultural statistics, Ireland. Tables showing the estimated average produce of the crops for the year 1866; and the emigration from the Irish ports, from 1st January to 31st December, 1866; also the number of mills for scutching flax in each county and province*), 더블린, 1867. 729

『동인도(지금地金). 하원의 질의에 대한 답변서, 1864년 2월 8일』(*East India* 〔*Bullion*〕. *Return to an address of the Honourable the House of Commons*). 148, 후주 48

『로드 아일랜드 주와 프로비던스 식민지 개정법령』(*The revised statutes of the state of Rhode Island and Providence plantation: to which are prefixed, the constitutions of the United States and of the state*), 프로비던스, 1857. 287

『매사추세츠 주 일반법』(*General Laws of the Commonwealth of Massachusetts*) 제1권, 보스턴, 1854. 287

『방적업자와 제조업자의 방위성금』(*The master spinners and manufacturers' defence fund. Report of the committee appointed for the receipt and apportionment of this fund, to the central association of master spinners and manufacturers*), 맨체스터, 1854. 446

『베이징 주재 러시아 제국 공사관의 중국 보고서』(*Arbeiten der Kaiserlich Russischen Gesandtschaft zu Peking über China, sein Volk, seine Religion, seine Institutionen, socialen Verhältnisse, etc.*, 카를 아벨 박사와 메클렌부르크 옮김) 제1권, 베를린, 1858. 141

『빵의 불량제조에 관한 1855년 보고서』(*Bericht des Committee of 1855 on the adulteration of bread*) → 『음식품의 불량제조에 관한 특별위원회 제1차 보고서』

『사회과학 진흥 국민협회, 제7차 연례대회 보고서』(*The national association for the promotion of social science. Report of proceedings at the seventh annual congress,* held in Edinburgh, October 1863*), 에든버러/런던, 1863. 416, 507, 517

『산업문제와 노동조합에 관한 해외사절 통신문집』(*Correspondence with Her Majesty's missions abroad, regarding industrial questions and trade unions*), 런던, 1867. 16

『상인계층의 곤경의 원인 등을 규명하기 위한 상원 비밀위원회 보고서』(*Report from the secret committee of the House of Lords appointed to inquire into the causes of the distress which has for some time prevailed among the commercial classes, and how far it has been affected by the laws for regulating the issue of bank notes payable on demand. Together with the minutes of evidence, and an appendix*), 1848년 7월 28일. 141

『세인트 마틴스인더필즈 보건관 보고서』(*Report of the officer of health of St. Martin's-in-the-Fields*), 1865. 689

『아동노동 조사위원회 보고서』(*Children's employment commission*), 1862. 254, 259, 316, 417, 418, 449, 468, 494, 498, 500, 503, 507, 515

『________ 제1차 보고서』, 런던, 1863. 259, 261, 263, 286, 493, 569, 578

『________ 제2차 보고서』, 런던, 1864. 486, 490~493, 495~498, 500, 514, 569, 577

『________ 제3차 보고서』, 런던, 1864. 190, 272, 419, 484, 488, 490, 501~503, 515, 570, 572, 577

『________ 제4차 보고서』, 런던, 1865. 272~279, 281, 370, 424, 459, 502, 503

『________ 제5차 보고서』, 런던, 1866. 274, 419, 456, 477, 487, 488, 504, 505, 507~509, 513~516, 570

『________ 제6차 보고서』, 런던, 1867. 714, 722~726

『아일랜드 농업노동자의 임금에 관한 구빈법 감독관 보고서』(*Reports from poor law inspectors on the wages of agricultural labourers in Ireland*), 더블린, 1870. 733~736

『에든버러 사회과학회 대회 보고서: 1863년 10월』(*Report of the Social Science Congress at Edinburgh. Oct. 1863*) → 『사회과학 진흥 국민협회……』

『에센 · 베르덴 · 케트비히 상업회의소 연보』(*Jahresbericht der Handelskammer für Essen, Werden und Kettwig pro 1862*), 에센, 1863. 412

『「영국 내 공장의 아동노동 규제법안」에 관한 위원회 보고서』(*Report from the committee on the "Bill to regulate the labour of children in the mills and factories of the United Kingdom": with the minutes of evidence*), 1832년 8월 8일. 296, 후주 84

『영국의 갖가지 통계』(*Miscellaneous statistics of the United Kingdom*, 제6부), 런던, 1866. 682

『영국의 출생 · 사망 · 혼인에 관한 호적장관의 제22차 연례보고서』(*Twenty-second annual report of the Registrar-General of births, deaths, and marriages in England. Presented to both Houses of Parliament by command of Her Majesty*), 런던, 1861. 285

『영국의 통계 개요: 1846~60년의 15년간』(*Statistical abstract for the United Kingdom in each of the last fifteen years, from 1846 to 1860*), 제8호, 런던, 1861. 440~442

『________: 1851~1865년의 15년간』, 제13호, 런던, 1866. 440~442

『우리 영국의 양모 사례』(*The case of our English wool. As also the presentment of the Grand Jury of the county of Sommerset thereon. Humbly offered to the High Court of Parliament*), 런던, 1685. 266

『유형과 징역형에 대한 법률 시행 조사위원회 보고서』(*Report of the commissioners appointed to inquire into the operation of the acts relating to transportation and penal servitude*) 제1~2권, 런던, 1863. 708

『은행법 특별위원회 보고서』(*Report from the select committee on bank acts; together with the proceedings of the committee, minutes of evidence, appendix and index*), 1857년 7월 30일. 148

________, 1858년 7월 1일. 154

『음식품의 불량제조에 관한 특별위원회 제1차 보고서』(*First report from the select committee on adulteration of food, etc.; with the minutes of evidence, and appendix*), 1855년 7월 27일. 189

『작업장 규제법』(*Workshop's regulation act*) → 『작업장에 고용된 아동 · 청소년과 부인의 노동시간 규제법』

『작업장에 고용된 아동 · 청소년과 부인의 노동시간 규제법』(*An act for regulating the hours of labour for children, young persons, and women employed in workshops*), 1867년 8월 21일(『영국/아일랜드 법령집』), 런던, 1867. 518

『제빵 직인들의 고충에 관한 보고서』(*Report addressed to Her Majesty's Principal Secretary of State for the Home Department, relative to the grievances complained of by the journeymen bakers; with appendix of evidence*), 런던, 1862. 189, 264~266, 572

『제빵 직인들의 고충에 관한 제2차 보고서』 런던, 1863. 264

『주재국의 상공업 등에 관한 영국 공사관 서기관 보고서』(*Reports by Her Majesty's secretaries of embassy and legation, on the manufactures, commerce etc., of the countries, in which they reside*), 제6호, 런던, 1863. 363

『칙명철도위원회. 위원회 보고서』(*Royal commission on railways. Report of the commissioners*), 런던, 1867. 456, 585

『케임브리지 대학교의 상태 조사위원회 보고』(*Cambridge University commission. Report of Her Majesty's commissioners appointed to inquire into the state, discipline, studies, and revenues of the university and colleges of Cambridge*), 런던, 1852. 644

『플랑드르인 협회 선언문』(*Manifest der Maatschappij: De Vlamingen Vooruit!*), 브뤼셀, 1860. 701

『핸서드 국회토론집』(*Hansard's Parliamentary Debates*) 제3집 제66권, 런던, 1843. 681

________ 제170권, 런던, 1863. 42~46, 282, 283, 599, 681

________ 제174권, 런던, 1864. 682

4. 신문 · 잡지

『글래스고 데일리 메일』(*The Glasgow Daily Mail*), 1849년 4월 25일치. 329

『기술협회지』(*Journal of the Society of Arts, and of the institutions in Union*), 런던, 1859년 12월 9일치. 396, 397

________, 1860년 4월 17일치. 413

________, 1866년 3월 23일치. 761

________, 1872년 1월 5일치. 439

『노동자의 대변인』(*The Workman's Advocate*), 런던, 1866년 1월 13일치. 267

『뉴욕 데일리 트리뷴』(*New York Daily Tribune*), 1853년 2월 9일치. 759

『데일리 텔레그래프』(*The Daily Telegraph*), 런던, 1860년 1월 17일치. 259

『독불 연보』(*Deutsch-Französische Jahrbücher*, 아르놀트 루게/카를 마르크스 편집), 제1~2분책, 파리, 1844. 89, 166, 178, 663

『레널즈 신문』(*Reynold's Newspaper*, 정치 · 역사 · 문학과 일반 지식을 위한 주간 잡지), 런던, 1866년 1월 21일치. 268

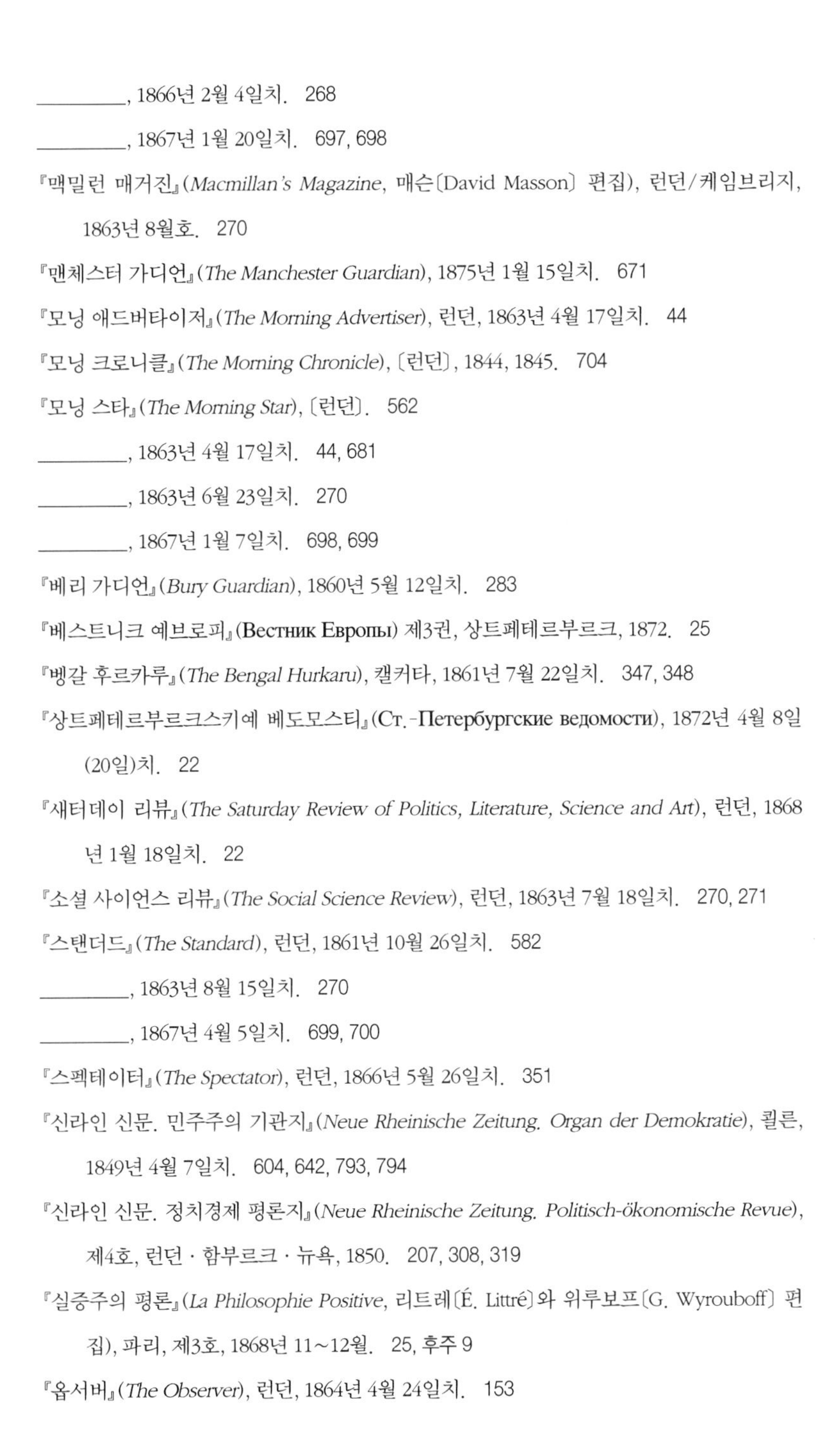

_________, 1866년 2월 4일치. 268

_________, 1867년 1월 20일치. 697, 698

『맥밀런 매거진』(*Macmillan's Magazine*, 매슨〔David Masson〕 편집), 런던/케임브리지, 1863년 8월호. 270

『맨체스터 가디언』(*The Manchester Guardian*), 1875년 1월 15일치. 671

『모닝 애드버타이저』(*The Morning Advertiser*), 런던, 1863년 4월 17일치. 44

『모닝 크로니클』(*The Morning Chronicle*), 〔런던〕, 1844, 1845. 704

『모닝 스타』(*The Morning Star*), 〔런던〕. 562

_________, 1863년 4월 17일치. 44, 681

_________, 1863년 6월 23일치. 270

_________, 1867년 1월 7일치. 698, 699

『베리 가디언』(*Bury Guardian*), 1860년 5월 12일치. 283

『베스트니크 예브로피』(**Вестник Европы**) 제3권, 상트페테르부르크, 1872. 25

『벵갈 후르카루』(*The Bengal Hurkaru*), 캘커타, 1861년 7월 22일치. 347, 348

『상트페테르부르크스키예 베도모스티』(**Ст.-Петербургские ведомости**), 1872년 4월 8일(20일)치. 22

『새터데이 리뷰』(*The Saturday Review of Politics, Literature, Science and Art*), 런던, 1868년 1월 18일치. 22

『소셜 사이언스 리뷰』(*The Social Science Review*), 런던, 1863년 7월 18일치. 270, 271

『스탠더드』(*The Standard*), 런던, 1861년 10월 26일치. 582

_________, 1863년 8월 15일치. 270

_________, 1867년 4월 5일치. 699, 700

『스펙테이터』(*The Spectator*), 런던, 1866년 5월 26일치. 351

『신라인 신문. 민주주의 기관지』(*Neue Rheinische Zeitung. Organ der Demokratie*), 쾰른, 1849년 4월 7일치. 604, 642, 793, 794

『신라인 신문. 정치경제 평론지』(*Neue Rheinische Zeitung. Politisch-ökonomische Revue*), 제4호, 런던 · 함부르크 · 뉴욕, 1850. 207, 308, 319

『실증주의 평론』(*La Philosophie Positive*, 리트레〔É. Littré〕와 위루보프〔G. Wyrouboff〕 편집), 파리, 제3호, 1868년 11~12월. 25, 후주 9

『옵서버』(*The Observer*), 런던, 1864년 4월 24일치. 153

『웨스트민스터 리뷰』(*The Westminster Review*), 런던. 77

『이브닝 스탠더드』(*The Evening Standard*), 런던, 1866년 11월 1일치. 39

『이코노미스트』(*The Economist. Weekly Commercial Times, Banker's Gazette, and Railway Monitor: a political, literary, and general newspaper*), 런던, 1845년 3월 29일치. 705

________, 1848년 4월 15일치. 243

________, 1851년 7월 19일치. 614

________, 1860년 1월 21일치. 667

________, 1866년 6월 2일치. 761, 762

『주간 민주주의』(*Demokratisches Wochenblatt*, 독일 인민당 기관지), 라이프치히, 1868년 8월 1일치. 22

________, 1868년 8월 22일치. 22

________, 1868년 8월 29일치. 22

________, 1868년 9월 5일치. 22

『주르날 데 에코노미스트』(*Journal des Économist*), 파리, 1872년 7~8월호. 25

『콘코르디아』(*Concordia*, 노동문제 잡지), 베를린. 44, 45

________, 1872년 3월 7일치. 42

________, 1872년 7월 4일치. 43, 44

________, 1872년 7월 11일치. 43, 44

『타임스』(*The Times*), 런던. 45, 270, 627, 683, 737

________, 1843년 2월 14일치. 681

________, 1861년 11월 5일치. 285

________, 1862년 11월 26일치. 221, 222, 426

________, 1863년 3월 24일치. 313, 599~602

________, 1863년 4월 17일치. 43~45

________, 1863년 7월 2일치. 270

________, 1864년 2월 26일치. 496

________, 1867년 1월 26일치. 525

________, 1873년 9월 3일치. 627, 628

________, 1883년 11월 29일치. 44, 45

『투데이』(*To-Day*), 런던, 1884년 2월호. 45

________, 1884년 3월호. 45, 46

『파리 혁명』(*Révolutions de Paris*), 1791년 6월 11~18일치. 770

『포트폴리오』(*The Portfolio. Diplomatic review*), (신판,) 런던. 759

『폴 몰 가제트』(*The Pall Mall Gazette*), 런던. 683

『폴크스슈타트』(*Der Volksstaat*, 사회민주노동당과 노동조합 인터내셔널 기관지), 라이프치히. 22

________, 1872년 6월 1일치. 42, 43

________, 1872년 8월 7일치. 44

| 인명 찾아보기 |

* 각 인명 해설 뒤의 숫자는 MEW판의 쪽수이다. 본문에서는 M1, M2, M3……로 표시하였다 — 편집자.

ㄱ

ㄴ

ㄷ

ㄹ

ㅁ

ㅂ

도자의 한 사람이었다. 마르크스와 엥겔스의 벗이자 그 제자. 독일 군국주의와 비스마르크의 '철혈'정책을 철저하게 반대했던 사람으로, 혁명적이고 민주적인 방법으로 독일을 통일시켜야 한다는 입장이었다. 1878~90년 사회주의자 탄압법에 반대하는 비합법투쟁으로 사회민주당을 이끌었다. 그는 "유럽에서 가장 재능 있는 국회의원이며 가장 유능한 조직가이자 전술가일 뿐 아니라, 개량주의와 기회주의에 반대하는 국제 사회민주주의 운동에서 가장 유력한 지도자가 되었다"(레닌). 43

베이커 Robert Baker: 1850년대와 1860년대에 걸쳐 영국의 공장감독관을 지냈다. 318, 421, 449, 471, 736

베이컨 Francis Bacon〔세인트 앨번스 자작 및 베룰럼 남작〕(1561~1626): 영국의 정치가이자 정치평론가이며 철학자. 또한 자연과학자이자 역사가로 "영국 유물론과 모든 근대 경험과학의 진정한 시조였다"(마르크스). 411, 412, 747, 748

베인스 John Baynes: 블랙번의 시참사회 회원. 1857년 면업에 관한 논문 두 편을 발표하였다. 409, 410, 412

베일리 Samuel Bailey (1791~1870): 영국의 철학자이자 경제학자. 속류경제학의 입장에서 리카도의 가치론에 반대하는 한편, 리카도의 경제학적 견해가 안고 있는 두세 가지 모순을 정확하게 지적해내었다. 64, 70, 77, 97, 98, 557, 637

베카리아 Cesare Bonesana Beccaria (1738~1794): 이탈리아의 법률가이자 정치평론가이며 경제학자로, 18세기 부르주아적 계몽주의의 대표자. 386

베커 Immanuel Bekker (1785~1871): 독일의 언어학자. 플라톤 · 아리스토텔레스 · 아리스토파네스를 비롯해 여러 사람의 저작에 대한 감수를 판을 거듭하면서 맡아보았다. 167

벤담 Jeremy Bentham (1748~1832): 영국의 사회학자로 공리주의 철학의 이론가. "부르주아적인 우매함의 천재"(마르크스). 189, 190, 636~639

벨 Charles Bell (1774~1842): 스코틀랜드의 외과 의사이자 생리학자. 296, 692

벨러스 John Bellers (1654~1725): 영국의 경제학자로 사회개량에 관한 저서가 있다. 부의 발생에서 노동의 의의를 강조하며 "노동하지 않으면 먹지도 말라"는 원칙을 주장하였다. 145, 152, 160, 345, 368, 451, 503, 504, 513, 642

보나파르트 → 나폴레옹 3세

보방 Sébastien le Prêtre Vauban (1633~1707): 프랑스의 장군으로 요새 건축기사. 프랑스의 세제를 비판하고 유토피아적 재정제도에 대한 구상을 묘사하였다. 155

보캉송 Jacques de Vaucanson (1709~1782): 프랑스의 기술자이자 발명가. 기계직기의 제작을 완성하였다. 402

복스호른 Marcus Zuerius Boxhorn (1612~1653): 네덜란드의 역사가이자 언어학자. 451

볼링브로크 Henry Saint-John Bolingbroke (1678~1751): 영국의 정치가이자 정치평론가로 토리당의 지도자. 이신론(理神論) 철학자. 783

볼프 Christian Wolff〔Wolf〕(1679~1754): 독일의 관념론 철학자. 형이상학에 몰두하였다. 636

비밀결사와 음모를 조직하였으며, 1830년 혁명에 적극적으로 가담하였다. 1848년 혁명에서는 프랑스의 혁명적 프롤레타리아의 지도자로서, 음모적 활동을 통한 폭력적 권력탈취와 혁명적 독재의 필요성을 주장하였다. 옥중에서 36년을 보냈다. 293

블레이키 Robert Blakey (1795~1878): 영국의 철학자. 749, 750

블레즈 Adolphe-Gustave Blaise (1811~1886): 프랑스의 경제학자로 제롬 아돌프 블랑키의 저작을 간행하였다. 357

블로크 Maurice Block (1816~1901): 프랑스의 통계학자이자 경제학자. 25

비도 J.N. Bidaut (19세기 전반): 프랑스의 관리. 경제문제에 관한 저술이 있다. 339

비르트 Max Wirth (1822~1900): 독일의 속류경제학자이자 정치평론가. 91

비제 Franz Biese (1803~1895): 독일의 교육학자이자 문헌학자. 아리스토텔레스의 철학에 관한 저서가 있다. 430

비처-스토 Harriet Elizabeth Beecher-Stowe (1811~1896): 미국의 여류작가. 『톰 아저씨의 오두막』을 지었다. 미국의 노예해방을 위한 적극적 투사이다. 758

비코 Giovanni Battista Vico (1668~1744): 이탈리아의 철학자이자 사회학자. 사회 발전의 객관적 합법칙성을 규정하려고 시도하였다. 393

비트 Johan de Witt (1625~1672): 네덜란드의 정치가로, 부유한 상인계층의 이익을 대표하였다. 645, 784

빅토리아 Victoria (1819~1901): 영국과 아일랜드의 여왕(재위 1837~1901). 308

빌리어스 Charles Pelham Villiers (1802~1898): 영국의 정치가이자 법률가. 자유무역론자인 그는 국회의원을 지내기도 하였다. 283

빌헬름 3세 Whilhelm III von Oranien (1650~1702): 네덜란드의 세습총독(1672~1702)과 영국 국왕(1689~1702)을 지냈다. 751

ㅅ

사이먼 John Simon (1816~1904): 영국의 의사로 추밀원 의무감독관을 지냈다. "곳곳에서 부르주아의 이해가 자기 의무를 수행하는 데 가장 커다란 장애가 되고 있음을 발견하고 그것들과 싸울 수밖에 없었던 …… 사람이다. 따라서 부르주아 계급을 향한 그의 본능적인 증오심은 무척 격하기는 하지만, 납득할 만한 것이었다" (엥겔스). 421, 489, 684~688, 694, 696, 710

새들러 Michael Thomas Sadler (1780~1835): 영국의 경제학자이자 정치가. 토리당 당원이며, 부르주아적 박애주의자로 맬서스에게 반대하였다. 704, 731

생시몽 Claude-Henri de Rouvroy Saint-Simon (1760~1825): 프랑스의 공상적 사회주의자. 623

샤프츠버리 Anthony Ashley Cooper Shaftesbury (1801~1885): 영국의 정치가로 토리당 당원이었으나, 1847년 이후에는 휘그당 당원이 되었다. 1840년대에는 10시간 노동법을 지지하는 귀족적 박애주의 운동을 지도하였다. 425, 435, 436, 704

ㅇ

ㅊ

ㅋ

데 힘썼다. 18

쿠르셀-스뇌유 Jean-Gustave Courcelle-Seneuil (1813~1892): 프랑스의 경제학자이자 상인. 247, 624

쿠스토디 Pietro Custodi (1771~1842): 이탈리아의 경제학자로 이탈리아 경제학자들의 주요 저서들을 편집하였다. 58, 88, 104, 106, 168, 173, 386, 675

쿠자 Alexandru Joan Cusa (1820~1873): 루마니아의 공작(1859~66).(각주 55 참조) 182

퀴비에 Georges-Léopold-Chrétien-Frédéric-Dagobert Cuvier (1769~1832): 프랑스의 자연과학자이자 동물학자이며 고생물학자로 비교해부학을 과학으로 끌어올렸다. 엥겔스의 설명에 따르면 그의 대변동설〔천변지이설〕은 "언어상으로는 혁명적이지만 실제로는 반동적이다. 그것은 유일신에 의한 창조 대신 계속 거듭되는 일련의 창조행위를 상정하여, 기적을 자연의 본질적 근간이라고 하였다." 537

퀸시 Thomas Quincey → 드 퀸시

크롬웰 Oliver Cromwell (1599~1658): 영국의 정치가. 17세기의 부르주아 혁명 때 부르주아 계급과 부르주아화한 귀족의 지도자였다. 1653~58년에는 잉글랜드 · 스코틀랜드 · 아일랜드의 호민관(원수)을 지냈다. 748, 750, 776

크루프 Alfred Krupp (1812~1887): 독일의 공업가로 제강 · 제포공장 공장주. 이 공장은 유럽 대부분의 나라에 대포를 비롯한 무기를 공급하였다. 412

크세노폰 Xenophon (기원전 430년경~354년경): 그리스의 역사가이자 철학자로 현물경제를 옹호하였다. 388

클라우렌 Heinrich Clauren〔호인(Carl Heun)의 다른 이름〕 (1771~1854): 독일의 문필가로 장 · 단편의 감상적인 소설을 썼다. 237

클라우센 Pieter Claussen: 벨기에 사람으로 회전직기를 발명 · 제작하였다. 392

클레멘트 Simon Clement: 영국의 상인. 105

키르히만 Julius Hermanm von Kirchmann (1802~1884): 독일의 법률가이자 정치평론가이며 철학자. 확고한 자유주의자인 그는 1848년 프로이센 국민의회의 대의원(중도좌파)이었고 1849년 하원의 대의원이었으며, 뒤에 진보당 당원이 되었다. 554

키셀레프 Pawel Dmitrijewitsch Kisselew (1788~1872): 러시아의 정치가이자 외교관이며 장군. 1829~34년에는 블타바 · 왈라키아의 총독을 지냈다. 252

키케로 Marcus Tullius Cicero (기원전 106~43): 로마의 정치가이자 문필가이며 웅변가로 절충주의 철학자이다. 430

킨케이드 John Kincaid (1787~1862): 영국의 관리로 1850년 이후에는 스코틀랜드의 감옥과 공장 감독관을 지냈다. 423

킨키나투스 Lucius Quinctius Cincinnatus (기원전 5세기): 로마의 귀족이자 집정관(기원전 460년)으로 독재자(기원전 458년과 439년)였다. 전설에 따르면 그는 간소한 생활을 하고, 자기 농장을 스스로 경작했다고 한다. 199

ㅌ

ㅎ

문학작품 · 성서 · 신화에 나오는 인물

바울 Paulos: 신약성서에 나오는 인물로, 초기 기독교를 선교하다 순교한 사도. 645

베드로 Petrus: 신약성서에 나오는 인물로, 12제자의 한 사람. 118

부리시스 Burisis: 그리스의 전설에 따르면 이집트의 잔학한 왕으로, 이집트에 찾아오는 이방인은 모두 죽였다고 한다. 이소크라테스는 그를 후덕한 사람의 모범으로 묘사하였다. 388, 389

비슈누 Visnu: 힌두교 최고신의 하나(후주 85 참조). 624

사발라 Sabala: 인도 신화에 나오는 신으로, 인간 앞에 암소의 모습으로 나타났다. 602

사이크스 Bill Sikes: 찰스 디킨스(Charles Dickens)의 소설 『올리버 트위스트』(*Oliver Twist*)에 나오는 강도살인범. 465

산초 판자 Sancho Pansa: 세르반테스의 풍자소설 『돈키호테』에 나오는 인물. 670

상그라도 Sangrado: 르사주(Lesage)의 소설 『질 블라스』(*Gil Blas*)에 나오는 의사. 738

샤일록 Shylock: 셰익스피어의 희곡 『베니스의 상인』에 나오는 냉혹한 고리대금업자. 304, 713

시시포스 Sisyphus: 그리스 신화에 나오는 인물로 코린트의 왕이다. 신을 배반한 죄로, 저승에서 끊임없이 굴러 떨어지는 바위를 산꼭대기까지 밀어올려야만 하는 벌을 받았다. 147, 445

시콜 Seacoal: 셰익스피어의 『공연한 소동』에 나오는 야경꾼. 98

아담 Adam: 구약성서에 나오는 사람. 118, 620, 623, 741

아벨 Abel: 구약성서에 나오는 사람으로, 아담의 둘째 아들이자 카인의 동생. 777

아브라함 Abraham: 구약성서에 나오는 사람으로 이스라엘 민족의 시조. 607

안타이오스 Antaios: 고대 그리스 신화에 나오는 거인으로, 바다의 신 포세이돈과 대지의 여신 가이아 사이에서 태어났다. 그가 어머니인 대지에 몸을 닿고 있을 동안에는 아무도 그를 이겨낼 수 없었지만, 헤라클레스는 그를 대지에서 떼어놓은 뒤 목을 졸라 죽였다. 619

야곱 Jakob: 구약성서에 나오는 인물로, 이삭의 아들. 607

에카르트 Eckart〔Ekkehart〕: 독일 민화에 나오는 충실한 인물. 292

여호와 Jehova〔Jahve〕: 유대교의 최고신. 382

예수 Iesous〔Jesus〕 274

오디세우스 Odysseus: 호메로스(Homeros)의 서사시 『일리아드』와 『오디세이』의 주인공. 268

유피테르 Jupiter: 로마의 최고신. 385, 602

이삭 Jishaq〔Isaak〕: 구약성서에 나오는 인물로, 아브라함의 아들. 607

카인 Qajin〔Cain〕: 구약성서에 나오는 인물로, 아담의 아들이며 아벨의 형. 777

카쿠스 Cacus: 로마 신화에 나오는 불을 내뿜는 괴물로 헤라클레스에게 죽임을 당했다. 619

칼프 Kalb: 실러(Schiller)의 「음모와 사랑」(Kabale und Liebe)에 나오는 인물로 시종장. 601

퀴클리 Quickly: 셰익스피어의 『헨리 4세』에 나오는 여자. 62

큐피드 Cupido: 로마 신화에 나오는 사랑의 신. 645

| 사항 찾아보기 |

* 각 사항 뒤의 숫자는 MEW판의 쪽수이다. 본문에서는 M1, M2, M3……로 표시하였다—편집자.

ㄷ

ㅅ

ㅇ

ㅈ

ㅊ

ㅋ

ㅌ

ㅍ

ㅎ